国家社科基金项目（15FZW030）后续研究成果

树权文存

王建国 著

王 政 校注　王晓珂 整理

吉林大学出版社

长春

图书在版编目（CIP）数据

树权文存 / 王建国著；王政校注；王晓珂整理. --
长春：吉林大学出版社，2021.3
　ISBN 978-7-5692-8472-0

Ⅰ．①树… Ⅱ．①王…②王…③王… Ⅲ．①地方志
—编辑工作—中国—文集 Ⅳ．① K290-53

中国版本图书馆 CIP 数据核字 (2021) 第 118357 号

书　　名：	树权文存
	SHUQUAN WENCUN
作　　者：	王建国　著　王　政　校注　王晓珂　整理
策划编辑：	卢　婵
责任编辑：	卢　婵
责任校对：	单海霞
装帧设计：	叶杨杨
出版发行：	吉林大学出版社
社　　址：	长春市人民大街 4059 号
邮政编码：	130021
发行电话：	0431-89580028/29/21
网　　址：	http://www.jlup.com.cn
电子邮箱：	jdcbs@jlu.edu.cn
印　　刷：	武汉鑫佳捷印务有限公司
开　　本：	787mm×1092mm　1/16
印　　张：	23.75
字　　数：	310 千字
版　　次：	2021 年 3 月　第 1 版
印　　次：	2021 年 3 月　第 1 次
书　　号：	ISBN 978-7-5692-8472-0
定　　价：	188.00 元

版权所有　翻印必究

作者像

寿阳曲

山市晴岚
花村外草店
西晚霞明雨收霁天四围山
一竿残照里锦屏风又添铺翠远
浦帆归夕阳下酒旆闲两三航未曾着
岸花落水香茅舍晚断桥头卖鱼人散
平沙落雁南传信北寄书牛楼边岸花
汀树似鸳鸯失群迷伴侣两三行近海门
斜去人静顺西风降钟三四声怎生教
老僧禅定渔村夕照鸣榔罢闷懑暮
礼佛光绿杨堤数声唉唱挂柴门
几家闲晒网都撮在捕
渔图上

书法之一

书法之二

手稿影　　　　傅振伦、朱士嘉、董一博等信函

目 录

上编　地方史志研究

试论建设马克思主义的比较方志学	2
寿县建置沿革	23
寿县出土爰金	33
八公山名小考	38
寿县古城门石刻浅识	43
寿县珍珠泉	49
袁家老坟简介	53
孙状元家世宦绩小考	56
张树侯画梅	60
关于寿州方氏墓碑	64
寿县近代资产阶级革命者宗教观点略说	69
柏文蔚发展淮河流域农业经济的思想	78

寿县旧志简述 …………………………………… 82
《九江寿春记》成书年代小考 ………………… 107
《寿县宗教志初稿》"儒佛道"部分文献史料补笺 ……… 109
《寿县志稿·胜迹》初编 ………………………… 172

下编　民俗考论与文献纂述

从研究民俗中获取资源信息 …………………… 188
民俗试雨杂谈 …………………………………… 199
民间文学琐记 …………………………………… 206
寿县历代灾情稽考表述 ………………………… 225
寿县书目综录 …………………………………… 249
寿县物产记述汇纂 ……………………………… 296
安徽明清戏剧人物录 …………………………… 318
文物典藏丛札 …………………………………… 333

附编　其他文札

运输企业经济效果浅议 ………………………… 348
改革地方交通行政体制的设想 ………………… 351
关于运输属性问题的探讨 ……………………… 355
诗词录 …………………………………………… 358
回忆录两则 ……………………………………… 362

后　记 …………………………………………… 372

地方史志研究 上编

试论建设马克思主义的比较方志学

我们这里提出建设的比较方志学，是以马克思主义的比较法理论以及地方性（或具体环境）思想为基础，以我国史学理论中朴素的比较法观点为前导，涉及方志编纂学、旧方志校勘学、方志史料学、历史地理学、地方民俗文化学、地方经济、制度沿革史诸内容的综合性边缘学科。建设比较方志学，将为地方史志、地方社会学研究开拓宽广的道路。

一、传统史学、方志学中关于比较法的运用与建设比较方志学的可能性

在我国传统史学及方志学研究中运用朴素的比较法，已有久远的历史。大致有这么几种情况：一是比较史籍或志书的艺术体制，指出它们所属的类型及类型的特殊性。例如，《礼记·玉藻》"动则左史书之，言则右史

书之"①，《汉书·艺文志》"事为《春秋》，言为《尚书》"②，桓谭《新论》："左氏传之与经，犹衣之表里，相持而成，有经而无传，使圣人闭门思之，十年不能知也。"③《朱子语类》卷八十三："《左传》是史学，《公》《谷》是经学，史学者得事却详，于道理上便差，经学者于义理上有功，然记事多误。"④《四库全书总目提要》说《元

---

① 汉郑玄注、唐孔颖达疏《礼记疏》附《释音礼记注疏》卷第二十九："动则左史书之，言则右史书之。"注："其书《春秋》《尚书》，其存者。"［疏］："注'其书至存者'，正义曰：经云动则左史书之，《春秋》是动作之事，故以《春秋》当左史所书。左，阳。阳主动，故记动。经云言则右史事之，《尚书》记言语之事，故以《尚书》当右史所书。右是阴，阴主静，故也。春秋虽有言因动而言，其言少也；《尚书》虽有动，因言而称动，亦动为少也。"（545 页，清嘉庆二十年南昌府学刊本，汉籍资料库）

② 汉班固《汉书》卷三十："古之王者世有史官。君举必书，所以慎言行昭法式也。左史记言，右史记事，事为《春秋》，言为《尚书》，帝王靡不同之。周室既微，载籍残缺，仲尼思存前圣之业，乃称曰：'夏礼吾能言之，杞不足征也。殷礼吾能言之，宋不足征也。文献不足故也。足则吾能征之矣。'"颜师古注："《论语》载孔子之言也。征，成也，献，贤也。孔子自谓能言夏殷之礼，而杞宋之君，文章贤材不足以成之，故我不得成此礼也。"（1715 页，王先谦《汉书补注》本，汉籍资料库）

③ 清严可均《全上古三代秦汉三国六朝文·全后汉文》卷十四收桓谭《新论·正经第九》："左氏传遭战国寝废，后百余年鲁人谷梁赤为春秋，残略多所遗失。又有齐人公羊高缘经文作传，弥离其本事矣。左氏传于经犹衣之表里相持而成，经而无传，使圣人闭门思之，十年不能知也。"注："案君山推崇左氏如此。《史通》十四又引《东观汉记》陈元奏云：光武兴，立左氏，而桓谭卫宏并共毁訾，故中道而废。事与《新论》违异，所未审也。"（民国十九年景清光绪二十年黄冈王氏刻本）

④ 宋朱熹《朱子语类》"春秋·纲领"条："国秀问三传优劣，曰：左氏曾见国史，考事颇精，只是不知大义，专去小处理会，往往不曾讲学；公谷考事甚疏，然义理却精，二人乃是经生，传得许多说话，往往都不曾见国史（时举）。左传是后来人做。……以三传言之，左氏是史学，公谷是经学，史学者记得事却详，于道理上便差；经学者于义理上有功，然记事多误。如迁固之史，大概只是计较利害，范晔更低，只主张做贼底，后来他自做却败。温公通鉴，凡涉智数险诈底事，往往不载，却不见得当时风俗。"（卷第八十三，第七页，明成化九年 140 卷陈炜刻本）

和郡县志》"此书为最古,其体例亦为最善。后来虽递相损益,无能出其范围"。①等等。二是比较史籍及方志书中史实的异同,从而考定它们真伪虚实。所谓"汉魏以上书,每有一事至四五见而传闻互异"②,当胪列异文,"考其异","证其同"③,"异同力求一是"(光绪年间《顺天府志序》④)云云。这种情况较多地反映在校勘学与考据学中,所以清代的乾嘉学派最善此种比较法。他们"搜罗偏霸杂史,稗官野乘,山经地志,谱牒簿录,以暨诸子百家,小说笔记,诗文别集,释老异教,旁及于钟鼎尊彝之款识,山林冢基祠庙伽蓝碑碣断阙之文,尽以供佐证,参伍错综,比物连类,以互相检照,……考其典制事迹之实"⑤。三是比较方志在题材、方法以及历史观点上的异同,指出其是非得失。如明代的方逢年在为

---

① 清永瑢《四库全书总目》卷六十八:"舆记、图经、隋唐志所著录者,率散佚无存,其传于今者,惟此书为最古。其体例亦为最善。后来虽递相损益,无能出其范围。今录以冠地理总志之首,著诸家祖述之所自焉。"(清乾隆武英殿刻本)

② 清卢文弨《抱经堂文集》第二十《与王怀祖念孙庶常论校正〈大戴礼记〉书(庚子)》:"读所校《大戴礼记》,凡与诸书相出入者,并折衷之,以求其是。……观汉魏以上书,每有一事至四五见而传闻互异,读者当用此法以治之,相形而不相掩,斯善矣。"(王云五主编《丛书集成初编》本,商务印书馆,1935年,第275页)

③ 清顾广圻《校残宋尤袤椠本〈文选〉跋》云:"广圻由宋本而知近本之谬,兼由勘宋本而即知宋本亦不能无谬。意欲准古今通借以指归文字,参絫代声韵以区别句读。经史互载者,考其异;专集尚存者,证其同;而又旁综四部,杂涉九流,援引者,沿流而溯源;已佚者,借彼以订此。"(引自赵诒琛编《顾千里先生年谱》卷上,民国刻对树书屋丛书2卷本,基本古籍库,第9页)

④ 有光绪十二年(1886)刻本和光绪十五年(1889)重校本,参王灿炽《北京地方历史文献述略》(载《文献》第8辑,1981年)

⑤ 清王鸣盛《十七史商榷》,引自朱杰勤《中国古代史学史》,河南人民出版社,1980年,第302页。

《帝京景物略》作序时这样说："陈留之志风俗也，襄阳之志耆旧也，会稽之志典录也，岳阳之志风土也，洛中之志伽蓝也，华阳之志人物也，志焉尔。余门人刘生侗之志燕，异是。"[①]他把《帝京景物略》与《华阳国志》《洛阳伽蓝记》等志书相比较，是想指出《帝京景物略》一书题材的特殊性。又如明康海的《武功县志》于职官的载录，一反向来"有美无刺，隐恶扬善""恶者不录"的弊习，他"恶善并著"，褒贬分明；《四库全书总目提要》评价说："乡国之史，莫良于此"，"后来之乘，多以康氏为宗"，显然是在比较中赞许《武功县志》政治倾向的鲜明性[②]。而《四库全书总目提要》说元代于钦的《齐乘》（即山东志）"叙述简核而淹贯，在元代地志之中，最为古法"[③]；认为《剡录》（即嵊县志）"其先贤传，每事必注，其所据之书，可以为地志纪人物之法；其山水纪，仿郦道元《水经注》

---

① "异"在哪呢？方氏说："其言文，其旨隐，其取类广以僻，其篇幅无苟畔；其刻画也，景若里之新丰，鸡犬可识也；物若偃师之偶，歌舞调笑，人可乂娱，可乂怒也。粤古作者，未有是矣！"（明刘侗，于奕正《帝京景物略》，北京古籍出版社，1980年，第1页）

② 清永瑢《四库全书总目》"史部"二十四"武功县志三卷，两江总督采进本"条："是志仅七篇。曰地理，曰建置，曰祠祀，曰田赋，曰官师，曰人物，曰选举。……艺文则用吴郡志例，散附各条之下，以除冗滥。官师则善恶并著，以寓劝惩。王士祯谓其文简事核，训词尔雅；石邦教称其义昭劝鉴，尤严而公，乡国之史，莫良于此；非溢美也。"（清乾隆武英殿刻本，卷六十八第三十六页）

③ 清永瑢《四库全书总目》"史部"二十四"齐乘六卷，浙江范懋柱家天一阁藏本"条："元于钦撰，钦字思容，益都人，历官兵部侍郎。是书专记三齐舆地，凡分八类：曰沿革、曰分野、曰山川、曰都邑、曰古迹、曰亭馆、曰风土、曰人物，叙述简核而淹贯，在元代地志之中最为古法。……钦本齐人，援据经史考证见闻，较诸他地志之但据舆图，凭空言以论断者，所得究多，故向来推为善本。卷首有至元五年苏天爵序，亦推挹甚至，盖非溢美矣。"（清乾隆武英殿刻本，卷六十八第三十三页）

例，脉络井然，而风景如睹，亦可为地志纪山水之法"，[①] 则是就地方志艺术方法与艺术方法相比较而言的。四是在史籍及志书的编纂中，要求对丰富的历史内容做综合性比较研究。如《通志》的作者郑樵就提倡比较、贯通，"好为考证伦类"（《宋史·郑樵传》[②]），认为"天下之理，不可以不会，古今之道，不可以不通。……史家据一代之史，不能通前代之史，本一书而修，不能会天下之本……安得为成书"？（《上宰相书》）[③] 他反对历史学中的不比较、不承续、不联系的现象："郡县各为区域，而昧迁革之源；礼乐自为更张，遂成殊俗之政。"（《通志序》[④]）清代的顾炎武从"经世致用"的目的出发，比较研究了大量的地方志，撰写指陈全国各地物质生活真实现状、民生疾苦的《天下郡国利病书》也是一例。我国古代史学及方志学研究与编纂方法论中的比较法情形还很多，此不赘述。上述几种情形已可表明，比较法是古代方志学研究与古方志学

[①] 清永瑢《四库全书总目》"史部"二十四"剡录十卷，江苏巡抚采进本"条："宋高似孙撰。似孙字续古，号疏寮，余姚人，淳熙十一年进士。历官校书郎，出倅徽州，迁守处州。陈振孙《书录解题》称似孙为馆职时上韩侂胄生日诗九首，每首皆暗用锡字，寓九锡之意。为清议所不齿。知处州尤贪酷。其读书以奥僻为博，以怪涩为奇……此书乃其所作嵊县志也。嵊为汉剡县地，故名曰《剡录》。前有嘉定甲戌似孙自序及嘉定乙亥嵊县令史之安序。盖成于甲戌，而刊于乙亥。"（清乾隆武英殿刻本，卷六十八第二十页）

[②] 元脱脱《宋史》卷四百三十六："郑樵，字渔仲，兴化军莆田人。好著书，不为文章，自负不下刘向扬雄。居夹漈山，谢绝人事。久之，乃游名山大川，搜奇访古，遇藏书家，必借留读尽乃去。赵鼎、张浚而下皆器之。……高宗幸建康，命以《通志》进，会病卒，年五十九。学者称夹漈先生。樵好为考证伦类之学，成书虽多，大抵博学而寡要。平生甘枯淡，乐施与，独切切于仕进。"（元至正本配补明成化本，12944 页，汉籍资料库）

[③] 宋郑樵《夹漈遗稿》卷下，清钞 3 卷本，基本古籍库，12 页。

[④] 清徐乾学《古文渊鉴》卷五十七收郑樵《通志总序》（清文渊阁四库全书 64 卷本，基本古籍库，1171 页）。

编纂中普遍运用而极重要的方法。我们今天提出把这种方法继续运用于方志学的研究与新方志的编写,建设一门比较方志学是有基础的,是有可能的。

二、马克思主义的地方性(或具体性)思想与比较方志学的关系

所谓比较方志学不单单是比较方志的体制、方法等形式性的东西,重心在于比较方志学的内容——地方经济、地方文化、地方社会情势,等等。所以比较方志学必须在承认地方经济、政治、文化、民风等都必然由于地方性或区域性而具有各自特殊性的条件才能成立;失去这个特殊性就失去比较的价值。马克思主义经典作家对历史活动中地方特殊性、具体性因素高度重视的思想,就是比较方志学成立的哲学基础。

这里有两层意思:

第一,马克思主义经典作家在把社会经济关系重视为社会历史发展的决定因素的同时,也考虑到特定地理条件这一重要的因素。马克思《资本论》中说:"'同一'——就主要条件说'同一'的——经济基础,仍然可以由无数不同的经验上的事情,自然条件、种族关系,各种由外部发生作用的历史影响等等,而在现象上显示出无穷无尽的变异和等级差别。对于这些,只有由这各种经验上给予的事情的分析来理解"[①]。恩格斯说:"我们所视为是社会历史的决定性基础的经济关系,就是指一定社会中的人们用以生产生活资料和彼此交换产品(就存在有分工而言)的方式说的。……在经济关系概念里,其次包括有这些关系所赖以发展的地理基础,并且有事实上由各先前经济发展阶段遗传下来的残余(……)以及当然还有围绕

---

① 马克思《资本论》第3卷,人民出版社1953年版,第1032–1033页。

着这一社会形式的外部环境。"（恩格斯1894.1.25《致亨·施塔尔肯堡》）[1] 在这里，马克思认为有些历史现象之所以处于同一社会经济条件之下，却显示出许多变异与差别，其原因之一就是由于特定的自然条件（主要指地理条件）的作用；恩格斯则认为特定的地理条件、外部环境就是包括在社会经济关系之内的东西；他们都不排斥特定地理条件对历史活动的影响。1890年9月21日，恩格斯在《致约·布洛赫》的信中曾严厉批评过在历史运动过程的解释中那种以社会经济关系因素取消地理环境因素的错误观点。他认为经济因素虽是历史发展的主要原因，但不是唯一的原因，原因是多方面的，它包括地理条件等复杂的前提，单单用经济原因掩盖其他一切因素对历史的促进作用是荒唐的。[2]

第二，马克思主义经典作家在强调历史发展为普遍性社会本质规律所驱使的同时，又正视某些相对普遍规律而言的由地方性、具体性构成的动因。列宁分析说："每个时代都有个别的局部的，时而前进时而后退的运动，都有脱离一般运动和运动的一般速度的各种倾向。"[3]（《打着别人

---

[1] 中国共产党广东省委员会宣传部学习室编《学习文选》(23)，广东人民出版社，1956年，第38页。

[2] 恩格斯说："根据唯物史观，历史过程中的决定性因素归根到底是现实生活的生产和再生产。无论马克思或我都从来没有肯定过比这更多的东西。如果有人在这里加以歪曲，说经济因素是唯一决定性的因素，那末他就是把这个命题变成毫无内容的、抽象的、荒诞无稽的空话。……恐怕只有书呆子才会断定，在北德意志的许多小邦中，勃兰登堡成为一个体现了北部和南部之间的经济、语言差异，而自宗教改革以来也体现了宗教差异的强国，这只是由经济的必然性所决定，而不是也由其他因素所决定（……）。要从经济上说明每一个德意志小邦的过去和现在的存在，或者要从经济上说明那种把苏台德山脉至陶努斯山脉所形成的地理划分扩大成为贯穿全德意志的真正裂痕的高地德意志语的音变的起源，那末，要不闹笑话，是很不容易的。"（杭州大学马列主义教研室编《马克思主义哲学原著选读》，杭州大学教材科，1978年，第138页）

[3] 《列宁斯大林毛主席关于帝国主义和无产阶级革命时代的部分论述》（中图法分类号：A562），1973年，第1–2页。

的旗帜》)所以"在分析任何一个社会问题时，马克思主义理论的绝对要求，就是要把问题提到一定的历史范围之内"（列宁《论民族自决权》)[1]，充分"考虑具体时间、具体环境里的历史过程的客观内容，以便首先了解，在这个具体环境里"，究竟何为"可能推动社会进步的主要动力"[2]。（《打着别人的旗帜》）列宁认为环境的具体性、地方特殊性，直接关系着决定历史进化的社会冲突、社会斗争形式。他说："在经济演进的各个不同时期，由于政治、民族文化、风俗习惯等等条件各不相同，也就不免有各种不同的斗争形式提到第一位，成为主要的斗争形式，而各种次要的附带的斗争形式，也就随之发生变化"。所以列宁"要求我们一定要用历史的态度来考察斗争形式问题"，认为"脱离历史的具体环境来提这个问题，就等于不懂得辩证唯物主义的起码要求"，"不详细考察某个运动在它的某一发展阶段的具体环境……就等于完全抛弃了马克思主义的立脚点。"（列宁《游击战争》）[3]

马克思主义这种具体环境对历史现象的作用的观点是同历史过程的范畴联系在一起的。马克思发现某些历史活动在它的初级阶段时，总是特别受具体环境支配，带有很强的地方性特点。如"某一地方创造出来的生产力，特别是发明"，在推广传播"只限于毗邻地区的时候"，它常常要在一个地方不断地间断与重新开始，而且这种创造与发明很可能要在各个不同地方同时而"单独进行"（马克思《德意志意识形态》）[4]。恩格斯颇有同感，

---

[1] 北京师范大学中文系文艺理论教研室编《文学理论学习参考资料（下）》，春风文艺出版社，1982年，第1168页。

[2] 《列宁斯大林毛主席关于帝国主义和无产阶级革命时代的部分论述》第1—2页。

[3] 开封师范学院函授部政治组编《马克思恩格斯列宁斯大林毛泽东论哲学（上）》，1977年，第195页。

[4] 《马克思恩格斯选集》第1卷，60—61页。

他在《费尔巴哈与德国古典哲学的终结》一文中分析市民阶层时认为，市民阶层的初期活动具有一定的"地方性质"，到了他们"充分强大的时候，他们从前的主要是同封建贵族的地方性斗争便开始具有民族的规模了。"①

马克思还发现，在一个时代发生急剧变革的过程中，一个国家面上的各种历史进程会出现不平衡的现象，在这种不平衡中，有许多历史活动带有不可避免的局部性或地方色彩。例如"无产阶级同资产阶级之间展开了斗争，在双方尚未感觉、注意、重视、理解、承认并公告以前，这个斗争最初仅表现为局部的暂时的冲突"（《贫困的哲学》）②就是一例。

正是由此种情形，斯大林才这样归纳说："一切都依条件、地点和时间为转移……没有这种观察社会现象的历史特点，那历史科学就会无法存在和发展，因为只有这样的观点才能使历史科学不致变成一笔偶然现象的糊涂账"（斯大林《辩证唯物主义与历史唯物主义》）③，简洁地说明了历史研究中重视地方性原则的重要性。

当然，我们必须进一步指出，马克思主义经典作家给地理条件、地方性对历史发展有重要作用以充分估计的思想是辩证的，在他们看来，"地理环境……是社会发展的经常必要的条件之一，而且它无疑是能影响到社会的发展，加速或延缓社会发展进程"。但这种"影响并不是决定的影响，因为社会的变更和发展要比地理环境的变更和发展快得不可估量"。④他

---

① 哲学社会科学部世界宗教研究所编《马克思恩格斯列宁斯大林论宗教》，1976年，第227页。
② 南京大学哲学系马克思哲学原理教研室编《马克思恩格斯哲学思想资料》，1978年，第331-332页。
③ 中共湖北省委党校编《马克思主义经典作家论辩证法》，湖北人民出版社，1959年第69页。
④ 斯大林《联共（布）党史简明教程》第四章第二节，据华东师范大学编《经济地理学导论》，华东师范大学出版社，1982年第45页引。

们总是一方面指出地方性及环境的特殊性对于历史活动、"对于历史的研究，尤其是对于个别时代和个别事变的研究是如何重要"，又一方面说明它们"丝毫不能改变历史进程服从内在的一般规律这一事实"，说明"表面上看去是偶然性起作用的地方，其实这偶然性本身始终是服从于内部的隐藏的规律的"。（恩格斯语）[①]以这样辩证的观点为基础的地方经济、政治、文化、风俗等历史现象进行研究的比较方志学，就同西方历史科学中的地理因素决定论、地方环境决定论根本区别了开来。

三、马克思比较法的丰富内涵与比较方志学的具体方式

《资本论》第一卷第二版跋中引有一篇专门讨论《资本论》方法论的文字："……意识要素在文化史上既然只起如此次要的作用，那就不说自明，以文化本身为对象的批判，比任何事情也更加不能以意识的任何一个形态或结果来作基础。这就是说，能作为这种批判的出发点的，不是观念，只是外部的现象。批判的范围，不能限于拿事实和观念来比较对照，而是拿一个事实和别的事实来比较对照。"这段文字的作者叫考甫曼。马克思说："这位作者如此正确地描写了我的现实的研究方法。"[②]在这里，马克思非常明确地交代了比较是马克思主义历史科学的重要方法之一。

所以在他以及恩格斯、列宁、斯大林的著作中，存有大量的用比较法研究历史活动的范例。我们今天分析这些范例，总结马克思经典作家用比较法探讨历史问题的经验，是弄清马克思主义比较法的丰富内涵，落实比

---

① 恩格斯《费尔巴哈与德国古典哲学的终结》，人民出版社，1957年版，第37–38页；《马克思主义经典作家论历史科学》，人民出版社，1961年，第154–155页。

② 马克思《资本论》第一卷，人民出版社，1957年，第14–17页。

较方志学具体方式方法的根本途径。

（一）马克思在利用比较法研究社会历史现象时很注意跨国度的比较，特别是东西方国家相比较。如在《资本论》中，马克思研究"劳动生产率总是和各种自然条件结合在一起"这一历史形态的经济规律时，就是从用"英国和印度"、"用雅典及科林斯和黑海沿岸的地方（作以）比较"入手的①。又如1853年马克思写的《不列颠在印度的统治》一文，曾这样分析："气候和土壤条件……使利用运河和水利工程进行的灌溉成了东方农业的基础，……节省和共用水是基本的要求，这种要求在西方，例如佛兰德尔和意大利，曾使私人企业家结成自愿的联合，但是在东方由于文明程度太低和地域幅员太广，不能产生自愿的联合，所以就迫切需要有集中统治的政府来干预。由此就有亚洲一切政府必须执行的一种经济职能，即举办公共工程的职能。"②这也是比较东西方国家历史活动差异性的极好范例。这种跨国度的比较是我们比较方志学的重要形式，这里至少有两个方面可待探求。

第一，可以把国外的地域史、地方史同我国地方志做体式及编撰经验上的比较。

---

① 马克思说："撇开社会生产的不同发展程度不说，劳动生产率是同自然条件相联系的。这些自然条件都可以归结为人本身的自然（如人种等等）和人的周围的自然。外界自然条件在经济上可以分为两大类：生活资料的自然富源，例如土壤的肥力，鱼产丰富的水等等；劳动资料的自然富源，如奔腾的瀑布、可以航行的河流、森林、金属、煤炭等等。在文化初期，第一类自然富源具有决定性的意义；在较高的发展阶段，第二类自然富源具有决定性的意义。例如，可以用英国同印度比较，或者在古代用雅典、科林斯同黑海沿岸的地方比较。"（马克思《资本论》第1卷，《马克思恩格斯全集》第23卷第560页）

② 北京师范大学中文系外国文学教研组编《外国文学参考资料·东方部分》，高等教育出版社，1959年，第3页。

国外学者对地方史志的编写与研究是有浓厚兴趣的。1962年日本一桥大学一位教授在《地域史研究的效用与界限》一文中着重谈了地域史的研究与编写问题，他认为要知道国家国民经济的发展规律，就必须综合了解各地域社会经济的特殊的历史条件，只有在这个前提下，才有研究与编写地域史的必要。他还认为，凡不能用官僚制度或统一体制不强的地方分立性地域社会，最有地域史研究及编写的价值；到了国民经济统一体制完成之后，各地域的特殊性逐渐蜕质了，价值就减小了[①]。1965年日本进步史学家远山茂树在他的《世界史上的地域史问题》一文中也谈到地域史的存在价值问题。他认为"同一经济基础，随着自然地理的历史的和其他条件，允许有各式各样的发展变型和类型"，历史学者要"考虑到社会发展的具体方式和途径可能是多种多样的"，阐明"为什么产生某种变型"，"充分地从规律上认识变型"；他还涉及了地域史的比较研究，指出"比较本身不是最后目的"，而只是"为了认识普遍规律的具体表现而进行的研究工作中的一项"[②]。这里他们说的地域史虽是广义的地域史，但是对我国地方志的研究与编写做比较研究，仍是极有意义的。

尤其值得一提的是日本学人甚至以新颖的方法来编写我国的地方志。1805年日本画家冈田玉山主编出版了记写我国北京城的《唐土名胜图绘》。拿它与我国刘侗、于奕正的《帝京景物略》、吴长元的《宸垣识略》、蒋一葵的《长安客话》、沈榜的《宛署杂记》、孙承泽的《天府广记》等北京风土志相比，它显然有两个突出的特点：一是记写详细，皆川愿序说："山川、风土、宫垣、府廨、寺观、景胜、人物、故事……曲委详尽，其辑述

[①] 增田四郎《地域史研究的效用与界限》，载《国外学术资料》，1962年第2期。
[②] 远山茂树《世界史上的地域史问题》，《国外学术资料》，1966年第2期。

之功,可谓勤矣";二是以大量的图画为主,"图以象之"(皆川愿语),"以图说傅"(奥田元继语)①。所以,于乃义同志认为外国"区域地志"的编写,其体例"采取近代和现代地理科学的理论与方法……可供我们研究本国的区域地理的借鉴"(《地方文献简论》)②,这个意见我们是很赞成的。

第二,可以把我国旧方志中某些带有规律性的内容同国外历史科学中类似的情形予以比较,从而说明我国丰富的地方文化与外域历史文化的共同性之中的差异性。

例如我国旧方志中有大量关于地理形势决定民俗习惯的论述:

《兖州邑志序》记寿张县邑僻而狭、壤多洿凼。故土风俭朴,忮求奸慝之念不作、夤缘请托之事不为。

山东《阳谷县邑志》记阳谷县土多厚湿,半为沙砾,无山林之沃,故邑少科甲,士民勤俭,无所纷华。

山东《临朐县邑志》记那里地界岩邑、浑朴未漓,其缙绅恬退,子矜诵读,不事奔竞。

山东《蓬莱县邑志》记,蓬莱介于山海之间、土疏水阔,故人性刚强。

山东莱芜《邑志》记:"齐俗阔达,或失之侈,鲁俗忠信,或失之啬,莱介齐鲁之间,其气质所生,习染所锢,亦若在齐囿齐、在鲁囿鲁者。"③

山东郓城《邑志》记:"地居鲁卫之间,二国之风各半。"④

---

① 奥田元继序云:"属志遂逮彼清国之廊庙台树,王后之拱位,内殿之旧仪,巡行之检度,其他胜地名山,以图说傅者志书典略之类,殚辑而较之,使老画师分毫不爽写之"。(见韦唐《〈唐土名胜图绘〉——中日文化交流的珍贵图籍》,《文献》1979年1期)
② 武汉大学图书馆学系编《古书整理参考资料》,1980年,第170页。
③ 清岳濬《雍正山东通志》卷二十三,第二十五页,清文渊阁四库全书本。
④ 清岳濬《雍正山东通志》卷二十三,第二十七页,清文渊阁四库全书本。

山西《翼城县志》："水深土厚，故其俗朴质，地多刚壤，故其民武悍，有先王克俭之风，故其习纤啬。"①

山东《沾化县邑志》记那里僻处海陬，不通商贾，故人们曾不知坐列转贩，操奇赢利，以乘时之急，士安于庠、农祌于野，相助相望，至老死不知官府。

山东《沂州志》记兰山县地广民聚，故人好名誉。

山东《文登县邑志》记文登县：近海早寒，商贾不通，故人罕逐末，俗尚幽贞。

山东《掖县邑志》记掖县：凭负山海，民殖鱼盐以自利，道里僻阻，商旅不通，其俗质胜于文。

山东旧志记："德州当水陆之冲，（故）五方杂糅，语言嗜好，亦区以别。"②

山东济南《邑志序》记陵县："其野少荆棘丛杂，马颊鬲津，径流直下，无委蛇旁分之势，故其人情亦平坦质实，机智不生，北近燕而不善悲歌，南近齐而不善夸诈。"③

旧志中的"楚人操舟"及俗语中的"冀人乘马"④，说的也是因地理形势的作用，使得人们各具不同的生活习性与营生技能。

---

① 吉廷彦《（民国）翼城县志·礼俗》，卷十六，第二页，民国十八年铅印 38 卷本。
② 清王增芳《道光济南府志》卷十三"风俗"，第四页，清道光二十年 72 卷刻本。
③ 清岳濬《雍正山东通志》卷二十三，第五页，清文渊阁四库全书本。
④ 如清李玉宣等修、同治重修《成都县志·舆地志·寺观》记成都东城外长春桥南的濂溪祠是楚人操舟者公会之所，建于雍正四年。见于同治十二年刻本卷二第十页。明林大辂《愧瘖集》卷十七《政誉篇》："凡民莫之知也，而知之者君子也。又其知者，天也。……楚人操舟，海犹衢然，与者谓能绝江汉似也；代人驰骑，绝尘行空，过都历块，浅之乎与也。"（明嘉靖林敦履 21 卷刻本，基本古籍库，206 页）

像这种特殊地理条件酿成特殊民俗的观点在西方历史科学著作中也是多见的。

古希腊哲学家亚里士多德曾以地理解说希腊人胜于当时非文明民族的原因。他认为希腊人处于地理之中心，能将南人之智与北人之勇兼而有之。

法国哲学家波当（1530—1596），曾详细分析了地势、气候给予居民的影响，认为此种学说对政治家有实际价值。它使政治家得以知悉"以制度适应环境"的方法，避免革命流血。他根据欧洲不寒不热的中间地位说明欧洲文明的优势发展（*The Six Books A ommon Weal*）。①

瑞士人基奥（1807—1884）也认为温带气候助长文化与文明生活的优势，指出相异的环境产生相异的文化形态（《关于温带气候之优点》）。

德国人文地理学家科尔（1808—1878）在他的风土志《人类之迁徙拓殖视地形为转移》《欧洲主要城市之形势》两书中认为，地理学的任务在于探寻和证明一个国家中各种地势，或区域地形与居民历史生活之间的关系。

希波克拉特也说："在多山多石而雨量充足的高山区，气候季节的变化很大，这里的居民易于有巨大的身躯，生来适于勇敢与坚忍……在布满潮湿草原的闷热的洼地区，居民习惯于热风而不习惯于寒风……在他们天赋的性格里勇敢与坚忍的成分不一……在起伏多风雨量充分的高原区的居民，一定是身材粗大而彼此都很类似，在性格上有些懦弱而驯良……你会发现人的身体和性格大部分都随着自然环境的不同而有所不同。"（《大气、

---

① 班兹著、董之学译《新史学与社会科学》："波氏谓法以地位之佳，得以成世界上首屈一指之国家，并详细分析地势气候加于居民之影响。依据波氏之意见，此种学识，于政治家有实际之价值，盖因政治家得藉以知悉'以制度适应环境'之方法，以避免革命流血。"（商务印书馆，1933年，第38页）

水和环境的影响》）[1]

由上可见，在我国的旧方志与国外历史科学著作中都有承认地理条件影响人们文化生活、风俗习惯的现象。这种"承认"是否符合科学道理暂且不说，要说的只是这些例子表现，把我国方志中的一些规律性历史内容与西方历史科学中类似的内容做些比较研究，对于我们的方志学研究，旧志的整理、新志的编修，建设物质文明和精神文明都是大有益处的。

（二）在恩格斯的著作中，多次提到比较神话学，其中的一次在《费尔巴哈与德国古典哲学的终结》一文中。他说："最初的宗教观念大部分对于每个有血统关系的部族集团是共同的，在这些集团分裂以后，便依各个部族所遭遇的生活条件而特殊地发展起来。在一系列这样的部族集团……中间，宗教观念的发展过程已由比较神话详细地研究过了。每一个别部族中间这样形成的神，都是全部族的神，这些神的权力不越出它们所保护的部族地区境界以外。越出这个境界以外，就由别的神来占地统治了。"[2] 他认为神话比较学可以研究出未分裂的部族集团的宗教观念（即一般普遍意义的神）变为分裂后的个别部族集团的宗教观念（即相对以前而言的个别、特殊的神）的历史过程，可以指出一般性神与特殊性神之间的差异。

同样道理，比较方志学对于揭示某些历史活动的一般性规律特征以特殊、具体形式而存在以及一般意义的历史规律与个别地方历史现象之间的差异性，是极为有力的。

---

[1] 据英汤因比（A.J.Toynbee）著、英索麦维尔（D.C.Somervell）节录、曹未风译《历史研究（上）》（上海人民出版社，1959年第69页）引。

[2] 哲学社会科学部世界宗教研究所编《马克思恩格斯列宁斯大林论宗教》，1976年第96页。哲学社会科学部世界宗教研究所编《马克思恩格斯列宁斯大林论宗教》，1976年第96页。

比如表1-1：

表1-1　清顺治八年至雍正十二年人口统计

（单位：万）

年代	《清实录》记载的"人丁户口"	人　口（以1∶5换算）
顺治八年（1651）	1063	5315
顺治九年（1652）	1448	7240
顺治十三年（1656）	1541	7705
顺治十四年（1657）	1861	9305
顺治十八年（1661）	2107	10535
康熙十年（1671）	1941	9705
康熙十五年（1676）	1605	8020
康熙二十五年（1686）	2034	10170
康熙四十五年（1706）	2041	10205
康熙五十年（1711）	2462	12310
雍正十二年（1734）	2643	13210

（此表及以下两表，参见《中国社会科学》1982年2期周源和：《清代人口研究》）

根据表1-1可以知道，1651—1734年，我国人口增长率是20.24%，把这个增长率和表1-2中各省通志所记载的人口增长率相比较：

表1-2　清初九个省区人口增长率

省　份		清初丁口数字变化丁口		各省增长率	资料来源
一类省份（稠密）	河北	康熙（十九）	3223880	9.78%	《畿辅通志》（民国二十三年）
		?[①]	3573540		
	山东	顺治（十三）	2275595	7.44%	《山东通志》（民国四年）
		雍正（四）	2458669		
	浙江	顺治（十三）	2720091	7.41%	《浙江通志》（乾隆）
		雍正（九）	2937819		
	江西	顺治（十四）	2525074	9.09%	《江西通志》（光绪七年）
		康熙（六十）	2777739		
二类省份（中等）	山西	顺治（十三）	1527062	13.65%	《山西通志》（乾隆二十四年）
		乾隆（二）	1768657		
	河南	顺治（十八）	918060	53.48%	《河南通志》（乾隆三十二年）
		雍正（十二）	1973843		
	安徽	国初	1486852	17.29%	《重修安徽通志》（光绪四年）
		雍正（九）	1785718		

续表

省　份		清初丁口数字变化	各省增长率	资料来源
二类省份（稀疏）	广西	国初　205995 雍正（四）　236640	12.90%	《广西通志》（嘉庆）
	贵州	国初　175335 雍正（十）　272687	55.52%	《贵州通志》（乾隆六年）

注：① 按，周氏原文即如此。

各省都有各省的特殊情况，增长率和全国统一增长率都对不上。如果再把全国统一增长率同下表中各州、府志所记载的人口增长率相比较：

表 1-3　清初有关州、府志人口增长率

州、府	清初人口数字变化丁口	各州府增长率	平均增长率	资料来源
苏州府	国初　407451 乾隆（元）　474250	16.39%		《苏州府志》（乾隆）
松江府	顺治（二）　209904 雍正（四）　243915	12.39%		《松江府志》（嘉庆）
杭州府	顺治（十四）　281851 雍正（九）　322003	12.46%		《杭州府志》（宣统）
嘉兴府	顺治（八）　566109 雍正（九）　634317	10.75%	23.19%	《嘉兴府志》（光绪）
湖州府	国初　288200 雍正（九）　321565	10.36%		《湖州府志》（同治）
怀庆府	国初　68633 康熙（五十）　102954	33.33%		《怀庆府志》（乾隆）
泉州府	国初　111518 康熙（末）　121076	1.31%		《泉州府志》（民国）
荆州府	康熙（初）　29614 乾隆（十六）　43398	46.76%		《荆州府志》（光绪）
赣州府	国初　24683 康熙（五十）　38941	57.78%		《赣州府志》

在这里，各州、府又有州府的特殊情况，各州府的增长率也不能与全国统一增长率相合。这种差异就显现了一般人口增长规律与个别地区人口增长规律的距离，显现了各省、州、府各种情况（政治管理、经济政策、地理条件等）的特殊性对人口增长产生的具体制约作用。

（三）恩格斯1893年7月14日《致弗·梅林》说："在研究显得十分贫乏的德国历史时，我始终认为，只有拿法国历史中的相当时代来作比较，才可得出一个正确的标准，因为那里发现的一切正好跟我们这里发生的相反。"① 这段话告诉我们：马克思主义的比较法要求进入比较的双方要在质上具有正反相对的因素，从而在比较中显现出两极的矛盾现象，更加有效地彰明双方各自的特性、规律或通过矛盾现象透示更深刻的问题。从这一精神出发，来研究方志所记历史现象，也是很有意思的。

例表 1-4 如下：

表 1-4　清代山东山西部分地区民风比较

尚华靡	尚俭朴
山东平原县婚嫁丧葬，专事华靡。（济南邑志） 山东邹平县丧葬颇崇外饰。（邹平邑志） 山东淄川县丧葬则专事繁华。（淄川邑志）	山东兹阳县婚丧从俭，衣服布素。（兖州邑志） 山东新城，薄婚娶。（济南邑志） 山东聊城，嫁娶不论财币，丧葬不尚僧道。（聊城郡县志）
人丁盛	人丁稀
山东临邑县，生齿繁盛。（临邑县志） 山东曹县，地饶而沃，生息蕃庶，故多世族。（曹县邑志） 山东定陶县，邑颇狭小，而居民稠密，土壤平羡，实夷衍蕃息之区。（定陶邑志）	山东长清县，拙于生殖。（济南邑志） 山西永宁县，土瘠民贫，野旷人稀。（永宁郡志）
重商轻农	重农轻商
山东章邱县，关厢土民杂居，商贾辐辏，营机利、多驵狯。（济南邑志） 山东临邑县，地无遗利，人贯贸易。（临邑县志） 山东馆陶县，俗争弃农矜贾。（见馆陶郡县志） 山西汾州，其地商贾走集、民物浩穰。（冯琦《新设汾州府碑记》） 山西临县，勤于商贾。（祝志·临县）	山东邹平县，居处不事商贾。（济南邑志） 山东长山县，务桑农而轻贸易。（济南邑志） 山西浮山，俗尚节俭，不事商贾。（穆志·浮山） 山西汾州石楼，不事商贾，惟勤农亩。（祝志·石楼） 石楼男不经商，女不纴织，惟农是务。（石楼县志） 山西永宁，勤于业农，拙于服贾。（永宁郡志）

---

① 马克思、恩格斯《马克思恩格斯文选（两卷集）》第 2 卷，外国文书籍出版局，1955 年，第 500 页。

续表

尚文	好武
山东博平，经生勤诗书、雅尚名节。（博平邑志） 山东茌平县，地近圣居，重礼教，而尚名节，人多淳厚好文学。（茌平邑志）① 山东平原县，读书敦本实，其仕进率砥砺名节。（平原县志） 山东泰安，其地多谈经抗疏之士。（泰安州志、邑志）②	山东邱县，俗猛悍，大类燕赵气习。（邱县邑志） 山东恩县，恩为齐赵之交，人多直率负气节，好恶近直道。（恩县邑志） 山东高密县，民习刚劲，而任质直。（高密邑志） 山东荷泽县，民间子弟，间习骑射，尚义勇。（曹州志） 山西大同，簪弁子弟，服习弓马，给事麾幕，以列车骑材官之盛，且地近虎山，土著从戎者，十室五六。（大同县志）③

注：① 清岳濬《雍正山东通志》卷二十三："博平县：丈夫力耕作，妇女勤纺织，经生诵诗读书，雅尚名节，重齿让，畏刑罚，邻里和睦，讼评稀有。（邑志）茌平县：地近圣居，重礼教而矜名节，人多淳厚好文学，而务农桑。（邑志）"（十一页，清文渊阁四库全书36卷本）

② 任弘烈《康熙泰安州志》卷之三："按，泰滨洙泗，周孔之遗教犹有存者；故其地多谈经抗疏之士，如旧志所载者，可以风矣。"（十四页，民国二十五年4卷铅印本）

③ 胡朴安《中华全国风俗志》，河北人民出版社，1986年，41页。

有了上面的比较，不仅使历史现象的地方特殊性、差异性、对立性一目了然，而且可以发人深思，为什么某地尚华靡，为什么某地重俭朴？为何某处重文、某处重武？为何某地轻农，某地轻商？这就可以把人们对具有地方特殊性、差异性的历史现象的理解，领向深入了。

（四）列宁在一九一五年写的《关于农业中资本主义发展规律的新材料》一文中有这么一段分析："用美国的例子来研究农业中资本主义发展的一般规律和这些规律表现的不同形式是最方便的。……农业中资本主义的主要特征和指标是雇用劳动。农业中大生产日益排挤小生产。试比较1900年和1910年关于全部农户财产总值的材料，就可以充分证实这一点。……把关于工业和农业的同一时间、同样性质的材料加以比较，我们就会看到：尽管农业极端落后，然而工农业的进化规律是很一致的，工农业中的小生产都受到排挤。"①

列宁在这里把工农业的小生产放在一个平面上加以比较，找出了它们同受资本主义大生产排挤的内在同一性。这段分析启示我们，用比较法研究方志的具体方式还使空间上一些看起来各相独立的历史现象显示出内在本质上的有机联系。例如，山东曲阜城东八里有古帝少昊陵，据说少昊系黄帝之子，曾邑于穷桑，国于青阳，都于曲阜，葬于云阳，在位八十四年。《曲阜县志》则力证上述地名都在曲阜，陵墓不虚②。孤立地看，这种"力证"颇有荒唐之嫌，因为少昊不过是传说时代东方夷族中一个部落酋长，那时还是原始社会，无所谓"帝"；但如果我们把这一"力证"同近十余年来泰山周围发现的大汶口文化放在一起来思索，就可以获得极有价值的猜测：这个颇具影响的少昊氏显然一度构成过与大汶口文化有联系的古文化时期。

从上三方面的叙述可见，比较方志学有我国古典史志学中比较性研究作为自己的历史渊源，古代史志理论中比较法已经开了今日比较方志学之先河；加上有马克思主义的地方性思想构成比较方志学的理论基础，又有马克思主义经典作家对历史现象进行比较研究的范例为比较方志学提供具体的研究路子，这样，建设马克思主义比较方志学就不仅仅是一种可能，而是已经成为现实中的事情了。③

---

① 列宁《列宁全集》第22卷，人民出版社1958年，第91—92页。

② 《乾隆曲阜县志》卷之四："少昊陵。少昊，金天氏，姓己名挚，黄帝之子玄嚣也。黄帝娶西陵之女曰嫘祖，感大星如虹临华渚之祥而生帝。当黄帝之世，降居江水，邑于穷桑，故号穷桑氏。国于青阳，又号青阳氏。自穷桑登帝位徙都曲阜，修太皞之法，以金德王天下，故又号金天氏。其初立也，凤鸟适至，故以鸟名官。"（三页，清乾隆三十九年100卷刻本）

③ 本文原载《中国地方志通讯》1983年第2期，收入郑正西、周永光编《中国地方志争鸣》一书（黄山书社，1988年）。编入本书时有校订。

寿县建置沿革

寿县，夏代为扬州之域。《尚书·禹贡》："淮海惟扬州"[①]。《中国历史地图集》标明沿淮地区为涂山氏，南部为六国。

商因夏制。《中国历史地图集》标今瓦埠东为"虎方"地。

周为州来国。按：旧志多以淮北凤台为古州来。李兆洛《凤台县志》称"淮北即楚之州来邑"，"其后吴灭州来，蔡迁于此，遂有下蔡名。"[②]州来名，见于《春秋左传》鲁成公七年（前584）"吴始伐楚，伐巢，伐徐，子重奔命，马陵之会，吴入州来"。[③]考州来地非仅有淮北。《左传》昭公四年（前538）楚"然丹城州来"。[④]《左传》昭公九年（前533）二

[①] 汉孔安国传，唐孔颖达疏《尚书注疏》卷第六《夏书》："淮海惟扬州"传："北据淮，南距海。"（清嘉庆二十年南昌府学重刊宋本十三经注疏20卷本，基本古籍库，138页）

[②] 李兆洛纂《嘉庆凤台县志》卷一，一页，清嘉庆十九年12卷刻本。

[③] 春秋左丘明撰，蒋冀骋标点《左传》，岳麓书社，1988年，155页。

[④] 春秋左丘明《左传》昭公四年"冬，吴伐楚，入棘、栎、麻，以报朱方之役。楚沈尹射奔命于夏汭，箴尹宜咎城钟离，薳启强城巢，然丹城州来。东国水，不可以城，彭生罢赖之师。"（春秋左丘明撰，蒋冀骋标点《左传》，283页）

月庚申"楚公子弃疾迁许于夷,实城父,取州来淮北之田以益之"①,可证此时淮南亦为州来。成公七年,吴入州来,杜预注曰:"州来楚邑,淮南下蔡是也"②,也说淮南。吕氏《今县释名》:"寿县,古州来国,后为楚寿春邑。"③李则纲《安徽历史述要》也称"州来(寿县)"。

春秋属楚,后为吴有。春秋初为六、蓼地,楚灭六、蓼归楚。昭公十二年(前530):"楚子狩于州来"④,昭公十三年(前529)"吴灭州来"。⑤昭公十九年(前523):"楚人城州来。"⑥昭公二十三年(前519)"吴人伐州来"。⑦李则纲《安徽历史述要》:吴人"先取楚国的居巢(巢县)、钟离(凤阳)、州来(寿县),后取潜、六等地……公元前510年(周敬王十年、鲁昭公三十二年、蔡昭侯九年、吴阖闾五年),吴人就从安徽西境进攻楚国,长驱前进,攻入楚国都城——郢。……楚国的占地,遂为吴国所有。"⑧鲁哀公二年(周敬王二十七年、楚昭王二十三),蔡昭侯请于吴,迁州来以避楚,首先做了蔡国国都。《左传》哀公二年,即公元前493年:"冬,蔡迁于州来"⑨。按:州来跨淮,蔡都州来,地有淮水两岸,《安

---

① 春秋左丘明撰,蒋冀骋标点《左传》,298页。
② 晋杜预注、唐孔颖达疏《春秋左传正义》卷第二十六:"八月戊辰同盟于马陵,公至自会。吴入州来。"注:"州来,楚邑,淮南下蔡县是也。"(清嘉庆二十年南昌府学重刊宋本十三经注疏60卷本,基本古籍库,584页)
③ 吕式斌《今县释名》,1931年北平恒和商行铅印线装上下册本,吉林师范学院古籍研究所藏。
④ 春秋左丘明撰,蒋冀骋标点《左传》,307页。
⑤ 春秋左丘明撰,蒋冀骋标点《左传》,315页。
⑥ 春秋左丘明撰,蒋冀骋标点《左传》,328页。
⑦ 春秋左丘明撰,蒋冀骋标点《左传》,341页。
⑧ 李则纲《安徽历史述要》上册,安徽省地方志编纂委员会印,1988年,第22页。
⑨ 春秋左丘明撰,蒋冀骋标点《左传》,392页。

徽历史述要》记说："寿春（今寿县）一地，本州来古国，首先做了蔡国都城（前493—前447）。"①欧远方《淮南子故事选编》序言说：寿春"春秋时蔡国的五个侯为都四十七年"。②

寿地战国归楚。《左传》哀公二十二年（楚惠王十六年，前473）"冬，十一月丁卯，越灭吴，……越人以归"。③楚越结好，地还归楚。楚惠王四十二年（前447）楚灭蔡。《光绪寿州志》："战国蔡并于楚。"④楚考烈王二十二年（前241），自陈徙都寿春，命曰郢。"《史记·货殖列传》：郢之后徙寿春，亦一都会也。"⑤按：往述寿县历史多自此时，近有原籍寿县堰口北家小郢许晓初氏在台湾为重印光绪寿州志作序云："吾寿，春秋六、蓼之土也；战国属于楚"，"溯寿之设置，始自周威烈王。"考周威烈王在位于公元前425至前401年，与《史记》"亦一都会"说相合，录此候考。楚王都此十九年，历考烈王熊、幽王悍、哀王犹、王负刍四人。于秦始皇二十四年（前223）为秦灭。

秦灭楚，置九江郡，治寿春县。《光绪寿州志》："寿春为九江治。"又引《水经》："淮水又东北至九江寿春县西。"⑥

寿，汉初为淮南国。《光绪寿州志》：汉高帝四年（前203）十月乙丑封武王英布为淮南王，都寿春；十年（前197）布反，立子长为淮南王，文六年，王无道迁蜀地为郡，十二年（前168）徙城阳王喜为淮南王；

---

① 李则纲《安徽历史述要》上册，安徽省地方志编撰委员会印，1988年，第27页。
② 载《安徽史学》，1985年第2期。
③ 春秋左丘明撰，蒋冀骋标点《左传》，421页。
④ 曾道唯纂《光绪寿州志》卷二，一页，清光绪十六年刊民国七年重印36卷本。
⑤ 曾道唯纂《光绪寿州志》卷一，一页。
⑥ 曾道唯纂《光绪寿州志》卷二，一页。

十五年复徙王城阳。十六年（前164）立厉王子阜陵王安为淮南王,四王都寿春共七十四年。①

武帝元狩元年（前122）,国除。复置九江郡,治寿春县。后汉为扬州九江郡寿春县,置扬州治。《后汉书·郡国志》注:汉官云刺史治②。《光绪寿州志》注曰:"杜佑亦以为扬州刺史治寿春。按《三国志》裴说引《英雄记》曰:袁术败于封丘,南向寿春,扬州刺史陈瑀拒不纳,更合兵攻瑀,瑀走,术遂领其州。后僭号,以九江太守为淮南尹。（卷二,二页）"③

建安二年袁术称帝寿春。三国为魏地《晋书·地理志》:献帝兴平中,"江西庐江、九江之地,自合肥北至寿春悉属魏"④,属淮南郡,治寿春县。西晋建制依魏,扬州治所、淮南郡治,均治寿春。《读史方舆纪要》:晋自渡江后,寿春尤为重镇。⑤

东晋孝武时避郑后阿春讳,改寿春为寿阳。太元八年（383）,前秦苻坚占寿春。南北朝为扬州、为豫州或南豫州,常为州治。北魏为扬州

---

① 曾道唯纂《光绪寿州志》卷二,二页。

② 南北朝范晔《后汉书》卷一百十二《郡国志》第二十二:"九江郡,秦置（洛阳东一千五百里）,十四城,户八万九千四百三十六,口四十三万二千四百二十六,阴陵、寿春（汉官云:刺史治）……"（百衲本景宋绍熙120卷刻本,基本古籍库,1418页）

③ 晋陈寿《三国志》卷六《魏书六·袁术传》松之案:"《英雄记》:'陈温,字元悌,汝南人。先为扬州刺史,自病死。袁绍遣袁遗领州,败散,奔沛国,为兵所杀。袁术更用陈瑀为扬州,瑀字公玮,下邳人。瑀既领州,而术败于封丘,南向寿春,瑀拒术不纳。术退保阴陵,更合军攻瑀。瑀惧走归下邳。'如此,则温不为术所杀,与本传不同。"（宋绍兴本,汉籍资料库,208页）

④ 唐房玄龄《晋书》卷十五,第十一页,乾隆四年校刊。

⑤ 清顾祖禹《读史方舆纪要》卷二十一:"寿春废县,即今城也。秦置县,汉五年刘贾南渡淮围寿春,即此。寻为九江郡治。后汉建武五年幸寿春,寻为扬州治。后为袁术所据,曹操得之以为重镇。魏甘露二年,诸葛诞据寿春。文钦自吴驰救诞,寻以猜疑杀钦。钦子鸯虎将兵在小城中踰城走,既而城陷,诞将麾下突小城欲出见杀。盖寿春有大小二城也。晋自渡江后,寿春尤为重镇。"（清130卷稿本,基本古籍库,732页）

淮南郡寿春县，至北齐，扬州刺史治寿阳。此间建制多变。《南齐书·州郡志》"豫州，晋元帝永昌元年（322），刺史祖约避胡贼，自谯还治寿春。咸和四年，祖约以城降胡，复以庾亮为刺史，治芜湖。……庾亮经略中原，以毛宝为刺史治邾城，为胡就复。……穆帝永和五年，胡伪扬州刺史王浃以寿春降。而刺史或治历阳进马头及谯，不复归旧镇也。哀帝隆和元年，袁真还寿春，真为桓温所灭，温以子熙为刺史，戍历阳。……（义熙）十二年（406）刘义庆镇寿春，后常为州治"。① "永明二年（484），割扬州宣城、淮南、豫州历阳、谯、庐江、临江六郡，复置南豫州。"②

梁为豫州治。梁普通七年（526）"（十一月）辛巳，夏侯亶、胡龙牙、元树、曹世宗等众军剋寿阳城。丁亥，放魏扬州刺史李宪还北。以寿阳置豫州。"③

隋为淮南郡寿春县，开皇九年改置寿州，设总管府。大业元年废州改为淮南郡，治寿春。

唐为寿州，治寿春县。《旧唐书·地理志》"淮南道寿州（中）"："寿春：汉县，属九江郡。晋改为寿阳，晋于此置扬州，齐置豫州，后魏置扬州，梁复为豫州，后周置扬州。隋改寿州，炀帝为淮南郡，武德中为寿州。皆以寿春为治所。"④

五代为吴地，以寿州为忠正军，南唐改曰清淮军，周世宗平淮南，复为忠正军。《凤台县志》引《五代会要》："唐天成二年升寿州为忠正军"；《周世宗本纪》："显德四年三月克寿州"；《刘仁赡传》："寿

---

① 萧子显《南齐书》，岳麓书社，1998年，148–149页。
② 萧子显《南齐书》，155页。
③ 唐姚思廉《梁书》，宋大字本，汉籍资料库，71页。
④ 后晋刘昫等《旧唐书》，吉林人民出版社，1995年，976页。

州故治寿春，世宗以其难克遂徙城下蔡而复其军曰忠正军"；《太平寰宇记》："显德三年，平淮南，降寿州为防御州，仍移州于颍州之下蔡为理所"；《旧五代史·郡县志》："寿州，周显德四年移于颍州下蔡县① 为依郭，以旧寿州为寿春县。"② 台湾版《中文大辞典》：五代周徙治下蔡……以故治为南寿春。

（图1-1 下蔡县印拓本）

宋时寿为府，亦曰寿春郡，隶淮南西路（或淮西路），忠正军节度，治寿春。《宋史·地理志》："西路。府：寿春。州七：庐、蕲、和、舒、濠、光、黄；军二：六安、无为；县三十三。南渡后，府二：安庆、寿春；州六：庐、蕲、和、濠、光、黄；军四：安丰、镇巢、怀远、六安；为淮西路。"③

政和六年（1116）升州为府，兼置寿春县。《宋史·地理志》：政和

---

① 下蔡县印拓片，王晓珂藏。
② 以上数条见李师沆《光绪凤台县志》卷一第三页四页（清光绪十九年25卷刊本），李兆洛纂《嘉庆凤台县志》卷一（清嘉庆十九年12卷刻本）所载同。
③ 元脱脱《宋史》，吉林人民出版社，1995年，第1398页。

六年升为府，下蔡、安丰、寿春皆隶焉。[①]《元丰九域志》：（淮南）西路寿州寿春郡忠正军节度治下蔡。[②]《光绪寿州志》按语说："是时寿春下蔡并倚郭，若后之寿州凤台，故《九域志》谓军、府治下蔡。"[③]李兆洛《凤台县志》："宋俱属寿春府，亦以下蔡为府治。"[④]

南渡后，以寿春县隶安丰军，复为府，移安丰军治寿春，隶于府。（《宋史·地理志》：绍兴十二年升安丰为军，以六安霍邱寿春三县来隶，三十三年升寿春为府，安丰军隶焉。）后复为安丰军，属淮南西路，治寿春县。（乾道三年，即1167年，罢寿春复为安丰军寿春县，迁安丰军治于寿春）

绍兴十一年（1141），即金皇统元年，"绍兴和议"划淮为界，寿春仍隶安丰军。《金史·地理志》南京路："寿州，下，刺史。宋隶寿春府，贞元元年来属，泰和六年六月升为防御。户八千六百七十七。县二、镇一：

[①] 元脱脱《宋史·地理志（四）》："寿春府，寿春郡，紧，忠正军节度。本寿州。开宝中，废霍山盛唐二县。政和六年，升为府。八年，以府之六安县为六安军。绍兴十二年，升安丰为军，以六安、霍丘、寿春三县来隶。三十二年，升寿春为府，以安丰军隶焉。隆兴二年，军使兼知安丰县事。乾道三年，罢寿春，复为安丰军。……县四：下蔡，紧。安丰，望。霍丘，望。寿春，紧。绍兴初，隶安丰，三十二年为府，乾道三年为倚郭。"（元脱脱《宋史》，吉林人民出版社，第1398—1399页）

[②] 宋王存《元丰九域志》卷五："西路，州八、军一、县三十二。紧，寿州，寿春郡，忠正军节度，治下蔡县。地里，东京九百里，东至本州界一百里，自界首至濠州一百八十里，西至本州界五十五里，自界首至颍州一百八十五里，南至本州界五百二十里，自界首至舒州二百里，北至本州界四十五里，自界首至亳州二百六十里，东南至本州界一百二十里，自界首至庐州六十五里，西南至本州界三百四十七里，自界首至光州二百二十里，东北至本州界三十里，自界首至宿州一百五十五里，西北至本州界二百一十里，自界首至亳州二百一十里。户主五万六千二，客七万二千七百五。土贡，葛布一十疋，石斛二十勋。"（清文渊阁四库全书10卷本，基本古籍库，84—85页）

[③] 曾道唯纂《光绪寿州志》卷二，五页，清光绪十六年刊民国七年重印36卷本。

[④] 李兆洛纂《嘉庆凤台县志》卷一，四页，清嘉庆十九年12卷刻本。

下蔡（有硖石山、颍水、淮水）；蒙城，宋隶亳州，国初来属（有狼山、涡水）；镇一：蒙馆。"①此当指治于下蔡之寿州。

（图1-2 安丰义兵百户印） （图1-3 霍丘义兵千户印）

（左：安丰等处义兵百户铜印，方形，边长6.2厘米，国家博物馆藏。右：霍丘等处义兵千户之印，河南省淮滨县文化馆在文物普查中发现，河南省博物馆赵新来保管，铜质，方形，边长6.8厘米。②）

元，寿春隶河南江北行省安丰路总管府。《元史·地理志》："安丰路，下。唐初为寿州，后改寿春郡，宋为寿春府，又以安丰县为安丰军，继迁安丰军于寿春府。元至元十四年，改安丰路总管府。十五年，定为散府（注由路统属的），领寿春、安丰、霍丘三县。二十八年复升为路，以临濠府为濠州，与下蔡、蒙城俱来属。"③

明初为寿春府，寻为寿州，隶南京凤阳府，治寿春，领霍丘蒙城二县。《明史·地理志》："北有下蔡县，南有安丰县，俱洪武中省，有下蔡镇巡检司，

---

① 脱脱《金史》，中华书局，1975年，第84页。
② 照那斯图、薛磊《元国书官印汇释》，辽宁民族出版社，2011年，第171-172页。
③ 明宋濂《元史》，洪武九十九卷本和南监本，汉籍资料库，1412页。

又东北有北炉镇、西有正阳镇二巡检司。"①

清为凤阳府之寿州，初隶江南等处承宣布政使司，后 隶江南安徽等处承宣布政使司。雍正二年（1724）霍邱蒙城县划隶颍州，雍正十一年（1733）划城内之东北隅、北门外之石头铺设凤台县，州县同城。东门，州县分理，北门属县。东街北自箭道巷起至东门止属县，北街东首贝家拐起至北门止属县，西首紫城街街口起到北门止属县。清同治二年（1863）迁凤台县治于淮北。

民国初年改寿州为寿县。初属安徽省淮泗道，后属六泗道。17年（1928）8月废道属安徽省。21年（1932）安徽省划成10个行政督察区，寿县属第4行政督察区域，东界定远、怀远，西界淠水与霍邱毗邻，南界合肥、六安，北界颍上、凤台。据22年（1933）9月资料，全境 面积12210平方里，共分7区、696保、7137甲。27年（1938）6月、28年（1939）7月日本侵略军两次陷城，寻退。29年（1940）4月12日，日本侵略军第3次侵城后，曾建伪寿县作为其三等县，初于城内设四镇，至33年（1944）9月11日起编为"化南""安北"2镇和南关直辖保，计22保、275甲。民国县政府南迁保义集，至34年（1945）8月抗战胜利，是月31日县府迁回县城。

新中国成立初（1949），因解放战争期间旧制，先沿淠水（瓦埠湖）以东建寿合县，治五楼（今长丰吴山北），辖长中、蜀西、寿合、寿四、

---

① 清张廷玉《明史》卷四十《地理志》："寿州，……太祖丙午年曰寿春府。吴元年曰寿州，属临濠府。洪武二年九月直隶中书省。四年二月还属，后以州治寿春县省入。……又北有下蔡县，南有安丰县，俱洪武中省，有下蔡镇巡检司。又东有北炉镇、西有正阳镇二巡检司。东距府一百八十里，领县二：霍丘，州西南。西南有大别山。北滨淮，史河、沣河俱流入焉。南有开顺镇、丁塔店，西有高唐店三巡检司。蒙城，州北。北有涡水，又有北肥水"（岳麓书社，1996年，第515页）

寿三、寿一共6个区；继以淝水之西、淠水之东建为寿县，治寿县城关，辖城关、正阳、堰口、迎河、保义、众兴共6个区。寿合、寿县均隶皖北第三分区。7月并寿合入寿县，治城关。原寿合县之蜀西、长中等地回归合肥、肥西；大通、九龙岗等地陆续划入淮南市区。次年3月1日，又以正阳区成立正阳市，属六安行政区专员公署，市辖正阳镇和枸杞、吴圩、十字路、茶菴（今梨树）、邵店、卅铺、黑龙、菱角9乡。至4月20日，六安区专员公署民总字第17号训令转皖北行署指令"转中央政府颁行新编制，正阳关不够设市条件，未便照准"，遂撤市改为寿县正阳关区。是年10月，全县改12区为16区。1958年12月5日分寿县为寿县、安丰县。西自清河口向南沿肖岩湖中心向东，过苏王坝北、真武庙台南，穿过瓦埠湖，在老咀子北，顺沿河向东至庄墓桥，再东过梁口与车工集之间，在朱巷过淮南铁路，与定远肥西接界，南为安丰县，北为寿县。寿县仍治县城，属淮南市。安丰县治石家集，属六安专区。至次年4月21日复并为寿县，治寿县城，仍属六安专区。1964年10月，划寿县东部的水家湖、下塘集、杨庙、杨公四区入新置的长丰县，隶合肥市。

今寿县地理位置于东经116°28'-117°04'，北纬30°54'-32°40'之间，总面积为2987平方公里。经过多次的区、社、乡撤并与增设，1984年底为7区、2（区级）镇、48乡、12（乡级）镇。总人口1 068 393人，耕地1 901 500亩。县境最高之山是海拔241米的白鹤山老庙台；海拔195.4米的龙茅岭在县最北边境；名山有八公山（168.5）、四顶山（221）。名水有淝水、淮水。名塘有安丰塘、罗贝塘、广岩塘。历史文化名城是今县治南唐寿春城。①

---

① 按，本文撰于1985年11月22日。

寿县出土爰金

1979年8月，东津乡花园村出土"郢爰"2块、"卢金"5块、无印记金币8块，金饼4块，总重5187.25克；1986年2月，东津乡油坊圩出土"郢爰"28块，金饼10块，总重10055克；1986年4月，东津乡严圩村出土金饼2块，小块123块，总重9394.8克，今藏县博物馆。

寿县出土爰金，最早见于宋沈括《梦溪笔谈》。民国《安徽通志稿·金石古物考》记载寿春出土印子金[①]有四种（铸文）：

[①] 《光绪凤台县志》卷二："晒金场，城西北二里许。每逢暴雨后，居民捡遗金者，大则两余，小者钱余，大则有印，传系淮南王印子金。"（二十七页，清光绪十九年刊25卷本）清樊增祥《樊山续集》卷九《北台集·遣怀》："买花休典断纹琴，卖赋谁酬印子金。不著二尘甜苦淡，未除三好酒书音。客来论画惭清闲，寺近闻钟即定林。一箭幽兰开越盎，素香先得楚人心。"自注："印子金上有刘主字，相传是淮南王药金，重不过半两，见沈括《笔谈》。"（清光绪二十八年西安臬署刻28卷本，基本古籍库，73页）清陆继辂《崇百药斋三集》卷六有诗，题为《唐小迦示印子金拓本》，题下注："文曰：刘主。相传为淮南王安烧丹所遗，今淮水中往往有之。"诗语云："道书我懒披鸿烈，国姓差堪补说文。先是铁锥诚快绝，岂知复有辟阳孙。富贵神仙尽劫灰，匆匆兵解亦堪哀。遗金若遇刘文叔，早为东京作谶来。"（清道光八年12卷刻本，基本古籍库，68页）

树·权·文·存

（图 2-1　印子金铸文摹本）

　　即颍、専、郢、陈，印字均为战国时地名①。颍，颍州近于寿春，春秋时胡子国，战国属楚②。専，《春秋左传》作郕③，山东兖州境，春秋属鲁，战国亦并于楚。陈，《汉书·地理志》注"淮阳国陈"之陈④，"陈"，当是楚顷襄王退保陈城时所作⑤。郢，楚之郢有二，一是楚文王时自丹阳徙江陵为都郢；再是楚考烈王二十二年（前 241）伐秦不利，东徙都寿春，命曰郢。近年三次所出爰金，以"郢爰"居多，爰同选，选同万，是一爰等于一万，又因地区不同，价值不等，因此古币多铸铸地的地名，以便兑

---

① 徐乃昌纂《安徽通志·金石古物考》，1949 年版，民国图书数据库，275-277 页。

② 这种金币系清末合肥人龚景张（即龚心铭）发现，1974 年河南扶沟出楚金币中又有 2 块，上镌有"卤少"字样，李学勤释为"少贞"，朱活释"少鼎"，即 䖒。现上海博物馆有藏。"颍"即安徽阜阳西周时胡子国，公元前 496 年为楚昭王所灭，公元前 253-241 年曾为楚国都。

③ 汉何休撰，唐陆德明音义《春秋公羊经传解诂》"成公第八"："六年春取郕。郕者何？邾娄之邑也。曷为不系于邾娄，讳亟也。"注："讳鲁背信亟也。"（清嘉庆二十年南昌府学刊本，汉籍资料库，219-220 页）《春秋左传正义》卷第三十二"凡书取，言易也"疏："成六年取郕，传曰：言易也。……郕，附庸国。"（清嘉庆二十年南昌府学刊本，汉籍资料库，552 页）

④ 《汉书补注·地理志第八下》："莒，故国，盈姓，三十世，为楚所灭，少昊后。""陈奂曰：少昊后三字，当在故国之下，下文淮阳国陈，故国，舜后；东平国，任城，故任国，太昊后，是其例也。"（清光绪刻 100 卷本，基本古籍库，1526 页）

⑤ 楚庆王曾都于此（前 613—590），楚顷襄王二十一年（前 278）也迁都于此；亦即《诗经》中有名的宛丘。

现之用①。"郢",当是楚考烈王徙都寿春时所做,过去常见一大块上只有 19 小方,此次最多有 22 方②。使用这种金币,切下若干小块后,可能还要过秤等量再用。"卢（鑪）金"金块,印记为圆形,有大块上打有 21 个,过去未见,有人以为"卢"字也是楚地名③,不知何处。从印记看,

---

① 郢爰或误释为"刘主"印。沈括《梦溪笔谈》卷二十一："寿州八公山侧土中及溪涧之间往往得小金饼,上有篆文'刘主'字,世传淮南王药金也,得之者至多,天下谓之印子金是也。然止于一印,重者不过半两而已,鲜有大者。予尝于寿春渔人处得一饼,言得于淮水中,凡重七两余,面有二十余印,背有五指及掌痕,纹理分明,传者以谓泥之所化,手痕正如握泥之迹。襄随之间,故舂陵、白水地,发土多得金麟趾、褭蹄。麟趾中空,四傍皆有文,刻极工巧,褭蹄作团饼,四边无模范迹,似于平物上滴成,如今乾柿,土人谓之柿子金。《赵飞燕外传》'帝窥赵昭仪浴,多裒金饼以赐侍儿私婢',殆此类也。一枚重四两余,乃古之一斤也。色有紫艳,非他金可比;以刀切之,柔甚于铅。虽大块亦可刀切。其中皆虚软,以石磨之则霏霏成屑。小说（谓）麟趾、褭蹄乃娄敬所为药金,方家谓之娄金,和药最良。《汉书注》亦云:异于他金。予在汉东,一岁凡数家得之,有一窖数十饼者,予亦买得一饼。"（宋沈括《梦溪笔谈》,上海古籍出版社,2015年,138–139 页）《格物中法》卷五上"金部"引上文后云："嶽云谨案:此药金之确有依据者。"（清同治刘氏家刻 6 卷本,基本古籍库,197 页）又,《光绪寿州志》卷三十二："按此金今见者绝少,予（李兆洛）购之数年仅得一枚,故摹其文于志,以贻来者。印方二分许,厚可三钱四,旁皆有錾凿痕,重十铢。'𢆉' 盖卯之狭,全盖金之省,右从'邑',刘本地名,从刀者当是后来附会而成,讹。主字上从'日',似口字,方幅窄狭,口字不能分明耳,自右至左读之,当云'主刘',《续博物志》《梦溪笔谈》均以为'刘主',古刻印文,纵横可通也,然刘主、主刘、皆无意义。"（十五页,清光绪十六年刊民国七年重印本）

② 古人所记也见二十余印者。李石《续博物志》卷十："印子金,世传淮南王安药金上有印子篆文刘主字,寿州八公山土中耕者往往得之。小饼重半两,有一印,大饼至七两,有二十许印。襄赵之间,故舂陵白水之地,多得金麟趾、褭蹄。金趾中空,四旁有文,刻工巧,褭蹄似于平物上滴成,如干柿,土人谓之柿子金;或曰此娄敬所为药金,和药最良。"（明古今逸史本,141 页）

③ 卢,古戎国。《春秋左传正义》卷七："及罗,罗与卢戎两军之。"杜预注:"卢戎,南蛮。"（清嘉庆二十年南昌府学刊本,汉籍资料库,125 页）《古今姓氏书辩证》卷四十:"戢,侧立切,谨案:春秋有庐戢黎,《国语》注曰:庐,楚邑,戢黎,庐大夫,则黎以戢氏也。"（清文渊阁四库全书本,基本古籍库,297 页）

使用方法与"郢爰"约同。①（附图见下）

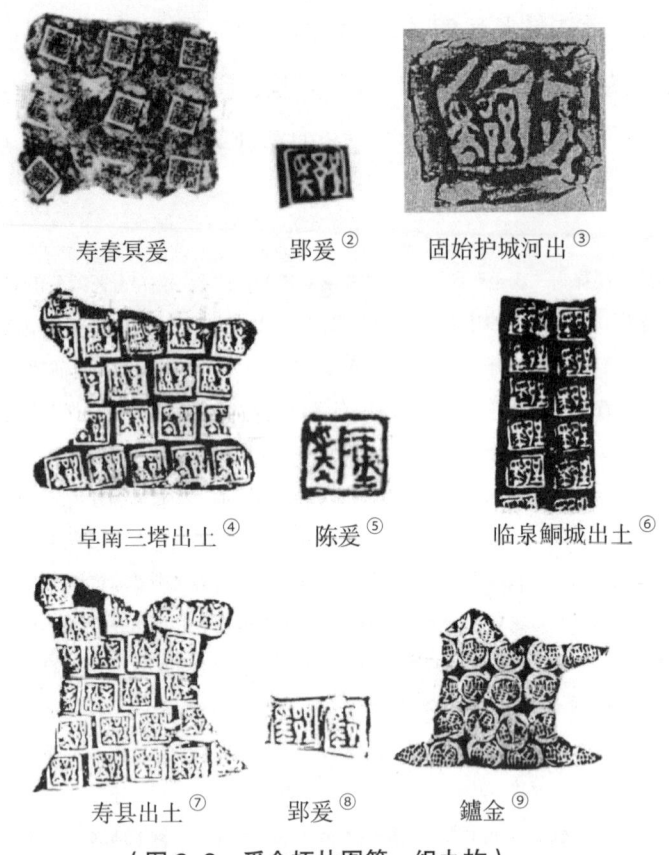

寿春冥爰　　郢爰②　　固始护城河出③

阜南三塔出土④　　陈爰⑤　　临泉鲖城出土⑥

寿县出土⑦　　郢爰⑧　　鑪金⑨

（图 2-2　爰金拓片图第一组九枚）

① 本文原载寿县政协文史资料委员会编《寿县文史资料》第三辑，1995 年 8 月。
② 天津市历史博物馆编《天津市历史博物馆藏中国历代货币·第 1 卷·先秦部分》，天津杨柳青画社，1990 年，第 188 页。
③ 《中国文物报》1989 年 6 月 30 日第 25 期第二版。
④ 黄德馨《楚爰金研究》，光明日报出版社，1991 年，第 93 页。
⑤ 咸阳出土，黄德馨《楚爰金研究》，第 95 页。
⑥ 黄德馨《楚爰金研究》，第 95 页。
⑦ 黄德馨《楚爰金研究》，第 94 页。
⑧ 上海博物馆藏 4234 号，黄德馨《楚爰金研究》，第 94 页。
⑨ 1979 年寿县东津出土，黄德馨《楚爰金研究》，第 95 页。

郼爰①    三枚叠郼爰②

颖爰③

陈爰④

（图2-3 爰金拓片图第二组七枚）

---

① 安志敏《金版与金饼——楚、汉金币及其有关问题》，《考古学报》，1973年2期。
② 李鹏编《黄金的历史》，哈尔滨出版社，2017年，160页。
③ 安志敏《金版与金饼——楚、汉金币及其有关问题》。
④ 安志敏《金版与金饼——楚、汉金币及其有关问题》。

八公山名小考

《水经注》载:"船官湖北对八公山。"[①] 船官湖即盛家湖,湖原在北门大桥旁,桥旁有高滩,旧称北洲,即梁武帝萧衍所建西昌寺[②]遗址。后人在洲上设船官坊,故名船官湖。《曾志·山川》记有西昌寺遗址:"其右侧则八公山矣",淝水"又西北绕八公山入淮"[③]。可知八公山在今东淝闸东,水北岸,立四顶山颠西看,呈一脉十一峰者,即八公山。

考寿县城北诸山,各有其名。因古城方位,习惯有总称为"北山"的,

---

① 清李兆洛《嘉庆凤台县志》卷十:"《水经注》,船官湖北对八公山,上有淮南王刘安庙。庙中图安及八士像皆坐,床帐如平生,被服纤丽,咸羽扇裙帔,巾壶枕物,一如常居。山有隐室石井,即崔琰所谓余下寿春登北岭淮南之道室,八公石井在焉。"(清嘉庆十九年10卷刻本,基本古籍库,226页)

② 南北朝郦道元撰;明朱谋㙔注《水经注笺》卷三十二"北入于淮":"肥水又西分为二水,右即肥之故渎,遏为船官湖,以置舟舰也。……洲上有西昌寺,寺三面阻水,佛堂设三像,真容妙相,相服精伟。(旧本作相服精炜)是萧武帝所立也。寺西即船官坊。"(明万历四十三年李长庚刻40卷本,基本古籍库,416页)

③ 曾道唯《光绪寿州志》卷三:"今桥北洲上尚有巨石础十余,或是西昌寺遗址。其右则八公山矣。左受城濠,即纳芍陂渎处,又西北绕八公山入淮,其可考者盖如此。"(清光绪十六年刊民国七年重印本,三页)

此"城北诸山"之省。如史称司马昭转据北山;《魏书·李崇传》:崇都督淮南诸军事,"大水入城,屋宇皆没","州府劝崇弃寿春保北山"①,等等。又因地久属寿春,书中也有统称"寿春山"的。如清翁同书《书怀》诗:"空随虎豹下天关,老我金戈铁马间,乌榜未通清颍水,朱旗犹闪寿春山。"还因山在楚地,也称"楚山",如林和靖《硖石寺》诗,首句便是"长淮如练楚山青"②,宋王安石《寿阳城晚眺》诗:"楚山重叠蠹淮溃,堪与王维立画勋"③。同样因为诸山位于淮河岸边,也可称作"淮山"。宋苏轼诗《出颍口初见淮山》④,王安石诗"淮山但有八公名,鸿宝烧金

---

① 北齐魏收著,杨沫、关华译注《魏书选译》,巴蜀书社,1994年,209页。
② 《硖石寺》:"长淮如练楚山青,禹凿招提甲画屏。数崦林萝攒野色,一崖楼阁贮天形。灯惊独鸟迴晴坞,钟送遥帆落晚汀。不会剃头无事者,几人能老此禅扃。"(沈幼征校注《林和靖集》,浙江古籍出版社,2015年,77页)
③ 《嘉庆凤台县志》卷七收王安石《寿阳城晚眺》:"楚山重迭蠹淮溃,堪与王维立画勋。白鸟一行天在水,绿芜千阵野平云,孤崖佛国晴先见,极浦渔舟晚未分。吟罢骚然略回首,栎阳诗社久离群。"注云:"此诗见旧志,集中无之。"(清嘉庆十九年刻本)按,此诗又见宋林逋《林和靖集》,题为《寿阳城南写望怀历阳诸友》,"极浦渔舟晚未分","晚"作"晓"。(沈幼征校注《林和靖集》,122页)
④ 《补注东坡编年诗》卷六载此诗,云:"我行日夜向江海,枫叶芦花秋兴长。平(一作长)淮忽迷天远近,青山久与船低昂。寿州已见白石塔,短棹未转黄茅冈。波平风软望不到,故人久立烟苍茫。"注云:"颍口,《水经》:淮水东流与颍口会,又东北迳寿春故城西。寿州,《元和郡县志》:秦九江郡,南北朝为寿春,隋改寿州。《太平寰宇记》:淮南道寿州寿春郡,宋升忠臣军节度,西北至东京八百五十里,东至濠州二百二十里。《五代会要》:周显德四年移寿州于下蔡,以旧寿州为寿春县。"按,此次经行寿,寿州李定为之饯宴,诗语所谓"故人久立"也。因苏诗又有《寿州李定少卿出饯城东龙潭上》一首,云:"山鸦噪处古灵湫,乱沫浮涎绕客舟。未暇然犀照奇鬼,欲将烧燕出潜虬(一作虯)。使君惜别催歌管,村巷惊呼聚玃猴。此地他年颂遗爱,观鱼并记老庄周。"注云:"李定,王明清《挥麈前录》:李定同时有三人,其一字仲求,洪州人,晏元献之甥,欲预赛神会,苏子美以其任子拒之,致兴大狱者。又李定,字资深,元丰中御史中丞,扬州人。又李定,嘉祐治平以来以风采闻,遍历诸路,计度转运使官制未行,老于正卿,盖济南人也。世多指而为一,不可不辨。又按乌台诗案亦有两李定,其一人即御史中丞上疏劾东坡者,其一在丞受先生讥讽文字收坐人姓名内,未详孰是。城东龙潭,《水经注》:肥水又西迳东台下,即寿春外郭东北隅阿之榭也,东侧有一湖,三春九夏红荷覆。"(清文渊阁四库全书50卷本,基本古籍库,110页)

竟不成"①；南宋嘉定间被金人虏去的"淮上女"作有《减字木兰花》："淮山隐隐，千里云峰千里恨"②，等等。史书称"淝陵"，也是以水而名山的。唐李白《送张遥之寿阳幕府》诗："苻坚百万众，遥阻八公山"③，刘禹锡《寄杨八寿州》诗："八公山下清淮水，千骑尘中白面人"④，等等，都是泛称寿县城北诸山的。至于《魏书》纪高祖于太和十有九年春正月己亥，车驾济淮，"二月甲辰幸八公山"；以及《天下名胜志》说宋武帝尝登八公山刘安台，下视城郭"如匹帛之绕丛花"⑤，也许是实指八公

---

① 宋李壁《王荆公诗注》卷四《八公山》："淮山但有八公名，鸿宝烧金竟不成。"注："事见《太平广记》，刘安初好道，有八公诣门。门吏嫌其老，皆变为童子。安跣足迎拜，乃复为老人。后以八公名山。刘向更生父德武帝时治淮南狱，得鸿宝苑祕书，更生幼而读诵，以为奇，献之，言黄金可成。上令典尚方铸作事费甚多，方不验。上乃下更生吏，吏劾更生铸伪黄金系当死。更生兄阳城侯安民入国户半赎更生罪。上亦奇其才，得踰冬减死论。"

又后两句："身与仙人守都厕，可能鸡犬得长生。"注："安别传云：既上天，过诸仙伯，安少习尊贵，稀为卑下之礼，坐起不恭，或误称寡人，仙伯主者奏安不敬，应斥。八公为谢过，乃赦之，谪守都厕三年，后为散仙人，不得处职，但不死而已。传又载：安临去时，余药器置在中庭，鸡犬舐之升云中。此言安尚守都厕，安得有鸡犬皆仙之说也。"（清文渊阁四库全书 50 卷本，基本古籍库，377 页）

② 淮上女《减字木兰花》："淮山隐隐，淮水悠悠，山长水远，恨旧愁新。千里云峰千里恨，万顷烟波万顷愁。遮住行人东望眼，有泪无言对晚春。"（马兴荣，刘乃昌，刘继才主编《全宋词广选新注集评（4）》，辽宁人民出版社，1997 年，676 页）

③ 李白《送张遥之寿阳幕府》："寿阳信天险，天险横荆关。苻坚百万众，遥阻八公山。不假筑长城，大贤在其间。战夫若熊虎，破敌有余闲。张子勇且英，少轻卫霍俦。投躯紫髯将，千里望风颜。勗尔效才略，功成衣锦还。"（瞿蜕园、朱金城《李白集校注》，上海古籍出版社，1980 年，1014 页）

④ 《刘梦得文集》卷四《寄杨八寿州》："风猎红旗入寿春，满城歌舞向朱轮。八公山下清淮水，千骑尘中白面人。桂岭雨余多鹤迹，茗园晴望似龙鳞。圣朝方用敢言者，次第应须旧谏臣。"（见周振甫主编《全唐诗》第 7 册，黄山书社，1999 年，2659 页）

⑤ 唐白居易撰《白氏六帖事类集》卷一："八公山，宋武帝三月三日登八公山刘安故台，曰：城郭如匹帛之绕丛花也。"（民国景 30 卷宋本，基本古籍库，37 页）

山，或非是。像清吴伟业《过淮阴有感》诗："登高怅望八公山，琪树丹崖未可攀，莫想阴符遇黄石，好将鸿宝驻朱颜。浮生所欠止一死，尘世无由识九还，我本淮南旧鸡犬，不随仙去落人间"①，那就纯是诗人笔下的胜迹了。

  总之，时间长久，山名混乱，不易辨识的事是常有的。《太平寰宇记》引《舆地纪胜》说"紫金山即八公山，在州东北十里，山有车辙马迹"，更误。还有常得金牌、"疑为丹砂所化，可以疗病"之附会已近荒诞②。宋人宋祁作《诋仙赋》说"人之好奇，而不责实"③，诚属中肯之言。清寿州人孙元珙《八公山怀古》诗说得好："底事名山著八公，淮南王业冷江枫。国墟嗣绝丹何补？犬吠鸡鸣术太空。只有遗金夸父老，原无妙药返儿童，

---

① 本社编《元明清诗三百首鉴赏辞典》，上海辞书出版社，2017年，257页。

② 《通鉴纲目》卷五十九："《集览》：紫金山，在安丰路寿春县南，或云即八公山。……《一统志》云：紫金山，在凤阳府寿州东北一十里，山有车辙马迹，谓淮南王安宾客之遗迹。世传昔有人获小金牌，可以疗病，疑为丹砂所化。周世宗大破南唐军于紫金山，即此。"（清文渊阁四库全书59卷本，基本古籍库，4102页）

③ 《历代赋汇》卷一百六"仙释"收宋人宋祁《诋仙赋》，序云："予既守寿春，览郡图，得八公山。故老争言山上有车辙马迹，是淮南王上宾之遗。耕者往往得金，云丹砂所化，可以疗病。因取班固书、葛洪神仙二传合而质之。嗟乎，人之好奇而不责实也尚矣，而洪又非愚无知者，犹凭浮证伪，况鄙人委巷语耶？作诋仙赋。"文云："悯兹俗之鲜知兮，徇悠悠之妄陈。常牵奇以合怪兮，欲矜己以自神。操百世之实亡兮，唱千龄之伪存。彼淮南之有将兮，固殊刺而殒身。缘内篇之丕诞兮，眩南宫之多闻。谓八人者语王兮，历倒影而上宾。饵玉匕之神药，托此躯乎霄宸。王负骄以弗虔兮，又见谪于列真。虽长年之弥亿兮，屏帑偃而念怼。塞（四库本作"念"）斯事之吾欺兮，聊反复乎遗言。号圣仙之灵禀兮，宜常监德而辅仁。不是察王（四库本有"之"）倨贵兮，遽引内于天门。已乃悟其非是兮，胡为赏罚之纷纭。宁仙者之回惑兮，无以异乎常人。国为墟而嗣绝兮，载遗恶而不泯。故里（四库本无"里"）盛传其遗金兮，证隁（四库本为石字旁）石之余痕。武安阴语而前死兮，更生伪铸以赎（四库本作续）论。彼逞诈以罔时兮，宜自警于斯文。"（马积高，万光治主编《历代词赋总汇宋代卷》第4册，湖南文艺出版社，2014年，第2926页）

诋仙赋出如椽笔，贤守风流醒聩聋。"①

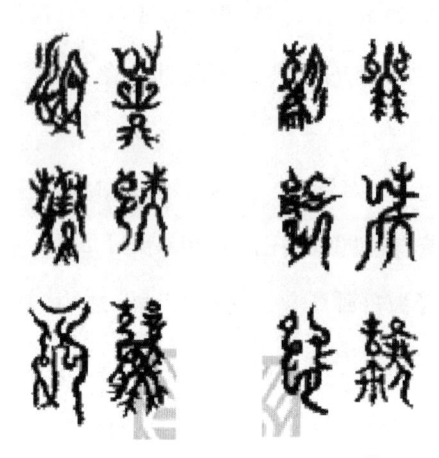

(图3-1 淮南王故宫戈铭文②)

---

① 本文原载寿县政协文史资料委员会编《寿县文史资料》第二辑，1990年12月。
② 徐乃昌纂《安徽通志稿·金石古物考》收戈，注云："新平张氏得于寿阳紫金山淮南王之故宫。……按此戈文字奇古，不可识，当为商周之物，宋人以出土之地，名之曰淮南王之故宫戈，姑仍旧题，以俟达者识之。"（卷十六，第四页）

寿县古城门石刻浅识

寿县古城四门都有石刻。东门"宾阳"、南门"通淝"、西门"定湖"、北门"靖淮"（又称"清淮"）。这些石刻寓意什么？试作浅识如次。

（图 4-1 寿县北城门上嵌靖淮二字石刻图）

西门"定湖"，北门"靖淮"。北门近淮淝二水，西门临西湖，二门都面临洪水的威胁,是易受水患的地方。定、靖,均从防水安民立意,或说是一种共同的愿望。《国语·周语下》:"自后稷之始,基靖民。"韦昭注:"基,始也;靖,安也。"① 又,水治曰清。定、靖二字同义,是说水已得治,民可无患。这也符合寿地民众"安居乐业,平安无事"的心理追求。

(图 4-2　今人摹刻门里人石刻图影)

南门"通沘",主要是取"通"字之意。古城址在淮河以南,既是我国东南地区的起点,又是中原与扬越之域的过渡地带。北连淮河,南通沘水,

---

① 三国韦昭《国语韦氏解》卷三"周语下·灵王二十二年":"及文武成康而仅克安民,自后稷之始,基靖民,十五王而文始平之。"注:"基,始也;靖,安也。自后稷播百谷以始安民。凡十五王,世循其德,至文王乃平民受命也。"(七页,士礼居丛书景 21 卷宋本)《晋书》亦云:"故自后稷之始基靖民,十五王而文始平之,十六王而武始居之,十八王而康克安之。故其积基树本,经纬礼俗,节理人情,恤隐民事,如此之缠绵也。"(135–136 页,汉籍资料库本)

水陆相辅,向为我国古代发展较早的通道之一,所以《史记·货殖传》称这里是"郢之后徙寿春,亦一都会也"。①《南齐志》说:"寿春,淮南一郡之会,地方千余里,有陂田之饶,北拒淮水,汉魏扬州刺史之所治。"②《寿州乡土志》说:"寿州当长淮之冲,东据东淝,西扼涡颍,襟江而带河……。南人得之,则中原失之屏障;北人保之,则东南失其咽喉。故楚人即尽大江之南,欲窥中原,遂迁都是,以为进取之资。"此"通淝"之意甚明。

南门内东壁刻有一石人像、高约尺许。人称"门里人"③,其意来自楚国李园藏刺客于棘门内刺死春申君④黄歇的故事,至今城内仍妇孺皆知此故事,不必再做什么解释了。

东门"宾阳"⑤。寿春古城,首为蔡都。又为楚都。门名与君权神授似有关系。《广雅·释天》曰:"东方昊天"⑥。《说文》:"元气昊昊,

---

① 汉司马迁《史记》卷一百二十九:"豫章长沙,是南楚也。其俗大类西楚,郢之后徙寿春,亦一都会也。"[正义]:"淮南衡山九江二郡及江南豫章长沙二郡并为楚也。楚考烈王二十二年自陈徙都寿春,号之曰郢。故言郢之后徙寿春也。"(3268页,汉籍资料库本)

② 清何绍基《光绪重修安徽通志·武备志·兵制》"扬州刺史治合肥,后治寿春"条下注:"《南齐志》:寿春,淮南一郡之会,地方千余里,有陂田之饶,北拒淮水,汉魏扬州刺史所治。"(清光绪四年刻本,卷九十四,第二页)

③ 图为今摹刻"门里人"。

④ 清尹继善《乾隆江南通志》卷三十五《舆地志》:"春申君台,在寿州城东北隅,相传楚春申黄歇筑。"(四十二页,清文渊阁四库全书200卷本)汉高诱注、宋姚宏续注《战国策注》卷第十七:"楚考烈王崩,李园果先入,置死士止于棘门之内,春申君后入,止棘门,园死士夹刺春申君,斩其头,投之棘门外。于是使吏尽灭春申君之家。而李园女弟初幸春申君有身而入之王所生子者,遂立为楚幽王也。是岁,秦始皇立九年矣。"(九页,士礼居丛书景33景宋本)

⑤ 宋朱熹《仪礼经传通解》卷七"俎由东壁自西阶升":"亨狗于东方,祖阳气之发于东方也。注:亨,普庚反,祖犹法也,狗所以养宾阳气生养万物。"(四十四页,清文渊阁四库全书37卷本)

⑥ 三国魏张揖《广雅》"年纪"条:"东方昊天,东南阳天,南方赤天,西南朱天,西方成天,西北幽天,北方玄天,东北蛮天,中央钧天。"(明刻本,卷九第二页)

树·权·文·存

从日,从亓。"①或云"南东方曰阳"②。《尧典》有:"曰旸谷,寅宾出日"③。在这里,迎来的是太阳,是春天,"春日载阳",温和意;温和,盛世之意。也是以吉语兆吉意,同样是我国民俗的传统。

(图4-3 寿县东城门上嵌宾阳二字石刻图)

门北侧,还有两石刻:一是凤凰石刻。一凤一凰,都是作为神鸟出现的。这种图案源于古代歌功颂圣的乐舞。《尚书·大传》:"谈然乃作大唐之

---

① 清桂馥《说文解字义证》卷三十一:"昦,春为昦天,元气昦昦,从日;亓亓,亦声,胡老切。"(五十三页,清同治刻本)

② 宋李昉《太平御览》卷第二:"天部二":"(《吕氏春秋》)又曰:天有九野。何谓九野?中央曰钧天,东方曰苍天(《尚书·考灵曜》曰皋天,《广雅》曰上天),东北方曰变天,北方曰玄天,西北方曰幽天,西方曰皓天(《尚书·考灵曜》《广雅》皆曰成天),西南方曰朱天,南方曰炎天(《尚书·考灵曜》曰赤天),南东方曰阳天。"(三页,《四部丛刊三编》景1000卷宋本)

③ 汉孔安国传、唐孔颖达疏《尚书注疏》卷二《尧典·虞书》:"分命羲仲宅嵎夷,曰旸谷。寅宾出日,平秩东作。"注:"宅,居也。东表之地,称嵎夷。旸,明也。日出于谷而天下明,故称旸谷。旸谷,嵎夷,一也。羲仲,居治东方之官。寅,敬;宾,导;秩,序也。岁起于东而始就耕,谓之东作。东方之官,敬导出日,平均次序东作之事,以务农也。"(九页,清嘉庆二十年(1815)南昌府学刊本)

歌。乐曰：舟张辟雍，鸧鸧相从，八风回回、凤凰喈喈。"①谡然，光明貌，在此可以理解为歌喻尧舜之德，也可以看成是咏颂大禹之功。与"宾阳"寓托的"盛世"之意相合。再一是蛇与人的连体形石刻，俗称"人心不足蛇吞象（相）"，非是。原意为人首蛇身的神，源于南方文化的图腾崇拜。在许多神话故事之中，说人身蛇尾的伏羲、女娲两兄妹由于洪水之祸而结亲并繁衍人类事，在江淮民间流传较广。还有把蛇神当作水神崇拜的。比如王嘉《拾遗记》有故事说禹治洪水，有蛇身人面之神，示以八卦之图，并以玉简授他，禹执玉简量度天地，终于平定了水患②。古寿春滨临淮淝颖淠诸水，向来都受洪水危害，群众深受其苦，因此，崇拜水神也是"事理"之中的事。

西门瓮内，沿道两旁，一面刻鼓，一面刻锣，俗以"当面鼓，对面锣"解释其意，亦非是。寿春古文化是中华古文化的一部分，研究此鼓与锣石刻，必须从它与中国古文化的联系上来把握。阮籍《乐论》说"黄帝咏云门之

---

① 汉伏胜撰、郑玄注，清陈寿祺辑校《尚书大传》卷一下："秋养耆老而春食孤子，乃浡然招乐，兴于大麓之野。执事还归。二年，谡然乃作大唐之歌。"注："乐以致天神，出地祇，致人鬼，为成也，谡，犹灼也，大唐之歌，美尧之禅也。"又，注后案曰："《路史后纪》十二云：……勃然兴《韶》于大麓之野，执事还归。二年，谡然乃作大唐之歌。"（十六页，《四部丛刊》景清刻左海文集5卷本）按，谡，见《中华字海》第1467页第30字。

② 晋王嘉《拾遗记》卷二"夏禹"条："禹凿龙关之山，亦谓之龙门。至一空岩，深数十里，幽暗不可复行。禹乃负火而进，有兽状如豕，衔夜明之珠，其光如烛，又有青犬行吠于前。禹计行十里，迷于昼夜。既觉，渐明，见向来豕犬变为人形。皆着玄衣。又见一神，蛇身人面。禹因与语，即示禹八卦之图，列于金版之上。又有八神侍侧。禹曰：华胥生圣人，子是耶？答曰：华胥是九河神女，以生余也。乃探玉简授禹，长一尺二寸，以合十二时之数，使量度天地。禹即持此简，以平定水土，授简披图蛇身之神，即羲皇也。"（中华书局1981年，38页）

神"①，《周礼·春官》也有"舞云门以祀天神"。② 这鼓与锣，应是古代祭祀乐中的乐器。西门临西湖，祭祀水神，祈祷安定，也是古代统治者采用俗信观念、调动民力修城治水的表现。它与"定湖"寓意如出一辙。

---

① 阮籍《乐论》："礼与变俱，乐与时化；故五帝不同制，三王各异造；非其相反，应时变也。……故后王必更作乐，各宣其功德于天下；通其变，使民不倦。然但改其名目，变造歌咏；至于乐声，平和自若。故黄帝咏《云门》之神，少昊歌凤鸟之迹；《咸池》《六英》之名既变，而黄钟之宫不改易。故达道之化者，可与审乐；好音之声者，不足与论律也。"（北京大学哲学系美学教研室编《中国美学史资料选编》，中华书局，1980年，第142页）

② 汉郑玄注、唐贾公彦疏《周礼注疏》卷第二十二："乃分乐而序之，以祭以享以祀。乃奏黄钟歌大吕舞《云门》，以祀天神。"注："分，谓各用一代之乐。以黄钟之钟大吕之声为均者，黄钟阳声之首，大吕为之合奏之，以祀天神，尊之也。天神谓五帝及日月星辰也。王者又各以夏正月祀其所受命之帝于南郊，尊之也。孝经曰：祭天南郊就阳位是也。"疏云："云'奏之以祀天神尊之也'者，以黄钟律之首，云门又黄帝乐，以尊祭尊，故云尊之也。"（339—340页，汉籍资料库录清嘉庆二十年南昌府学重刊宋本十三经注疏本）

寿县珍珠泉

（一）

"清清灵脉发，闪闪瑞光浮，尘垢难淤洁，珍珠不断头。"这是明代御使杨瞻咏珍珠泉诗句①。珍珠泉是古寿春（今寿县）名胜之一，位于富有神话色彩的八公山东麓，与寿县城隔着一道淝水，近约三里许。清人吴育《珍珠泉记》说，珍珠泉在"八公山之趾，……泉出其下若珠，故名"。《尔雅》解释"泉上出为咄"，又名咄泉。②寿州孙状元家鼐的四哥孙家丞《重修珍珠泉碑记》说："俗称珍珠，肖其形也。"明嘉靖《寿州志》记："每闻人声，则泉水涌出。"③《寰宇记》说得还要玄奇："若人至其旁，

---

① 按，诗之后几句为："寒潭浸月晓，素练逼清秋。濯却吾心污，方知是胜游。去城刚五里，山麓吐甘泉。吐吐方名咄，渊渊又号玄。灵源通海窟，活水入淮川。报道人声急，珍珠滚滚鲜。"（栗永禄《嘉靖寿州志》卷二，十五页，明嘉靖8卷刻本）杨瞻，字叔后，山西蒲州人，明嘉靖间以监察御史请戎，驻节寿州。后罢官，州民建祠涌泉山祀之。

② 李兆洛纂《嘉庆凤台县志》卷十，三十页，清嘉庆十九年12卷刻本。

③ 栗永禄《嘉靖寿州志》卷二"咄泉"条，十五页，明嘉靖8卷刻本。

大叫即大涌,小叫即小涌,若咄之,涌沸甚,因名咄泉。"① 今人以为泉水含有气体上浮,一个个泡珠在水皮面层破碎,如宁静听之,是可听到微妙的音响。清同治年间,有名叫伍晓邨的善琴者,一日携琴过寿州东乡张阆仙家,阆仙扫地焚香,求他弹奏。张阆仙于一旁静听,只听那曲音如鸟啼花落,溪水潺湲,便问是什么古曲,竟弹得如此幽丽神妙!晓邨说:"并非古曲,乃同友人游珍珠泉,暮春新霁,风物清和,适以音谱之耳。"可见珍珠泉确实有声,幽然无穷,并且深深地启迪了这位善琴者!

(二)

珍珠泉与汉淮南王刘安有过一段不解之缘。明嘉靖《寿州志》记说珍珠泉是淮南王安炼丹之所。班固、葛洪说刘安好神仙,以至"一人得道,鸡犬升天";宋人宋祁则作《诋仙赋》批评他们"人之好奇,而不责实"。怀远人汤璐赋诗说:"但得琼浆供客饮,任他鸡犬在云中"②,他对珍珠泉为淮南王刘安创制豆腐提供水资源、造福后人是很称道的。淮南王造豆腐之说,明人李时珍《本草纲目》有记:"豆腐之法,始于汉淮南王刘安"③。谢绰《拾遗》也记:"豆腐之术,三代前后未闻,此物至汉淮南王安,始传其术于世。"④

---

① 清穆彰阿《嘉庆大清一统志》卷一百二十五《凤阳府·山川》"咄泉"条下引,四部丛刊续编景旧抄560卷本,基本古籍库,2196页。

② 李师沆《光绪凤台县志》卷二十收汤璐《同萧雪焦游珍珠泉归咏东梁松斋山长》:"糁迳松阴冷翠铺,石蹊寻胜倩筇扶。归来莫笑囊全罄,自有清泉万斛珠。天涯萍合古今同,此地曾闻驻八公。但得琼浆供客饮,任他鸡犬在云中。"(三十三页,清光绪十九年25卷刊本)

③ 明李时珍《本草纲目》卷二十五"豆腐(日用)"条:"[集解]时珍曰:豆腐之法始于汉淮南王刘安。凡黑豆黄豆及白豆泥豆豌豆绿豆之类,皆可为之。造法,水浸磑碎,滤去滓,煎成,以盐卤汁或山矾叶或酸浆醋淀,就釜收之。又有入缸内,以石膏末收者。大抵得咸苦酸辛之物,皆可收敛尔。其面上凝结者,揭取晾干,名豆腐皮,入馔甚佳也。"(七页,清文渊阁四库全书52卷本)

④ 见清陈元龙《格致镜原》卷二十四"豆腐"条(二十页,清文渊阁四库全书100卷本)引。

清代武进人李兆洛在他纂修的《凤台县志》中说："屑豆为腐，推珍珠泉所造为佳品"①，的确说出八公山豆腐的真正产地。吴育《珍珠泉记》："……踰北山，饮孙氏小玗馆，沉冥而后返。或持爆竹至泉上燃之，或鼓掌顿足，则泉益肆出，累累如贯珠，盖数十道晶光动人可爱玩。其水湻澄，不容垢汚；沉埃聚沫，或旋焉，或播焉，澹之使不得泊，味清冽刻削，不能久饮，彼其出于石罅，性因然也。而造豆腐其者资焉。色白而质良，风味尤胜。"②第一个科学地解说了八公山豆腐有色、质、味俱佳的特殊原因。

（三）

珍珠泉的风光之美为他处所无。《水经注》记："肥水西迳寿春县城北，右合北溪，水导北山泉源，下注漱石颓隍，水上长林插天，高柯负日，出于山林精舍右，山渊寺左，道俗嬉游，多萃其下。"③这里说的北溪即清水涧，泉源即珍珠泉。清水涧古时多奇石，幽咽潺湲，称为漱石。春秋佳日，游人不绝，常煮珍珠泉瀹茗，坐涧石盘桓④，领审那神异的自然之美！

---

① 清穆彰阿《嘉庆大清一统志》卷一百二十五《凤阳府·山川》"咄泉"条下引，四部丛刊续编景旧抄560卷本，基本古籍库，2196页。

② 李师沆《光绪凤台县志》卷二，二十三页，清光绪十九年25卷刊本。

③ 王国维校；袁英光，刘寅生整理《水经注校》，上海人民出版社，1984年，1020页。

④ 尝为聚饮之所。《光绪凤台县志》卷二十收有《杨述复太守招饮珍珠泉三首》云："寿春城外翠屏悬，亭子新开古咄泉。几曲清波飞槛外，一泓碧玉落尊前。荧荧不夜光难比，历历繁星颗正圆。太守政成多暇日，攀缘尽醉不知还。绀殿琳宫锁苔碧，淮王曾拥八公来。牛羊日暮空陈迹，鸡犬云中去不回。吏隐好歌丛桂曲，官闲且遣一尊开。题诗欲向岩头石，多愧风流刺史才。淝水东流无尽时，空山犹见谢公祠。八公草木谁堪敌，一局输赢已自知。不厌看山供短屐，还怜披草辨残碑。昆明近说潢池事，把酒凭高有所思。"下注云："此诗石刻，国朝同光年间修造园亭时得之。上中高二尺，横长六尺余，大字行书，后款已缺。嵌□壁间旋圮而碎，自昔泉称名胜，荒废已久，经吴署理修……郭镇军宝昌节次整治，近复为官绅士庶宴游雅集之区□。"（清光绪十九年25卷刊本）

孙家丞《重修珍珠泉碑记》云：泉上"旧有亭，何年荒废不可考。同治岁戊辰，竹庄吴中丞驻节此邦[1]，整军经武之暇，闻是泉之灵异，且谓地方名胜，不可任其湮没弗彰也。命以石甃池，于池之上建屋数椽，为游人憩息之所"。泉石幽奇，游者多赋诗。同治八年江西新建人吴坤修书"珍珠泉"三个大字刻石竖于泉池北；民国三十七年高瞻[2]题石刻楹联立两边，联语是："珠泉尽洗贪污气，淮水长流正义风。"今日游客观此常说：两淮人民有着永留正气的传统，在社会主义文明建设的征途上，一定还会捷足先登的！[3]

---

[1] 作者另一文中交代说："吴中丞，即巡抚吴坤修，字竹庄，江西新建人。今泉池边石刻'珍珠泉'三个大字，即其当年所书。"（《珍珠泉》，载六安地区行署文化局编《皖西风物志》第52页）

[2] 高瞻，广西人。民国三十七年（1948）任寿县县长。此联石刻犹存。（参白启寰《安徽名胜楹联辑注大全（上）》，安庆市楹联协会印，1997年，第496页）

[3] 本文原载《安徽史志通讯》1985年2期；又收入寿县地方志编纂委员会编《寿县志》"文物胜迹·珍珠泉"词条，黄山书社，1996年，第657页。

袁家老坟简介

袁家老坟，俗称驸马坟，在寿县梨树乡袁圩村。古地名安丰乡三沟村。（《曾志》有记）。

袁家老坟为明朝开国元勋沂国公袁洪之曾祖父母、祖父母及父母之墓。明太祖追封袁洪三代，明成祖赐钞若干锭，用以"创其居，饰先坟"，坟地立有石羊、石狮、石将军等石器，皆朝廷公帑所建。

（图 5-1　袁氏三代先茔碑拓影[①]）

---

① 碑拓王晓珂藏，右为碑题特写。

袁洪官至后军左都督，卒谥文靖，葬庐江县西北乡忠吴桥。袁洪①次子容，字子粲，永乐元年（1403）以仪宾进驸马，宣宗元年（1426）卒，封泾国公，谥忠穆，葬于梨树乡袁家老坟。

袁容为驸马后，每年正月十五偕公主回籍祭祖，远近乡人皆于此时来坟前一瞻驸马与公主丰采②，日久成会，且渐次演变为农民交易市场及农民新春娱乐场所。每逢会期（农历正月十六）有远自百里以外者来摆摊位，出售农物农具及互通有无，亦多以花灯锣鼓来竞赛者，莫不欢天喜地，尽情献技、玩乐，非常热闹。解放初，会尚兴。

---

① 明栗永禄《嘉靖寿州志》卷之二："国朝袁洪墓，州西南五十里，有唐志淳碑文，见旧志。"（二十四页，明嘉靖8卷刻本）卷之七："袁洪，以军功特进荣禄大夫，后军都督府左都督，追封沂国公。"（十三页）《光绪寿州志》卷三："沂国公袁洪，先茔在州南五十里，有唐志淳碑文，详艺文志。"（二十一页，清光绪十六年刊民国七年36卷重印本）卷二十三："袁洪，寿州安丰乡人。少以骁勇闻。元至正十七年丁酉冬据睢阳，以其众附太祖，从胡大海邓愈攻取州县有功，命隶李文忠于严州，所至从行，悉心以奉，文忠甚器之。己亥授右副元帅，甲辰升左副元帅，队伍法行，改浙东中翼右副元帅，丁未转翼为卫钱塘卫指挥同知。明年建元洪武，从取福建。己酉征沙漠，庚戌破应昌，某冬调濠梁左卫，仍旧官，辛亥迁濠梁右卫，从平四川，留守成都，即授成都指挥使，甲寅召还京师，改太原护卫指挥使。丙辰擢晋相府左博仍兼指挥使。又明年开卫太原右护卫兼左博如故。丙寅授山东指挥使司都指挥使，庚午又兼后军都督府事。越三年，拜特进荣禄大夫，本府左都督。旧志云：以功封沂国公。子二人，长宇（详《忠节传》）、次容（详《戚畹传》），女四人，其季，册珉王妃。"（二十五－二十六页）

② 赵思敬《闻喜堂续记》载："《北京市房山区地名志》载，公主坟村有'明永安公主墓，墓地曾出土方砖、石碣等物。'《明史·卷一百二十一·列传第九》有'成祖五女'，为长公主，即永安公主。她于洪武二十年（1387）下嫁给了袁容"。"永乐十五年（1417）正月初九，永安公主病逝。她生于洪武十年（1377）六月十五日，按此推算，她活了40岁。'是年二月二十七日，葬于北京顺天府涿州房山县永安乡佛仙山之原'。他与袁容有'子男一人，女三人'。"（中国国际广播出版社，2009年，第87–88页）

坟前原立有《大明敕赠袁氏三代先茔之碑》①，明朝唐志淳②撰。"文革"间断为两截，碑文当可认。③

---

① 曾道唯《光绪寿州志》卷三十三《袁洪先茔墓碑》（明唐志淳）："皇帝受天明命，御大历，服万姓，……睠夫开国功臣，人赏钞若干锭，俾得营创其居，仍饰其先坟，荷恩至渥也。其有被殊恩得以霤丐是赐者仅一二人焉。若后军左都督袁公洪，盖其一也。公即拜赐，即差吉协卜谋诸匠石，凡若其先茔祠宇之构众物之列，莫不完具，如今式矣。惟是墓隧之碑，可以昭圣恩于悠久，著先德于来裔者，未有文诸石焉。乃以状授志湻而俾撰其铭如左。按状，袁氏居寿州安丰乡之三沟村，曾祖父讳再兴，祖讳富，父讳显，并赠特进荣禄大夫左都督，曾祖母杨氏、祖母李氏、母楚氏，并赠夫人。曾祖以上，由齐鲁间来。从仕宋诰敕具在箧笥，荐罹兵燹，与谱牒俱逸，乃无所闻知。虽杂处田间，不异凡庶，然其皆庞硕淳厚，家自为教，子顺其父，兄友其弟，男服未耜，女事蚕绩，姻族敬其义，乡党推其仁，隐然如故簪缨家。里之耆老有识者，固已卜其后人，必将有以光其宗而昌其裔者矣。元季政乱，天下绎骚，公与同列九人皆以骁勇知名。丁冬酉据睢阳，因以其众来附，得见皇上于京师，上嘉其能信任之，初从越国胡大海、宁河武顺王邓愈攻取州县则有功，久之命公隶岐阳武靖王于严州，上若曰：王朕甥也，以其纯谨可辅，尔善事之。自是王之所至，公必从行，凡幕府之筹画，兵政之约束，进退之缓急，赏罚之予夺，必公悉心以奉，无有懈志。王甚器之。故于公有婚姻之好焉。己亥授右副元帅，甲辰升左副元帅，队伍法行改浙东中翼右副元帅，丁未转翼为卫钱塘卫指挥同知。明年，建元洪武，从取福建。己酉征沙漠，庚戌破应昌，其冬调濠梁左卫仍旧官。辛亥迁濠梁右卫。其年从平四川，留守成都，即授成都指挥使。甲寅诏还京师，改太原护卫指挥使。丙辰擢晋相府左博仍兼指挥使。又明年开卫太原右护卫兼左博如故。丙寅授山东都指挥使、司都指挥使。庚午入金后军都督府。事越三年，拜特进荣禄大夫本府左都督，实洪武二十六年十一月也。公皆由从军历昭勇昭武奉国骠骑四将军，遂至荣禄大夫，官阶品级皆第一，故赠祖父、父由指挥使而至今；官祖母、母由淑人而至今；号曾祖父母则自公荣登极品乃并及其三代焉。乌乎盛矣哉！皇上之宠于公也可谓至矣。公之能荣其亲也可谓孝矣。"（二十六－二十七页，清光绪十六年刊民国七年36卷重印本）

② 唐志淳，明之名儒。明焦竑辑《国朝献征录》卷一百九《锦衣卫》收梅纯《南京锦衣卫指挥使李君璿墓志铭》中云："君姓李氏，讳璿，字天器，先世凤阳府泗州盱眙人。……君生而岐嶷异常，父母甚钟爱之，甫数岁，以古人诗口授辄记诵不忘。既长，学日进。盖自先世虽由武功起家而雅尚儒术，若金华苏平仲、乌伤王子充、天台徐大章、会稽唐志淳，皆国初名儒，悉延致私塾，讨论经史。故到君父子，其流风尚未艾也。人谓贵介公子既不求仕而能不废书史，近世才一见也。"（二十页，明万历四十四年徐象枟曼山馆120卷刻本）

③ 本文原载寿县政协文史资料委员会编《寿县文史资料》第二辑，1990年12月。

孙状元家世宦绩小考

为供近人研究状元孙家鼐，将其家世宦绩小考于此。

一、迁寿十世祖

孙氏祖居山东济宁州，明洪武初，孙鉴、孙铠兄弟俩迁来寿州（今县城）。四世孙继楼为省祭官。至楼长子明武时，家世日隆，明武举乡饮大宾，移赠中议大夫。明武生子四，第四子枝兰；兰生二子，长名瑜，岁贡生，候选训导，例受修职佐郎；次名珩，附贡生，诰赠中议大夫，晋赠武功将军，时在清康熙间。珩为孙氏迁寿七世孙。

士谦为八世，珩之长子，太学生，诰赠奉政大夫①，刑部湖广司郎中，乾隆间官工部尚书。士谦生五子，第四子克伟，贡生，诰封奉政大夫，候选同知，晋赠中宪大夫，经筵讲官，头品顶戴，工部尚书。克伟第三子，名崇祖，廪贡生，候选训导，署池州教授，诰封中宪大夫，宗人府主事加四级，累赠光禄大夫，经筵讲官，头品顶戴，崇祖为十世，状元孙家鼐之父也。

---

① 曾道唯《光绪寿州志》卷三："诰命坊，为晋赠中议大夫孙珩，诰赠奉政大夫孙士谦，立在十里铺。"（十八页，清光绪十六年刊民国七年重印本）

二、一门五兄弟

世人常谈县城内的状元府大门有联曰："一门三进士，五子四登科。"县志也说孙崇祖教子有方，五个儿子"四举孝廉，三成进士"。观其兄弟五人，确是历史事实。

家泽（1814—1846），字伯涛，号沛农，郡廪生，道光乙未恩科举人，戊戌科进士，内阁中书国史馆分校，宗人府主事，礼部祠祭司主事加四级，诰封中宪大夫，覃恩移赠光禄大夫，内阁学士兼礼部侍郎衔署工部左侍郎加三级。①

家铎（1815—1871），字振之，号雪筠，郡廪生，道光丁酉科拔贡，己亥科顺天举人，辛丑恩科进士，历任江西安仁、彭泽、贵溪知县，历署广昌、南昌、庐陵知县，瑞州府知府，诰授朝议大夫，晋赠资政大夫，二品顶戴，江苏候补道，覃恩移赠光禄大夫，户部右侍郎加三级。②

家怿（1821—1890），廪监生，壬子科顺天举人，选休宁县教谕议叙知县，刑部员外郎奉天司行走，尝戴花翎，诰授奉政大夫，覃恩移封光禄

---

① 曾道唯《光绪寿州志》卷二十三："孙家泽，字沛农，风裁俊逸，文行兼优，道光乙未举人，戊戌进士，礼部祠祭司主事，刻有《笔花轩经艺》，以弟家甤贵，移赠光禄大夫。"卷二十八："请旌，一品封职礼部祠祭司主事，孙家泽侧室王氏。"卷三十："孙家泽，《笔花轩经艺》。"（清光绪十六年刊民国七年重印本）《光绪重修安徽通志》卷二百八十三："同治年旌：主事孙家泽女，字前任江苏巡抚杨文定之子道然，夫亡，过门守贞。"（清光绪四年350卷刻本）

② 邵子彝《同治建昌府志》卷六"秩官表"："孙家铎，寿州进士，二十三年二月任。"（清同治十一年10卷刻本）《同治瑞州府志》卷之七"知府"条："孙家铎，号雪筠，安徽寿州人，进士，八年十一月任。"（清同治十二年刊24卷本）吕林钟《光绪续修舒城县志》卷三十六："程炳，字兰生，都江通判枚之子。幼读书聪颖异常……惟不习举子业。寿州进士孙家铎谓之曰：子古文有奇气，若稍就风气作时艺，取青紫如拾芥耳。以赀选主事，就试京兆。"（清光绪二十三年50卷刊本）

大夫，工部左侍郎加三级。①

家丞（1825—1878），廪贡生，同知衔，浙江候补知县，署乐清县知县，诰授奉政大夫，覃恩移赠光禄大夫，吏部右侍郎加三级。

家鼐（1827—1909），郡优廪生，道光己酉科拔贡，咸丰辛亥恩科顺天举人，己未科一甲一名进士②……（余略）。

---

① 冯煦《光绪凤阳县志》"建置考"："金刚愍公祠，在城内东南隅，祀庐凤颍道金光筯（音zhu，同箸）。咸丰七年奉勅建。州人孙家怿撰碑记略曰：'公牧寿三年，迁庐州守去。寿人思公，以丰备仓分建公生祠；及公蒙难，奉勅改建专祠。'同时阵亡之勇目六品翎顶吕祥、邱常，六品军功章贵、黄悦、祁视、祁和、周洪、姚山等坿祀。"（卷十一，第二十八页，清光绪十三年16卷刊本）卷七"选举表"："孙家怿，寿州人，北榜，刑部员外郎。"（第六十一页）《光绪重修安徽通志》"职官志·表"："孙家怿，寿州人，举人以上休宁教谕。"（卷一百三十四，第十一页，清光绪四年350卷刻本）

② 下面是家鼐中状元时对皇帝策问的开头："臣对：臣闻建极者敛福之原，知人者安民之本，学古者入官之要，整军者制胜之资。载稽往籍，《易》占进德，《书》纪奋庸，《礼》重上贤，《诗》歌振旅。古帝王握镜临宸，执枢斟化。以勤念典则逊敏昭也，以励赞襄则明良会也，以宏乐育则陶淑周也，以诘戎兵则承平奏也。莫不本宵旰勤劳之实，以握天人交应之符。用是无怠无荒，圣功станов焉，若时采采，庶绩熙焉，灼知灼见，英才奋焉，有严有翼，军政修焉。渊乎铄哉！所由萝图席瑞，松栋延禧，颂咸登而跻仁寿者，此也。钦惟皇帝陛下，道昭圆矩，治肃堂廉。隆雅化以作新，播威声于挞伐。固已三无敬奉而一德交孚，八恺偕升而六师允饬矣。乃圣怀冲挹，蒇菲无遗，深惟久治之规，弥切迩言之察。进臣等于廷，而策以修己、用人、举贤、肄武诸大端。臣之愚昧，何足以赞高深？顾念泰山峻极，不辞土壤之微，沧海渊深，尚纳涓流之细。敢不勉效平日所诵习者，以效先资之拜献乎？

伏读制策有曰：圣学之原在于存诚主敬。因备及夫唐虞三代心法之传。此诚继天立极之隆轨也。臣案：尧舜传心，皆言允执，而危微精一，命禹加详。盖以人生于形气之私，危殆而不安；道心原于性命之正，微妙而难见。必察之以精，守之以一，而后执中之治以成。然精一之功，统于诚敬。尧之文思安安，而冠以钦明，钦即敬也。舜之浚哲文明，而归于允塞，塞即诚也。文命敷四海而祗承于帝，早括《禹谟》。帝命式九围而圣敬日跻，足赅《汤颂》。四诗首及文王，实贯以缉熙敬止。九畴访于武王，莫要于皇极居中。以至成曰敬之，康曰敬忌，虽安勉不同，考之《诗》《书》，若合符节。三代而下，若汉光武之通《尚书》，唐太宗之撰《帝范》，宋理宗之挈《道统赞》，元仁宗、明孝宗之留心《大学衍义》，尤为好古。朱子以《大学》始终不外乎敬，《中庸》枢纽不外乎诚，真德秀《大学衍义》以诚正为二目，明邱浚复补以《审几微》一节。存养之功，完天理之本体，省察之力，遏人欲于将萌，所以发明圣学者至矣。皇上宥密殚心，时几敕命，所以醇洪畅之德而丰茂世之规也。"（洪钧编《历代状元文章汇编》，中国致公出版社，2015年，第484页）

老三家怍不是进士，老四家丞未举孝廉。因有传说，城内某人在前述门联上下联加写了"三不进士""四未登科"字，因成"一门三进士三不进士""五子四登科四未登科"，至今还是一段趣话。①

---

① 本文原载寿县政协文史资料委员会编《寿县文史资料》第二辑，1990年12月。

树·权·文·存

张树侯画梅

张树侯（1866—1935），字之屏，寿县瓦埠人。早在1900年后，即投入反清斗争，1904年入安庆武备学堂。此期间，曾与郭其昌等在安庆举旗起义。1906年在芜湖参加同盟会。1910年与同乡革命党人张汇滔组织淮上革命武装。辛亥革命失败后，回家乡寿县，开始他"试把余生付金石，更将遗恨托芳编"[①]的生活。黄颂角在步他的梅花诗中说："玉骨冰肌不染尘，八公岭畔梦飞频。羡君小试生花笔，占得一枝天下春。"比较确切地写出张氏此段生活的内容与追求。此后，他自写名字时，便把"树"字草书右上角的一点，丢掉不写。说是为了去掉污点。实际是表示不为当时的国民政府服务的决心。这时他作画也不画其他，专画无仰面花的傲骨梅。他画的梅花画，目前见到较完整的是他的外孙杨慕起先生珍藏的《画梅册》，

---

① 杨慕起《忆张树侯》中云："光复以后，有些人争官、争利，喧嚷一时，而张树侯一向是奔走劳瘁，坚不钻营宦途。1912年《自题小照》诗云'试把余生付金石，更将遗恨托芳编'，大有借书画以了天年之慨。"（安徽省政协文史资料研究委员会《安徽文史资料选辑》第5辑，1983年，第180页）

共有梅花 46 幅。是他民国九年以后为权道涵所作①。本文附摄的梅花便是该画册中的一幅。

"庭梅当独树，不应做陪衬"，这是张氏画梅的主张。他认为那种把梅花画成"篱根应角，与夫禽鸟水石间做点缀"的作者是不能称为画梅专家的。"珊珊倩势"，"无傲雪之姿"也是算不上名家的。因此，他每画梅花，都以全幅画面画，并画出梅花的傲雪骨气来。

张氏的前半生，他在自传小传中说是"屡濒于危"。袁世凯叛国、淮上军失败，"凶焰方张，戮及无辜"②，他不得不避走巴蜀，再客燕京，八九年间，饱经风霜。可是当他再回家乡时，家乡与以往大不一样了。此刻的寿县瓦东地区，民众已趋觉醒。农民抗租，分粮斗争，彼落此起。他感觉到唱着共产的农民发动了起来，有一种不可战胜的力量。他认为"呼起山中松竹友"的时刻已经不远，"为君愿报春消息"的生活才有意义。这时，他专画梅花的情绪愈发浓厚了。他用篆字自题梅花云：

"天然绝世姿，混迹烟沙里。临风写一枝，自顾已云美。风骨自珊珊，犹带冰霜气。"

---

① 孙以亘云："权道涵，又名养之，生于1885年，原籍寿县三觉寺，后移寿县城关镇。戊戌政变以后，他东渡日本游学，受到孙中山先生革命思潮影响，立志献身革命，在日本参加了同盟会。1906年秋和革命同志段子祥、孙少侯、张汇滔、史蕴朴等回国策动江淮革命运动路过南京，同孙少侯、段子祥、柏文蔚等谋刺两江总督端方，事泄被捕，关押入狱……1911年9月15日寿县光复，出狱。……（后）到原籍三觉寺落户。……1951年，他年近古稀，重新焕发革命青春，出任安徽寿县中学副校长。1953年，他调往合肥，在安徽文史馆工作期间病逝，终年七十一岁。"（寿县政协文史资料研究委员会《寿县文史资料》第1辑，1986年，第90—92页）

② 张树侯《自撰小传》云："中年父兄均殁，村居课生徒，督耕织。既而国是日非，奔走革命，走杭州，客吉林，屡濒于危。民国成立，自知非政治才，负耒横经，期于没世矣。未几袁氏叛国，淮上军民失败。袁氏凶焰方张，戮及无辜，遂走避巴蜀。八、九年间，客燕京，任教务，旋复归里。"（寿县政协文史资料研究委员会《寿县文史资料》第3辑，1995年，第276页）

树·权·文·存

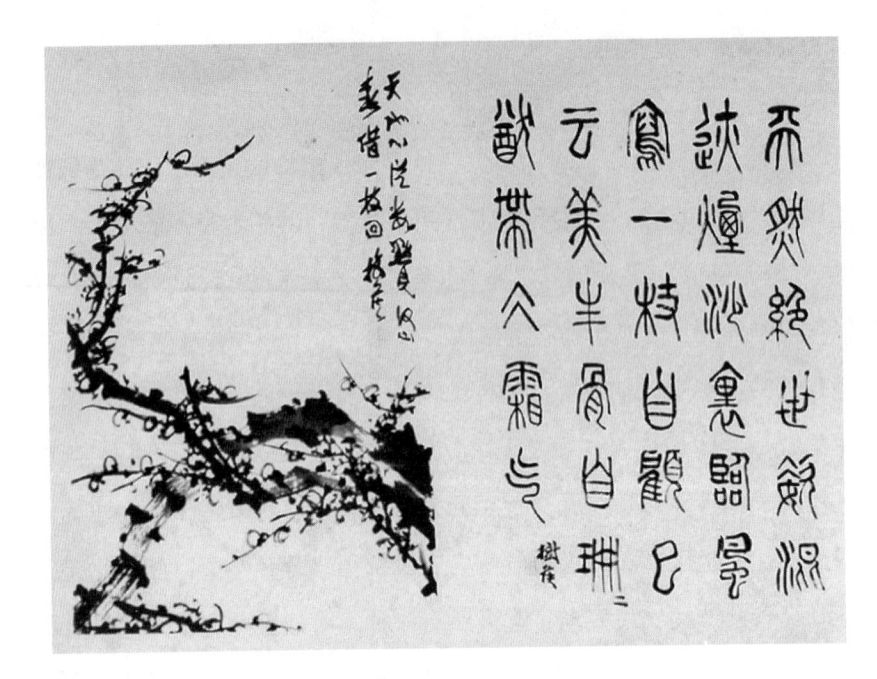

（图6-1　张氏梅花图及题词）

"疏放易，而茂密难"，是张氏画梅实践了的认识。在这个问题上，他认真地对比研究了清代查德宗（凤台人）、王翰（望江人）二人的梅花画。他在《王月舲画梅花》中说："查氏以画兰著名，然吾曾见其画梅巨幛矣。其茂密处纵横牵挂，花萼交映。如昆阳夜战，雷雨交作，令人可惊可愕。而疏放处，则廖落数花，风神散朗，则如赤壁泛舟，清风徐来，令读者意消也。""王氏于疏放非所长，而茂密处不让查氏。然画梅之能事，疏放显而茂密难。王氏略其易攻其难，亦绝诣也。"王翰，字月舲，亦字容普，望江人。光绪中叶教于寿春，与张氏交往甚密，张见其画，"已觉异于众"。又"十八年再晤于都门，中间所见已多，始觉海内无此手笔矣。尝从吾索字及篆刻，我因得以乞其画，得数幅"。张氏学人不为人所囿。他善于在比较中取查、王之长，攻查、王之短，反复实践，创作出他自己的风格[1]：密不窒，疏不单，宽闲自在，明暗得体。"天地心从数点见，河山春借一枝回"[2]。张老如能活到今天，我想，他将会把草书"树"字上的一点加上的。[3]

---

[1] 按，作者所纂《寿县志·文化》（初稿）第137页及遗札中均载："三十年代上海《申报》发表先生一幅梅花，跋曰：'寿州张树侯先生，淮南名士也。小山招隐，语庐犹在人间；大雅闲游，曳杖重来海上。先生沉酣八法，精研篆刻，以倒海屠龙之手，写暮年伏枥之心。盖艺而近于道者也。'"

[2] 清袁枚《随园诗话》"诗贵清婉"条："汤潜庵巡抚江苏，《出郭》云：'按部雨余香稻熟，课农花发晓云轻。'人言公理学名儒，何诗之清婉也？余记座师孙文定公亦有咏《梅》云：'天地心从数点见，河山春借一枝回。'诗不腐，而言外俱含道气。"（线装书局，2008年第1册第123页）

[3] 本文原载《艺谭》1985年1期；石同生，陈俊杰，况瑞峰主编《美术论文论著资料索引》（天津人民美术出版社，2000年，341页）收目。

关于寿州方氏墓碑

一九二九年一月，民国安徽省政府主席方振武回到他的故乡寿州南乡，为其父方旭初修墓立碑。但是所立的由张树侯所撰的碑文，则大书特书振武自己的行伍生涯与军功。兹摘录如下："光绪之末，孙中山先生揭橥民族主义，号召全国，乃使振武等从戎于粤，入同盟会。既而回皖，与徐锡麟、熊成基先后举义，不成，被逮下狱，判解回籍，旋脱难。宣统三年，振武□起，领兵攻南京，下徐州。以袁氏叛乱，走辟日本[①]。民二、民六，入粤、入闽。……十一年，率师入赣、入皖。十五年，起兵鲁西北伐。既而西走

---

① 据廖光凤《方振武年谱简编》："一九〇八年（光绪三十四年）十一月安庆熊成基等率马、炮营起义。方振武等参与其事。失败后，被捕入狱，后逃脱赴南京，改姓名入第三协冷御秋部当兵。一九一一年（辛亥）方随部队参加辛亥革命，参与光复南京的战斗。因勇敢善战升为辎重营营长。一九一二年（中华民国元年）随军追击张勋部至徐州，为第一军第三师先锋营营长。一九一三年（中华民国二年）七、八月间，方随师参加二次革命，曾与张勋、冯国璋率领的北洋军激战于徐州、利国驿等地。作战中身负重伤，入徐州陆军医院治疗，伤愈出院，与铜山人高玉昆结婚。年底，讨袁失败后，随冷御秋东渡日本，入日本尚武陆军学校，并谒见孙中山先生。次年参加中华革命党。"
（安徽省委员会文史资料研究委员会《纪念方振武将军》，1985年，第166-167页）

五原，涉沙漠，经宁夏入平凉，平陕乱①。明年五月，东出潼关，抵洛阳，肃清吴逆于豫鄂间。十七年，会诸路军北伐，经九阅月，一统告成，军事结束。十余年间，历任国民第五军军长，援陕总司令二、三、五联军总指挥，第三方面军总指挥，第九方面军总指挥，第十一路军总指挥，第四军团总指挥，军事委员会委员，国民政府委员，晋秩上将。"这段文字，约占全碑文的百分之三十七。特别是结尾的四言颂词，赞许振武之义，更是溢于辞表。这就难怪后人说他名为其父树碑，实为自己立传了。

（图7-1　方氏墓碑拓本）

---

①　又廖光凤《方振武年谱简编》："一九二六年（中华民国十五年）十一月，五原誓师后，吴佩孚所属刘镇华部围攻西安甚，根据李大钊的提议，冯亲部'入甘援陕'。方部从五原出发，在猴儿寨大败刘镇华部，并由北路向西安进击。十月二十七日，被困八个月之久的西安得以解围。"（安徽省委员会文史资料研究委员会《纪念方振武将军》，第169页）

方振武早年参加了同盟会，并积极参与过组织淮上军的活动。从介入军政活动到回家修墓的二十多年中，他虽几次卷入军阀混战，但也曾为北伐出过大力。他一直信仰孙中山先生的革命主张，怀有一颗报国之心，具有旧民主主义者的进步思想。但是，现实使他到处碰壁，他怀着对国民党政府的不满情绪，为父立了这块碑[①]。

　　附：《寿州方旭初墓碑》句读注释[②]

　　满清盗国，华夏陆沉，吾族之孑遗[③]阽[④]于虐政，困于诛求，沉沉二百年，习为安之久矣。自太平天国举义金田，建都江左，我里方公觉先[⑤]曾膺[⑥]王爵之封，业虽不终，民族之大义后起者每镂于心版。四十年来，老成凋谢至矣。有清末造，晨星[⑦]硕果之仅存者，方君旭初[⑧]其一人也。君讳椿良，旭初其字。父省三先生实觉先之从侄，年相若，志相合也。君尝闻过庭[⑨]之绪论，故民族之知识自幼而具，姿禀颖异，博极群书，家故贫，无心仕进，

---

① 本文原载《文献》1987年第4期，略有订补。

② 本篇由安徽省委员会文史资料研究委员会《纪念方振武将军》一书收录，编者注云："寿县地方志办公室王建国提供碑文照片并作释文和注释。"（1985年，第178–180页），后由安徽省委员会文史资料研究委员会《安徽文史资料选辑（第1–27辑）篇目分类索引》收目（1988年，第48页）。

③ 孑遗，残存、剩余。

④ 阽，困阽。

⑤ 方觉先，方旭初之叔祖父。

⑥ 方旭初，方振武的父亲。方旭初墓碑碑文由寿县学者张树侯撰写，其中较多地反映了方振武的业绩。

⑦ 膺，受。

⑧ 造，起始；晨星，用以比喻稀少。

⑨ 过庭，语出《论语》："鲤趋而过庭。"是说孔子教训儿子孔鲤的事。后因以"过庭"指受教于父亲。

弃儒而贾。配孙氏，生子三人：运震、振武、振廷。运震蚤卒。

光绪之末，孙中山先生揭橥①民族主义号召全国，乃使振武等从戎于粤，入同盟会，既而回皖，与徐锡麟、熊成基先后举义不成，被逮下狱，判解回籍，旋脱难。宣统三年秋，武昌起义，领兵攻南京、下徐州，以袁氏叛乱走辟②日本。民二、民六入粤、入闽。君往粤观光，晤中山先生，纵谈既往，闻者如聆天宝遗事③，为留君参与戎幕，以襄老辞归。明年殁于家。振武方以军事倥偬④，不暇奔丧，暂为停厝⑤。十一年率师入赣、入皖。十五年起兵鲁西北伐，既而西走五原，涉沙漠，经宁夏，入平凉，平陕乱。明年五月，东出潼关，抵洛阳，肃清吴逆于豫、鄂间。十七年会诸路军北伐，经九阅月，一统告成，军事结束。十余年间，历任国民第五军军长、援陕总司令、二三五联军总指挥、第三方面军总指挥、第九方面军总指挥、第十一路军总指挥、第四军团总指挥、军事委员会委员、国民政府委员，晋秩上将。国事殷繁，是以悬棺久待。十八年一月，始返里经营窀穸事⑥。既树既封，乡之父老聚而谋曰："方君继承先绪，启迪后人，吾乡之大悊⑦也。四尺之封，三尺之碣，年湮代远，松薪垄耕，谁复识为

---

① 橥，小木桩；揭橥，标明，揭示。
② 辟，与"避"通。
③ 天宝遗事，唐玄宗年号天宝，为唐的兴盛时期，意指迢思昔时盛事。这里指他的言论很能给人以启示。
④ 倥偬，事多、繁忙，迫促。
⑤ 厝，浅理以待改葬，或停柩待葬。
⑥ 窀穸，墓穴。
⑦ 悊，同哲。

恝人之遗阡者？"共推里人张之屏[1]为之锓诸石[2]，爰再拜书之，而系[3]以辞曰：

猗欤方君，先民之哲。幼承庭训，老而弥烈。

桓桓有子，墨绖从戎；再接再厉，以奏肤功[4]。

密草萋萋，殡宫方成。邦人君子，遐迩同钦。

爰立丰碑，表厥神道。千秋万岁，是则是效。

---

[1] 张之屏，即张树侯（1866—1935），寿县瓦埠人，同盟会员，追随孙中山先生革命多年，亦曾与熊成基等安庆举义，反清倒袁。善书画、金石，著有《书法真诠》《寿州乡土小志》。

[2] 锓诸石。锓，刻，锓诸石，刻之于石。

[3] 系，词赋末尾结束全文之词。

[4] 以奏肤功，功与公通。大功也。《诗·小雅·六月》："薄伐严狁，以奏肤公。"

寿县近代资产阶级革命者宗教观点略说

中国近代史上有一突出现象，一些探索救国救民道路的资产阶级革命者，往往到宗教世界去寻找思想武器。寿县孙少侯（毓筠）、柏文蔚（烈武）、张树侯（之屏）、袁子金（家声）、洪晓兰（人纪）、段云（子祥）、权道涵（养之）、王松斋（荣懋）等人，都是这些虚幻的追求者[①]。作者在此略说的孙少侯、柏文蔚、张树侯的宗教观点即是实例。

孙少侯（1870—1924），寿州孙氏传晋之子，少习阳明之学，后皈依佛乘。孙氏宗教观的特征，是抑禅宗而扬法相宗。强调"禅宗末流之弊非法相宗

---

① 马克思《〈黑格尔法哲学批判〉导言（1843年底—1844年1月）》中表述云："废除作为人民幻想的幸福的宗教，也就是要求实现人民的现实的幸福。要求抛弃关于自己处境的幻想，也就是要求抛弃那需要幻想的处境。因此对宗教的批判就是对苦难世界——宗教是它的灵光圈——的批判的胚胎。宗教批判摘去了装饰在锁链上的那些虚幻的花朵，但并不是要人依旧带上这些没有任何乐趣任何慰藉的锁链，而是要人扔掉它们，伸手摘取真实的花朵。宗教批判使人摆脱了幻想，使人能够作为摆脱了幻想、具有理性的人来思想，来行动，来建立自己的现实性；使他能够围绕着自身和自己现实的太阳旋转，宗教只是幻想的太阳，当人还没有开始围绕自身旋转以前，它总围绕着人而旋转。"（哲学社会科学部世界宗教研究所编《马克思恩格斯列宁斯大林论宗教》，1976年第125页）

之不能挽救"①是他的基本观点。这种抑扬是有它的内在根据的。禅宗"基本上不是社会政治哲学",而"只是某种人格—心灵哲学"。它之所以在封建后期士大夫阶层中产生那么大的影响,是"由于(它)对人生采取超脱的审美态度";它"教人们去忘怀得失,摆脱利害,超越种种庸俗无聊的现实计较和生活束缚,或高举远慕,或怡然自适","使个体自我获得启悟,不被淹没"②。即:使个体人的心灵在错综复杂的世俗矛盾与思想负担面前,获得一种暂时的主观上的平衡与解脱;而并不关乎社会群体人的苦难。孙少侯从他济世救民的社会政治理想出发,对禅宗这种个体人心灵自我完善的宗教形态,自然不感兴趣而有所贬斥了。

法相宗则不然,它不是偏重于个体人心灵痛苦的自我完善,而是以"慈恩"、以"普渡众生"为重心,认为人们经过修炼,可以从生死轮回、灾难困扰中走出来,进入极乐世界。这虽然是一种幻想或欺骗,但其中包含的为社会群体人"指出"脱苦难的成分,对正在探索挽世救民的孙少侯来说,显然极有吸引力。所以他信奉法相宗而扬弃禅宗。

孙氏的门生段云、权道涵在为其《夬庵集》作序时说:"先生……观察宇宙人生之真理","得法相宗理论为之证佐"。所谓"证佐",无非是说孙氏信奉法相宗从属于他的社会政治观点与探索活动。他们看出这样一点:孙氏抑禅宗而扬法相宗不是简单的对佛学内部派别的亲疏舍从问题,而是同他探索拯救民族的社会改良道路,从事政治革命活动连在一起的。

柏文蔚(1876—1947),寿县柏家寨人,12岁读完四子书,14岁七经皆可背,21岁中秀才。曾任皖督、军长和民国中执委等职。56岁起学佛。柏

---

① 孙少侯《夬庵集》。
② 李泽厚《中国古代思想史论》,生活·读书·新知三联书店,2017年,199-200页。

文蔚和孙少侯一样，信奉佛教也是为了取佛法以治世。所谓"救国家，渡众生，佛法世法，一而二，二而一"。[①] 但在具体观点上则大不同于孙氏。他在阐发佛理对社会的进步作用时，仍是本源于一些儒家的基本思想。这就使得他的佛学观点不太有出世的色彩，相反带上了很强的儒学的"经世致用"的倾向。

具体说来有如下两点。其一，他信奉佛学的思想起点是个体人格的自我塑造。他说他"应当闭门思过，不再干涉政治，时时忏悔，或可于盖棺之时不为国家社会之罪人"。[②] 这与其说是作学佛（或自我完善自己的佛性），不如说更近于儒家的"修身""成仁"。其二，柏氏佛学思想从个体人格完善化这一命题引伸到社会群体人相互关系的完善化问题。要求每个个体人都应从自我佛性的磨炼（人格完善）做起，"真诚而不欺妄，抱牺牲一己主义，与自私自利群魔作斗争"，以期整个社会人伦关系乃至国家秩序的臻善。这里的"真诚"，看起来似指佛家的虔心修戒，自省自责，但实际上已经融会了《中庸》《孟子》中儒家的"诚"的观念（儒家讲"诚"是指一种个体人独自反省的内在修养状态，它决定着外在社会伦常秩序。他们认为有了"诚"，君臣间才有和，父子间才有亲，兄弟间才有悌，朋友间才有义，如此等等），把儒家那种由个体人格修养而实现社会群体人关系秩序化的社会道德模式，同佛家通过个体人"佛性圆满"而达成个体人自我与外在诸事物相和谐的社会主张捏合在一起了。所以说，柏氏的佛学观点实是以儒学为内核的。

[①] 柏氏《五十年大事记》说："由是四年以来，民二十二年癸酉（1933）余五十八岁，民二十三年甲戌（1934）余五十九岁，民二十四乙亥（1935）余六十岁，民二十五年丙子（1936）余六十一岁。学佛入门，饶有兴趣，参师访道，欲罢不能，救国家，渡众生，佛法世法，一而二、二而一，真诚而不欺妄，抱牺牲一己主义与自私自利之群魔斗争。再观六十一岁以后之佛魔分野结果如何，惟有精进不已的修炼我的慧命。"（孙彩霞主编《柏文蔚文集》，黄山书社，2011年，第472页）

[②] 柏文蔚《五十年大事记》，孙彩霞主编《柏文蔚文集》，第470页。

张树侯(1866—1935),寿县瓦埠人,早年参加反清斗争,入同盟会。他的政见虽多受柏文蔚思想影响,但更多的是受西学的影响,信奉耶教。这反映在他的《皈依耶教发愿文》中。张氏根本的宗教观点是认为宗教能够净化人们的道德观念,使人际关系趋于和睦亲善。所谓:"人类既未能悉具纯洁高尚之德义,势必有以范围其心志,始能以相安而不敢肆,则宗教尚矣。"但张氏对于中国传统宗教的多神教形式又持批判态度。他说:"吾国之习惯,固多神教也。山川有神,风雨有神,雷电罔不有神。降而家宅坟墓,悉兴替之攸关[①];鹊噪鸦鸣,亦吉凶之朕兆……神之名多于尘沙,神之灵见于鸡犬。……虽学士大夫未能破除迷惑也。"[②] 他认为这种多神

[①] 明姚际隆《卜筮全书》卷五《阐奥歌章·住居宅第章》:"住宅休占火泽睽,鬼临人口定分离。龙交大壮人财旺,虎并同人宅舍衰。二畜见龙财帛进,杀交两过栋梁摧。贵持震巽生财本,喜入风雷立福基。离坎交重宜谨慎,艮坤安静莫迁移,户无徭役占逢贵,家有余粮卜得颐。田宅兴隆因大有,血伤财损为明夷。乾坤胆相增人口,泽地生成聚宝资。革鼎长男能干事,晋升宅长有操持。妻财内旺为财断,官鬼交兴作怪推。木鬼寿棺停有日,金官硬物畜多时。休囚铜铁皆先定,旺相金银尽预知。水鬼井池中出现,土官墙壁内偷窥。火官内动无他事,古器多年再发辉。尅世尅身都不用,生身生世始堪为。水财内旺宜穿井,内发土财堪作池。金旺妻财金玉进,火财内发火光飞。木财到底宜营建,若犯空亡总是非。子若空亡家绝后,父母空亡宅必危。父子妻爻都旺相,丰盈财货莫猜疑。更兼天喜青龙助,富贵康宁天赐伊。

凡占家宅之凶吉,初井二灶三床席。四为门户五为人,六为栋宇兼墙壁。六爻俱静人宅安,好与随爻仔细看。鬼临门户家不宁,螣蛇妖怪梦魂惊。杀爻旺相官灾起,杀遇休囚疾病生。六爻动多带土木,若非起造即修营。六爻动多带水火,水火之灾不暂停。更被空亡并杀害,狼藉破败少人丁。初为小口二妻妾,三为次长弟连兄。四为母位五为父,六为祖宅及坟茔。……内卦为宅外为人,内外相生宅可亲。宅若克人居不稳,人能克宅住无屯。……凡人占卦问家宅,五事俱全不可克。子兴有喜没官非,更无灾病与盗贼。财动田园多进退,音书不就家长厄。兄动耗财妻妾病,是非谋望多阻隔。父兴小口不安宁,屋庐摇动滋牲没。鬼动官非灾悔来,户门不利弟兄厄。人能审实此章歌,卦象吉凶无差忒。

凡占家宅起盖同,先寻父母在何宫。最要财爻无损害,子孙出现得荣丰。官鬼交重灾祸至,动爻尅世主大凶。父动自家多恼聒,绝命游魂最不通。"(四一八页,明刻14卷本)

[②] 张树侯《皈依耶教发愿文》。

教的宗教形态对于"人心"来说，非但不能起"拯救"作用，而且还是一种"障碍"。于是他认为长期流行在中国土地上的传统的诸宗教形态已不再适应近代社会的现实需要，"佛持出世法，回教多诡秘"，儒教虽为大宗，然"一坏于疏，再坏于制艺，加以国体演变，至今已无发展之余地"了。在他看来，近代中国需要一种新的外来宗教，那就是"实行救世之事业"的耶稣教。"耶教以上帝为体，以耶稣为用，主惟一之真宰，纳万有于皇天"，况"传教者极为热心，尤重人格"，故能"变鸥枭为鸾凤，进獉狂以衣冠"，进而廓清社会风尚，改造道德观念。

马克思说："宗教只是幻想的太阳"，人们必须抛弃这种"关于自己处境的幻想"，去"摘取真实的花朵"。① 孙少侯、柏文蔚、张树侯等，想通过宗教来改造社会，淳化人们心性的观点，实质上是一种天真的幻想，一种根本找不到出路的虚幻的追求。这种追求与从洪秀全"拜上帝会"开始，一直到章太炎"用宗教增进国民道德"等社会文化背景都是分不开的。②

附：

近现代佛学人物三题

（一）③

柏文蔚（1876—1947），近代佛教居士、政治家，号烈武，安徽寿县人。幼年随父读私塾，21岁中秀才。清光绪二十六年（1900），与陈独秀等

---

① 见前引。

② 本文原载寿县政协文化文史和学习委员会编《寿县文史资料》第五辑，安徽文艺出版社，2019年。

③ 本文是作者1991年11月23日为《中华佛教人物大辞典》（2006年由黄山书社出版）撰写的词条。其中"柏文蔚"条、"孙毓筠"条，刊于该书第1285—1286页与第1174页；而"袁家声"条，经核对与作者手稿差异很大，故这里采用了作者手稿文字。

组织励志学社，设安庆藏书楼，发表演说，抨击清廷卖国；又在南京与赵声组织"强国会"；二十九年（1903）春，函招张之屏等20余人应募于安庆练军学堂，与营中的熊成基、常恒芳、张纶、袁家声等300余人组成"同学会"；同年秋，任教安徽公学时，与陈独秀、常恒芳等人秘密创办反清组织"岳王会"，陈任总长，柏、常分任南京、安庆分会长。三十一年（1905）任江南新军第九镇三十三标管带时，率岳王会成员加入同盟会。武昌起义后，任革命军陆军第一军军长。1912年6月，孙毓筠辞去安徽都督职后，由他继任。1913年秋，袁世凯相继撤免粤、湘、赣、皖四省都督，他受任为讨袁军总司令。讨袁失败后，遂与淮上军副总司令袁家声逃往日本。1915年又去南洋一带。1918年初，被孙中山任为靖国军川鄂联军前敌总指挥。1924年、1926年，连任国民党中央执行委员。秋七月，国民革命军誓师北伐时，以中央执行委员身份随军北上，经常与北伐军总司令蒋介石接触；又得谭延闿、李烈钧帮助，得任以淮上军为基本队伍的国民革命军第三十三军军长。1928年2月，再次当选为国民党中央执行委员、中央军事委员会委员和国民政府委员。

后被迫辞去军长之职，改任北路宣慰使。抗日战争期间，以无处请缨，闲居苏皖与湘西乡间。住江苏昆山时，得与曹亚伯朝夕过从，乃受影响信仰佛学，并得曹亚伯所赠印光法师编印之《博大士传》《印光文抄》等书，读研之，精进不已。

他信奉佛教的出发点，是为了取佛法以治世；在阐发佛学对社会的进步作用时，则本源于儒家的"修身""成仁"的基本思想。要求每个个体的人都从自我佛性的磨炼（人格完善）做起，"真诚而不欺妄"，以期达到整个社会人伦关系乃至国家秩序的臻善。他融会了《中庸》《孟子》中

"诚"的观念[①]，把儒学由个体人格修养而实现社会群体关系秩序化的社会道德模式，同佛学通过个体人的"佛性圆满"而实现与外在事物相和谐的社会主张捏合在一起。所以，在今人看来，他的佛学是以儒学为其内核的。1943年，其住永绥（今湖南花垣）时，曾创功德林，请高僧性一法师讲念《心经》。他每日参禅打坐，修身养性。常书斗大的"佛"字，以表对佛的虔诚。1947年4月26日病殁于上海南洋医院。

（二）

孙毓筠（1870—1926），现代佛教学者，字少侯，号史公，安徽寿县人。幼聪慧，弱冠补博士弟子员。少好阳明良知之学；后读佛典，叹其广大精微，非儒所及。认为佛教理论至圆至妙，在世界宗教哲学中应推为第一，

[①] 汉赵岐注、宋孙奭疏《孟子注疏》卷七《离娄章句上》："孟子曰：居下位而不获于上，民不可得而治也。获于上有道，不信于友，弗获于上矣。信于友有道，事亲弗悦，弗信于友矣。悦亲有道，反身不诚，不悦于亲矣。诚身有道，不明乎善，不诚其身矣。（注：言人求上之意先从己始本之于心，心不正而得人意者，未之有也。）是故诚者，天之道也。思诚者，人之道也。至诚而不动者，未之有也。不诚，未有能动者也。（注：授人诚善之性者，天也。思行其诚以奉天者，人也。至诚则动金石，不诚，则鸟兽不可亲狎。故曰不诚未有能动者也。）［疏］孟子曰：至未有能动者也，正义曰：此章言事上得君乃可临民，信友悦亲，本在于身也。孟子曰：居下位而不获于上民不可得而治也者，孟子言居下位而为君上之臣者，而不见获于上，则民故不可得而治之也；以其上之所以得民者，乃治也。获于上有道至不诚其身者，言获于上者有其道，如不信于友则弗获于上矣；以其君之所以愿乎臣者，忠也，如臣弗信于友则其忠不足称矣；此所以弗获于上矣。信于友有其道，如事其亲而弗悦其亲，则亦弗信于友矣；以其友之所以资于己者，仁也；如事亲弗悦则其仁不足称矣；此所以弗信于友矣。悦亲有其道，如反己而不诚，则弗悦于亲矣；以其亲之所望于己者，孝也；如反身不诚则其孝不足称矣；此所以不悦于亲。诚身有其道，如不能明乎善，则不诚其身矣；以其所谓诚者，亦明乎在我之善而已；如不明其善，则在我之善有所未明，又安知所谓诚？故不明乎善则不诚其身矣。由此推之，则信于友是获于上之道也，悦亲是信于友之道也，诚身是悦亲之道也，而明乎善者，是又诚身之道也。是故诚者天道也。"（133页，汉籍资料库本）

遂尽弃所学，皈依佛乘。"戊戌变法"失败后，曾捐资于寿县创办蒙养学堂，自任堂长。不久又捐巨款在寿县建藏书楼。清光绪三十一年（1905），在日本东京入同盟会，任安徽分部长。次年9月回国，在南京与同盟会员段云、权道涵（均为其同乡）等谋刺两江总督端方，事泄被捕入狱。辛亥革命后获释，10月22日被推选为安徽省都督。1912年6月，辞去安徽省都督职，赴北京任参议院议员。1913年11月任政治会议议员。次年3月，任约法会议议长。5月，任参政院参政时，组织"宪政研究会"。1915年与杨度等发起"筹安会"，任会长，兼大典筹备处处长。1916年4月，帝制失败，离京赴津；7月以帝制祸首被通缉。1918年3月获特赦后，杜门谢客，遍览大藏，洞达诸宗旨意，于法相宗所得尤多。晚年归居寿县报恩寺，将自己一生诗词200余首编成《夹庵文集》。还著有《法相宗纲要》，综合各家之说，在唯识论的启示下，用法相宗理论为佐证，认为"禅宗末流之弊，非法相宗不能挽救。然欲习相宗，必从小乘……转益增进，且须洞晓因明轨辙，方能深入阃奥"。抑禅宗而扬法相宗，与其探索救国济民的社会改良道路一致。1926年冬病逝于报恩寺内。

（三）

袁家声，名子金，出身于书香门第，即明朝开国元勋沂国公袁洪氏族后裔，明成祖赐银建居第于今安徽寿县西南之梨树乡袁圩村（古地名寿安乡三沟村），俗称袁家湖。公元1878年（清光绪四年），家声生于此。9岁入私塾，24岁中秀才。

辛亥革命爆发后，皖北寿县、凤台、霍邱一带的革命分子纷纷响应，迅速组成一支淮上军，家声便是这支民军的创始人之一，担任副司令。讨袁失败，余部转至豫南皖西大别山中待机，家声与柏文蔚潜往日本。1921年（民国十年）秋，孙中山任非常大总统，委家声为豫皖自治军司令，以做北伐准备。后编入河南督军胡景翼①部，改为混成旅，家声任旅长。北伐开始，国民革命军第三十三军军长由柏文蔚担任，家声任副军长，兼第一师师长，为其一生之最高职务。北伐完成后，三十三军改制，军长柏文蔚被免职，第一师改为七十一师，不久又改为独立第一旅，家声虽仍为旅长，但已成孤立之势。1929年（民国十八年）初，调往芜湖，协助新任安徽省主席方振武（寿县人）维持治安。此间，蒋介石上海私邸忽然发生谋刺案件。蒋介石免去方振武主席之职，并软禁于羊皮巷私宅中。方被软禁后，军委会又令第八师师长方鼎英与方部四十四师师长阮玄武对调，第六师师长方策与方部四十五师师长鲍刚对调。在交接中鲍部旅长余亚农（寿县人）忽率众将方策劫持至大别山中以为人质，并电南京要求释放方振武。案发不久，袁忽接命令，调任南京中央军事参议。袁赴京报到，坐领干俸，无所事事，遂笃信佛教，皈依禅宗慧明法师，修练甚勤，颇得佛学真谛。1923年（民国十二年），隐居故里。1946年（民国卅五年），任寿县佛教支会理事。1956年，应邀出席北京全国佛教会议，回皖担任安徽省佛教会会长。1960年，病逝于省会合肥。

---

① 高拜石《古春风楼琐记》第2集"胡笠僧的贤孝"条："胡景翼少年投身革命，辛亥有光复功，解甲求学。民五以护国之役拒袁，民十三以国民军之役讨曹，督豫未及一年遽死，年仅卅四岁。临终时，他的太翁抚尸哭道：'汝身许党国，不坠家声，吾有何憾？只是垂老之年，失了你这个贤孝子，怎地叫我不伤心。'景翼字笠僧，一字励生，陕西富平人，父名彦麟字角亭，祖父得鼎，清同治间因匪之乱，得鼎时办团练，御匪阵亡。那时彦麟才七岁，弟吉麟五岁，由母亲带着他弟兄俩，捡柴枝拾菜叶，煮食度活，不幸吉麟又给狼咬死了。彦麟十二岁便到商铺里学艺。学艺是没有薪给的，每月剃头钱两次共二十四文，便以养母。铺主念他孝心，便发六百文给他，慢慢地便以商业起家，前后两娶，生子六人，景翼居长。"（台湾新生报社出版部，1981年，第147页）

柏文蔚发展淮河流域农业经济的思想

　　柏文蔚（1876—1947），号烈武，寿县城南柏家寨人。他对淮域人民受水灾洗劫的情况耳闻目睹，故在追随孙中山参加辛亥革命就任安徽都督后，立即在署内设立专事经济的实业司，任刘悟岗为司长，筹办安徽实业经营，计划兴修淮河，发展淮域农业经济，以达到富民的目的。从民国安徽都督到民国中央执委的十数年间，他对导淮计划做过详细考察，精心研究，一再呈述①。现将他这方面的基本思想简述如下：

一、柏文蔚对淮域经济地理情况做了分析，认为淮域的自然条件并非低下，它不亚于江浙或扬子江流域，是适宜发展农业经济的好地方。他说："淮域土厚水深，掘土筑堤均非难事，生产之易，更非江浙卑下"，"淮域居中国平原百余里，为东亚第一大农区，中贯以淮河，旁合豫鲁皖苏四省，名川数十，东入于海，其交通灌溉之利，固不后于扬子江"。（《导淮说明书》，下同）这些认识是有一定合理性的。

---

① 柏文蔚《导淮说明书·弁言》中云："民国初元，文蔚治军江淮，首创裁兵导淮之意（议），访聘熟悉水利士绅宗嘉禄、陈伯盟诸君，设局筹备测量；复联合苏督程德全，电保张故绅謇为导淮督办，而文蔚与海州故绅徐鼎霖为会办。正拟进行，适逢民二政变。张氏入京，改导淮局为全国水利局，与美国红十字会订借美金三千万元。嗣美工程团来华测勘，反对旧黄槽出海，借款因之未成，张氏亦辞职南归。导淮进行，自是中止。而文蔚测量皖北之结果，由宗嘉禄规划开浚睢河二百余里，至今泗、灵诸县民田七百余万亩，十年来未受水灾，已见小效。……民国十一年，华洋义赈会以中国频年受灾，前后助赈以千万计，拟截此后赈款移作导淮。曾由该会职员商之文蔚，函请苏、皖、豫三省长官联电政府立案，再约前撰《治淮计划书》之斐立门工程师来华复测确定路线，估计工程。乃苏都（督）齐燮元自请为督办，拟提用保留导淮之赈余一百万元；旋因江浙事起（指1924年的江浙战争），遂无结果。今金陵大学挪用之教育费，即在此项开支，并测量仪器亦存校中。盖导淮问题不但为中国之要政，且已入世界之视线矣。吾党国奠都南京，开始建设，当有以震动中外具瞻之耳目，唤起全国民众之同情，则此开辟百万方里富源，发展民生事业之导淮案，当然在新政部署之中，毫无疑义。文蔚籍隶淮滨，本民元提倡导淮之初衷，更以十数年来经历与研究，业经提出第四次中央执行委员会全体会议；兹再列举导淮理由及办法说明书，请执政当局及关心淮患之民众，合力以谋成之，文蔚不胜企祷焉。"又柏氏《导淮全书辑要》序文中也说："民国初年，余忝任皖督，首倡导淮之议，合江皖两省共谋进行。公推张季直先生为督办，余与许九香为会办。正在筹划时期，适先总理草创《建国方略》，关心水利，询及导淮方法。余举禹贡所云：导淮入海实为洒沉澹灾一劳永逸之大计，并言淮河入海洄槽淤塞难开，宜改道由灌河入海较为利便，先总理审察大势采纳是说，已辑入《建国方略》。"（安徽省委员会文史资料研究委员会《纪念柏文蔚先生》，1986年5月，第99-102页）按，《导淮全书辑要》为寿县人王荣懿（松斋）著，民国十九年出版，现存安徽省博物馆。

二、淮域既然是一个天然粮仓，何以贫穷落后，民不聊生呢？柏氏以为主要是经济水利失修的缘故。"自淮不出海，水利失修，古代井田沟洫之制，荡然无存"；指出要使淮域农民摆脱连年水灾、饥饿贫困的命运，只有兴治淮河水利；否则历史上"水旱频仍，农民辍耕"的悲剧仍将持续下去。

三、柏氏详细分析了治淮后将获得的经济效益。第一，"民国十年苏皖两省被淹区域共有六千二百九十二万亩，损失额达六万一千三百四十七万七千八百元。若治淮后开垦而出之地有五十万亩，平均每亩产米一担半，有七千五百万担，每担五元值三万七千五百万元，加入水灾损失为九万八千八百四十七万七千八百元"。第二，"淮河流域未经放垦公地已有二百九十万亩，施工后，水纳正洪，沿淮支干涸出田亩不计外，就各湖面积缩小而言，约可达三百六十万亩，合之前项公地共计为六百五十万亩……假定以二十万为亩之值，已是一万二千万元，此政府之直接收入也"。这两笔细账一算，治淮对于发展地方农业经济的重要意义就显而易见了。

四、柏氏在把治淮视为发展淮域农业经济关键性因素的同时，又看到铁路与航运事业的重要作用。他详细调查水运历史以后指出："淮本四渎之一[①]，旧从海口上至皖北正阳关，更溯颍河以至周家口，达于开封之朱

[①] 汉班固《汉书》卷二十五上《郊祀志》："四海之内各以其职来助祭。天子祭天下名山大川，怀柔百神，咸秩无文。五岳视三公，四渎视诸侯。"师古曰："怀，来也，柔，安也，言招来百神而安处之也，称百者，言其多也。秩，序也，旧无礼文者，皆以次序而祭之。江河淮济为四渎，渎者发源而注海者也。"（汉班固撰、唐颜师古注《汉书》，吉林人民出版社，1995年，915页）汉班固《白虎通德论》卷五《巡狩》："谓之渎何？渎者浊也。中国垢浊，发源东注海，其功著大，故称渎也。《尔雅》云：江河淮济为四渎也。"（七页，四部丛刊景元大德覆宋监10卷本）《释名·释水第四》："天下大水四谓之四渎，江河淮济是也。渎，独也，各独出其所而入海也。江，公也，小水流入其中，公共也。淮，围也，围绕扬州北界东至海也。河，下也，随地下处而通流也。济，济也，源出河北济河而南也。"（四部丛刊景明翻宋书棚8卷本，卷一，六页）《说苑》卷十八："四渎者何谓也，江河淮济也。四渎何以视诸侯，能荡涤垢浊焉，通百川于海焉，出云雨千里焉，为施甚大，故视诸侯也。"（西汉刘向撰、卢元骏注释《说苑今注今译》，天津古籍出版社，1977年，615页）

仙镇,而更分流入运,以济交通,在历史上极有价值。自黄夺淮而复北徙,下流淤塞,上游各支干在豫皖间节节之淤塞。今仅有运河数百里交通,然夏季水溢,冬季枯竭,均足阻碍航行"。他想建成一个"由海口以上绕皖豫两省之腹,更旁入运河以南达长江,北达燕鲁,纵横各数千里"的水路运输网;并计划建设一条与东西向的水运路线相辅助的连接江淮横贯安徽中部的安(安庆)正(正阳)铁路,从而方便商品的流通,促进淮域经济的发展。

然而,令人惋惜的是,柏氏生活的时代是不可能实现这一发展淮域农业经济的设想的。①

---

① 本文原载《安徽史志通讯》1986 年第 3 期。

寿县旧志简述

寿县古称寿春，地域多在淮南，曾称寿阳，又称寿州，民国改县，旧志多称州志。明代前有《九江寿春记》《寿阳记》《淮南记》《寿春图经》四部，均佚不存；明至清，修州志八部，亡二存六；民国虽修未成。现简述如下。

一、明前的地志和图经

1.《寿阳记》[①]，南朝宋王玄谟撰。王玄谟（光绪《寿州志》因避讳康熙帝圣祖玄烨的"玄"字改作王元谟），字彦德，太原祁人，薨年82岁。

---

① 佚文散见。宋陈元靓《岁时广记》卷二十五"喜义井"条："宋王元谟《寿阳记》：明义井者，三伏之日，炎暑赫曦，男女行来其气短急，望见义井，则喜不可言，未至而忧，既至而乐，号为憘乐井。"（清十万卷楼丛书40卷本，基本古籍库，第172页）《太平御览》卷第二十二"时序部七"："宋王玄谟《寿阳记》曰：明义楼南有明义井，夏有冷浆、甜饮、米饭、罗扇、羽扇，有三浴室，上以凉王侯宰吏，中以凉君子士流，下以凉庶也。"（四部丛刊三编景宋本）《岁华纪丽》卷一"人日"条："《寿阳记》云：正月七日，宋王登望仙楼，会群臣父老，集于城下，令皆饮一爵。文武十（《岁时广记》作"千"）人拜贺上寿。"（明万历秘册汇函4卷本，基本古籍库，第4页）

文帝时官汝阳太守，孝建时官豫州刺史，加都督。其时寿阳常为豫州或南豫州治。《寿阳记》大抵在此间撰成。书已不存。

2.《九江寿春记》，不知卷数，朱玚撰，久佚。宋代乐史《太平寰宇记》记有此书，清代王谟有辑本，后收在《汉唐地理书钞》里。

朱玚生活在南朝时代。光绪《寿州志·艺文志》载有《致陈尚书仆射徐陵求故丞相建宁公王琳首书》一文。署名"梁骠骑府仓曹参军朱玚"。

王琳，《南史》有传，初为梁将。后入齐，镇寿阳。陈将吴明彻寇齐，堰淝水灌寿阳城。城陷，琳被执，杀之于城东北二十里，将琳头传至建康悬之于市。《南史》说琳"果劲绝人"，"倾身下士"，"轻财爱士，得将卒之心"，所以被杀后所属痛心疾首，朱玚致书徐陵，求他把王琳的头还回淮南，徐陵"嘉其志节"，便向陈主启述，得到陈主允许，"与开府主薄刘韶慧等，持其首还于淮南。"①

从以上记述可知，这位南朝梁人朱玚曾随王琳镇寿阳，对于当时寿阳的政治、经济、文化、民情有一定的感性经验。《九江寿春记》正是建立在这种感性经验的基础上写出的。在编写新方志的二十世纪八十年代，有些学者依据近人张国淦《中国古方志考》的说法："安徽地方志的编纂可以推溯到东汉朱玚的《九江寿春记》"，② 误也。

关于《九江寿春记》，尤其值得一提的是王谟。王谟乃金豀人，字仁圃，一字汝上，乾隆进士，授建昌教授，在官时致力于撰述，纂有汉魏遗书九十六种，《豫章十代文献略》五十卷，《读书引》十六卷，又有《江西考古录》、经说、杂著、诗文集等书。他在浩如烟海的史籍里辑拾《九

---

① 唐李延寿撰，周国林等校点《南史》，岳麓书社，1998年，第904页。
② 张国淦编著《中国古方志考》，中华书局，1962年。

江寿春记》，为我们留下了珍贵的地方志资料。

3.《淮南记》一卷。《隋书·经籍志》记有此书，未记撰人，书也不存[①]。一般以为隋志源于《汉书·艺文志》，汉至隋，历时六百载，图书经过五次洗劫，特别是南朝，书籍损失更大。唐初搜集遗书比较认真，如果不是亡佚时间太久，不会不知撰人姓名的。据此以为该书作于隋唐以前。隋志收下这一书名，对于从目录学的角度探讨古方志的发展还是有参考价值的。

4.《寿春图经》[②]，不知撰人，乾隆《寿州志》记载寿地风俗曾引《图

[①] 亦有佚文。按，汉高诱注《吕氏春秋》多引《淮南子》，却云《淮南记》，非是《隋书·经籍志》所载《淮南记》也。《水经注》引有《淮南记》，卷二十八"沔水下·又东过牛渚县南"下注："按，牛渚，圻名，汉未尝置县也。《注》云：牛渚在姑孰乌江两县界中。姑孰，今当涂县地，乌江废县在和州东北四十里，盖夹江南北岸也。《寰宇记》太平州当涂县下云，《淮南记》曰，吴初以周瑜屯牛渚，晋镇西将军谢尚亦镇此城。而牛渚山上有采石戍，在城西北山上之最狭处，然则虽未立县而未尝无城也。县字或当作圻，亦或是城字。"（熊茂洽，曹诗图编著《水经注疏·江水·校注补》，武汉水利电力大学出版社，1999年，333-334页）《太平御览》卷第四十三"莫耶山"条云："《寿春图经》曰：莫耶山，长老传云，古者于此山铸莫耶剑，因为山名。……又《淮南记》云：水合流千金塘，源出县西莫耶山是也。"（第五页，四部丛刊三编景宋本）《太平寰宇记》卷一百二十八"淮南道六"："王僧虔《吴郡地理志》云：吴人造剑，阳曰干将，阴曰莫耶，莫耶者，干将之妻名也。又《淮南记》云：濠水合流千金塘，流出县西莫耶山是也。"（清文渊阁四库全书补配古逸丛书景宋本，基本古籍库，第773页）又，《佩文斋广群芳谱》卷之七十六"木谱"："《淮南记》：南门三里许，有池曼衍，碧沜映底，菰蒋菱蒲，互相凌乱，柳树百株，笼烟拂风。架木为桥，阔可并骑。度桥及洲，洲上筑天妃宫，堂楹精楚，庭除清荫，亦柳为翳景也。宫旁二百步，又为板桥小渚。渚有亭，亭有柳，澄怀味象，渺然尽陂泽山林之思。"（清康熙100卷刻本，基本古籍库，第1176页）此条似以后世文小品文，也当非《隋书·经籍志》之《淮南记》了。

[②] 宋李昉《太平御览》卷第四十三《地部八》收有佚文。如"云母山"条："《寿春图经》曰：云母山一名濠上山，在州东南四十里。按《神仙传》云：彭祖服食云母，时人共传採于此山，今或有道者採取不已。""濠塘山"条："《寿春图经》曰：濠塘山在县南六十里，有濠水出焉。古老所传，缘山泉灌濠成塘，故以为名。山穴多出钟乳，并有蝙蝠，白色艾于穴中倒悬，微带紫色，居人或有九月已后二月已前採取服之，颇益寿。""九斗山"条："《寿春图经》曰：九斗山，一谓阴陵山。"（四部丛刊三编景宋本，基本古籍库，第五页）

经》："寿俗习文务俭,见于《图经》。"光绪《凤阳府志》也引说:"《寿春图经》:'其俗尚武,稍习文辞,务俭勤农,知慕孝行'。"可见《寿春图经》的历史文献价值。李宗侗《中国史学史》说:"图经之名始自唐以前,文选注引雍州图经、宣城图经是也。但文选注所引各条,皆言地理,而未及人物。"①《寿春图经》亦属此种地理书,成书时间也当在唐代以前。

二、明清时的八部志书

1. 弘治《寿州志》,已亡佚

据光绪《寿州志》卷末记说,明正统年间知州甄谦创修寿州志,弘治间州同董豫续修。董豫,字德和,会稽人。嘉靖《寿州志》说他"修辑郡志,毅然以身任事"②。国史院检讨邓旭为顺治《寿州志》作序说:"寿之有志,昉于甄公谦,失其年月;弘治八年(1496)重修于董公豫,未经付梓。"但也还是传了一个时期的。撰嘉靖本《寿州志》的栗永禄在"形胜"条目

---

① 李宗侗《中国史学史》,台北华国出版有限公司1979年版,147-148页。
② 明栗永禄《嘉靖寿州志》"留犊池"条下有董豫诗云:"去任无惭到任时,独留一犊饮斯池。廉名不特当时重,遗爱能令去后思。千载清名垂古史,半池明月映荒祠。停骖几度池边立,谩剔苍苔诵勒诗。"可见其文采。又有王九思诗云:"寿春县令祠前水,自古相传饮犊池。旧见瑞莲开上下,况闻修竹映参差。迩年无吏供蘋藻,今尔何人种藕丝。若把甘棠轻剪伐,丈夫空读召南诗。"(卷之二,十九页,明嘉靖8卷刻本)又卷之五记:"董豫,字德和,会稽人,进士,授刑部主事,谪倅寿,有猷守。振废剔污,养老敦德,修辑郡志,毅然以身任事,无所忌避。尝隐在城民马为蠹奏蠲之,民蒙惠利焉。"(七十页)《万历会稽县志》第十一卷:"董豫,字德和,举进士,为刑部主事。以言事忤当路,谪寿州同知,迁知茶陵州,益廉,劲劲峥峥,无所阿避。其大者治嚚讼,厘敝政,改创学宫,择师传教其子弟。时太保张公治年弱冠尚未知书,其父为州胥,豫见而奇之,令就衙署中学,且曰:是子他日不在吾侄杞之下。时文简公已及第,为翰林矣。其后张发轫一如豫言,每为缙绅言之,服其藻鉴云。"(二十页,明万历16卷刻本)

下引"旧志资料"说,寿州"战国为吴楚交会,六朝为南北要冲,扼淮上流,水陆辐辏"。这里说的"旧志"即指董豫的弘治本《寿州志》。那么就是说董志稿至少在嘉靖二十六年(1548)尚可见到。

2. 嘉靖《寿州志》八卷

明栗永禄修。这是现存的最早的也是目前社会上最易见到的寿州志。上海古籍书店1963年4月据宁波天一阁藏明嘉靖刻本影印,曾在新华书店出售过。

栗永禄,字健斋,长治人,甲辰进士,嘉靖二十六年知寿州。这时期是我国方志发展的兴盛时代,统治者非常重视修志,一方面组织人力博采天下诸郡志书,编纂全国性统志;一方面倡修地方志书。永乐年间曾两次颁布修志条例,嘉靖间许多县都修了县志,嘉靖《寿州志》就是在这种历史条件下编就的。栗永禄在自序中说:"余被命出守寿州。既至,夙夜忧惕,恐弗胜任,屡延郡诸生访谈政务当兴革者,诸生佥谓余曰:'郡旧有志,芜废年久,事迹失稽,观览无据。兹复罔茸,将日湮一日。可慨也已,曷茸诸?"地方文人名士向他谈及政务兴革与旧志"失稽"不足观览的情况,使他感到"时不可失,事不可待;文献攸须,政之纲也","夫志史也,以昭远贻鉴",立即聘请诸生,"萃于玄庙,观之别室,博求往籍,收散采逸,循名稽实,悉诸诹访……"这里,他说明修志的动机是为了稽志以观政,搞好地方吏治。

嘉靖二十九年(1551)继任知州郑绍傑、州同蔡继芳,以及郡人张沛等为之作序说:"栗君与诸君修志之举"是"治寿阳之志","非志人盲无以彰往昭来,阐幽发微,以示劝惩。""善图治者征古,善作史者大同","健斋栗公善图治者也。"

这种修志以利"资治"的观点，其本质虽是为封建政治服务的，但从历史学的观点来看，有两点值得注意：

（1）它关注"志"与现实的关系，即地方历史生活与现实发展趋向的关系，力图从历史发展过程中把握到一点能够支配现实的规律性的东西，所谓"彰往昭来"。

（2）它把"志"（史志、史著）与修志者个人的"志"（志向、抱负）联系起来。前者是后者的"物态化"存在形式，后者是前者产生、形成的"原动力"因素之一。前者（作为客体）一定程度地反映着后者的要求与意向；后者（作为主体性因素）也正是通过前者才把自己转化（或对象化、外化）成了客观性的产品。

栗志承袭了宋明期间成功的方志体例，又有自己的创新。他采取以卷分类（横），先州后县（纵）的"条目式"或称"有纲有目式"。卷为纲：首舆地，以辨封域；次山川，以表胜概；次建置，以识兴废；次食货，以悉利弊；次官守，以稽德业；次礼制，以备义文；次人物，以崇才贤；次杂志，以资观览；共八卷。卷首都有百字，类似导语、引言的文字做提系。

如"舆地纪"前的一段文字：

"先王敷土，维民攸止。寿故隶扬州，其江淮之纪乎。舆地明而有众安宅，政可通也，故沿革以稽变，星野以识分，疆域以封界，形胜以峙险，坊乡以表萃，镇店以即旅，而高贤曲牧，盖风型俗朴也。其所由来远矣，故以风俗终焉。"

此85字，概述了该卷的要领，跟着横排（沿革、星野、疆域、形胜、坊乡、风俗）六个大目，纵写小目。大目之下或有附注。（如"坊乡"下附注："坊系地方。凡公署、仕进、孝节、坊表，见建置志，不书于此。乡，系镇、店、集、埠。"）纵横层次分明，条目清楚，看不到重复、交叉和缠绕。

较好地解决了方志编纂中纵与横、总与分等技术问题。

栗志保存了大量的地方性资料。如"芍陂"目下录有修撰黄廷用《记》[1]；"学校"目下录有编修庄泉《记》、侍郎杨廉《记》[2]、编修张翰《记》；科第题名下有检讨傅瀚《记》[3]；"书院"目下录有侍郎汪伟《记》[4]、南

---

[1] 记云："予观迁史循吏传有曰，孙叔敖者三月为楚相，施教行政，世俗盛美，勤恤生人，惠施无疆。尝于寿州南引六上流豁沘濞三水汇而为塘，环抱三百里余，可溉田万余顷，居人赖之。汉王景、魏邓艾、宋长沙王义欣，至我明邝、魏二君相继葺理，以丕承前志。旧有白芍亭，汨而为湖，因名芍陂，后以安丰邑故地。今相传为安丰塘云。塘中淤积可田，豪家得之。一值水溢，则其垢厉决其防而阴溃之矣。颓流滔陆，居其下者苦之，殆非昔贤兴利殷民所为虑，且远也。……"（《嘉靖寿州志》卷之二，九页，明嘉靖8卷刻本）

[2] 记云："寿州学之修也，功巨而同于建也，起正德甲戌秋七月丙子，毕乙亥夏后四月癸酉。其为屋也，曰明伦堂，曰尊经阁，皆五间。斋曰进德，曰修业，曰育材；厢曰会文，曰味道，皆三间。两长廊皆十间，诸生藏修之舍。为号房者凡八联，教官居处之庐。为衙私者凡四所，有神厨，有射圃，有养贤之仓，有会馔之堂，诸如此类，何啻百余间。又牌而为匾者，若素王宫、泮宫，若兴贤，若育秀，若腾蛟起凤，不一而足，所以备其制者，宜无遗矣。"（《嘉靖寿州志》卷之三，七页，明嘉靖8卷刻本）

[3] 记云："科第题名，所以彰盛美示劝也。人才为艰，其有所趋焉者，必有以望之也。而谓自奋拔者，比比然哉。寿州帝乡，神圣肇启之余，时发为才，自国初以迄于今，有尝荐名乡书荣于乡者，有捷春官登进士荣于天下者，类若干人，揭于学宫左右楣……"（《嘉靖寿州志》卷之三，十页，明嘉靖8卷刻本）

[4] 卷之三"淮南书院"条："州东北，知州刘天民建，侍郎汪伟记：……济南刘君希尹出守寿州之明年，政平民裕，讼狱稀简。晨起视事数刻外，公庭闲然。诸生间有问业者，君弗却，所请咸获，来者日益众。州治东旧有淮南书院，不葺将圮，迺粗加枝柱，令诸生藏修其间。听政之暇，则骑而往，执经递进，诘难互发，与之商榷，往复不厌，求古人修己制事之源，寻前代治乱兴衰之故，无间寒暑，夜分乃罢。诸生皆脱去故习，洒然有得；君亦忘其为迁地，因题其堂曰：聚乐。诸生乡进士范庆辈暨国学州学之士凡三十余人，联名以状，来请予记。予喜曰：濂溪善言乐，而吾刘君又善名其堂矣，记乌可辞。……"（十五页，明嘉靖刻本）

京国子司业欧阳德《藏书记》[1]；"公署"目下录有御史杨瞻《记》[2]；"淮

---

[1] 《藏书记》："书之所载，人心醇疵贞僻之迹，靡不具焉者也。读者感习相薰，心随迁化，而世道隆污系之矣。故善学者博观而慎取，精研而自得。虽然，未易言也。洙泗群贤，亲承夫子而炙之，然惟颜氏终日不违鲁氏唯一贯之旨，自余诸子，或疑而未达，或不悦其所为至以为迂；况未见圣人而得之书，果孰为心领神会者耶？杨氏墨氏子莫许行，固学于神农尧舜之言，而自许以为不畔其意见所及未尝不传于大训，其于所谓自得者何如也。夫人之聪明，或各有所蔽，浅深精粗，或相什伯。是故其闻见同、其契悟异矣。读书岂易言哉？传曰：视思明听思聪，聪明者，德性之灵也。惟精惟一，不以私意自蔽。而凡耳目睹记方策纪载前言往行、醇疵真僻之迹，兴动观察、浸灌沓磨有不言而喻者，是谓畜德。德者，得也。畜，畜养之也。得之而后可养，犹之元气壮盛而饮食之味容纳运化，莫不为益；气之衰也，则纳化无度、食足为病而已矣。呜呼，读书岂易言哉！非刚健笃实、辉光日新其德者，其孰能与于此？国家以经术造士，非日通其训诂、善于文词已也。使各养其聪明以利其用，学而不知所养，知而不能精求于书者，悖而得之者，浅士之咎也。知致其精，而所谓经史百家所以为兴动观察、浸灌沓磨之，具有所未备，造士者之事也。寿州学，旧有尊经阁，阁颁降经籍而诸史缺焉。御史李君仲谦按寿以为是诸士畜德之资也。发赎金令摹之。南雍州守王君鼎文，雅意兴学，……使魏生圻董其成事，且谒予。记未成而王君迁去，李君得代，代者御史何君道充，始成之时，督学则御史闻人君邦正也。诸君子者皆笃志古学，而以训迪诸士聪明之通蔽致精之功畜德之道，诸士盖尝习闻之矣。嗟乎，诸士其慎思之，其无求之悖而得之浅也，庶其不负藏书之意矣。"（《嘉靖寿州志》卷之三，十四页，明嘉靖刻本）

[2] 《记》："嘉靖戊戌秋，余奉命清理江北戎政，卜居寿州。其创建记与题名记，都宪八石常公、都谏南山戚公已有文，勒石纪之矣。余窃意纪纲之地、宪务之殷，面相与对者囚犯，笔相与酬者文移，旧业日就荒芜，况冀每有新得乎？乃院后辟地一区，出值发帑，构门楼一间，大巡溪东卢先生为题曰：舜原精舍。盖舜原者余别号，精舍者溪东诱之使余不废学也。余遂匾正堂曰仕忧窭室，后堂曰补拙轩，左室曰读易亭，右室曰朗吟亭。凡为间者各三，左前亭曰研砾，右前亭曰拮据。凡为间者各一，余于退政之暇，吟诵其中，人事之障翳，可以少挽天理之清明，文移之禁械，可以少复本然之莹彻，圣人所谓仕而优则学，非以是欤？朗吟亭西，又建楼五间，曰备遗楼，其清理照刷查盘三事之卷案册稿，悉贮于此，俾后之君子有考焉。同知吴邦和、判官刘养心、彭师旦谓增修矣不可无记以补创建记之缺，余遂书而刻于石焉。"（《嘉靖寿州志》卷之三，二十五页，明嘉靖刻本）

南第一桥"目下录有学士郭维藩《记》①、张晓《记》；27篇，一万多字。这些记文颇能反映古寿州的地方文化面貌，具有较高的史料价值。特别是栗志收录的宋代人宋祁批判神学唯心主义的《诋仙赋》一文，对于研究地方宗教思想与反神学思想彼此斗争及消长过程，有启发与认识意义。

3. 万历《寿州志》，不知卷数，庄桐修

据庄桐自序，成于万历丁丑年，即万历五年（1577）。序文说距"栗公续修及今三十年矣，值洪水颓城②"，"遂访遗编，逐加整顿"，仿"司

---

① 《记》："寿州北门之外，淝水过焉，行十里合于淮。又州乾方有湖广袤百里，每七八月之间，雨集水会溢奔放，坏城无间焉。旧有桥代涉，岁久而圮，石皆浸诸水。凡往来之人，深厉浅揭，时有倾溺，大为民病。乙酉春，有诏贬刘子刺寿，因大修废政，次及于桥，临河叹曰：草创而重负，又何怪焉。遂僝工饬材，乃命甃氏曰：'采石用稹理而黎者，勿用疏理而丹者，稹理者弗剥，疏理者善剥，违此石弗良。'命陶氏曰：'他日汝用石，汝其往赞于甃氏。'命匠氏曰：'凡求材取坚木勿取脆木，坚木御蠹，脆木丛蠹，违此木弗良。'……事始乙酉秋，讫丙戌冬，凡期有三月而桥成，命之曰'利涉'。人士观之，皆叹曰：博大雄伟，自有兹水来，或未有兹观也。盖纪诸石以颂成。于是乡贡士吴生介、太学生柳生联芳，乃南渡大江请予记。予因刘子而有感于子产之事焉。其如晋也，责其不以时平易道路，晋人弗罪，及相郑乃以乘舆济人于溱洧之水，言是而用违，此孟子讥其不知政也。夫公而有制周而不遗之谓政。刘子在寿，薄赋轻刑兴礼明教，故今民安其生，士修其学，美政浸浸矣。成桥之绩非所谓周而不遗者乎。刘子之贤，勿论今人，虽子产亦未足多也。刘子名天民。齐人，尝为选部。大天桥成，惟在寿州之次年云。"（《嘉靖寿州志》卷之三，三十一—三十二页，明嘉靖刻本）

② 胡文瀚序、张沛序都谈到这一点。胡云："寿州旧有志，创于弘治初，至嘉靖庚戌郡守潞安栗公修之。丙寅，大水溃城，志湮于水。万历丙子，南阳岐冈庄公来守寿，下车，食寝不遑，凡百姓所疾苦者，悉与安之。以其暇留心于志，本宏正之旧迹，增隆万之新章，事为论赞，例列规程，言赅理到，霞灿星辉。启册之际，不啻耳目为之一新，而昭往察来，维风补敝之教，固森然也。噫嘻！公可谓得政治之本矣。后公守者得而阅之，某也可因，某也可革，考兹成案，达彼骏猷，则功虽不自己出，而剂量调和，公已豫为其所矣。刼土之生其地者，有不征诸文献而深其考订者乎？公之利赖吾人，可胜颂哉。"张云："寿州志修于健斋栗公任之二年，后湮于大水，浸淫无复存者。我岐冈庄公，以南阳之隽，德望兼隆，自东昌摺寿，期月而化洽誉彰，稍暇则询及寿志，曰：'志，文献也，吾其有责焉。'乃集州绅士侯君汝白、谢君翀、胡君文翰，并庠彦邦治、许吉祥、张梦蛟、李志伊等，相与商榷，相与修饰，乃令采摭者广搜之，编辑者综理之，校证者寻究之，讨论者详辨之。俾各售其才，以供其职也。为之表者四，为之志者八，为之传者十。遂使地无遗迹，官无遗政，人无遗善，物无遗类，犁然为一郡之全书，其视昔之志不亦大备也哉，岂惟此也，官于斯者，一睹典章，型范在焉；产于斯者，一慕前修，向往决焉。庄公之功大矣。时三守董公灿、四守彭公奇寿协力纂辑。予不佞，谨述以俟。万历丁丑夏五月郡人张沛谨书。"（寿县志编委会《寿县志》，黄山书社，1996年，第870页）

马子长作史之意","表者标其宏纲，志者识其条理，纪以记君德，传以叙臣事，纲目相关，巨细不紊，序事之体，当如是已。兹为表四：曰舆地，曰封爵，曰秩官，曰人物；为志八：曰提封，曰建置，曰水利，曰食货，曰秩礼，曰学校，曰典礼，曰灾祥；为传十：曰良牧，曰名贤，曰武功，曰孝义，曰忠贞，曰耆宿，曰寓贤，曰隐士，曰方伎，曰艺文。"并有张沛序，胡文瀚序，侯如白跋，谢翀跋。

从序文所举的篇目看，庄志篇幅大于栗志，从顺治《寿州志》序中可知该志至清代尚存，刘允谦似乎读过。如他在顺治《寿州志》序中说："明万历朝，志凡两修，其文皆不雅训。"此"志凡两修"，一指张沛所修，另则指庄桐所修。至于刘氏云庄志"不雅训"，倒似是为己撰新志而张本之言，未必真是如此。因为我们发现，到了乾隆年间，乾隆《寿州志》撰者还从志中引用了修学碑记、职官等方面的材料。庄桐所修万历《寿州志》还是为后人所重视的[①]。可惜此书现已失传了。

4. 顺治《寿州志》五卷

李大升修，陈邦简纂，顾佐、王廷毗、谢一鸣分纂，顺治十二年（1655）刻本。今安徽省图书馆存有胶卷复制卷。

李大升，字木生，山西猗氏人，进士，顺治十年（1653）知寿州。

陈邦简，池州人，举人，顺治六年（1649）至十二年任寿州学政。

李志分舆地、提封、建置、食货、水利、秩官、钦使、良牧、秩祀、封爵、典礼、灾祥、学校、人物、名贤、孝义、忠贞、耆宿、逸士、方伎、

[①] 谢翀（寿州人，字养谷，廪生，任辽州州同）《跋》中称该"志，考核详正，义断精确，俾后来者，君子得闻其道，小人得被其泽，视一时教令之严，刑罚之省，徭赋之轻，其功烈巨细，奚啻十百。"（寿县志编委会《寿县志》，第870页）

文瀚二十一志。

　　李志的基本特征是在谋篇布局中渗透了朴素的系统论观念，即撰者在构想全志的框架时，将各部内容视为一种既独立而又相互联系、相互影响的有机整体。通过合理地安排它们（各部分）之间的次第与关系，巧妙地反映出自己的社会主张与历史观点。例如撰者把食货放在典礼之前，是因为有了丰富的物质产品（"材"），也才有完善的"礼"；让水利优先于食货[①]，是因为撰者认为只有"厚地利"，才可以达到"储财"的目的；将人物、名贤、忠贞、孝义四目放在典礼和学校之间，可以阐明"征教育之功，而彬雅所繇兴"的思想。邓旭在为李志作序时看出了这一点，他说："以学校、典礼、秩祀，则謷髦有造，神人胥悦；其言食货在前者，庀（pi，具备）材以备礼；言水利，尤先食货者，厚地利以储财"，"至于人物，名贤，忠贞孝义，位置在典礼、学校之间，又征教育之功，而彬雅所繇兴也。"李志编纂中的这种系统论观念，对于我们今天的方志编纂与方志研究，仍有重要的实践意义与理论意义。

　　当然，李志也有受后人非议的地方。第一，李志删去了庄志中修学碑

[①] 刘允谦（寿州人，顺治丁亥进士，由县令累官至山东巡抚使）序，亦重点关注了此地的水资源与物产，其云："余读管敬仲水利篇曰：水具材，圣人治枢。余郡淮流环绕，在吴北垂而楚之西境，春秋以来，其号不一。其地东北多山，余则平原川流，为江北上腴焉。而郡人士又多韶华秀娴，文章弁冕吴楚间，惟水具材，信非虚语。……李公莅寿，搜罗故牍，同郡学师陈公邦简、孝廉顾佐、明经王廷畀、文学谢一鸣等，分曹纂述。大都义集于众，理断诸己，不敢以卮言饰事，不敢以泚笔衡人，盖数月而付杀青云。余因是而有感矣：夫记载弗详，其人物湮没者岂少耶？淮南王好黄白之术，拔宅云中，道之所录，在人耳目间；而史记云，刘安睥睨汉室，与二被等同伏法。然则所谓八公者，抑何姓名？岂尽荒唐无足据耶？梅子真清风高节，读书养性，有餐霞想，后有人见之会稽为吴市门卒，人耶？仙耶？疑至今莫解矣。董召南至孝通灵，格及禽兽，岂人而不逮之，若稽当日，岂无同心密友仿佛其高迹者耶？甘泉枸杞服之延年，郡因以得名，然不知始于何时，而载籍未之前闻。古迹接踵，如紫金山金屑，传为丹砂所化；桂树成丛，何故至于翦伐无孑遗？皆无从考质。盖郡乘久缺，盛美弗彰故耳。乃今星罗奕布，典籍载新，士人诵之，輶轩采之，一按图而可指掌。余固知地非能自胜，得志乘而地始胜也。今国家方修正史，诏郡国征掌故，网罗异闻，余方奉天子巡方之命，百务云扰，闭关数日，僭缀数言，非元晏序左思，实刘歆叹法言也，虽一城小乘，而鼎脔尝味，瓶水知春，亦可见其一斑矣！甘棠之泽，不与淮水而竞秀欤？巡按山东等处地方陕西道监察御使刘允谦谨序。"（寿县志编委会《寿县志》，第871页）

记资料。"志书所以传古而信今也。庄志所载修学碑记等编，李志概行删削"（席志·凡例）；第二，李志对那些无政绩的官宦概不载，这对保存地方历史人物的全面性资料来说是一个缺憾。"官之有政绩可纪者，既列之名宦矣。其无可述者，亦宜存其姓氏，载在职官，俾后人有所稽考。李志有良牧而无职官，是为阙焉。"（席志·凡例）；第三，李志二十一志中，也有条目归属不当的。"丘墓不应入提封，社学不应入建置，忠臣不应同传于贞女，驿传不应附载于食货。"（席志·凡例）。

5.乾隆《寿州志》十二卷

首一卷、末一卷，席芑、张肇扬纂修，安徽省图书馆存有转抄清乾隆三十二年刻本。

席芑，字谷祥，号澹庵，江苏吴县人，乾隆朝寿州知州，三十二年（1767）五月升知湖南宝庆府事。

张肇扬，山东吕州人，乾隆三十二年以怀宁令署理寿州，继纂该志。

席志编撰的主要特色是撰者们把自己的社会历史观点作为编纂中的详略取舍标准。撰者社会历史观点的核心是重经济民生，轻风雅浮文。他说："户口、田赋有关国计民生"，应"尤其详志"，"有关民生之休戚者，莫大乎水利。古今修筑之方①及论议之切中窾要者,均应备载。"至于那些"徒以点缀山川人物,供文人学士渔猎"清谈之用的内容,应毫不吝惜地予以摒弃,此其一。其二,席志以极大兴趣关注着入志资料的地方性(即史料的特殊性、典型性)。认为应该摒弃那些并不能体现地方性(或地方特殊性)的"故套"性资料。如他分析所谓"寿阳八景"说:"……寿阳烟雨,硖石晴岚,八公仙境,三茅古洞,东津晓月,西湖晚照,珍珠涌泉,紫金叠翠。八景之名,昉于宋员外郎宋迪所画潇湘景物见称于时,元人录之,嗣后省郡州县之志沿为故套,数见不鲜矣,""故尽削之。"席志的上述两个观点,虽说不上如何高明,但却是经验之谈。

---

① 从后来志书看,尤注意设施修建。《光绪寿州志》记:"刘焕重修,并修涵洞,创建月坝,有记。……三十三年,知州席芑续修。"(卷四,四页,清光绪十六年刊民国七年重印36卷本)又记:"广济局旧名普济堂,在城内清淮坊。乾隆三十一年,知州席芑创建,有记。记曰:寿州向无普济堂,颠连无告之民,遇有疾病死丧,乡鄙好义者自能周恤,不致失所。然为之上者,以此事听之民间,漠然不加之意,亦于父母斯民之责有未尽也。余以乾隆三十年春莅此土,即思与州人创建,而事有要于此者。是年秋有厅事之役,明年春有泮池青云楼之役,又有书院后楼之役,而州志百年不修,亦同时兴举。夏乃捐俸倡生员薛世晓、黄朝选捐置清淮坊民地四面有奇,经之营之,创造大门一间,仪门三间,正厅三间,董事房三间左右,从房三十七间,动用士民乐输之项,鸠工庀材,兴是役不数月而落成。凡吾民之穷而无所资者,悉周济之。于是备医药以济疾病,储棺椁以济死丧。又于郭外买地为义冢。遴绅士之谨厚者董其事。夫《周官》有疾医掌养万民之疾病,而《月令》以孟春掩骼埋胔,王者之治,至纤至悉,无非欲使天下无一夫一妇之不得其所也。……乾隆三十二年春二月朔,知寿州事吴县席芑记。"(卷四,二十二页)按此,记文也其亲撰。又载:"蔡城塘,在州东七十里孔家店坊(旧名蔡城乡),南北长一千八百丈,东西阔五百丈,周围约计三十六里,西靠高冈三面筑埂,设陡门一十三座,溉田二百余顷。乾隆四年知州范从彻详请帑银三千六百两有奇,修理大闸一座,减水闸一座,河口闸一座,陡门三座,挑挖水沙河十余里。历二十余年,石坝闸门复被水冲坏。三十一年,知州席芑亲诣塘所,督合环塘,使水人户协力重修。(席芑志曰:蔡城塘,亦寿州水利之大者)"(卷六,十二页)还有:"三十年,知州席芑劝谕乡民,挑挖新旧池塘沟渠,渠东南西三乡,共三千四百二十一处,其坐落村庄数,繁不备载。"(卷六,十七页)

6. 道光《寿州志》三十六卷

首一卷，末一卷，朱士达修，乔载繇①纂，安徽省图书馆存有清道光九年刻本的胶卷复制卷。

朱士达，字恕斋，江苏宝应人，进士出身，历为霍山、南陵、怀宁知县，后升寿州知州，道光六年十月来任，至九年六月调署凤颍同知。②

朱士达总结寿州修志之所以会修修停停，原因在于"官多试守，或逾年而更，或一年而则易"，当官的走了，秉笔人也跟走，以致"数年迄不就"。所以他采取了用本地人修本地志的办法，请寿州人氏孙浩祖主办此事。孙浩祖，孙家鼐的大伯父，字凤章，号陶圃，太学生，官至奉政大夫。

---

① 《民国宝应县志》"文苑事略"："乔载繇，字孚先，号止巢，廪贡生。诗词清空委婉，语多性灵。文亦醇雅。偕同邑吴曰鼎、方文炳、高邮王敬之、夏昆林、周叙赓倡迭和。与兄载成相友爱，每形诸歌咏。同邑朱彬撰《白田风雅》，皆国朝诗人，载繇采明人诗为《白田风雅前编》，其婿朱士恭为梓行。又尝与朱士端范士龄等重修邑志，工擘窠书，著有《妙华仙馆诗词集》；子守敬，字靖卿，号醉笙，晚号笙巢。母郑殁，守敬以优行贡于廷，闻耗呼抢欲绝，成咯血疾；及载繇卒，复以应礼部试未归，故又自号莪生。道光八年优贡，十七年举人。"（卷十六，二四页，民国二十一年 32 卷铅印本）《民国三续高邮州志》"艺文"收载繇《过八宝亭阅孙吏部虞桥先生遗迹感赋示彦之》诗云："丛残数番云母纸，中有清泪凝铅水。西风萧萧圜扉黑，秃颖枯煤付孙子。当年赤壁走蛟鼍，独抱殷忧切桑梓。遂以身命殉学术，宇宙大名公不死。膝前孝妇负奇行，五卷金经血光紫。后人宝守同梧槚，日日焚香供棐几。君读藏书承世泽，综述先型待良史。忠孝家风穷不妨，梅鹤一船来我里。生平好古勤搜奇，手出沉碑自磨洗。结亭初地只一弓，示我遗编百感起。吾宗往迹牛腰束，大半沉埋化泥滓。把锄识字有几人，惆怅因君歌变徵。"（卷七，第三页，民国十一年 8 卷刊本，按：圜扉即狱门）

② 《光绪重修安徽通志》卷一百四十九记："朱士达，字恕斋，江苏宝应进士。道光初署霍山知县，厘弊政，培人材，创奎文书院，升寿州去，邑人设长生位于书院，累官湖北布政使。"（清光绪四年 350 卷刻本，基本古籍库，1827 页）《光绪寿州志》卷九记："考棚。寿台试院在州治东南德化坊，道光七年八月知州朱士达捐廉银一千两倡建。"（四十八页，清光绪十六年刊民国七年重印 36 卷本）

朱志的主要特征是尤其重视地方风俗民情的特殊性，以及这种特殊性生成的历史原因。朱志自序说：

"寿民悍而喜争斗，一言不合，则投箸而起，常失之强。魏以扬州治寿春，晋宋齐北魏以来割据纷更，莫不以寿春为重镇，则其地尚武健，家习弓刀，盖有自已。"

在这里撰者指出了寿州居民性悍善斗的特点。并认为这一特点与寿春从魏晋以来就是兵家争夺之重镇有密切关系。在旧方志中常常见到地理条件决定民俗习惯的论述[①]，例如：

山西《翼城县志》记翼城水深土厚，故其民武悍。

山东《蓬莱县志》记蓬莱介乎山海之间，土疏水阔，故人性刚强。

这种观点是把地方风俗民情特殊性形成的原因归结为地理环境的特殊性。而上述朱志则把民俗内容特殊性的形成理解为这个地方社会历史活动中特殊性因素发生作用的结果，这确是高人一筹，颇有见地的。

7. 光绪《寿州志》三十六卷

首一卷，末一卷，曾道唯修，葛荫南、孙恩贻、孙家怿等纂。

曾道唯，江西南丰人，甲戌进士，光绪十三年（1887）六月官寿州知州。

葛荫南，字榕石，寿州人，优廪生。候选训导。张树侯《淮南耆旧小传》称他"神清而貌古，学问宏通，考据精博，词章迥异"。

孙恩贻，孙家鼐堂兄弟，他为光绪《寿州志》的成书，置力最大。所谓"筹画周详，始终善其事者，孙坤恩贻一人之力为多"。（曾道唯自序）

孙家怿，字和民，号介臣，为孙家鼐胞兄。咸丰壬子科顺天举人，官

[①] 参见拙文《试论建设马克思主义的比较方志学》，《中国地方志通讯》1983年2期。

至工部左侍郎。

由于曾志编纂者们的"才、学、识"水平较高,所以就决定了该志体例严谨,收录宏富,记述精确,功力深厚的基本特征,或者说择取史料,技术表现上的严格的科学性。具体是如下三点:

一、不把非属本地的内容强取来作为本地的"装点"写入志书,而是对所有属于附会、讹传的掌故、古迹以及与寿州有关系而又未必应入志的人物,予以考辨、分析,保证入志内容或史料的准确性。例如:

"按吕氏自好问(吕祖谦之祖)已迁婺州,伯恭(祖谦字)以下似不当入寿州志。"(卷十九·人物·宦绩)

"马头戍[1]。梁天监五年取魏合肥,魏人守寿阳于马头置戍。普通五年(524),梁取寿阳,亦置戍于此。其地在寿州西北二十里,或以为即马头郡者,误,晋安帝于故当涂县置马头郡,在怀远县西南二十里,非寿州也。"(卷三十六辨讹,三十页)

"张飞台[2]在正阳镇东南四里,亦土俗讹传。"(古迹)

---

[1] 尹继善《乾隆江南通志》卷三十五:"马头戍城,在寿州西北二十里淮滨戍守处也。梁天监五年取魏合肥,魏人守寿阳于马头,置戍。普通五年,梁取寿阳,亦置于此。或以为即马头郡,误。"(三十三页,清文渊阁四库全书200卷本)

[2] 按《成化中都志》卷三:"张飞台在(寿)州西六十里正阳镇东,遗址存。"(明弘治10卷刻本,基本古籍库,80页)

"谢公祠[1]在八公山麓。……按祠与振衣亭、涌泉山房[2]皆属凤台县境。已载县志,不应更入州志。"(古迹)

在这里,不是和邻近地区争抢入志材料,而是实事求是地把握好入志材料的科学性,该入则入,不该入则弃。王万牲[3]称该志撰者"去伪存真,折衷精当",诚非虚誉。

二、撰者不是静态而是动态地考察地方历史状况,把所记写的对象(地

---

[1] 《嘉靖寿州志》卷六:"谢公祠,在八公山,祀康乐公谢玄,知州史宏询《记》:'嘉靖二十三年甲辰,巡按监察御史一泉王公奉天子休命来按江北。览长江之险,历吴晋之墟,入建康,过楚泗,达淮淝,驻节寿阳,叹曰:嗟哉壮乎,山河不改,世代迁矣。采风崇劝,稽故举遗,予维有责焉。召宏询进,而语之曰:若守寿阳,亦知寿阳之故,而今之不为左袒者乎?夫江淮古称天险,天下大势在焉。……晋兴,据有江左,称雄天下,而险要蔽遮,所恃无虑。宁康不竞,秦为厉阶,志欲投断流,吞噬一区。初入颍口而寿阳扰,再屯河涧而寿阳下,晋室危矣。维时谢公起于世将之胄,毅然以身当之。声义勤王,阻遏其势,渡淮水,断归津,以五千竟满之卒,抗百万日滋之师,士以义激,兵以谋胜。虽山川草木,勃有生色,固以潜消戎魄而夺之气。既而青冈之捷,符儿以三十年蓄锐之谋,一旦覆掌,寿之室家士女壶浆献筐,复相庆如。他日则晋不如秦,华不胥夷,皆康乐一匡之功也。令寿之耆民,尤有能言其故者乎。尔吏兹土,能无有睹河洛之思而忍使之阒然无闻也。凡民性无常感,则戴久则忘,触则思,示则悟。康乐公思在寿人,其勋名在晋史。今人知有寿阳而不知有公,亦上人者无以触而示之耳。昔先王制为祀典曰:以死勤事,以劳定国,能御大灾捍大患者,皆得庙食百世。张公方平在益州时,百姓争留公像,……八公勋劳当不在益州下,而论其得势守要之功,又非寿之人民所能尽喻也。是不可以无祠,又不可不使民知祠公之意。于是……乃命众择日鸠工,祓治山原,因旧堂宇数椽,复睹而新之,中为祠堂,东西为两庑,庑堂制宏敞坐公像,于其上东西列而卫者六焉。庙貌俨然,祀事有赫,岁十一月二十日告成。'"(明嘉靖8卷刻本,十六页)

[2] 《光绪寿州志》:"振衣亭在谢公祠内,明知州吕穆感建,今废,有碑存。涌泉山房在谢公祠内,明巡按御史杨瞻建,今废。"(卷三,清光绪十六年刊民国七年重印36卷本)

[3] 《光绪寿州志》卷首标:"盐课司提举衔候补知县署理寿州知州钱塘王万牲。"《光绪寿州志》"文职表":"十六年,王万牲,浙江钱塘人,监生,四月署。"(卷十四,十五页,清光绪十六年刊民国七年重印36卷本)《民国芜湖县志》卷四十三:"王万牲,字字春,浙江钱塘人。光绪十五年署任,光绪十八年复任。"(六页,民国八年60卷石印本)

方历史生活内容）作为一种变动不居的内容来看待，从时间、变迁角度来把握入志内容的准确性：

"州境自古割据纷争，称为用武之地，建置沿革职官亦屡有更易，旧志所列豫州刺史、淮南太守，多有治在于湖、历阳等处者，详考各史志传，分别存之。"（凡例）

"疆域自划凤台县，城内东北隅属县，同治四年后仍归寿州，一切应入州志。"（凡例）

这种"纪废兴，严损益……不徒藻绘山川人物"（王万牲序）的观点，虽然带有一点封建史学中常见的历史沧桑的感慨，但就它对历史活动不断变化发展这一规律的把握来看，其中也潜含一定程度的朴素的历史辩证法观念。

三、撰者为人物立传更为审慎。其原则有二：一是关于历史人物的史实材料，基本依据正史所载，即使在正史资料缺乏的情况下也选择其他材料做补充。现将《人物志》的"名贤""宦绩"两篇中撰者所用资料的范围做一统计，即可看出问题。

表 2-1 光绪《寿州志》名贤，宦绩所用资料表

采用正史资料部分（31例）		采用野史笔记、旧志资料部分（34例）		未注资料部分（12例）
人名	史料名	人名	史料名	人名
召信臣	《汉书·循吏传》	严密	《王兹墓铭》	程永昂
梅福	《汉书·本传》	吕希绩①	《黄氏日记抄》《古今纪要》	方时宝
吕公著	《宋史·本传》	吕希道	施宿《苏轼诗注》②	方珀
吕祖谦	《宋史·文苑传》	吕开	《山东通志》	孙克俊
沈道	《宋书·自序》	吕有诚	《山东通志》	薛传仁
夏勤	《后汉书·安帝纪》	王庭直	《山西通志》③	余鸿祖
朱俴	《后汉书·顺安帝纪》	吕师圣	《南畿志》	张佑溪
仓慈	《三国志·本传》	尹暹	《一统志·山西名宦》④	张炳图
胡质	同上	杨吉	《旧志》（即指光绪前寿州志）	孙家铎
袁甫	《晋书·本传》	罗昭	同上	孙家醇
胡威	《晋书·良吏传》	杨庆长	《湖北通志》	韩良辅

续表

采用正史资料部分（31例）		采用野史笔记、旧志资料部分（34例）		未注资料部分（12例）
郑黑	《宋书·殷敬珉传》	王智	《旧志》	孙家谷
郑绍叔	《南史·本传》	戴澄	《旧志》	
裴邃	同上	李清	《旧志》	
裴之礼	《南史·裴邃传》	陈玉	《旧志》	
裴之平	同上	董海	《旧志》	
裴政	《隋书·本传》	范庆	《旧志》	
裴怀度	《唐书·循吏传》	陶瓛	《旧志》	
庞严	《唐书·于高张传》	张育才	《席志》参《浙江通志》⑤	
吕蒙亨	《宋史·吕蒙正传》	夏之凤	《旧志》参夏氏《世德纪》	
刘奂	《南唐书·严续传》	梁子奇	《旧志》参梁公《去思录》	
吕夷简	《宋史·本传》	沈同	《旧志》	
吕公绰	《宋史·吕夷简传》	刘继鲁	《旧志》参《安庆府志》⑥	
吕公弼	同上	朱铭	《旧志》	
吕公孺	同上	谢狮	《旧志》	
吕希哲	《宋史·吕公著传》	张思绍	《旧志》	
吕希纯	同上	刘允谦	《旧志》	
吕好问	《宋史·本传》	夏人伦	《旧志》	
吕本中	《宋史·本传》	谢开宠	《旧志》	
魏杞	《宋史·本传》	范德明	《一统志·直隶·名宦》	
汤鼐	《明史·本传》	方邃	《旧志》	
		俞化鹏	《旧志》	
		方一韩	《旧志》	
		高攀蟾	《旧志》	

注：① 如："吕希绩，字纪常，申公仲子，有坚操，官淮南运副，坐党（见《黄氏日抄》《古今纪要》卷十九）"（《光绪寿州志》卷十九，二十六页，清光绪十六年刊民国七年重印本）按，经查《古今纪要》卷十九，确有一段文字："希绩，纪常，有坚操，淮南运副，坐党。"（卷十九，清文渊阁四库全书本，基本古籍库，472页）

② 《光绪寿州志》卷十九："吕希道，字景纯，丞相文靖公之孙，翰林侍读学士公绰之子。庆历六年，献所为文召赐进士出身，入判登闻鼓院，历知解和滁汝济湖亳七州，河南监牧使，三司都勾院。熙宁七年九月请募民于沙苑牧羊，元丰七年八月张适劾奏其知澶州郡事不治，境内贼盗充斥，上批希道赴阙；始，希道除知澶州，以治绩称，秩满再任。河朔保甲，白昼持梃，公然为盗，和德挟提举司势，希道发其赃，捕德下狱，提举官闻之，驰驿至澶取保甲囚尽释之。希道曰：山可移狱不可变，既穷治，取其首领于劫掠处斩之。自是提举司益不协。……（后）希道遂罢。元祐五年三月为少府监。希道性宽厚沉静端默，熙宁元丰年间，士急于进取，独雍容其间安分随所适，……为郡皆有惠政，去而人思之。按《宋史》及《东都事略》皆无希道传，兹据施宿《苏诗注》及李焘《续通鉴长编》以补之。"（二十六页，清光绪十六年刊民国七年重印本）按，《施注苏诗》卷三有苏诗题为《送吕希道知和州》，其下注："吕希道，字景纯，

河东人，丞相文靖公之孙，翰林侍读学士公绰之子，历知解和滁汝澶湖亳七州。"（清文渊阁四库全书44卷本，基本古籍库，34页）

③ 明胡谧《成化山西通志》卷之十二："冬十月丙申，令尹王庭直佐材苤事。暇日巡城，慨然念此，岂可以守御也。据度其广袤，得步二十一百有五十，拟植鹿角无虑用一十二万一千有六百株，拟寘丛棘无虑用一千九百有九十束，夏秋霖，朽败，则为之一空，与其费民如此，盍为久远耶？"（第三十九页，民国二十二年景抄明成化十一年刻17卷本）

④ 清穆彰阿《嘉庆大清一统志》卷一百三十七："尹暹，安丰人，洪武初知兴县政，平讼简赋役均，平民怀其惠。"（四部丛刊续编景旧抄560卷本，基本古籍库，2437页）

⑤ 清嵇曾筠《雍正浙江通志》卷一百五十四："张育才，《万历黄岩县志》：寿州卫人，嘉靖二十年以选贡为黄岩丞，廉介自持，公余即荷锄艺蔬以自给，陞句容令。"（清文渊阁四库全书280卷本，基本古籍库，3669页）

⑥ 张楷《康熙安庆府志》卷之十二："刘继鲁，凤阳人，明经，丙子由丹徒陞潜谕，胸怀高寄，翛然尘表，俸钱惟供杯酒，余以给士之贫不能读者，大有古人风。"（六十八页，清康熙六十年刊32卷本）

从上表可见，撰者采用文献资料（包括正史资料与野史笔记、旧志资料）与未采用文献资料的比例是五比一（其中未采用文献资料者也多因这些人物生活在撰志活动不远的年代，他们的事迹不可能为前志即旧志所收的缘故）。这个比例表明撰者在编撰中是力求达到"征实"的境地的。此其一。二是，对于历史人物，是抓他的主导倾向，即他一生中社会观点与事功的主要方面。例如汉代的梅福，有的旧志列入"隐逸"或"仙释"，有的旧志列入"先达"或"忠节"，光绪志撰者则根据梅福的特点："因灾异上书，言人所莫敢言"的政治活动，认为"列于名贤洵无愧"而列入"名贤"即是一例。

当然，曾志也有它的严重缺陷。其一，志书所表现的封建正统思想也比前志浓厚，"于忠孝节义诸大端攸关化理者，尤兢兢致意焉。"忠臣、义士、孝子、节妇之类分量特重，仅"烈女"部分即占全部志书的九分之一；仅"烈妇"条就载记一千八百六十三人，特别是志称太平军为"粤寇"①,称捻军为"捻匪"等,都是曾志中的糟粕部分。由此看出,旧方志学家津津乐道的"不加褒贬"是根本不存在的。其二,曾志对于古代科技成就重视不够。例如刘宋时刘勔攻寿阳,城内有了名叫"火箭"的武器外射,刘勔发明一种"大蛤蟆车"(大型载土车)②,三百人推一辆,上蒙牛皮,装土填城河强攻;城内又造出了一种"礌车",以石击破"大蛤蟆车"。又如赵宋时,寿春人发明装有"子窠"的"突火枪",后传入欧洲成为现代步枪的肇端。这些军事科学成就,曾志均未载入,实在令人遗憾。

8. 光绪《寿州乡土志》,不分卷

张之屏辑,光绪三十四年(1908)芍西学堂油印本。存安徽省博物馆。

张之屏,名树侯,生于同治五年(1866),卒于民国二十四年(1935)。早年参加反清斗争,1904年入安庆练军学堂,曾与郭其昌等在安庆举义未成,1906年参加孙中山组织的同盟会,1911年与同乡革命党人张汇滔组织淮上革命军。辛亥革命失败后,回乡闲居或任教。

---

① 《光绪寿州志》卷八:"咸丰三年,粤寇大棘,前知州金君濂石以防剿,故用仓粟至尽,仓遂废。"(十四页)卷十九:"同治初,粤寇定两江,爵督相曾国藩,荐擢知府,随权江西瑞州府。"(三十九页)卷二十二:"杨合路,一门四口,死粤寇之难。"(六十一页)(清光绪十六年刊民国七年重印本)

② 按,有学者考释:"南朝人常用的轒辒车、尖头木驴、大蛤蟆车、木幔等在前代文字中尚未发现。轒辒车、尖头木驴、大蛤蟆车的结构大致相同,大木做骨架,上面用老兽皮遮挡。木幔是以大木为架,'以板为幔,立桔槔于四轮车上,悬幔逼城堞间,使矫捷者蚁附而上,矢石所不能及'。(《通典》卷一百六十《兵典十三》)"(常生荣主编《兵家要地——中国名关新考》,中国友谊出版公司,2013年,第180页)

《乡土志》即是在安丰塘畔芍西学堂任教期间编就的。张志的特点，自序及跋文已交代出来了。

"若夫县邑志乘，卷帙既苦于浩繁，记载尤嫌于芜杂，用是汰其繁，撮其要，勒为一书。"（自序）[①]

"取本邑志乘，汰其冗，芟其芜，辑为是编。"（吕源灏跋）[②]

张志是在旧志的基础上删繁芟芜，简明扼要地把地方沿革、古迹、名胜、物产等介绍出来。如张志记写珍珠泉（又名咄泉）与他志记载相较：

[①] 张树侯《寿州乡土志序》："谚云：目能见千里而不能自顾其睫。此固相讥之言，要之亦斯人之通弊也。地理一科，实为今日普通之学术，授受之际，始而本国，继而外国，喋喋焉。抵掌谈形势，虽辩士或莫难焉，然或叩其乡里之区划，则懵如也。是虽地理之学自命不凡，要亦五石之瓠，只可树之无何有之乡，而无济于实用。若夫县邑志乘，卷帙既苦于浩繁记载尤嫌于芜杂，用是汰其繁，撮其要，勒为一书，共分八类：曰建置、曰坊堡、曰道路、曰水利、曰物产、曰形势、曰古迹、曰名胜，虽不无遗珠之憾，要以为大辂之椎轮可耳。仓促脱稿遗漏多，有志者取而补辑之，幸甚。光绪戊申秋九月树侯氏自识。"（寿县地方志编纂委员会编《寿县志》，黄山书社，1996年第877页）

[②] 按，后之新编《寿县志》所收吕源灏《寿州乡土志·跋》无"芟其芜"句，其文云："谨按《禹贡》地学之祖，《周礼》职方氏实舆地之官，其距郡县时代尚远也。秦汉以降，地学踵起，山经地志，垒垒专家，第经历数千年，废置沿革，既已迥殊，且陵谷沧桑，亦多更变，按古书索今地，其舛驰尤难言矣。则欲研地学者势不得不取资于新著，无如连篇累牍，汗牛充栋，非失之芜杂即失之谬误，岂其好为欺哉？善幅员辽廓，山水崇深，既难遍历夫山川，势必藉资于邑志，邑志不善，而欲全志之善不其难哉！故欲改良者，必自改良邑志始也。戊申夏，树侯先生归自六安，与灏同任芍西学堂教学事，先生于讲学之余，取本邑志乘，汰其冗，辑为是编，以享后学。苟千五百余邑踵是而行之，即何非改良地诸之权舆哉。宣统元年仲春受业吕源灏跋。"（寿县地方志编纂委员会编《寿县志》，黄山书社，1996年第878页）

表 2-2 张志记述与相关志书比较表

张树侯《寿州乡土志·名胜》记珍珠泉	嘉靖《寿州志》卷二记珍珠泉	光绪《凤台县志》记珍珠泉
"珍珠泉在城北五六里,依山傍壑,林木幽邃,池水清澈。亭榭之胜,构有天然,时为州人集□地。"	"咄泉,州北五里,俗传淮南王炼丹之所,旱时不竭。每闻人声,则泉涌出如珠,因名珍珠泉。御史杨瞻诗（诗共 80 字,此略①）、王鏊诗（共 40 字②）、李宁诗（诗共 40 字③）、张溪诗（诗共 100 字④）、张晓诗（诗共 130 字⑤）。"	"咄泉。《太平寰宇记》（记文 48 字,此略⑥）、《寿春记》云（记文 5 字⑦）、《珍珠泉记》（记文 250 余字⑧）、《重修珍珠泉碑》（碑文近 700⑨字,此略）。"

注：① 杨瞻云："清清灵脉发,闪闪瑞光浮。尘垢难汙洁,珍珠不断头。寒潭浸月晓,素练逼清秋。濯却吾心污,方知是胜游。去城刚五里,山麓出甘泉,吐吐方名咄,渊渊又号玄。灵源通海窟,活水入淮川。报道人声急,珍珠滚滚鲜。"（卷二,十五页）

② 王鏊云："山拥淮淝合,泉当日夜浮。蟏咻留水面,云影度矶头。涧窦千寻雪,崖阴五月秋。漫传金谷令,拟赋玉川遊。"（卷二,十六页）

③ 李宁云："爱此山泉胜,明珠水面浮。就中窥地脉,何处问源头。混混流通海,清清冷浸秋。他年成故事,秉烛夜同游。"（卷二,十六页）

④ 张溪云："美人开胜宴,况此暮春时。乌鸟孤穿岫,桃花乱下池。浮云来又去,曲径险翻夷。山色供清致,泉声助雅思。朗吟即是乐,觅句不知疲。活水由他洁,灵源只自漪。碧流怪石冷,湿气野花滋。日落还相眄,鹤来未与期。烟霞徒作伴,丘壑亦何为。亹亹登临兴,挥毫赋拙辞。"（卷二,十六页）

⑤ 张晓云："山草蔓春绿,芳树明朝曦。驱车遵远道,飞盖临清池。新服展白纻,委佩纫丹荑。逆旅感过序,合欢良及时。招呼侣童冠,歌谚忻相随。川陆奏灵爽,列壑遥争奇。石泉泻云窦,珠沫浮纹滋。境好意与会,情欢神自怡。静涨春有象,遐眺天无涯。旷怀遗幼累,藻绘纡玄思。任真惬心赏,息偃逃喧嗤。孤踪入林壑,去住成栖遟。同人狗野僻,契悟流泉诗。"（卷二,十六页）

⑥ 云："《太平寰宇记》：在县南二十五里净界寺北一百步,其泉与地平,一无波浪,若人至其傍大叫,即大涌,小叫即小涌,若咄之,涌弥甚,因名咄泉。"（《凤台县志》卷二）

⑦ 云："《寿春记》云：一名元女泉。"（《凤台县志》卷二）

⑧ 云："《珍珠泉记》：珍珠泉在凤台县南三十里八公山之趾,平地石罅中濫为方池,周八十尺,缺其东南隅,流为涧,屈折沿于淝。池碎石以为底,泉出其下,若珠,故名。一曰咄泉。《尔雅》泉上出为咄也。泉之上故有亭,柱础纵横仆于地,其基不可复睹矣。余友李君上事凤台,春阳旭熙,秋日皎朗,每率笑从盘桓泉石间,啜泉瀹茗以为笑乐,踰北山饮孙氏小琅玕馆,沉冥而后返,或持爆竹至泉上燃之,或鼓掌顿足,

则泉益肆出，累累如贯珠，盖数十道晶光动人可爱玩，其水渟澄不容垢汚，或旋焉或播焉，澹之使不得泊，味清冽刻削，不能久饮，彼其出于石罅，性因然也。而造豆腐其者资焉，色白而质良，风味尤胜，或曰淮南王安实始作于此，其信耶。闻泉之行，其声幽幽然，不可穷也。"（《凤台县志》卷二，二十三页）

⑨ 云："《重修珍珠泉碑》：出寿州北门，迤逦偏东行里许，登小山，山之侧有池一泓冷水清澈，泉散出若珠。游人坐石上，戏拍掌作响，或以足顿地，益应声累累然不绝；一称珍珠，肖其形也。旧有亭，何时荒废，不可考。同治岁戊辰，竹庄吴中丞驻节此邦，整军经武之暇，闻是泉素灵异，且谓地方名胜，不可任其湮没弗彰也，命以石甃池，于池之上建屋数椽，为游人憩息所。一时僚属之与于游者，亦罔不乐其泉石之清幽，慨分清俸以佐经始之需。顾工未竟，中丞移节去晥香任，都转复奉今中丞英公命来寿治兵，爰成吴公志，于池之下临流建亭，更因山之高下缭以周垣。工既讫有余赀，则于城南三十铺置田八十亩，为岁时修葺费。每当春秋佳日，则携樽酒与幕府诸君子谈宴其中。于是寿之人曰：都转当世之经济才也，今中丞英公驰驱南北，削平寇乱，倚如左右手，今乃于一丘一壑缱绻流连，何更宜风而宜雅也乎？余曰：此固足以知都转矣，而犹未知都转之用心也。夫吾寿当兵燹之后，百废未兴，自都转来议建修沿城石堤以固城垣，修东门石桥以通行旅，复因淮流壅遏亟思所以疏瀹而开通之，其昕夕谋画，总期利济斯民以仰副乎中丞爱民之心。今其来游斯泉也，凭栏远眺，见夫山川雄阔，城郭巍峨，则思为寿之夫筹捍卫焉。见夫田畴交错，河渠灌通，则思为寿之人谋生聚焉。盖虽一游一豫而民生之疾苦，未尝或去诸怀，则其经济之用，固即寓之于风雅中也。岂第陶情适性云尔哉？抑又念之此泉之埋没于荒烟蔓草者几阅年矣，自吴中丞与都转搜求古迹，葺治名区，邑之人亦相与朝夕游览其间，遂成胜地。天下怀才抱奇之士，其潦倒于风尘中如斯泉者岂少也哉？苟遇有识者物色而振拔之，其所成就又讵不足以系人怀思动人瞻瞩哉。吾观士之待显于人，又不禁有感于斯泉也。是为记。同治十三年邑人孙家丞撰。"（《凤台县志》卷二，二十三页）

由此可见，张氏一方面删去了旧志中那些旁征博引的文献资料以及似是而非或令人难以置信的民间传闻；一方面又用简洁、明快、精练的笔墨，勾勒出记写对象的内容或情形，从而使志书既饶有民俗乡情的兴味，读起来又无卷帙浩大的重压感。所以，如果说光绪《寿州志》是以详胜，那么，张氏的《寿州乡土志》则是以简胜了。

民国寿县无志，仅有《寿县修志馆凡例目录草案》一册，石印本，今存安徽省图书馆。《草案》云："遵照内政部修志条例，参照省通志及各县志新例，暂定图二十余幅，记二门（大政、大事），考十六门（舆地、民政、财政、教育、武备、交通、权量、农政、工业、商务、物产、礼俗、宗教、司法、艺文、艺术），列传三门，另立杂类一门，表数十散附各门。"这个条目是较为详备的，具体编撰活动并未展开。

据蒋元卿《安徽地方志概述》介绍，《学风》第五卷第一期载有《寿光报》资料说："民国以来，地方人士咸以县志为乡邦文献所系，实有及时重修必要。曾于第四届县行政会议时，教育界人士陈隽三、洪晓岚等提议重修。办法是由县府遴选相当士绅为筹备委员，指定地点，限期筹备。至其应用款项筹集之方：一酌拨地方公款；二募捐；三发行半价预约券。当经大会通过。二十四年（1935）由县府聘方闲佛、王松斋、陈隽三、孙叔芹、洪晓岚等为重修县志筹备委员，指定县教育会为筹备委员会会址。"（蒋文载《安徽史志通讯》1982年2期）

1984年12月，我在安徽省档案局整理旧档案资料时发现8.3.55卷内有民国二十六年（1937）12月20日由滕孔怀、李孟吉、滕建侯、吴海亭、陈畏名、权景西、吴伯安七人经手将寿县县志经费法币1766.66元存于"聚星号"，立据附言是："照此同样字分缮五张，嗣后时局平靖如能提出款时，仍以聚星号立与县志会之摺据存款数目为凭，无论字据几张，均不能持以提款，恐久无凭，特附注为证……民国二十六年十二月二十日立。"这里算是透露了该志终未成书的原因。①

---

① 本文原载寿县政协文史资料委员会编《寿县文史资料》第三辑，1995年8月。

《九江寿春记》成书年代小考

《九江寿春记》一书，撰者朱玚。不知卷数，久佚。宋代乐史《太平寰宇记》记有此书①；《汉唐地理书抄》里也有清人王谟的辑本。近人张国淦在他的《中国古方志考》中，考讹该书成于东汉时代，许多方志学者亦多依张氏之说。

该书是寿县古志书，笔者经详细考证，认为它的成书年代应属南朝。清人南丰曾道唯主纂的光绪《寿州志·艺文志》中，载有《致陈尚书仆射

---

① 清文渊阁四库全书《路史·国名纪（六）》"霍丘"条记《九江寿春记》作者为朱玚，文云："霍丘，后汉朱玚《九江寿春记》：金明城西南百二十有黄帝时霍丘城，楚庄废为戍。"（第二十九卷第十页）而文渊阁四库全书本《太平寰宇记》书朱玚则为朱汤，其书卷一百二十九"淮南道七"载："废霍邱县，按后汉朱汤《九江寿春记》，金明城西南一百二十里有黄帝时霍邱城，楚庄五年废为戍。废雩娄城，按《九江寿春记》云：金明城西南一百二十里有雩娄城，尧之楼子城也。废铜城，于《九州寿春记》云：金明城一百三十里有城州铜邑。"（清文渊阁四库全书补配古逸丛书景宋本，第3959页）又，《隋书经籍志考证》卷二十一"史部"十一"淮南记一卷"条书为朱阳，其文云："最可悼惜者王琳城陷而身亡。诸书所引，有汉朱阳《九江寿春记》、宋王玄谟《寿阳记》；此记（指《淮南记》）不知在何时。"（民国师石山房丛书本，基本古籍库第1101页）

徐陵求故丞相建宁公王琳首书》一文，署名"梁骠骑府仓曹参军朱玚"[1]。笔者认为该朱玚，与《太平寰宇记》所记《九江寿春记》撰者朱玚当属一人。许多学者所说的东汉朱玚，亦即这位致书徐陵的仓曹参军朱玚。据《南史》王琳传记说：琳，初为梁将，后入齐，镇寿阳（即寿春）。陈将吴明彻寇齐，堰淝水灌寿阳城，城陷，琳被执，杀之于城东北二十里。将琳首传至建康，悬之于市。《南史》又说，琳"果劲绝人"，"轻财爱士，得将卒之心"，所以被杀后所属痛心疾首。随王琳镇守寿阳的朱玚遂致书徐陵，求将王琳首还回淮南。徐陵"嘉其志节"，便向陈主启述，获陈主允许，"与开府主簿刘韶慧等，持其首还于淮南"。[2] 从以上记述可知，这位南朝梁人朱玚，在随王琳镇寿阳之际，对于当时寿阳的政治、经济、文化、民俗风情有了一定的感性经验。《九江寿春记》一书，正是建立在这种扎实的感性经验基础上写出来的。故笔者认为《九江寿春记》的成书年代应为南朝。[3]

---

[1] 清严可均辑《全后周文》收有此文，题作《与徐陵请王琳首书》，文云："窃以朝市迁贸，时传骨鲠之风；历运推移，间表忠贞之迹。故典午将灭，徐广为晋家遗老；当途已谢，马孚称魏室忠臣。用能播美于前书，垂名于后世。梁故建宁公琳，洛滨余胄，沂川旧族，立功代邸，效绩中朝，当离乱之辰，总方伯之任。尔乃轻躬殉主，以身许国，实追踪于往彦，信踵武于前修。而天厌梁德，尚思匡继，徒蕴包胥之念，终遘苌弘之眚。洎王业光启，鼎祚有归，于走迹迹山东，寄命河北。虽轻旅臣之叹，犹怀客卿之礼，感兹知已，忘此捐躯。至使身没九原，头行万里。诚复马革裹尸，遂其平生之志；原野暴骸，全彼人臣之节。然身首异处，有足悲者，封树靡卜，良可怆焉。玚早篑末僚，预参下席，降薛君之吐握，荷魏公之知遇，是用沾巾拭袂，痛可识之颜，回肠疾首，切犹生之面。伏惟圣恩博厚，明诏爰发，赦王经之哭，许田横之葬，玚虽刍贱，窃亦有心。琳经莅寿阳，颇存遗爱；曾游江右，非无余德。比肩东阁之吏，继踵西园之宾，愿归元彼境，还修窀穸。庶孤坟既筑，或飞衔土之燕；丰碑式树，时留堕泪之民。近故旧王绾等已有论牒，仰蒙制议，不遂所陈。昔廉公告逝，即肥川而建茔域；孙叔云亡，仍芍陂而植楸槚。由此言之，抑有其例。不使寿春城下，惟传报葛之人；沧洲岛上，独有悲田之客。昧死陈祈，伏待刑宪。"文前作者小记云："玚仕梁，为骠骑王琳府仓曹参军。琳败，随入齐。"（商务印书馆，1999年，第91页）明陈继儒辑《古文品外录》题作《与陈徐仆射求王琳首书》。

[2] 唐李延寿《南史》，吉林人民出版社，1995年，896页。

[3] 本文原载《文献》1996年第4期。

《寿县宗教志初稿》"儒佛道"部分文献史料补笺

(计39条)[①]

一、"儒教"条

原文

儒，孔子以前，是学者的通称；孔子之后，学者以孔子为正宗，遂为宗师孔子学说的专称。"儒家者流，……游文于六经之中，留意于仁义之际，祖述尧舜，宪章文武，宗师仲尼，以重其言，于道最为尚。"(《汉

[①] 作者1985—1987年间，受寿县地方志办公室及寿县民族宗教事务科的委托，先后主编完成了《寿县宗教志初稿》及《寿县宗教志》(定稿)，前者是打印稿，后者是内部准印字铅印稿。两者相较，前者更具民间采风与学术探究的特点，参加采编的还有孙以艮、孙自钦、王寄琛、王景民四位先生。这次我们整理遗稿发现，在此项工作告竣后，作者还在不断地围绕着《寿县宗教志初稿》添补、系缀着文献资料，或粘贴，或写成卡片。其内容主要是他熟悉的儒佛道部分。故整理出来，成一专篇，名之"补笺"，供今后治寿州宗教史者参考。

书·艺文志》）[1]这种儒学本来不是宗教。到了汉代儒学大师董仲舒的手里，儒学开始走向宗教化，到了宋明理学阶段，经过朱熹、王阳明的进一步改造，"三纲五常"由一般的人伦关系上升为一种神圣规定，儒学完全宗教化了。

寿县古为州来，又为蔡、楚之都，古寿春、古寿州均跨淮而治，受着北中国儒教精神的直接影响，特别是唐以后的科举制度把寿州儒教思想推到了一个空前的阶段。"唐则董生之孝慈，宋则吕氏之德业"（清沈南春《重修学宫记》）[2]，韩愈《送董召南序》，柳宗元《孝门铭》[3]诸文章，对"孝子"董召南、李兴备加赞誉；清道光八年知州朱士达重修志序也讲："此邦之人览山川之形胜，征前哲德行懿美之昭著，以及忠臣、孝子、义夫、贞妇一节之士"，都是州人崇尚儒教精神的表现，尤其是寿州学宫这一反映儒教等级观念的典型建筑，也表现着这里人们的精神生活与思想观念。总之，儒教在寿地始终是处于正统的地位。

补笺

[1] 清王先谦《汉书补注·艺文志第十》："师古曰：祖，始也。述，修也。宪，法也。章，明也。宗，尊也。言以尧舜为本始而遵修之，以文王武王为明法，又师尊仲尼之道。"补注："王应麟曰：湛水李氏云：儒者之术教化仁义而已也。使儒者在人主左右，得以仁义教化为天下之治。则所谓道家者，不过为岩野居士；名法家者，不过为贱有司；阴阳者，食于太史局；而纵横杂墨之流，或驰一传，或效一官；农家者流，耕王田、奉国赋，以乐天下之无事，彼得与儒者相抗而为流哉。"① 清沈钦韩《汉书疏证》卷二十五"儒家者流"条："郑目录云：儒之言优也，柔也，能

---

① 清王先谦《汉书补注》卷三十，第三十三页，清光绪100卷刻本。

安人能服人；又，儒者濡也，以先王之道能濡其身。"①

[2] 清曾道唯《光绪寿州志》卷九收沈南春②《重修学宫记》："嘉庆十有六年辛未仲秋，予改刺寿州。明年壬申春二月，州人孙君克任、克佺倡重修学宫之议。越五年丙子夏六月始藏厥功，计用赀万有八千余缗，皆孙君与其群从络绎捐输。费不外索，事克有终，图度宏规，增饰崇丽，此盛举也。州县人士于工之讫，请予书诸石以志之。予观寿春居江淮之间，山川雄杰，清淑斯钟。汉则大山小山之属，接迹风骚；唐则董生之孝慈，宋则吕氏之德业，明则梁参议、方中丞节概炳然。我皇朝开代之初，刘硖石、邓林屋、夏敬孚、谢晋侯诸前辈，文章政绩，儒雅相高，岂非庠序中教泽涵濡所为养育而振兴之者有自来欤？然学宫之修于前牧李君天玺，岁在乾隆丁丑。是时董其事者有孙君珩，即克任等之大父也，距今将六十年矣，倾陊剥落，其旁近之地，渐为居民所侵轶。孙君昆季，顾而慨然。于是仰承先志，鸠工庀材首其事，于大成殿扩台址，易栋梁，……于殿之左右添置厢房四间，因即东庑西庑各十一间，以次更新两边库厨与南向戟门五间，东西侧礼门义路俱加缮治。殿庑之前焕然改观矣。泮池旧在棂星门外，零砖断甓所砌，体势湫隘，移之于门内，掘地及泉，甃以文石，缭以雕栏，亘以虹桥，源源活水，芹藻流芬。于棂星门南数弓旧照壁所，建立泮宫坊三楹，绰楔齐云，焜耀映日，宫墙美富，见而知之，在此门也。门以外及四围地之为民占住者，予乃与凤台令李君兆洛理而出之，撤移民屋约二百余间，孙君皆估值给价，俾别谋居，清还学界；遂于泮宫坊南浚玉带河，

---

① 清沈钦韩《汉书疏证》卷二十五，第十六页，清光绪二十六年浙江官书局36卷刻本。
② 陆心《光绪归安县志》卷第三十一"选举进士"："乾隆四十五年庚子，沈南春，丁酉举人，安徽寿州知州。"（十五页，清光绪八年52卷刊本）何绍基《光绪重修安徽通志》卷一百三十一："沈南春，见前，寿州知州。"（二十六页，清光绪四年350卷刻本）

以疏气脉，以作环抱。又南建汇征坊，又南建大照壁，重关叠键，矩矱森严。他若崇圣祠、明伦堂、东西斋舍、横纵垣墉，与夫德配；天地、道冠古今二坊，名宦、乡贤、忠义、土地诸祠，靡不区画经营，增其式廓。……"
（六页、七页，清光绪十六年刊民国七年36卷重印本）

（图8-1　大吴故广平程公墓铭）

正阳亦有学宫。《光绪寿州志》卷三十一"金石"记："正阳镇学宫正殿西壁下有石，方一尺四寸，四周列八卦，以日月星象间之，中有文曰：大吴故广平程公墓铭，篆书（图8-1）。案，……宋以前无墓志矣。广平程公当是杨行密时人。"（七页，清光绪十六年刊民国七年36卷重印本）

[3]柳宗元《寿州安丰县孝门铭》："寿州刺史臣承思言：九月丁亥，安丰县令臣某，上所部编户甿李兴，父被恶疾，岁月就痘，兴自刃股肉，假托馈献。其父老病，已不能啖啜，宿而死。兴号呼抚臆，口鼻垂血，捧土就坟，沾渍涕洟。坟左作小庐，蒙以苦茨，伏匿其中，扶服顿踊，昼夜哭诉。孝诚幽达，神为见异，庐上产紫芝白芝二本，各长一寸，庐中醴泉涌出，奇形异状，应验图记。此皆陛下孝理神化，阴中其心。而克致斯事。谨案兴庶贱陋，循习浅下，性非文字所导，生与耨耒为业，而能钟彼醇孝，超出古列，天意神道，犹锡瑞物，以表殊异。伏惟陛下有唐尧如天如神之德，宜加旌褒，合于上下，请表其里间，刻石明白，宣延风美，观示后祀，永永无极。臣昧死上请。制曰'可'。铭云：

懿厥孝思，兹惟淑灵。禀承粹和，笃守天经。泣待羸疾，默祷隐冥。引刃自向，残肌败形。羞膳奉进，忧劳孝诚。惟时高高，曾不是听。创巨痛仍，号于穹旻。捧土濡涕，顿首成坟。陷膺腐眦，寒暑在庐。草木悴死，鸟兽蜘蹰。殊类异族，亦相其哀。肇有二位，孝道爱兴。克修厥猷，载籍是登。在帝有虞，以孝烝烝。仲尼述经，以教于曾。惟昔鲁侯，见命夷宫。亦有考叔，寤庄称纯。显显李氏，实与之伦。哀嗟道路，涕慕里邻。邦伯章奏，稽首殷勤。上动帝心，旁达明神。神锡秘祉，三秀灵泉。帝命荐加，亦表其门。统合上下，交赞天人。建此碑号，亿龄扬芬。"[1]

二、"佛教"条

原文

寿县佛教始于何时？未见史书明载。《安徽佛门龙象传》记有南朝宋武帝刘裕伐长安（按：时在晋义熙十二年，即416）后，在寿春（按：裕于元熙元年即419年镇寿阳）为释僧导建石涧寺[1]。寿春有佛教至迟当在此时。僧导在此讲说经论，"受业千余人"，表明寿春佛教已有较大发

---

[1] 柳宗元《柳河东全集》，世界书局，1935年，238–239页。又，宋韩醇《诂训柳先生文集》卷二十此文题下说："唐孝友传曰：寿州安丰李兴亦有志行，柳宗元为作孝门铭云云，全载于传，亦不纪其年月云。"（九页，清文渊阁四库全书48卷本）宋廖莹中辑注本《河东先生集》卷二十于此文"见命夷宫"处注："《国语》，周宣王欲得国子之能导训诸侯者，樊穆仲曰：鲁侯孝。王曰：'然，则能治其民矣。'乃命鲁孝公于夷宫。《史记鲁世家》，周宣王伐鲁杀其君伯御，立称（称，鲁懿公弟）于夷宫，是为孝公。注云：'夷宫，宣王祖父夷王之庙。古者爵命，必于祖庙。'""亦有考叔，寤庄称纯"处注："《左传》，郑庄公置姜氏于城颍。颍考叔闻之，有献于公。公从之，遂为母子如初。君子曰：颍考叔，纯孝也。爱其母，施及庄公。""三秀灵泉"处注："三秀，芝草也，《楚辞山鬼》章云：采三秀于山间。灵泉，即上所云醴泉涌出也。"（十一页–十三页，宋刻47卷本）

展，始有佛教似应早于此时，或属帝王推崇，僧导声誉随之提高亦未可知。齐梁时，寿地佛教颇盛。特别是梁武帝萧衍（502—549）在位三次舍身，并把佛教定为"国教"。他也在寿春五株山南高滩上建西昌寺[2]，显然是推动寿春佛教活动的。

南北朝时，寿春地处要冲，文化活动处于流通状态，佛学也是如此。有宗大乘，受《三论》；亦有从小乘，习《法华》；至《涅槃经》译入，"一切众生，皆有佛性"说盛于一时。至隋唐，延为禅宗，并受玄奘所创的法相宗的极大影响。唐三峰山释道树[3]为禅宗神秀[4]宗裔。与神秀并列的另一支为慧能（638—713），为禅宗六祖，其下分五个较大支派，其一为南岳怀让，经马祖道至百仗怀海，又分为沩山灵佑和黄檗希云两分支，黄檗希云后，即临济义玄，开临济宗派。时在晚唐末五代时，寿春佛教延为临济宗派。1985年秋，见四顶山奶奶庙基乱石中有"中华民国七年十五日"残碑一角，中行尚有……"传临济正宗第十八世香火堂圆寂恩师祖海渚阔公"……等字。如以三四十为一世，自民国初上推可至元代中叶，说明元代即为临济宗派；清乾隆时，准提庵僧际清亦属临济宗裔。

补笺

［1］清刘世珩《南朝寺考》卷二《晋》："宋寿春石涧寺僧导传，孝武升位，遣使征请，翻然应诏，止于京师中兴寺。銮舆降跸，躬出候迎。"（十八页，清光绪三十三年刻聚顾丛书6卷本）《全梁文》卷七十一《萨婆多部十诵律》："……后有罽宾律师卑摩罗叉，来游长安。罗什先在西域，从其受律。罗叉后自秦适晋，住寿春石涧寺，重校十诵律本，名品遂正，分为六十一卷，至今相传焉。"①

---

① 清严可均《全上古三代秦汉三国六朝文》，第7册，河北教育出版社，1997年，742页。

[2]南北朝郦道元《水经注》卷三十二"北入于淮"条："肥水左渎又西迳石桥门北（亦曰草市门）外，有石梁渡北洲，洲上有西昌寺。寺三面阻水。佛堂设三像真容妙相。相服精炜，是萧武帝所立也。寺西即船官坊。"（清武英殿聚珍版丛书本，基本古籍库，423页）《嘉庆凤台县志》卷十："按：石梁即今北门外石堤，北洲即盛家湖北五株山南之高滩，西昌寺、船官坊，皆当在其地。"（清嘉庆十九年10卷刻本）清蒋超伯《南漘楛语》卷六"三佛"条："《水经注》：西昌寺三面阻水，佛堂设三像真容妙相，被服精炜，是萧武帝所立。则南齐已然。"（三十三页，清同治十年两虞山房8卷刻本）又唐释惠详《弘赞法华传》卷六《诵持第六之二》记："陈寿春曲水寺释法慧（华手尼附，东闍梨附）。"（59/110页，《大正新修大藏经》10卷本）

[3]宋释赞宁《宋高僧传》卷九《唐寿春三峰山释道树传》："释道树，姓闻氏，唐州人也。少以辩智，沉静虚豁，耽嗜经籍，曾无少懈。其为人也，贞固足以干事，隐括足以矫时。……无所不游。后回东洛，遇秀宗裔，如芙蓉开，通达安静。至寿州三峰，结茅而居。常有野人，服色朴素，言谈异常，于言笑之外化作佛形仙形、菩萨、罗汉，或放神光，或呈声响。如是涉一十年。学侣睹之，不测端绪，后皆寂尔。树告众曰：'野人作多色伎俩，眩惑于人，只消老僧不见不闻，伊伎俩有穷，吾不见不闻无尽。所谓作伪心劳而日拙，其自知之，卷羞怀拙而去，追无朕迹矣。'树于宝历初年示疾而终，报龄九十二。明年正月迁塔焉。"（《大正新修大藏经》30卷本，基本古籍库，100页）又唐释惠详《弘赞法华传》卷七："释道树，寿春石涧人。蔬食长斋，诵法华一部，禅思通彻，远近钦敬。住寿门山顶寺，时住聚落。应赴斋供就他乞衣食者，必是为之转厄、将物永去、灾障转移……有人姓郑请树宿斋诵经，始讫端坐思念，忽云：徵相不好，见一棺木破某

处入从某处生。于是合家次第来问,并云非也。至少新妇曰:或是汝耶?宜好用心。少时此妇因产而卒。又一时诸尼在郑寺共学经声,树来观历,到一沙弥尼,敛眉语曰:尔须忏悔。更二年婴百牛疾,乞活道路,果如其言。预记多验。年九十余卒,即天保中也。"(《大正新修大藏经》10卷本,基本古籍库,38页)

[4]神秀(606—706),俗姓李,为禅宗五祖弘忍弟子。唐汴州尉氏人,禅宗北宗创始者。其在北方传法,故法系称为北宗。因其他所传禅法是渐悟法门,故人们又称其禅法为北渐或渐门。

三、"道教"条

原文

寿县道教起于何时?旧志未作详载。《水经注》在记淝水时这样写道:"肥水西迳寿春县城北,右合北溪,水导北山泉源下注,……迳陆道士解南精庐"[1]。在记淮水时说:"淮水又北迳下蔡故城东,……东迳八(公)山北,山上有老子庙"[2]。此两处说的都是当时寿春地方的道教庙宇。《水经注》成书虽在北魏之时,但其所注《水经》应有东汉至魏晋时的资料。联系寿地历史、汉时淮南王刘安在此学道求仙,又集门客数千,尤有八公、大山小山之类,在这里完成《淮南子·原道训》这部论道名著,抨击董仲舒的"罢黜百家,独尊儒术"的政策,把黄老学说推到了一个新的阶段,这对寿地思想有着直接的影响。到了"淮南狱"[3]后,黄老思想朝着神仙方术和宗教迷信的方向加速发展,寿地作为刘安父子的封地,早在后汉末年,迟在魏晋之时就有道教是有可能的。

道教信多神,天地、山川、风雨雷电无不有神,雀鸣鸦噪也视为凶吉之兆[4],沐浴检时,种植卜日[5],神无处不在,既多又杂,而且宣传人可至老不死，得道成仙，容易被生活实践所否定，敌不过佛教"顿悟"成佛的口号，元朝以后，寿地许多道教庙宇为佛教僧尼住持。特别至近代，民众逐渐觉醒，多不信道。

补笺

［1］见明嘉靖十三年刻本卷三十二第五页。又，清李兆洛《嘉庆凤台县志》卷十"北溪"条："按：今高顶山东下水过龟山东麓，南流为清水涧，左循梅花冈，右循邓林山。山东麓珍珠泉注之，又南流左循梅花冈，右循邓林山。……山林精舍当在梅花冈，山渊寺当在邓林山。陆道士解南精庐亦当在梅花冈，并久废。"（二十六页，清嘉庆十九年10卷刻本）又卷十"山林精舍、山渊寺、解南精庐"条："《水经注》北溪水导北山泉源下注，出于山林精舍右，山渊寺左，沿注西南，迳陆道士解南精庐。按：北溪即清水涧，山林精舍、解南精庐，当在涧侧之梅花冈；山渊寺当在涧侧之邓林山；皆久圮。"（二十八页，同上）清李兆洛《养一斋集·文集》卷十《玛瑙泉别墅记》："余读水经注，寿春城郭左右，自长濑津而下，有山渊寺、解南精庐、西昌寺、曲水堂，皆擅山水之胜。当南北战争之时，此为兵冲；而名蓝杰观，曾不堕坏。郦氏崎岖戎马，无废燕游，而文笔之美，又足以发挥幽奥，漱涤岩壑。每过北山，未尝不慨然思之。"（三页，清道光二十三年活字印四年增修34卷本）

［2］见明嘉靖十三年刻本卷三十第九页。又，《光绪凤台县志》卷二；"老子庙。《水经注》淮水北迳下蔡故城东南迳八公山北崖上有老子庙。今县东南十五里石门潭崖壁上一洞，阔二尺，高七寸，深二尺，洞内石上有二小穴，相传为老子炼丹炉薰灼之迹，犹存山岭。旧有老子庙久圮。古时城北诸山统名八公山，此亦一证也。"（二十二页，清光绪十九年25卷刊本）

[3]汉荀悦《汉纪》卷十八《前汉孝宣皇帝纪二》:"(刘德)终不积财。霍光秉政,欲以女妻德,德不敢娶,畏盛满也。好黄老术,有智略,少时数召见,武帝谓之千里驹。德治淮南狱,尽得淮南秘书,德小子向,字子政,幼而诵习之,以为奇。"(四部丛刊景明嘉靖30卷刻本,基本古籍库,140页)王先谦《汉书补注》卷二十七上;"武帝建元六年六月丁酉,辽东高庙灾。四月壬子,高园便殿火。董仲舒对曰:'《春秋》之道举往以明来,是故天下有物,视《春秋》所举与同比者,精微眇以存其意,通伦类以贯其理,天地之变,国家之事,粲然皆见,亡所疑矣。'……先是,淮南王安入朝,始与帝舅太尉武安侯田蚡有逆言。其后胶西于王、赵敬肃王、常山宪王皆数犯法,或至夷灭人家,药杀二千石,而淮南、衡山王遂谋反。胶东、江都王皆知其谋,阴治兵弩,欲以应之。至元朔六年,乃发觉而伏辜。时田蚡已死,不及诛。上思仲舒前言,使仲舒弟子吕步舒持斧钺治淮南狱,以《春秋》谊颛断于外,不请。既还奏事,上皆是之。"补注云:"用步舒治狱,据《淮南王传》,是狱所连引与王谋反列侯二千石豪杰数千人,皆以罪轻重受诛。"①

当然,亦有为仲舒叫屈的。清查慎行《得树楼杂钞》卷十三:"淮南狱成,死者至数万人,皆出自步舒专断者。愚谓仲舒平生所学所言以仁义为归,不应于此事启骨肉之祸,惨烈如此。窃疑庙灾一对,即其弟子辈缘饰经术而托于师说者,抑或主父偃造为此书以陷仲舒下吏,亦未可知。史家不察,遂以淮南之狱归咎于仲舒,是不可不为辨正者也。"(十三页,民国适园丛书15卷本)

[4]周师旷撰、晋张华注《禽经》"白脰乌不祥"条:"乌之白脰者,

---

① 万有文库第二集本,商务印书馆,1937年,第2289页。

西南人谓之鬼雀,鸣则凶咎。"(宋百川学海不分卷本,第2页)唐白居易《白氏六帖事类集》卷二十九"雀第十八":"《吕氏春秋》:藩篱焚雀,祸至。'集狱祥来':《耆旧传》:魏帝尝为太守,狱上有群雀鸣。史占之曰:群雀也,我必改官。果然。"(五十二页,民国景宋30卷本)宋陈师道撰、任渊注《后山诗注》卷第二《呜呼行》"空仓四壁雀不鸣"注:"《益州耆旧传》:杨宣为河内太守,行县有群雀鸣。宣曰:前有覆车粟,此雀相随欲往食。"(三页,四部丛刊景高丽活字12卷本)宋陈元靓《岁时广记》卷二十三"占雀鸣"条:"《唐书》:崔信明,益都人。以五月五日正午时生,有异雀数头,身形甚小,五色皆备,集于庭树鼓翼齐鸣,其声清亮。太史良占曰:五月为火,火为离,离为文;日正中,文之盛也;又雀五色而鸣,此儿必文藻焕烂,名播天下,雀形既小,禄位殆不高耳。及长,博闻强记,下笔成章。虽名冠一时,而位不达。"(十页,清十万卷楼丛书40卷本)

[5]清张文虎《舒艺室诗存》六《上巳日作歌》:"老夫衰慵百无用,归与村翁话耕种。今晨不雨亦不晴,更卜蚕房茧如瓮。"注:"占候家言:是日阴宜蚕。"(清光绪8卷刻本,基本古籍库,108页)唐莫休符《桂林风土记》"尧山庙"条:"每岁农耕候雨,则以尧山云卜期。"(清初传绿明谢氏小草斋不分卷钞本,六页)清谭宗浚《荔村草堂诗钞》卷七《使蜀集》上《途中怀故园兄弟六叠前韵》:"何当丙舍同卜耕,春雨掀泥一犁铁。"(二十八页,清光绪十八年廖廷相羊城10卷刻本)

四、"文庙"条

原文

文庙即孔庙。寿州旧志记载,早在唐宋时城内东南隅即有孔子庙,青云楼。元时移建于西清淮坊。自元泰定至清光绪,约略重修三十四次,先后建明伦堂、尊经阁、文昌祠、奎光阁[1]。今西大街尚存部分屋宇，有为黉学粮站用仓，有为县文化馆、图书馆用房，所剩不多。

原孔庙主体建筑为大成殿（因宋代尊孔子为"大成至圣"，宋徽宗崇宁三年赐名"大成"）。清代时，殿内有御书"万世师表""生民未有""圣集大成""圣神天纵"等匾额，奉"至圣先师孔子"[2]。每年春秋二仲月上丁日举祭礼，规矩俨然[3]，花费极大。据光绪《寿州志·田赋》记载，每年"文庙春秋二祭并各坛庙祭祀银八十四两七钱"，"俱在丁地正银内支给"[4]。

文昌宫。旧在学宫礼门内。

文昌，古代星名。"斗魁戴匡六星曰文昌宫"（《史记·天官书》）；"《孝经援神契》云：'文者精所聚，昌者扬天纪。'辅拂并居，以成天象，故曰文昌宫"（《索隐》）①。又名"文曲星""文星"，中国神话中主宰功名禄位的神。元仁宗延祐三年（1316）将梓潼帝君加封为"辅元开化文昌司禄宏仁帝君"后[5]，"文昌""帝君"合一为"文昌帝君"。《明史·礼志》说："梓潼帝君者，记云：'姓张，名亚子，居蜀七曲山。仕晋战殁，人为立庙。唐宋屡封至英显王。道家谓帝命梓潼掌文昌府事及人间禄籍，故元加号为帝君，而天下学校亦有祠祀者。'"[6]这样，星名、人名，经过漫长的传说与附会，成了人格化的神灵，并按中国之神的想象，造出身穿红袍、头戴纱帽的文昌帝君之神奉于文昌殿中。

补笺

[1] 冯煦《光绪凤阳府志》卷十三："国朝顺治六年，尊经阁敬一亭圮于水，七年知州王业、十一年知州李大升、康熙四年知州黎士毅、

---

① 汉司马迁《史记》卷二十七，汉籍资料库本，1293页。

十八年学正荆振何琴雅、训导陈登鼎、三十年进士周文郁相继修葺。五十一年训导丁济美建义学于文昌祠后，今为奎神殿。六十年绅士公修明伦堂，雍正六年州绅方时宝重修。十一年分设凤台县（以学正理州学事，以训导理县学事），仍与寿州同学宫。十二年，学正王爵、训导陆垲重修。乾隆二年知州赵宗炅重建正殿，二十一年署知州李天玺、学正戴观、训导胡宝光重修，天玺自为记。二十九年知州徐廷琳、知县沈丕钦重建两庑，三十年知州席圮重修泮池，四十九年、嘉庆五年，绅士孙蟠孙克任等两次捐赀重修，知州郑泰作记。十七年绅士孙克任、孙克佺捐赀复修，知州沈南春作记。道光十八年知州续瑞、凤台知县沈宗诚重修，前学正沈维轿作记。同治二年知州施照重修，自为记。"（十六页，清光绪十三年16卷刊本）

[2] 曾道唯《光绪寿州志》卷九："正殿五楹。康熙二十三年恭奉御书'万世师表'匾额；雍正四年恭奉御书'生民未有'匾额；乾隆三年恭奉御书'与天地参'匾额；嘉庆五年恭奉御书'圣集大成'匾额；道光元年恭奉御书'圣协时中'匾额；咸丰元年恭奉御书'德齐帱载'匾额；同治元年恭奉御书'圣神天纵'匾额；光绪元年恭奉今上御书'斯文在兹'匾额。"（十页，清光绪十六年刊民国七年36卷重印本）

[3] 栗永禄《嘉靖寿州志》卷之六《祀典》："岁春二月秋八月上丁日，遵制祀孔子，配四子及十哲，祀诸子汉唐宋元诸先儒。是日遵今上皇帝制，祀启圣公祠，以先贤颜无繇、曾点、孔鲤、孟孙氏配，以先儒程珦、朱松、蔡元定从祀。"（二页，明嘉靖8卷刻本）

[4] 曾道唯《光绪寿州志》卷七载："民赋正杂五款，共征银三万六千七百九十四两一钱五分八厘；随征耗银，则十科一共该银三千六百七十九两四钱一分五厘八毫。"（二页，清光绪十六年刊民国七年36卷重印本）是为州收入之大宗。又说："文庙香烛银二两四钱，文

庙春秋二祭并各坛庙祭祀银八十四两七钱,关帝春秋夏三祭银四十七两八钱三分三厘,乡饮酒额银六两八钱五分八厘,……上十款银九百二十九两二钱八分一厘,俱在丁地正银内支给。知府养廉银八百两,州同养廉银六十两,吏目养廉银六十两,巡检养廉银六十两,上四款银九百八十两俱在丁地等款耗银内支给。"(十一页)试比较以下情况,《嘉庆扬州府志》卷之二十:"高邮州,旧额:春秋丁坛祭祀银柒拾贰两贰钱捌分玖厘玖毫……,文庙香烛银贰两贰钱柒分柒厘壹毫……,闰月银一钱捌分玖厘柒毫……,乡饮酒礼银肆两伍钱壹分捌厘壹毫……"(二十四页)(高邮州兴化县)文庙春秋祭祀银肆拾捌两一钱贰厘,文庙香烛银贰两伍钱柒分肆厘,闰月银陆分,各坛祠祭银一拾陆两肆钱贰分,关帝祭品银陆拾两。"(二十六页,清嘉庆十五年72卷刊本)《乾隆吴江县志》卷之十五:"文庙各坛祠春秋祭祀并香烛等银一百四十一两八钱,文庙祭祀银三十三两七钱,各坛祠祭祀银四十六两三钱,县学朔望香烛纸张银一两八钱;关帝庙祭品银六十两,按:关帝庙祭品银,雍正八年特奉文添备于解司起存地丁款内拨给,杂支各款银五百三十六两四钱二分八厘九毫有奇,遇闰加银九两五钱五分。"(五十八页,清乾隆修民国年间58卷石印本)

[5] 清贺长龄编《清经世文编》卷六十九《礼政》十六《饶阳县新建文昌阁记(钱大昕)》:"梓潼之神,显于晋,盛于唐宋,道家谓上帝命神掌文昌府事及人间禄籍。元延祐初,加封辅元开化文昌司禄帝君,名其祠曰:右文。"(十五页,清光绪十二年思补楼重校120卷本)或说宋,《西湖游览志》卷十二:"梓潼帝君庙,俗称文昌祠。神初祀于蜀,唐玄宗幸蜀封神左丞相,宋元祐二年,加封辅元开化文昌司禄帝君。嘉熙间蜀破,民多徙钱塘,而蜀人牟子才等遂请立庙于吴山,其傍立二童,俗称天聋地哑者是也。"(十八页,明嘉靖24卷本)何绍基《光绪重修安徽通志》

卷五十八："梓潼观，在寿州北，学正黄奇士讲学处。"（十页，清光绪四年350卷刻本）

[6]按 张廷玉《明史》其下又云："景泰中，因京师旧庙辟而新之，岁以二月三日为帝君生辰，遣官致祭。夫梓潼神显灵于蜀，则庙食其地，于礼为宜。祀之京师何也？文昌六星与之无涉，宜勅罢免，其祠在天下学校者，俱令拆毁。"①

五、"关帝庙"条

原文

原有两处，在城内西南，明指挥胡瑞建，兵备道魏士前修。每岁春秋仲月上戊日及五月十三日致祭牲太牢。光绪《寿州志》记说：今仲月之祭由礼部择日颁行。是日先祭光昭公、裕昌公、成忠公于后殿（雍正五年追封），咸丰间圮，同治十二年候补道任兰生筹款修复。另一在城东门内，道光间重修。[1]两庙相比，前者规模为大，有瓦屋楼阁二十间，中为关圣帝，赤面青睛，两旁周仓、关平持青龙偃月刀侍立。殿前有楹联曰："赤面秉赤心，骑赤兔追风，驰驱勿忘赤帝；青灯观青史，仗青龙偃月，问心无愧青天。"楹柱亦有一联曰："兄玄德弟翼德，德兄德弟；师卧龙友子龙，龙师龙友。"民国即无道僧，建国后改为粮库，今尚存前殿；后殿拆除，建为粮食局职工宿舍楼。

补笺

[1]又《光绪寿州志》卷五记："关帝庙、释迦寺，在州东南瓦埠镇。"（十八页，清光绪十六年刊民国七年36卷重印本）卷五又有："大

---

① 清张廷玉《明史》第1册，岳麓书社，1996年，第756页。

王庙二，……一西门外，雍正九年监督李如兰改关帝庙故址建，同治五年僧澄一重修。……以上皆在正阳镇，咸丰间以兵燹废，今修。"（十九页）按，此正阳西门外原也有关帝庙。卷二十二记："慈修，关帝庙僧，烧死。"（三十一页）是关帝庙由佛僧住持之证。

六、"三义庙"条

原文

在城内状元街，建于清初，孙氏所修。祀刘备、关羽、张飞，大殿建在石井上面，雕塑刘、关、张三人神像，名"三义庙"[1]。内有尼姑二、三。孙氏翁媪妇女常至庙进香，后为孙氏家庙。大殿前有联："汉室赖三杰，留得住千秋社稷；桃园宗一义，解不开万古纲常。"庙门有联："三人三姓三结义，一兄一弟一圣人。"[2]

补笺

[1]《光绪寿州志》卷五记："三义庙，在州治镇安坊，孙氏捐建。"（十八页，清光绪十六年刊民国七年36卷重印本）

[2]固镇县公平乡三义庙楹联："三人三姓三结义，一君一臣一圣人。"①平谷县临泉寺（明嘉靖二十七年重修、清康熙四十三年二次重修）之"三义殿"，门楹有联有："三人三姓三结义，一君一臣一圣贤。"②是皆大同小异。

---

① 固镇县地方志编纂委员会《固镇县志》，中国城市出版社，1992年，第435页。
② 平谷县地名志编辑委员会《平谷县地名志》，北京出版社，1993年，第361页。

七、"宓子祠"条

原文

又称君子祠[1]，在瓦埠镇，坐北向南，占地4500平方米，今为瓦埠小学校址。（详见教育志）

按：子贱为鲁使吴，路经瓦埠时病死，葬瓦埠东南五里铁佛岗。祠为明代知州刘天民修，王銮祀文曰：

维贤是生，渚兰汀芷，圣谟载扬，曰维君子。君子鼓琴，其民乐只，不下堂阶，德之风尔。君使于吴，道经于楚，云逵星陨，竟沉于此。铁佛言言，君子之坟，有祠遞遞，君子之居。世远落莫，时祀亦缺，銮吏于此，怃然叹息。庙有余地，募民筑室，顾兹烝尝，岁出所入。神其格斯，歆此无射。①

补笺

[1] 曾道唯《光绪寿州志》②卷五记："宓子祠，在州之瓦埠镇。建祠之始末详明。成化间知州赵宗修，嘉靖间知州刘天民修，并有碑记。知州王銮，又以其旁隙地佃民出息以供春秋祭祀。明御史戴珊《单父侯祠记》略曰：'珊以监察御史奉勅巡督学校至寿州瓦埠镇，谒单父侯祠，有土像亵甚。复行三四里，访侯墓于铁佛冈，流潦冲聚，牛马践履。重予之慨。时高安赵宗知州事，兴废举坠，非俗吏比，遂檄使修之。居无何，报曰：'询乡老，稽志书，咸以侯使吴而没葬此土。其祠墓谨修筑完好，缭以周垣，树以名木，前设门道，而时其扃钥，命镇之老人主之。祠中土像，屏彻他所，咸如公命。'予得报，爰书'先贤单父侯墓'，俾刻石而树之，庶几

---

① 明栗永禄《嘉靖寿州志》卷之六，四页，明嘉靖8卷刻本。
② 碑拓王晓珂藏。

后之崇贤好德者于此乎取征，而爱护侯之墓有引而无替者欤？'明薛蕙《祠记》略曰：寿州南六十里有宓子墓。寿在春秋为楚地，宓子鲁人，志以为使吴卒而葬焉。墓之北五里有单父侯祠，创建之详志缺，不若本朝成化间祠，尝废。御史戴公珊令知州赵宗修之。正德间御史林公有孚尝匾之曰'君子祠'，今久而复圮。嘉靖四年，余同年生刘君希尹以吏部郎中谪守是州，乃治而新之，因属蕙为之记。"（九－十页，清光绪十六年刊民国七年36卷重印本）

卷九："宓子祠，计房三所，共四十间。"（四十三页）卷二十三："张新鉴，附生，著有《宓子祠记》，详《君子志》。"（十六页）

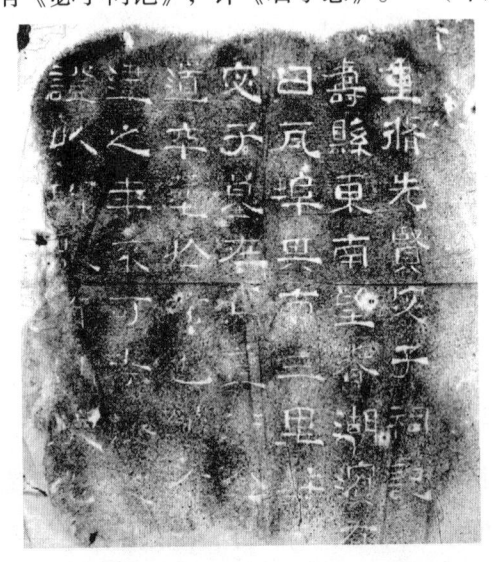

（图8-2 重修先贤宓子祠记碑拓图影）

卷二十四："张元枢，字均燮，增生。励节笃行，乡居乐道，年八十四终。里人祀其主于瓦埠宓子祠。古之所谓乡先生没而可祭于其社者。"（三十一页）按，明《嘉靖寿州志》卷六收戴珊文，与光绪志不同，云："珊以监察御史奉敕巡督学校，至寿州瓦埠镇。谒单父侯祠，东西楹率乡人肖列土神像。前三四里，访侯之墓于铁佛冈，流潦冲聚，牛马践牧，重予之慨久之。时高安赵宗由乡贡士知州事，兴废举坠，居多遂用，檄之。居无何，报曰：询乡老，稽志书，咸以侯使吴而没葬兹土，谨修筑如制，缭以周垣，树以名木，前设门道；而时其扃钥，命镇之老人主之。祠之土神，屏撤他所，咸遵命也。予得报，爰书先贤单父侯墓六字，俾石刻而树之。庶几后之崇贤好德者于此乎取征，而爱护侯祠墓有引而无替哉。"（四－五页）

冯煦《光绪凤阳县志》卷十一"宓子祠在州之瓦埠镇宓子墓前，建始未详。明成化间知州赵宗修（御史戴珊撰记）。嘉庆间知州刘天民修（薛蕙撰记）。后知州王銮又以其旁隙地佃民出息以供春秋祭祀。国朝康熙以来代有修治。同治八年，知州颜海飑禀请在镇官房六十一间入祠为修岁费。光绪六年巡抚裕禄奏请以宓子祠墓列入祀典，奉旨谕允。"（三十页，清光绪十三年16卷刊本）①

八、"元君庙"条

原文

俗称四顶山奶奶庙[1]。栗永禄《寿州志》称"东岳祠"，李师沆《凤台县志》称元君庙："嘉庆十九年八月造北山碧霞元君行宫新修碑略曰：'惟东岳岱宗之神妃碧霞元君，厥有行宫崇于兹山；灵宫有年，梁栋朽坏；

---

① 按，作者遗札中另有一纸书写："《重修先贤宓子祠记》碑，碑为青石，质软易磨耗，1983年还垫在瓦埠南街一饭店门槛上，字迹亦多磨灭难识，可见者有：'重修先贤宓子祠记''寿县东南望春湖滨有瓦埠，其南三里许有宓子墓在焉。盖……道卒葬于兹也……复九阅月……之屏谨书于……之俾来者有孝……名于后所以宣昭……今仿其例，刻于……'虽不见年月，从'之屏'二字，略知年代当在民国初年重修房子初时刻立，之屏即张树侯。碑文中有'望春湖'，当指瓦埠湖，于地名研究也有意义。"

武进李君作官五载，年谷屡登，民无疾疫；县民吴芳春以私钱若干，卜择吉日役工兴理。刻石记焉'。"20世纪初，庙尚有房两进。1937年5月6日夜四顶山忽然起火，庙宇被烧。据县搬运站工人李家财、城关粮站职工丁玉福介绍，庙是寿县旅长家人乘日军来侵之乱势，有意放火烧毁的。因在此之前山下毛姓村民于一日傍晚发见庙中有人进进出出，料定夜晚必有土匪来抢。毛家兄弟四人开门持刀防于门后。天黑后土匪果真来抢，连进两人被刀砍杀，匪退。毛家获得的枪支是某旅长家的看家枪，告之官府，某家只得承保毛家的今后安全，并立匾悬于四顶山奶奶庙中。此次烧庙目的，在于烧匾。今庙址尚存。

　　李师沆《凤台县志》记说元君庙"每岁三月十五焚香膜拜者远自光固颖亳，牵车鼓楫而至，云集雾会，自昏达旦"。民国初年，庙会尚盛。出北门，沿途摊点密布。卖洗脸水的一边喊一边唱："洗洗脸，净净面，前面就是阎王店。"阎王店位于山下，是上山去庙的第一站，有屋三间，门向朝北，内有阎王塑像，群众称之为"倒座阎王"。烧香人自此即开始烧香，尔后沿山坡向上。卖香人也喊唱着："烧香敬敬神，保你头不疼，一步步，一层层，抬头就到南天门。"南天门是一道空门，无神像。过了南天门是为盘山路，盘山路，九道弯，一弯九个级，九九八十一。不到一里路即到奶奶庙。

　　正殿中供奶奶木胎神像，即道教之碧霞元君。旁供观音铜像及十八罗汉等。这种道、佛神像同置，在寿县寺庙中亦属多见。它反映出此间寿地道、佛既互排斥，又相融合的历史。先为道教，东院方丈平山，西院方丈本玉。后为佛僧住持，东院和尚僧名慈舟（原籍正阳，又说朱家集人，本姓不详，1959年羽化），西院和尚本姓徐，僧名不详，人称徐和尚。新中国成立后还俗，五十年代后期亡故。

庙遭火烧后，慈舟多住城内报恩寺，每逢三月十五庙会时上山维持庙事。1947年，袈裟宝盖等做佛事的整套用具全转卖给准提庵尼慧修、能如师徒使用。解放后庙会一度停止。徐和尚还俗后，由其母带养女黑丫在山上看守破庙，后散走。

……

按：1984年[1]秋，我与徐为侃同志在四顶山庙基乱石中见一断碑，（文见前第三节佛教）。经考，供佛的小室曰龛，该碑是佛教禅宗的临济宗的佛徒为其恩师所立的享受香火的牌位碑。此碑可证该庙约在元代中后期即转为佛僧守堂。

补笺

［1］李师沆《光绪凤台县志》卷五："元君庙在县东南四顶山上。土人相传，祈子则应。……（碧霞元君行宫）垂休奕禩，长享利贞。体出震之生气，昭孚甲之神功。絪缊元化，感歆姁育；高禖之祷，灵其奥矣。童龀欢虞，吏民蒙福。尝以三月之望，洁牲酌体，肃将禋祀，展谒诚敬。都人士女，殊方来慕，趋越千里，应时而集。不其伟欤？……颂曰：于戏穆清，化醇万物。惟神降庥，如启斯关。化阴导阳，民精之气。神符灵瑞，郁郁雾雾。淝水浩浩，八公峨峨；民罔不诚，福禄来仪。惟我表碣，千胥斯原。本兹道要，诏尔后昆。"（十五页，清光绪十九年25卷刊本）又一在正阳。曾道唯《光绪寿州志》卷五："碧霞元君庙、准提庵，康熙十四年重修，广嗣宫、白衣庵，即董子祠，皆在正阳镇，今俱废。"（十九页，清光绪十六年刊民国七年36卷重印本）

---

[1] 按，前标1985年秋。

九、"真武庙"条

原文

光绪《寿州志》：在北门城内。张佩芳重修真武庙记略曰："真武庙在寿州北门瓮城，今凤台县境（按当时北大街均属凤台县），有真武像一，高五尺余，左右侍从各二，各高三尺，皆以铜为之。先是，庙在北门外，明隆庆四年移建于此"[1]。清乾隆和同治年间多次重修，今庙不存。

补笺

[1] 李兆洛《嘉庆凤台县志》卷三也载此碑，云："岁久点昧，室宇颓敝。今上四十年四月，绅士王丕谟、李敏、张志岳商所以募施，予曾为之疏。既得银以两计者百六十余。神像以金饰之，木石涂垩，粉绘以次。毕，举兴工于九月十五日，越二月落成。老图志：真武，乐清国王太子，入太和山修炼，今武当是已。或传真武既入山修炼，久之无所得，出见老姬持铁杵磨石上。问所为，曰：为针。曰：不亦难乎？姬曰：功久自成。神悟，随精修四十年，升举。今武当山盖有磨针涧云。由此言之，神盖以精力自致，非天成者；况于志圣人之道者耶？吾闻天有五帝，北曰叶光，纪秩于祀典。盖水德之精，育养万物，水旱之司，与有责焉。寿州洊饥之余，入冬以来雨雪应候，不可谓非神之庇也。亳州梁巘书丹。乾隆四十一年三月十五日建。"（二十五页，清嘉庆十九年10卷刻本）

十、"城隍庙"条

原文

在城内东大街。尚存少许房屋为第三中学使用。

城隍是道家所传，守护城池的神。光绪《寿州志》记："每月朔望日上香，每年春秋仲月上戊日合祀于南坛，不庙祭。乾隆三十四年州人郑濬等修"，"四十四年知州张佩芳有重修庙记[1]"，"嘉庆二十四年州绅孙克依捐赀重修，并于大门东修市房三间，西修市房二间，每岁取租为庙室捻漏之费。知州沈南春有碑记"，说"寿州城隍庙建自明初"。寿县城隍庙原有房百余间，正殿有木胎城隍神像，旁塑"判官"像，殿内外悬匾数块，有"威灵显赫""福国佑民""不由人算""你也来了"，等等。殿前书写带有佛教"因果报应"说教的联语："为善不昌，必有余殃，殃尽必昌；为恶不灭，必有余德，德尽必灭。"东西廊房为二十司神像，也各有对联，如"迷魂司"有联："何用迷魂汤，须来世永保天真；不堪回首望，望当日罔劳无功。"传为萧景云撰文，薛鸿书丹。可知两人都在借迷信场所，发自己的感慨。旁舍老君殿前有联："仙基踌躇，玉皇阁上祥烟起；灵应长留，函谷关前紫气腾。"积仙道院前有联："放鹤去寻三朝客，仁人来看四时花。"客厅有联："笔花吐脂轻而远，剑气飞空雄且奇。"书房有联："东鲁圣人循至礼，西方佛子问真空。"成了多神教的大混合。

补笺

[1]李兆洛《嘉庆凤台县志》卷三《营建》："城隍庙，城东门内大街。寿州知州张佩芳《重修城隍庙记》：'城隍之祀遍天下，与社稷等。然社稷有自，岁时致享。城隍，通国之老稚男妇，罔不趋事恐后。社稷犹慈母生之养之而善恶无择；城隍犹严师，善者与不善者搏击之不少贷，人固无不畏严师者也。故其祀为尤盛焉。寿州城隍，明封监察司民灵佑侯，国朝因之。其灵甚著。余尝苦命案烦多，祷于神则有应。水旱祈祷应亦如之。民有梗顽不服听断者，一质之神，则倾吐无所隐。先是四十年重修正殿之前楹，今年春复事修葺，缺者补，故者新，内外焕然。工既竣，绅士黄朝选等请余为记，余告之曰：治明者人，治幽者神；治明者恃法，而法有所

不及，神之祸福无不及之，故足以助法而维教。且夫鞭笞加于其身与疾病死亡之加孰甚？人之恶鞭笞之情与恶疾病死亡之情又孰胜？天下未有无故而加之疾病、无故而加之死亡者，以有所招之也。诚反其道，不惟免乎？此而亦无鞭笞，是神之大有功于人也。呜呼，此岂奔走奉祀而遂云无罪也哉？乾隆四十四年岁在己亥十一月初一日立石署。'寿州知州靳天培《重修寝宫乐楼记》，略曰：寿州城隍庙其创建之始不可稽。嘉庆庚申遭回禄，其存灰烬之余者亦俱摧颓。如皋郑刺史泰始议重修，会以事罢去，仅完殿庑。余于丁卯夏权牧此州，谒庙见倾圮已甚，欲新之，以初受职事众志未孚，又岁方祲未遑斯役也。次年有秋，州之士庶复请，又因北门城楼之役事尚未藏，逡巡不果。迨去夏廼捐廉首倡，进士民之好义与之谋，众议佥同，奔趋恐后。诹吉兴工，八阅月告峻。凡用金四十两有奇。董事者武举李孔清、监生宋恪也。其输赀襄事者善有可嘉，具载之碑阴。嘉庆十五年八月，靳天培记。"（十八－十九页，清嘉庆十九年 10 卷刻本）

十一、"龙王庙"条

原文

有二：一在今城南门外两桥间的联运办公室处所。民国末年尚存部分庙房，解放后在此建汽车站，后为公路站，尚有一间庙房于七十年代拆除。……

另一在广岩乡王集西五华里的河边丛林中。民国三十四年（1945）近百间庙宇尚完好，每月初一、十五日清晨的钟响，声穷十余里。解放后和尚散走，庙屋圮毁。[1]

补笺

[1] 西门外也有。栗永禄《嘉靖寿州志》卷之八："龙王庙，县西门外，

旧张龙公行祠。"（八页，明嘉靖8卷刻本）曾道唯《光绪寿州志》卷五："龙王庙，在城南门外。春秋仲月辰日致祭，牲少牢。毛贵《重建寿州南门外龙王庙碑记》：顺治六年五月十六日，天大淫雨半月，洪水泛涨。本镇率领标官会同同城官属带领兵民堵御城门，填塞水道。六月初四日，登南城见桥南有龙王庙基，久颓废，彼时诚心愿许，果能保护水退无恙，重修庙宇，装塑神像；不数日水退，阖郡生灵得以保全。遂以本月十七日亲诣庙基，破土兴工，捐俸置买竹木砖瓦灰石颜料雇工匠等役，重新建盖塑像画墙，以彰善恶，警化愚民，今已告成。谨将乐善捐助俸赀逐一开列于左，勒石永垂不朽。寿春镇副将毛贵记。"（一－二页，清光绪十六年刊民国七年36卷重印本）

又卷六"水利志"记安丰塘云："旧四闸，今惟凤凰闸皂口闸存，其文运闸龙王庙闸并废。"（一页）按此，安丰塘也有过龙王庙。

另卷三十二《金石》记古砖，砖铭为：

（图8-3 元康砖铭拓本）

记文说："（砖铭）文曰：'元康年八月一日陈匚'。其一侧中为圆文，旁为阑干，文两端皆为圆文，长尺博四寸半，厚一寸八分。此砖不纪年数。予祷黑龙潭龙神庙之右，为资寿寺，壁间多甃此砖。问寺僧何由得之？

僧云'寺之前百武相传为老龙王庙，圮为土阜，十余年前老僧发此阜得砖，因以甃壁；予为甃新壁而易之，凡得百余枚，皆断碎，此其仅完者，乃得之旁民舍灶瓯上。'"据此，黑龙潭附近亦有龙王庙。

《光绪凤台县志》卷五："顺济龙王庙在黑石潭山资寿寺旁，有元总管张谦《祷雨灵应碑记》（详艺文），庙圮。本朝乾隆四十四年寿春总兵阎（缺字）修建。《黑石潭顺济龙王庙重修碑记》：嘉庆十有八年秋七月旱，田畴龟坼，禾菽焦曚，赫蚁当空，农夫怨咨。靡神不祷，宁莫我听。余则斋袚至于兹山，跪拜而祝之。既三日，云阴晻霭，清风涤烦，飞扬旌旒，神灵惚恍，雷电震煜，雨泽滂溥，四野沾霖，枯濡槁苏。岁以有秋，民用欢跃兹山。灵湫厥名黑石，元时封顺济龙王。至正三年，安丰路总管张谦祷雨而应，曾碑其事。自尔以后，祷而应者屡矣，不胜记，亦莫有记之者。夫百神者，分天之职者也。天之心爱人而神承之，天之有旱潦疵疠，非天心也。阴阳之气偶乖反者也。天广大而不能遍，则天之憾也。神承天之施以导其和，而弭其沴，故天下之待命于神也。……此其所以祷而则应也。张谦碑已欹斜灌莽间，为重立之，翼以亭。因刻其事为享神之歌，使我民岁时歌之，以乐神。歌曰：蠹嵲兮山皋，石积铁兮风饕。俯灵渊兮窅深沉，是守地户兮神所曹。神之都兮杳杳，葺荷屋兮拥蘅芷，贝阙兮珠宫，旷仿佛兮淮之涘。神之游兮登天门，从螭虬兮朝玉宸，锵佩纕兮接天语，为我民兮诉愁苦。民之愁兮天为怜，逮天泽兮神所专；云车兮风马，相从兮来下；顿飞辔兮故乡，羌仿徨兮四野，泽流兮滂滂，沾原隰兮被陵冈。雷轰轰兮不怒，电烁烁兮空光。许给灵殖俨以祗候兮，妖魃跳而遁藏；揭升降兮神劳止，我民欢兮天喜。仰造物兮太空，归荃宰兮神之功。击牲兮列俎，传苾兮坎鼓，神淹留兮容与，年屡丰兮肃告禋，岁将事兮罔不寅。岁复岁兮年复年，神与我民兮宜子宜孙。知县事李兆洛记。"（十六页，清光绪

十九年 25 卷刊本）

十二、"马神庙"条

原文

光绪《寿州志》记，庙"在城内州署西北宣化坊，明知州庄桐建"，光绪八年（1882）该庙圮毁，"总兵郭宝昌倡捐改建于城东门内大街。"今也不存。庄桐建庙时，有训导柳伟《马神庙记》，略曰："房星曰天驷，马神也。我太祖龙飞淮甸，天应人从，实资戎马，此种马之畜，所以遍于州县也。寿在中都，畜马倍于他国。旧有马神祠，嘉靖丙寅大水灌城，祠就圮，厥址虽存，芜秽不治。凡举祀者必诛茅设主，然后行事。万历七年庄公来牧兹地，庶政克举，百废俱兴，凡马之老者瘠者诸不调良者，既更易焉。又为择刍牧之地，谨饲养之，方马政既修，蕃息踰倍。越明年，捐俸重建马神祠一所，南设大门，卫以垣，栖神有堂，致祭有位。祠毁于丙寅之岁，而成以戊寅，凡历一纪。余不文，书其颠末，勒于贞珉，以俟观风者采焉。"[1]①

补笺

［1］见曾道唯《光绪寿州志》卷五，三页。又，《嘉靖寿州志》卷之六："春秋有司合祀祠宇：名宦祠、乡贤祠、八蜡庙、马神庙（州县同）。"（二页，明嘉靖 8 卷刻本）卷之六："马神庙，宣化坊北，判官蒋旸重修。"（四页）明姚旅《露书》卷十："寿州城中马神庙内僧居，香泥塑一大士，其来旧矣。泰昌元年庚申十月，忽右脾生优钵花一枝三朵旋而胸前，右臂又各生一枝共六朵，花茄色，越半载始干。魏监司因建瑞莲庵，而马神庙反附庸焉。"（四十一页，明天启 14 卷刻本）

---

① 曾道唯《光绪寿州志》，卷五，四页，清光绪十六年刊民国七年 36 卷重印本。

十三、"火神庙"条

原文

有二：一在城内仓巷[1]，六月二十三日致祭。建于明成化间，嘉靖间重修。清乾隆五十七年（1792）里人孔贵捐水畦140个。咸丰后房屋倾圮，同治七年（1868）重修，今庙不存。初为道教庙宇，后为佛家二堂住持。民国间，守堂和尚名元喜，元喜死，霍邱华祖庙尼慧修、能如师徒来住。抗战胜利，民国政府要庙作法院，慧修、能如迁住袁同寺。

又一在迎河集，清雍正六年（1728）建，咸丰四年（1354）兵毁，同治三年（1864）重修。今不存。

补笺

[1] 曾道唯《光绪寿州志》卷五："火神庙，在州署西北仓巷。每岁以春秋仲月上戊日及六月二十三日致祭，牲少牢。（明成化间建，嘉靖丙寅、隆庆丁卯邑人潘云修。国朝乾隆五十七年里人孔贵捐施水畦……贵尝病，且祷于神而愈，云有碑记其事）""火神庙在州西南迎河集。雍正六年建，咸丰四年遭兵燹毁。同治三年重修。"（二页，十九页，清光绪十六年刊民国七年36卷重印本）

十四、"大王庙"条

原文

一在正阳南门外，内阁中书吴适之父吴嘉询建[1]，乾隆二十四年（1759）淮北商人重修。

补笺

[1] 曾道唯《光绪寿州志》卷十七载《选举志·选举表》："国朝，

拔贡，吴适，官内阁中书。"（三十七页）

十五、"坛、社"条

原文

先农坛

旧在城东门外，有神祠三间，雍正四年建。[1]

民国初年尚有荷花坛、吕祖坛[2]等，坛址今均不存。

社有纯济社、积仙社、忠义社、慈航社等。慈航社在一人巷内，1944年尚在活动，每年初一、十五早晨，主持人孙锦堂等，到社内开沙问病[3]，均系迷信活动。主持人用铁盘上放上沙子，用竹筛倒扣，说是显字知病。

上述坛社均属多神信仰。在无坛社的农村，常在稻场边、石磙上，或村头岗边祭祀，连长工汉们累急了，也去求神祈免。有《长工祈神歌》曰："天灵灵，地灵灵，风云雷雨各家神，大小下个雨，让我歇歇胳膀腿；下雨不要停，天黑不要明。大小得个病，只要不送命，睡上几天好安稳。"可证寿地民间多神信仰，其中保存着许多原始的宗教观念。

（按：民国七年，一说八年夏，城内瘟疫，死人很多，一些坛社用开沙方法给人治病。有的人家在黑狗颈上带上白带，祈求除病免死。当时有谣曰："黑狗白颈脖，有病它去驮"也是一例。）

补笺

[1] 曾道唯《光绪寿州志》卷五："先农坛，在城东门外凤台县境。坛北有神祠三间，雍正四年建。每岁春三月上辛日致祭，牲少牢。祭毕遂耕藉。神祠今圮。"（第一页）

[2] 民间道教祠坛。清文康《儿女英雄传》第三十五回："这科甲一路的科名，可是那些江湖相面的相得出来的。莫世兄道我晓得了，你府

上设的吕祖坛最灵验的,一定是扶乩了。他又道我家设的那座坛,不谈休咎。这个所在只怕比纯阳祖师说的还有把握些。"（二页,清光绪四年京都聚珍堂活字40回印本）清包世臣《小倦游阁集》卷二十五《别集》六收《为金大司寇吕祖坛祷雨疏》:"光悌闻,刑狱生民之大命,苟失其平,灾害立见。是故洛阳掠囚旱及五月,东海冤狱,亢以三年。每稽载籍,用深悚惧。恭逢圣主,道成求瘼,谆切慎刑,固已修养。天和感召,时若洒自。去冬少雪,春润不透,至今三时已届,大雨愆行,复与绍祷桑林为民请命,叠布恩纶,累减宥过,然而甘霖不应,沛泽犹稽。……用是虔设醮坛,用达愚悃;不胜惶慄待命之至,谨疏。"（清小倦游阁15卷钞本,基本古籍库,246页）是因吕祖坛祷雨也。

[3]道术者扶乩问病乃用沙盘。清慵讷居士《咫闻录》卷十"北虎青卫"条:"北虎能扶乩,青卫则不能也。人有病往庙,用沙盘扶乩。但闻瑟瑟有声,或横写,或直写,字皆大草。据其书而录之。批毕读知何鬼为祟。何过成灾,必如何禳祷而退,无不立验。倘有不验,再请扶乩,必责牺牲不洁、斋戒不诚。重令设祭。如再有不洁不诚,为祟益甚。"（二十页,清道光二十三年12卷刻本）斯亦旧俗之迷信。

十六、"报恩寺"条

原文

旧名崇教禅院、东禅寺,明改今名[1]。

（按:僧众所居曰寺,禅宗多以院名;报恩取意"因果"。）

旧志称:始自唐贞观间,玄奘所建[2]（按:玄奘,河南洛阳人,俗姓陈氏,颍川陈仲弓之后,曾游西域十七年、百余国,贞观十九年还京。如建该寺,当在此后）。宋天圣间,建塔[3]。旧志称其规模:"前有浮图高数丈①，中为殿，殿后为阁，左右为廊、为法堂、为丈室、为钟鼓楼。"主殿大雄宝殿位于中进，塔位殿前院中，均为寺院主体。原大殿于清乾隆三十三年（1768）遭火烧毁[4]，今存之殿为乾隆四十五年由准提庵僧际清倡众集资重修。解放后又几经维修，并建"寿县博物馆"于其内。

玄奘是法相宗在中国的创始人。禅院初建时，造型立意都表现了他的宗教学说思想。天圣塔便是表现这一思想的典型建筑。塔呈八角、九级，可能与他的"四禅九空"的宗教训练和"八识"学说有关；塔下地宫内为六面，或许就是佛学中的"六根""六根清净"的蓄义。天圣塔，即舍利塔，以强调"舍利"为其精神支柱。清同治元年（1862）时倾，尚存三级，当时将塔顶的石棺改放在第三级顶端。1977年再度倾危拆除时见此石棺。棺内有一木胎漆盒，盒内存放装有舍利的银瓶，银瓶四周又放十个形状各异、色彩有别的玻璃瓶。此意取自《涅槃经》"佛告阿难，佛般涅槃，荼毗既讫，一切四众，收取舍利，置七宝瓶"。"舍利"有二种，一为全身舍利，二为碎身舍利。释迦佛身骨为碎身舍利。《阿弥陀经》以金、银、琉璃、玻璃、砗磲、赤珠、玛瑙为七宝。他们把佛骨装进"七宝瓶"中，视为"戒、空、慧、熏、修之所成"，是佛家追求的结局和崇拜的对象。

地宫[5]中有金、银棺各一具。金棺重91.5克，棺身有模压花草纹，棺底有"重佛舍利"四字，内存舍利。金棺外套以船形的银棺，棺盖饰双龙戏珠图案；一侧饰一佛半卧象（按：旧志于卧佛寺条有刘孝标注：《涅槃经》言，如来背痛于双树间北首而卧，故后之图绘者为此象）；另一侧

---

① 作者遗札中抄有明人诗状其高。《嘉靖寿州志》卷之八御史杨复《题东禅寺浮图》："境入安阳觉此尊，浮图百仞秉祇园。历朝古石无诗纪，刺汉危峰有鹤屯。风送雨声供洒扫，鸟衔花蕊献晨昏。夜惊劈地苍龙起，晓爱凌虚铁马喧。……好风吹上最高处，不为题名兴自繁。"（十九页，明嘉靖8卷刻本）

饰释子忙碌场面；尾饰一佛子合十念佛图。地宫壁记说银棺是"都会首皇甫淮[6]并妻薛氏"一家所舍。金棺由"安丰县来远镇刘守忠并妻戴氏"等合施。船形银棺当寓意渡海，即去到生死海之彼岸，是佛家说的"涅槃""永生不灭"。这是涅槃佛学的重要部分，它和大殿内放置的铜胎十八罗汉（明万历三十三年，1605 年铸，现存 15 尊）和泥塑十八罗汉（清乾隆四十六年，1781 年装修，现存 17 尊，成一幅自信、向前的渡海行列），巧妙地表现了佛教的将众生从现实世界的此岸引渡至涅槃境界的彼岸的教义思想[7]。

补笺

[1] 清何绍基《光绪重修安徽通志》卷五十八："报恩寺，旧名东禅寺，在凤台县治东北隅，有塔，宋天禧间建。明洪武中修改今名。凤台县，按今凤台移治下蔡，报恩寺当还属寿州。"（九页，清光绪四年 350 卷刻本）

明栗永禄《嘉靖寿州志》卷之二："观海泉，报恩寺前。判官王重贤开凿，泉味甚甘。"（十六页，明嘉靖 8 卷刻本）卷三："观海泉，今不详何地。报恩寺有碑题'观海泉'三巨字，碑阴有文曰《寿州书院观海泉记》，剥蚀过半，略云：观海，王公自西台屈节于寿，凿泉于书院之东，公署之左，胡子明善饮而甘之，题曰'观海泉'。"（十六页）

曾道唯《光绪寿州志》卷三十一《宋天圣院佛会人名碑》"后记"云："《凤台县志》云：报恩寺塔，明普纲碑以为建于唐时亦无他书可证，得此碑始知此塔修于宋天圣时，则其为唐时所建可无疑也。后又得古砖，其旁有文曰'天圣院修塔砖'，则此寺因天圣时重修遂名曰天圣院，余故遂题此记曰《天圣院佛会人名碑》。碑所载有可资考证者，曰寿州寿春县，曰寿州安丰县，曰寿州下蔡县霍邱县，当时皆属寿州也；……其仙犊乡或即留犊坊，以时苗留犊而名也。金城乡或即紫金坊，以旧时子城名也，廉公坊或即指今之廉将军墓，近时州县所治别无廉姓也。其余地名询之土人，尚可十得三五，大约多在寿州境。余以是刻报恩寺施钱人姓名，亦俱载其乡里，冀亦为后来考地志者之证焉。"（十九－二十页，清光绪十六年刊民国七年36卷重印本）

［2］曾道唯《光绪寿州志》卷五收有明正德九年黄普纲《报恩寺重修碑记》："寺昔东禅，肇自李唐。元奘法师首建佛刹，祝发度弟子修禅那，延及宋仁宗天圣五年，沙门子寿、子中、丕覃、白叶，阐最上乘演第一义谛破、有窥空开权显实，建阿育浮图。瞿昙绀相，收楩柟松梓，勾工督绳，尽画栋雕甍，黝垩丹漆，六通调御，菩萨、阿罗汉，金碧辉映，而其殿阁廊庑丈室堂寮，飞簷入云，杰栋撑日。如来三大士，巍巍乎云中，伟然一时之壮观也。粤自洪武改元之初，更寺名曰报恩。"（十三页，清光绪十六年刊民国七年36卷重印本）

（图8-4　明正德黄普纲重修报恩寺碑图影今嵌寺壁）

（图8-5 十八罗汉塑像局部图影）

张晓《重修报恩寺赞偈》;"塔庙之兴圮,关诸世运之降升、人情之欢戚,本之民事之丰歉焉。寿于江淮,尝以丰裕闻矣。顷以吏治弗良,典蠹沸兴。柱史蒲坂杨公奉巡驻节,扩氛涤秽,化理一新。凡可以庇庥于民者,俯徇曲致;虽在殊途,亦所不禁。城左掖古有东林浮图像者,今为报恩禅寺,璇题宝级,龙象庄严,岁久就埋。先是真定比丘曰惠□者,来自云台,大启善缘,编扣檀越,首建三门,渐及殿庑。寻以虐焰燔炽,避而去之。至是有以为言者公,曰:是……可听其芜秽如是邪?爰命指挥陈辅谕诸士民牛大用金良马辈,听卒其工,凡三阅月,殿庑丈室次第告葺,栋宇翚腾,金碧绮构,群生欢畅。祝礼瞻依,如登兜率真见如来……因式陈颂偈其辞曰:福壤丛林,轮回兴圮。大迟硕人,兴颓起坠。硕人桓桓,绣骢持斧;扩氛荡魔,为民之所。如彼慈航,中流汎汎,与汩俱出;同登彼岸,住清净土,作如如相,如是因缘,真实不妄。放大光明,慈悲无量。繄兹戚力,流风永世,缕刊宝级,河山终始。嘉靖十八年岁次己亥秋八月,郡人水西张晓撰。"（十三页,清光绪十六年刊民国七年36卷重印本）

[3]明栗永禄《嘉靖寿州志》卷之二:"东禅寺塔,州东北隅报恩寺内,魏唐间王阿育建,宋天圣、开禧、洪武初递修。"（二十三）又,在笔者所撰《寿州志稿·胜迹》篇中亦交代:"天圣塔原位于寺院正中大殿之前,

以强调'舍利'为精神支柱,又称'舍利塔',在全寺组群中与大殿同占主体地位。有谣曰:'寿春城像只船,大寺塔子当桅杆,四顶奶奶掌着舵,十八罗汉在背牵。'可见天圣塔对寿春古城轮廓面貌有着重要的影响。明御史杨复《题东禅寺浮图》诗:'三十里看云外影,几千灯照月边门',他在塔上写塔,全城尽收眼底。今塔不存,地宫尚在。"①

[4]曾道唯《光绪寿州志》卷五:"大殿后楼毁,国朝乾隆四十五年复修之。张佩芳《重修报恩寺碑》:'凤台县知县阿林保②篆额报恩寺,旧名东禅寺,在寿州城东北隅。……前有浮图高数丈,中为殿,殿后为阁,左右为廊为法堂为丈室为钟鼓楼,飞甍杰栋,冠于诸刹。乾隆三十三年毁于火,越八年丙申,准提庵僧际清请曰:兹寺不治已久,金以际清能胜此,则曷敢废。然治之需万金,愿得一言以募。余姑应之。越三年,殿工竣,楼阁堂寮工作方兴,适余迁泗州,际清又请曰:兹役赖公言已就半矣,愿

---

① 《寿州志稿·胜迹》6页,油印稿,1987年6月。
② 清官修《八旗满洲氏族通谱》卷一"岳尔多"条:"岳尔多,正白旗人。世居苏皖地方,国初来归。其孙哈忠阿原任八品官,曾孙阿那布,由委署护军校从征湖广,……叙功授云骑尉,卒;其子扎克丹袭职,现任防御。又岳尔多之元孙阿图,原任杭州副都统,……五世孙阿林保,现任六品官。"(三十三页,清文渊阁四库全书80卷本)何绍基《光绪重修安徽通志》卷五十四《舆地志》:"(安庆府)龙王庙,一在集贤门内,乾隆三十二年巡抚高晋建,嘉庆八年巡抚阿林保重修。"(二页,清光绪四年350卷刻本)李兆洛《嘉庆凤台县志》卷五"知县"条:"阿林保,正白旗人,监生,吏部笔帖式保举,乾隆四十四年任。"(五页,清嘉庆十九年12卷刻本)王赠芳《道光济南府志》二十九:"阿林保,号雨窗,满洲正白旗人,监生,五十七年十一月署任。"(二十二页,清道光二十年72卷刻本)

按,又有一阿林保,年稍长,早亡,非此阿林保也。《八旗通志》卷二百三十三《人物志》一百十三"阿林保"条:"阿林保,吉林正红旗人,姓穆达齐氏,由领催历升防御。乾隆三十四年随征缅甸,三十八年调征金川,得头等功牌二。四十年八月击贼于勒乌围阵亡,赏恤如例,恩赐云骑尉,世职承袭。详见世职表。"(清文渊阁四库全书342卷本,基本古籍库,十一页)

及公之未去为文以记，余曰：记者记其成也，记其半可乎？无已则言其所以成者，人非尽知佛法也。每尊信奉法之人。际清系出临济三十七世，敝衲粗食，戒律甚严。一旦毅然为此，往来乞募，人皆响应。盖诸法有以楼阁庄严为佛事者，其此是矣。然方其未为也，吾不敢必其能至斯，亦既至斯矣，犹不自力，是自堕厥功也。患莫大于自堕，而畏难者次之，畏难者不为，自堕者虽为而不见成功，苟其不自堕也，天下事安有难成者哉？而际清又言：异时僧以是居，其徒侣如一家之子孙，故寺易废，愿落成之后选十方道行之高者，叠为法嗣，广临济之传。余曰：此尔祖法也。昔五祖会僧众五百，独授衣钵于卢行者，是为南宗。今尔振起于灰烬之余，兴坠举废，功同创始，又不自私传之其人，抑可以为宗矣。若夫讫工月日与捐输姓氏财用之多寡，今无由悉，异日其书之碑阴。原任巴东县知县亳州梁巘书丹，乾隆四十五年岁在庚子六月朔癸未。'"（十四页）

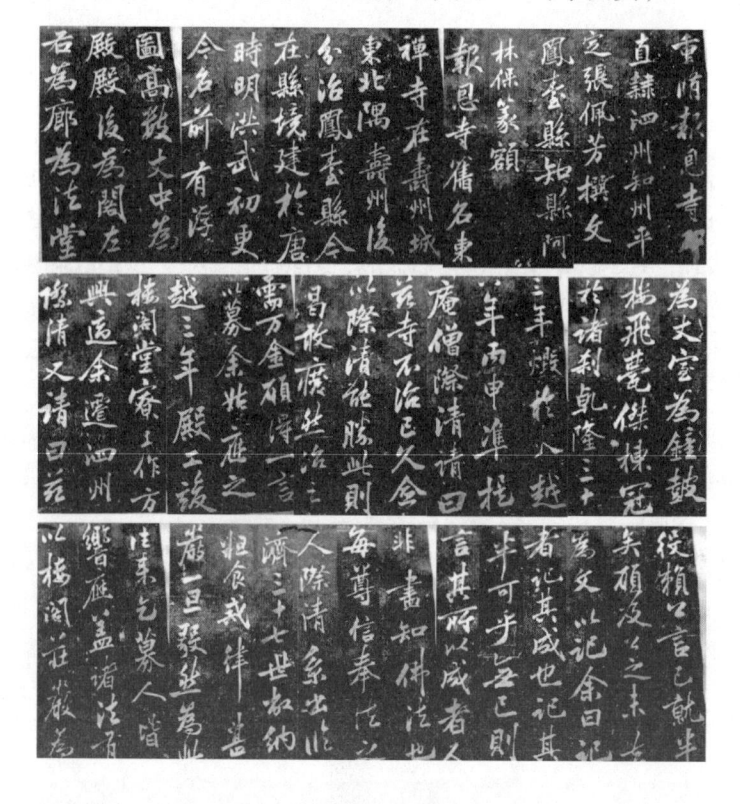

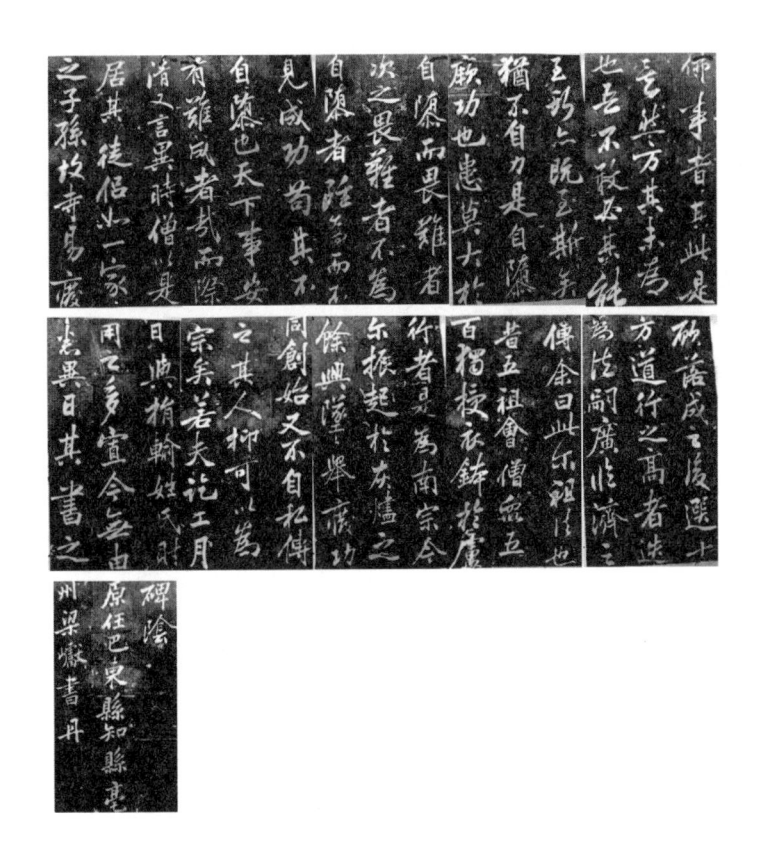

（图 8-6 梁巘书张佩芳碑文清剪贴本拓片）

（按，梁巘《承晋斋积闻录》云："吾所书诸碑，以寿凤《报恩寺碑》为最，《孙氏乐轮记》次之。……寿凤《报恩寺碑》劈实健劲，泗州《玻璃泉记》沉著苍劲，二碑皆学北海《麓山寺》，故气魄亦与之相近。"[①]）

[5] 地宫有壁画，塔倾清理时发现。

---

① 参见吴之杂藏《梁巘〈重修报恩寺碑〉清拓本》一文。

（图 8-7　地宫壁画摹本图）

[6] 李兆洛《嘉庆凤台县志》卷七"天圣院佛会人名碑"条："石凡八枚，皆高一尺五寸，阔二尺四寸，行字每石不等，嵌塔中壁上。（第1枚上刻：）'寿春县仙犊乡洍涧村疏首陈思政施钱二贯，文省，崇义乡张宗施钱一贯文省，仙犊乡北赵村傅元施钱□（缺字）贯文……功德主僧□，副会首杨进，都会首皇甫淮。'此石二十七行，最剥蚀。"（第2枚上刻：）"'……怀信施钱□□，都会首皇甫淮弟□□（缺）捨捨[①]五百五十贯，文□□（缺）蔡明钱一佰贯，（文）省，张学演钱五十贯……'此石三十一行。"（三十八 – 三十九页，四十 – 四十一页，清嘉庆十九年12卷刻本）

---

① 按，多刻一"捨"字。

按，地宫上之塔亦皇甫淮筹资建。作者遗札中有手抄的《寿州寿春县崇教禅院新建舍利砖塔地宫壁记》①，云："夫法正之坚果崇二梵，智刃利而破诸烦恼，惠炬明而烛彼蒙愚。誓愿之海汪洋，挠之不浊，功德之山巘崿，仰之弥高。雪万劫之尘笼，超三界之苦障。故汉明帝适隆于化源，暨楚英王复兴于教本，重万世之美利，树百法以无涯，爰建宝图，虔昭实福。弟子皇甫淮抑扬空教，聿只大悲之心；敦履朴沉，式仰菩提之行；自绝尘虑，忻合慈因，自天圣四祀仲春之月□□，当我佛诞灵之日，乃至斋于己舍，爰遇二僧，斋罢而留□□五色舍利数箱，荣瞻若露之光，俄睹如蓬之转，骇兹祥异，恭仰愈增。□得讲百法论，僧智广共募众缘，益劝善果，同□□瘗于东禅院中。淮遂抽祖父家财，暨诸众人□□共计钱一万余贯，置砖三十万口而建宝塔一座，周回一百二十尺，高耸一百五十尺，浃旬之内，厥功告成，飞甍崷崪以翼舒，峻级巍峨而鳞次，屹然云汉，豁若神谟，金轮卓于天门，宝象亘于地轴，永铭不朽，垂之无穷。刻于石阴，以志其事。上愿当今皇帝文武官僚永绵绍于鸿图，常赞功于寿域；次乞随缘弟子□□依魔众生，早归正道，凡受一砂之惠，幸臻百福之基。都会首皇甫淮并妻薛氏四娘、长男十哥、新妇张氏一娘、次男旺哥、次男士哥、女子公女捨银棺；副会首杨进、母亲郑氏十一娘、妻陈氏十一娘，次男杨敕、妻孙氏十五娘并弟克明妻左氏十四娘、次男杨均、妻祝氏十二娘、弟信妻李氏十四娘、弟质妻吕氏十四娘合家等，捨地烧砖；副会首王敏并母亲、母氏三娘、并妻冯氏一娘、男文德妻陈氏七娘、女子婆女男护哥并弟钦妻郑氏八娘、男谢公、女谢婆合家同施石匣。安丰县来远镇刘守忠并妻戴氏、弟新妇张氏六娘、男应宗、侄三哥、杨老十一哥、女子满姐、新妇向氏、

---

① 此文当为《全宋文》之佚文。

邵氏、孙男、合施金棺。严氏二娘并夫曹暗、黄万卿、马怀义同捨石匣，同施石匣，赵怀德，同施石匣，孙喦、春申坊密超并母亲袁氏十七娘与阖家眷属同捨石匣并壘塔土。功德主僧储归全、助缘张诠、监修人朱荣、监修人黄利同、僧清素同造棺。捨佛舍利顶骨、讲百法论沙门智广同造棺，此立重江书碑，沙门师遂前院僧智爽、住持僧义琛、典座僧义广、义志、义真从倡。壘塔匠人文诚、装画人朱归一、烧砖匠人贺信、镌字人许迪。

将仕郎守寿春县尉陈助；登仕郎守寿春县主簿权知县事王昺；三班借职监寿春县盐酒税朱升。时天圣七年岁次己巳闰二月十五日铭记"。①

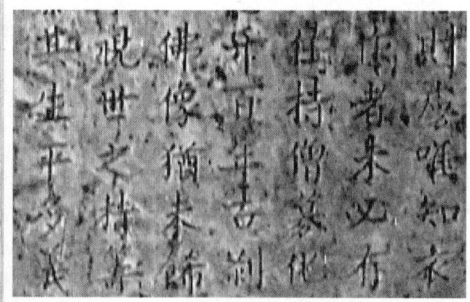

（图8-8 乾隆戴氏重修报恩寺碑今嵌于寺壁，右上为碑局部）

[7]《光绪寿州志》卷三十二记报恩寺殿壁有元赵孟頫"南无释迦牟尼佛"七字牓石刻，梁巘跋云："右七字元赵文敏公牓书，结体遒紧，

---

① 作者又注："石棺盖上记天圣九年"。

笔力古劲，绝似苏灵芝铁像碑。往余游宣州得之。范参戎宜恒云：旧刻山中古寺，牓高不可拓，梯而上，以手扪纸有棱，然后钩取，盖往返数日始得之。乾隆四十三年夏溧阳黄明府周鼎令凤台时，余课徒循理书院，间中出示明府，明府亟爱之。适重建报恩寺，遂刻石壁间，以永其传。明府于文敏信有翰墨缘，而参戎之好事，其亦不徒也夫。亳州梁巘识。"曾道唯又云："在报恩寺殿壁"①。（二页，清光绪十六年刊民国七年36卷重印本）

十七、"卧佛寺"条

原文

在城东门内，始建何时无考。清乾隆间院宇尚宽大。光绪《寿州志》记说："寺塑一佛侧卧跧一膝，伟然丈六躯也。后邑人又塑一小像于前，大仅三之一。世说'庾公见卧佛曰：此子疲于津梁'，世以为名言。刘孝标注云：《涅槃经》言，如来背痛于双树间北首而卧。故后之图绘者为此象。院宇间广，宦游者多僦居焉。寺昔有碑二，皆无撰书人名。前一碑略云：'卧佛寺不知何自始，相传以为前明进士张梦蟾家庙也。乾隆五十五年知县陈文矩修。'又一碑略云：'卧佛像隐蔽殿后，无以展跪拜，拟于后殿置亭敬奉其中。适大参戎薛公示西蜀卧佛像以右手支首，左手复膝，颇似坐而假寐者。因捐俸倡施筑亭，南接殿后檐，以西蜀之像像焉，而移旧像于后。乾隆五十八年也，薛名树英'。"[1]②

二十世纪初，废寺办学，取名卧佛寺小学校，建国后改名为城东小学校至今。原有庙房尚存三间，碑石早不见。

---

① 按，七字牓在大殿东墙上，梁跋在大殿西墙上。
② 曾道唯《光绪寿州志》卷五，十六页，清光绪十六年刊民国七年36卷重印本。

补笺

[1]曾道唯《光绪寿州志》卷二十四："杨敬修，号殿一，监生，劝俭好施与。嘉庆年间捐资造潘家洼闸口并石路，复捐产为岁修费。又……修城内卧佛寺，捐产入之。庐凤颍道戴聪给'为善有福'匾额表其门，年七十终。"（二十五页，清光绪十六年刊民国七年36卷重印本）

十八、"圆通寺"条

原文

在城北门内。元代至正元年（1341）建，正德十四年（1519）修。寺附城墙根，左为小阁达城楼，阁上祀方孩未（即方震孺[1]）、赵亘中二公。署寿州知州靳天培所茸（据光绪《寿州志》①）。

按：今新修县志宗教志，经孙以艮等调查，寺于民国初年改为张氏家庙，并有庙地五十亩，住持僧一人，名本能，后有慧修、能如来住。抗战前，每于农历三月十五日四顶山泰山奶奶庙会时，赶会人多经该寺，顺路游观与焚香，该寺香火较盛。抗战后，寺渐颓废。1949年后，为寿县搬运站北门队住用至今，因庙房几经维修，原貌已不存。

补笺

[1]按，方孩未公祀于寿州乃民意厚积。《光绪凤台县志》卷六："道光七年秋八月，知州事宝应朱士达启：详报考棚工程完竣稿（寿州），详为捐建考棚工程完竣，详请奏奖事。道光九年正月十六日，奉督宪批：寿州禀倡捐养廉，劝谕士民，时设考棚兼为前明方孩未公设立专祠一案，奉批据禀已悉。……至方孩未公应否于考棚后堂设立牌位专祠奉祀之处，一

---

① 曾道唯《光绪寿州志》卷五，十七页。

并核办，仍俟工竣后，将捐谕各绅董开具名单呈候核奖，并候抚学二院批示，缴图存。"（四十四页，清光绪十九年25卷刊本）卷六又记议成该事文："众绅士请于考棚后堂之内，为前明右佥部御史巡抚广西方孩未公该立专祠，奉饬查议：卑职详稽志乘，前明方孩未公，寿阳硕彦，明季荩臣，正色立朝，不避权倖。在官屡成大烈，犒劲旅于边陲，致仕复建奇勋，保危城于乡里，率昭史册，允洽舆情，业蒙题请崇祀乡贤在案，众绅士重以先哲景仰情殷吁请即于后堂之内为方孩未公设立专祠，尽乡党义……为补国家例所不及，庶先贤崇隆于社祭，而多士共仰夫典型，似应俯顺舆情，准予专祀，以孚众望。"（四十五页）

[2]《光绪凤台县志》卷二十一："赵亘中先生，名炯然。吴江吴育为之传曰：'赵炯然，字薪胍，号亘中，寿州隐贤乡人，明季诸生也。负异才奇气，七岁能为诗，于学无所不窥，尤邃于术数兵法。其自序曰：崇祯乙亥，鼠寇突张，负罪炯教读寿春城中，不及代孝仁府君于难。……炯然既好兵法，学八阵图为八阵钤，曰昆仑钤，一曰命也，一曰性也，一曰无端迷群圣也。……崇祯甲申三月，炯然北望恸哭，呕血五日死。其所为诗以集名者曰笋支、息壤、极思，惟息壤集〔曾道唯《光绪寿州志》卷三十四收刘锡祉《息壤集书后》："不惜空山死，从知吾道尊。天心来板荡，烈士殉乾坤。泪点镌湘竹，岩阿梦帝阍。可怜遗旧史，持此为招魂。"又收周篦《书赵亘中息壤集后》："贤哲生桑梓，卓然赵与方。中丞困党祸，处士殉国亡。同时两夫子，皆并日月光。易地证心源，穷达无低昂。奈何值明季，世事多披猖。贤者既不用，用亦拂其长。至今留遗编，其声何喤喤。凤鸟在鸡鷟，悲愤热中肠。徒具摩天翼，不得云间翔。但与中丞公，死后鸣颉颃。冬夜再三读，意逆志堪伤。废书仰天叹，寒星凿吐铓。"（四十八页，清光绪十六年刊民国七年36卷重印本）〕传于世。炯然既死，妻陈拾薪自给，

事姑弗衰，见者尤称不愧云。吴育曰：易大传曰：天地闭，贤人隐。若炯然者，又何其艰难也。其所成就，观其所慕原思之伦，盖无愧哉，盖无愧哉。'"（十六－十七页，清光绪十九年25卷刊本）又卷十八上之中："赵炯然，字心陌，一字亘中，寿州诸生。父某明季被寇执，不屈死。炯然负异才，七岁能为诗，于学无所不窥。文字奇古，尤邃于术数兵法。甲申之变，北望呕血死。著有大明中极八阵钤、笋支、极思集若干卷藏于家，其已刊者惟息壤三卷。"（六页）卷二十收方士贞《舟次㴇河吊赵亘中先生》："阴云翳清㴇，天淡风夷犹。扣舷歌大招，灵旗翩以翛。雪涕吊夫子，漆室怀呷吺。熟精握奇法，不列廊庙俦。昊天尚跼步，厚地甯埋忧。郁郁昌平树，茫茫淮泗秋。身备下土臣，敢贻一介羞。清光照六合，神与霄月游。再拜陈酒浆，精爽傧沧洲。长吟问初记，高山仰前修。"（四十页）

十九、"水月寺"条

原文

在正阳镇东关[1]，不知建于何时。清末民初尚有尼姑三人。新中国成立后寺毁于水灾。据传，原寺门有联曰："水月寺鱼游兔走，山海关虎啸龙吟。"

补笺

[1]《嘉靖寿州志》卷之八"寺观宫庙"条："水月寺，正阳镇。"（六页，明嘉靖8卷刻本）《光绪寿州志》卷五："水月寺、天龙祠，道光二十九年重修。"（十九页，清光绪十六年刊民国七年36卷重印本）《光绪重修安徽通志》卷五十八："水月寺，在县西正阳镇。"（十一页，清光绪四年350卷刻本）又凤台也有。《光绪凤台县志》卷五："水月寺、瓦磁寺、南庵，皆在展沟集。"（二十页，清光绪十九年25卷刊本）《乾

隆江南通志》卷四十八："水月寺，县西正阳镇。"（清文渊阁四库全书200卷本）

二十、"塌坊寺"条

原文

僧杲林重修[1]，在正阳镇东门外。据传寺建于唐代，民初仅存殿宇三进，僧徒近十人。方丈永丰、丽典等常在寺内摆设戒坛，四方游僧多来挂单受戒，僧众常达二十余人。每年农历正月初一至初十，为香火例会，前来进香吃斋的人很多。寺中木胎、泥胎佛像较多。解放后，尚存部分殿宇，被正阳关农场所用。

补笺

[1]曾道唯《光绪寿州志》卷五："塌坊寺，僧杲林重修；城隍庙，同治五年赵永正殿祥重修，以上皆在正阳镇，咸丰间以兵燹废，今修。"（十九页，清光绪十六年刊民国七年36卷重印本）

二十一、"七华寺"条

原文

"在州东南丁梁家岗，乾隆三十一年重修。"（光绪《寿州志》）今属三觉区余集乡。据传寺系唐代古刹。民国年间尚有正月十五、五月十三、九月初九三次香火庙会，演戏[1]、杂技，交易云集。民末尚有瓦房三进二十余间，木雕泥塑神像甚多，僧众七人，名觉悟，徒法忠、昌俭、昌仁、昌和等。庙田数十亩，和尚自耕自给。常出做佛事，且文武场兼优。昌俭武场冠于全县，解放后寺废还俗，现任三觉区财政所所长，复原名杨大岭。觉悟、昌仁、昌和于1960年死亡。

补笺

［1］庙会演戏盛于旧时。《光绪吉林通志》卷二十七"三月三日，城北元天岭真武庙会，演剧报赛。……十六日，山神庙会，各参户酿赀演戏，山村具牲醴祀神者尤众。二十八日东岳庙会，祀神演剧，游人甚多。""（四月）二十八日，北山药王庙会，男女出游演戏，旁设茶棚食馆。"（八页，清光绪十七年122卷刻本）"（六月）十九日，观音堂会，各旗协领参领董其事，演戏祀神，旁设茶楼，中建高棚，以蔽炎日。"（九页）《道光新修罗源县志》卷十三："每年六月三十日传为神诞日，商民于十三日起演戏竟月，而三四月间庙会尤盛。"（十五页，清道光十一年30卷刻本）《民国龙关县志》卷二："（龙神庙）有祭祀，今每岁夏历二月二日六月六日演戏庙会而已。"（十二页，民国二十三年20卷铅印本）《民国朝阳县志》卷八："保安寺，在县北二十里铁匠营子，系清初乾嘉年间建修，正殿三楹，内塑三霄女像，东西两廊各三楹，以备每年庙会演戏。"（二页，民国十九年36卷铅印本）

二十二、"驻驾寺"条

原文

《光绪寿州志》称驻驾寺（后名柏家庙）。寺址在今双桥区双桥乡西三华里。原有寺宇两进，瓦房八间，至新中国成立前夕仅存大殿三间，办柏庙小学于殿内。今寺宇不存。乡间多称"护驾寺"。传说明成祖驾临寿县南乡巡视，驸马袁容随行保护圣驾，后建寺取此名。

补笺

［1］栗永禄《嘉靖寿州志》卷之八："驻驾寺，南七十里。"（七页，明嘉靖8卷刻本）《光绪重修安徽通志》卷五十八："栖贤寺在寿州

西北，六朝时古刹，兴福寺在州西北茅仙洞，驻驾寺在州南，明成祖曾驻驾于此，黄溪塔寺在州南一百三十里，今圮，以上寿州。"（九页，清光绪四年350卷刻本）《古今图书集成方舆汇编职方典》第八百三十四卷："驻驾寺，在州南七十里，明永乐曾驻驾于此。"（凤阳府部汇考八凤阳府祠庙考二之十二，清雍正铜活字本）尹继善《乾隆江南通志》卷四十八："驻驾寺，在州南，明成祖曾驻驾于此。"（十四页，清文渊阁四库全书200卷本）

二十三、"霞佩寺"条

原文

今亦不存。旧址在今双桥区梨树乡袁家祠堂旁。原有瓦屋两进，袁家璋北伐后回乡在此办"县立袁家祠小学校"。据传，明永乐年间公主招袁容为驸马[1]后，随驸马回乡祭祖曾在此卸妆，存置霞佩，后建寺称此名。

补笺

[1] 清傅恒《通鉴辑览》卷一百三"九月帝还京师，遣使谕赵王高燧"条："帝语士奇曰：议者喋喋，多言赵王事，奈何？士奇曰：赵王与陛下最亲，陛下当保全之，无惑群言。帝曰：吾亦思之。今欲封'群臣章'示王，令王自处何如？士奇曰：得一玺书更善。帝从之，乃遣驸马都尉广平侯袁容（注：寿州人，尚成祖女永安公主）等奉书及群臣所上章至赵。赵王大喜，已泣曰：吾生矣。即上表谢，且献护卫；言者顿息。自是帝待赵王益厚。"（清文渊阁四库全书120卷本，基本古籍库，3235页）《嘉靖寿州志》卷之七："袁容，沂国公洪之次子，尚永安公主，封广平侯。"（十二页，明嘉靖8卷刻本）清鲁铨《嘉庆宁国府志》卷一"公主附"："明永安公主，燕王女。永乐初，进公主，封仪宾。袁容，驸马都尉，沂国公（乾隆府志）"

（五十四页，清嘉庆36卷刻本）

二十四、"罗汉寺、城墩寺"条

原文

光绪《寿州志》：在州南罗汉寺[1]坊，明万历四十年建。前在今船涨乡，后在今谢墩乡。

补笺

[1]《嘉靖寿州志》卷之八："罗汉寺，南一百三十里。"（六页）《光绪寿州志》卷一："罗汉寺，距城一百三十里。"（八页）卷五："罗汉寺、城墩寺，在州南罗汉寺坊。"（十九页）卷九："咸丰间知州金光筋查充保义集坑居民私垦上下罗陂塘田地三百七十一块，方广各十五里，同治间详请总督曾国藩批准归入循理书院。同治六年，知州施照查充匪产详请督抚批准归入循理书院，计充田地一万六千三百五十八亩七分：一赵森保，二十铺坊田地一百二十亩，计四十四块，草庄房六间；一张黑皮，二十铺坊田地九十亩，计三十九块，草庄房三间；……一黄正明，罗汉寺坊田地三百七十亩，计二百六十八块，草庄房二十一间……"（四十四页）

二十五、"三觉寺"条

原文

在今三觉镇[1]，始建年月不详，清咸丰间毁，光绪时重修。

补笺

[1]《光绪寿州志》卷五："三觉寺，在州南三觉寺坊。咸丰七年毁于贼，今修。"（十九页）《光绪凤阳府志》卷十一："三觉寺，州西南一百三十里。"（十五页）《光绪重修安徽通志》卷九十七《武备志·兵

制》"中营"条："（顺治初）额外外委十四弁，存营五弁，一驻凤台县顾家桥，……一驻寿州三觉寺……是营防守寿州霍邱凤台定远颍上五州县地方。右营。"（三页）"抽拨十四名共兵二十名，随同外委巡防，作为霍邱汛千总协防，均归寿春镇标中营游击兼辖，仍令该抚造入季报册内报部查核；至三觉寺汛，原设兵丁六名派拨本营，额外外委一员驻彼巡防。"（十一页，清光绪四年350卷刻本）按，清时此地有营兵及弁员。

二十六、"福寿庵"条

原文

《光绪寿州志·寺观》："在州南堰口集，祀文昌帝君。西偏有屋祀前知州金光筋，咸丰十一年毁于贼。同治八年，运同衔候选州同张炳然、附贡生孙守诰、州同王运开、从九品戴庆余捐赀重修。"[1]

补笺

[1]引文见《光绪寿州志》卷五，二十页。又，卷十八："王运开，候选州同。"（二十八页）卷四："（同治）四年知州施照重修（城）东北隅十余丈，董事张炳然。"（五页）卷四："（南门桥）同治四年知州施照督董事张炳然重修。"（十六页）卷四："运同衔州同张炳然捐义地四区，坐落真武庙、毕家店、四十店、曹村铺等坊。"（二十四页）卷十八："张炳然，监生，蓝翎运同。"（十八页）卷二十四："张炳然，字洛艇，四品封职，汝兰之冢子也。幼喜读，才略明敏。兄弟三人，炳然以父命弃学治生，产亿多中，家业渐起，援例入太学。生平慷慨好施，凡亲族孤贫丧葬婚嫁多倚焉。咸丰之季，粤寇……扰江左，全省糜烂，土匪蠢动；炳然罄仓粟置器械约众为团练，入则捍卫乡里，出则助战官军，……功受大宪，知保五品衔，候选州同，旋加同知，衔赏戴蓝翎。……治家勤俭，

一遵父训。遇乡邻争讼,诚心排解,必抵于平而后已。久之,里中有奇邪,咸惧其闻。光绪四年,豫省大祲,肌民纷集,捐助赈银,并与办赈务,全活甚众。晚年追承父命,创建宗祠,捐义田数十顷祭祀外,留赡宗族之困乏。知州施书孝友可风匾额,凤颍道任书乐善不倦匾额旌其门。年七十一而终,吊者数千人,无不欷嘘流涕焉。"(二十八－二十九页)

二十七、"准提庵"条

原文

《光绪寿州志》记,庵"在书院前,乾隆二十二年邢尚宽等捐修。"今地名为准提庵巷。乾隆四十一年(1776)时[1],庵有僧,名际清,为佛教禅宗临济宗三十世。

庵旧有房屋十间,殿中为准提佛,塑像精致,三头六臂,七手八脚;左为观音,旁有十八罗汉(铜胎,今存三尊)。民国初年,二堂和尚方胜(原姓张,本县人,1960年卒)。抗战期间,霍邱华祖庙昌华徒龙智(戒号慧修)、徒孙能如(原姓罗,名福林,霍邱新店埠罗世成女,1925年生)师徒二人来寿。初住火神庙,未几日军投降,县法院要住火神庙,慧修、能如二人迁住袁同寺;三年后,县队要住,二人又迁准提庵。常与三圣庵方华、元昌,南岳庵善文、龙成等为群众做佛事。

补笺

[1]《光绪寿州志》卷五:"准提庵,康熙十四年重修。"(十九页)又,凤台县城也有。《光绪凤台县志》卷五:"准提庵,在县西南隅,临河沿,不知何时建,仅大殿三间。同治五年被水淹没。葛正兴募化重修。光绪十五年知县锡拨款添修石岸二十一丈;监修张继壎、马洪义、张永安、李德修、李允文。"(十四页,清光绪十九年25卷刊本)

［2］民间多崇奉准提。明费元禄《甲秀园集》卷二十七"文部"《氍采馆记》："出圃抵一素扉，则思修洞中后门也。盖所祠观音大士及三世佛像，端严妙好，衣领精绝，……西厢稍下为小酉洞，几榻明净，旃檀之气挹人，朦胧氤氲，上置大乘法华楞严诸经呪品、蒲团二设，用以习静趺坐，有准提一像，得自番僧者。"（明万历47卷刻本，基本古籍库，274页）清叶昌炽《缘督庐日记抄》卷八："二十日佩鹤来谈，携示滇南毕宸臣新得醴泉铭一本，明初拓也。气韵尚存，笔画已多失真处。又梵镜一面，中为准提像，四边环刻准提咒，背为梵书，外复以嵌金钿字，周围释之咒象，并镀金，制作绝精。审其笔迹，当是元明番僧之物。爱不忍释，请留置案头，摩挲旬日。"（民国上海蟫隐庐16卷石印本，基本古籍库，425页）

二十八、"三圣庵"条

原文

在箭道巷北首，明代初建，清代数修，瓦屋八间[1]。供奉文殊、观音、大势至菩萨，称为三圣。民国间因现瑞庵充作商会，将庵内的地藏王菩萨转至三圣庵。大殿两廊墙上均有工笔绘画封神榜及十大名医神像。庵门有联：庙貌垂千古，英灵镇四方。据元昌说，大殿是她师祖心诚在清代刻苦募化修建的。民国间尚壮观，有尼三代：方华（原姓陈）、元昌（原姓张，父名张进斗）和元魁、自祥四人。解放后，元魁、自祥还俗；方华于1984年亡故。今尚有元昌（1924年生）一尼，在青蔬社劳动自给。庵房改作教育局职工宿舍。

补笺

［1］曾道唯《光绪寿州志》卷四："育婴堂在城内北紫金坊三圣庵东，光绪元年正月督办……"（二十五页）清李兆洛《嘉庆凤台县志》卷三："弥

陀庵在箭道巷北,亦曰三圣庵,不知何时建,有雍正己酉僧静庵重修碑记。"(二十六页,清嘉庆十九年10卷刻本)《光绪凤台县志》卷五"铺递"条:"广嗣宫营房三间,箭道巷营房三间,官井巷营房三间,三圣庵营房三间……"(十页,清光绪十九年25卷刻本)

二十九、"现瑞庵"条

原文

原名白衣庵[1],位于北过驿巷中段。据传因明泰昌元年观音像右膝现瑞花数朵而更名。民国年间即无尼僧,县商会曾设其中。抗战前后,省地方银行、县银行亦曾设此处。今屋均为群众所居。

补笺

[1] 曾道唯《光绪寿州志》卷五:"白衣庵,在州治西北宣化坊。明泰昌元年,观音右膝上现瑞莲数本,遂改名现瑞庵。兵备华山魏公谓瑞不虚生,为创宝华阁,作赋以纪之,摹像同勒于石。国朝雍正间,僧不戒于火,惟存铜石二像。乾隆间重建,咸丰间蓝宇颓废,同治八年寺僧重修,光绪六年,候补道任兰生筹款重修。"(十八页,清光绪十六年刊民国七年36卷重印本)卷八:"社仓四所:本城现瑞庵廒四间,额储本息米三百十二石八斗三升九合三勺;正阳镇廒三间,额储本息米三百三十六石四斗九升五合三勺……"(十三页)

三十、"南岳庵"条

原文

在城内西北隅,与古玄妙观毗连[1],今只存三间山门。庵供观音,常有尼二、三。每年二月十九、六月十九、九月十九日,多有男女前往烧香拜佛，名曰"观音会"。民国年间守堂和尚善文，连收数徒，均死，后直接收养徒孙，名龙成，解放后入青蔬社。靠救济生活。

补笺

[1] 曾道唯《光绪寿州志》卷五："元妙观，在州治西北春申坊。明正统十一年重修，咸丰间毁于火。今左旁文昌宫尚存，其西为南岳庵，康熙四十四年建。"（十七页）《光绪凤台县志》卷二十四收夏养拙《暮秋南岳庵闲步》："幽寻最好是僧庐，却喜偷闲半日余。乔本疏篱皆旧识，满园烟雨冷秋蔬。"（二十页，清光绪十九年25卷刊本）

三十一、"僧导"条

原文

南朝宋，寿春石涧寺释，京兆人[1]。十岁出家，师教以观音经，又授给《法华》一部，昼夜阅读。因贫穷无油烛，常采薪自照。至十八岁，博读诸经，翻译经论，著有《成实三论义疏》及《空有二谛论》等。宋高祖伐长安后与导相见。高祖东归，留子桂阳公义真镇守关中。临别时对导说："儿年小留镇，愿法师时能顾怀。"后来西虏勃勃赫连以骑兵追赶义真，导率弟子阻截在路途之中，救了义真。高祖为报答导的救子之情，为导在寿春建寺（即东山寺）。导于寺中讲说经论，受业千余人。孝武时导曾应诏至京师中兴寺，后辞还寿春，卒于石涧，年九十六岁。（录自《安徽佛门龙象传》）

补笺

[1] 南北朝释慧皎《高僧传》卷七："释僧导，京兆人。十岁出家，从师受业。师以《观世音经》授之。读竟诣师：'此经有几卷？'师欲试之，迺言'止有此耳。'导曰：'初云：'尔时无尽意'，故知尔前已应有事。'师大悦之。授以《法华》一部。于是昼夜看寻，粗解文义。贫无油烛，常

采薪自照。至年十八，博读转多。气干雄勇，神机秀发，形止方雅，举动无忤。僧叡见而奇之，问曰：君于佛法且欲何愿？导曰：'且愿为法师作都讲。'叡曰：'君方当为万人法主，岂肯对扬小师乎？'迄受具戒。识洽愈深，禅律经论，达自心抱。姚兴钦其德业，友而爱焉。入寺相造，迺同辇还宫。及什公译出经论，并参议详定。导既素有风神，又值关中盛集，于是谋猷众典，博采真俗，迺著《成实》、三《论》义疏及《空有二谛论》等。……后辞还寿春，卒于石硎，春秋九十有六。时有沙门僧因亦当世名匠，与导相次，或问因云：法师与导公孰愈？答云：吾与僧导同师什公，准之孔门，则导公入室，吾可升堂。导有弟子僧威僧音等，并善《成实》。"（大正新修大藏经14卷本，基本古籍库，86—87页）南北朝释僧祐《出三藏记集·录上卷第二》："《四阿含暮抄经》二卷，右一部，凡二卷。晋孝武时，西域沙门鸠摩罗佛提于邺寺出，佛提执胡本，竺佛念、佛护为译，僧导、僧叡笔受。"（大正新修大藏经15卷本，基本古籍库，20页）

三十二、"慧通"条

原文

不知何地人，姓氏与生卒年月均无考。齐寿春释[1]，宋元嘉中见在寿春，衣服趋尔，寝宿无定，游历村里，传为神异。（录自《安徽佛门龙象传·神异》）

补笺

[1]南北朝释慧皎《高僧传》卷十："释慧通，不知何许人也。宋元嘉中，见在寿春。衣服趋尔，寝宿无定，游历村里，饮宴食啖，不异恒人，常自称郑散骑，言未然之事，颇时有验。江陵边有僧归者游贾寿春，将应反乡路，值慧通称欲寄物，僧归时自负重担，固以致辞，遂强置担上，而了不

觉重。行数里，便别去；谓僧归曰：'我有姊在江陵作尼，名惠绪，住三层寺，君可为我相闻，道寻欲往。'言讫忽然不见，顾视担上所寄物亦失。僧归既至，寻得慧绪，具说其意。绪既无此弟，亦不知何以而然，乃自往来寿春寻之，竟不相见。通后自往江陵，而慧绪已死。入其房中，讯问委悉，因留江陵少时。路由人家坟墓，无不悉其氏族死亡年月，传以相问，并如其言。或时悬指偷劫，道其罪状。于是群盗遥见通者，则间行避走。又于江津路值一人，忽以杖打之，语云：'可驶归去看汝家若为？'此人至家，果为延火所及，舍物荡尽。齐永元初，忽就相识人任漾求酒甚急，云：'今应远行，不复相见，为谢诸知识，并宜精勤修善为。'先饮酒毕，至墙边卧地，就看已死。后数十日，复有人于市中见之，追及共语久之，乃失。"

（大正新修大藏经 14 卷本，基本古籍库，126 页）

三十三、"僧印"条

原文

齐京师中兴寺释，姓朱，寿春人[1]，初游彭城，从昙度受三论；印禀味钻研，穷其幽奥。后往庐山从慧龙谘受法华，印偏功构彻，独表新异，于是去京师中兴寺。宋大明中，印为法匠，听者七百余人，尤以讲法华著名。齐永元元年（499）卒，年六十五。（录自《安徽佛门龙象传》①）

补笺

[1] 南北朝释慧皎《高僧传》卷八："释僧印，姓朱，寿春人。少而神思沉审，安苦务学。初游彭城，从昙度受三论。度既擅步一时，四远依集。印禀味钻研，穷其幽奥。后进往庐山从慧龙谘受法华，龙亦当世著

---

① 安徽通志馆编纂《安徽佛门龙象传》，台湾成文出版社，1985 年版。

名，播于法华宗旨，印偏功构彻，独表新异。于是东适京师，止中兴寺，复陶思涅槃及余经典。宋大明中，征君何点招僧大集，请印为法匠，听者七百余人。司徒文宣王、东海徐孝嗣，并挹敬风猷，屡请讲说。印戒行清严，禀性和穆，含恕安忍，熹愠不彰。时仗气之徒，问论中间，或厝以嘲谑，印神彩夷然，曾无外意。虽学涉众典，而偏以法华著名。讲法华凡二百五十二遍，以齐永元元年卒，春秋六十有五矣。"（大正新修大藏经14卷本，基本古籍库，102页）

三十四、"智通"条

原文

唐寿州安丰人[1]。初看《楞伽经》千余遍不会三身四智，经求师解说，遂悟通。自作偈说："三身元我体，四智本心明"。（录自《安徽佛门龙象传》。按：楞伽经即《楞伽阿多罗宝经》，也有译作《大乘楞伽经》，达摩初到北魏，为同北方"地论学派"学风相适应，学用此经。据此，智通当时不为禅宗）

补笺

[1]唐释惠能《坛经》："僧智通，寿州安丰人。初看楞伽经约千余遍，而不会三身四智。礼师求解其义。师曰：三身者，清净法身，汝之性也。圆满报身，汝之智也。千百亿化身，汝之行也。若离本性，别说三身，即名有身无智。若悟三身，无有自性，即明四智菩提。听吾偈曰：自性具三身，发明成四智。不离见闻缘，超然登佛地。吾今为汝说，谛信永无迷。莫学驰求者，终日说菩提。通再启曰：四智之义，可得闻乎？师曰：既会三身，便明四智，何更问耶？若离三身，别谈四智；此名有智无身；即此有智，还成无智。复说偈曰：大圆镜智性清净，平等性智心无病。妙观察智见非功，成所作智同圆镜。五八六七果因转，但用名言无实性。若于转处不留情，

繁兴永处那伽定。"（大正新修大藏经 1 卷本，基本古籍库，17 页）

三十五、"道树"条

原文

唐释，姓闻氏，唐州人。少以辩智，因偶遇僧敦喻，遂誓出尘。初宗天台，又师禅宗神秀宗裔，后来寿州三峰山[1]，结茅而居。宝历元年（825）无疾而终，年九十二（录自《安徽佛门龙象传》，按：光绪《寿州志》载其年龄为九十）。

补笺

[1]唐释惠详《弘赞法华传》卷七："释道树，寿春石涧人。蔬食长斋，诵法华一部，禅思通彻，远近钦敬，住寿门山顶寺。时住聚落，应赴斋供，就他乞衣食者，必是为之转厄，将物永去，灾障转移，退物更还，祸即不灭。有人姓郑，请树宿斋，诵经始讫，端坐思念，忽云：征相不好，见一棺木，破某处入，从某处生。于是，合家次第来问，并云非也；至少新妇，曰：或是汝耶？宜好用心。少时此妇因产而卒。又一时，诸尼在郑寺，共学经声，树来观历，到一沙弥尼，敛眉语曰：尔须忏悔。更二年，婴百牛疾，乞活道路，果如其言。预记多验。年九十余卒，即天保中也。"（大正新修大藏经 10 卷本，第二页）

宋赞宁《宋高僧传》卷九"唐寿春三峰山道树传"条："释道树，姓闻氏，唐州人也。少以辨智，沉静虚豁，耽嗜经籍，曾无少懈。其为人也，贞固足以干事，隐括足以矫时。偶遇僧敦喻，遂誓出尘，自慨年近不惑，求法淹迟。礼本部明月山大光院惠文为授业，登即剃染。二年受具，乃观方向道，天台、南岳，无所不游。后回东洛，遇秀宗裔，如芙蓉开，通达安静。至寿州三峰，结茅而居。常有野人，服色朴素，言谈异常，于言笑之外，化作佛形仙形、菩萨、罗汉，或放神光，或呈声响，如是涉一十年，学侣睹之，不测端绪，后皆寂尔。树告众曰：'野人作多色伎俩，眩惑于人。只消老僧不见不闻，伊伎俩有穷，吾不见不闻无尽。所谓作伪心劳而日拙，其自知之，卷著怀拙而去，追无朕迹矣。'树于宝历初年示疾而终，报龄九十二。明年正月迁塔焉。系曰：大钧播物，物类纷错，穷数达变，因形移易者谓之化，谓之幻。知幻化之不异生也，始穷幻化矣。吾与汝俱幻也。推之于实，则幻化或虚；置之于虚，则幻化时实。实虚理齐，不自我之先后欤？体道无心，物我均矣。故佛言'凡所见相，唯所见心'，又云'若见诸相非相，则见如来'，树师有焉。"（上海古籍出版社，2017年，第195页）

三十六、"玄宗"条

原文

唐寿州紫金山释[1]，姓吴，永嘉人。少时出尘于永定山宝寿院，依常静为师。戒还，诸方游学，留寿州紫金山行禅，卒于唐大历二年（767）。（录自《安徽佛门龙传》）

补笺

[1]宋赞宁《宋高僧传》卷二十"唐寿州紫金山玄宗传"条："释玄宗，姓吴氏，永嘉人也。少时出尘，气度宽裕。于本部永定山宝寿院，依常静为师。照得戒已还，诸方游学，抵江陵谒朗禅师门。若真金之就冶焉。决了疑贰，复振锡他行。见紫金山悦可自心，留行禅观。此山先多虎暴，或噬行商，或伤樵子，避苛政者哭妇堪哀；从宗卜居，哮嚚绝迹，自迩入山者无惮矣。一日禅徒拥集，见一老父趋及座前，拜跪勤恪。宗问：'子何人邪？'答云：'我本虎也，在此山中食啖众生，因大师化此冥迴我心得脱业躯，已生天道，故来报谢。'折旋之顷，了无所见。以大历二年嘱别门徒，溘然化矣。春

秋八十六。二月入塔，立碑存焉。"（上海古籍出版社，2017年，第468页）

传释玄宗有《题石门洞》诗："密竹流泉不居热，洞门深沉风雨歇。洗出清风快活天，醉弄江南谢家月。"《全唐诗》无玄宗此诗。此诗最早见收于南宋潜说友《咸淳临安志》卷二十六，谓"世传唐玄宗有诗"云云；明皇平行迹未及东南，诗显非其所作。又，明《永乐大典》卷之三千五百二十五"洞门"条则引作"《处州府志》宋刘泾诗"，卷之一万三千七十四再引之，"密竹"句则成了"密竹流泉不居势"。记此俟考。

三十七、"志言"条

原文

姓许，寿春人[1]。初落发东京景德寺。宋仁宗遣内侍以真身塑像置寺中，榜曰：显化禅师。（录自曾道唯《寿州志·仙释》）

补笺

[1]明柯维骐《宋史新编》卷一百八十一："僧志言，自言姓许，寿春人，落发东京景德寺，为清璨弟子。动止轩昂，语笑无度，多行市里，褰裳疾趋，举指书空，伫立良久。时从屠酤游饮，啗无所择，众以为狂。璨独曰：此毕人也。人有欲为斋施，则先知，以至不召款门指名取供。仁宗每延入禁中，径登坐结跌，饭毕遽出，未尝揖也。王公士庶召即赴，然莫与交一言者，或阴卜休咎。书纸挥翰甚疾，字体遒壮，初不可晓，其后多验。仁宗嗣未立，默遣内侍至志言所；志言所书有十三郎字，人莫测何谓。后英宗以濮王弟十三子入继，众始悟。志言将死，作颂不可晓，已而曰：我从古始成就逃多国土，今南国矣。仁宗遣内侍以真身塑像置寺中，榜曰显化禅师。"（九页，明嘉靖四十三年杜晴江200卷刻本）

宋释普济《五灯会元》卷第二："法华志言大士，寿春许氏子。弱冠游东都，继得度于七俱胝院，留讲肆久之。一日，读云门录忽契悟。未几，宿命遂通，独语笑，口吻嗫嚅，日常不辍。世传诵法华，因以名之。丞相吕许公问佛法大意，师曰：'本来无一物，一味却成真。'集仙王质问：'如何是祖师西来意？'师曰：'青山影里泼蓝起，宝塔高吟撼晓风。'又曰：'请法华烧香。'师曰：'未从斋戒觅，不向佛边求。'国子助教徐岳问祖师西来意，师曰：'街头东畔底。'徐曰：'某甲未会。'师曰：'三般人会不得。'僧问：'世有佛不？'师曰：'寺里文殊有。'问师'凡邪圣邪？'遂举手曰：'我不在此住。'庆历戊子十一月二十三日将化，谓人曰：'我从无量劫来，成就迩多国土，分身扬化，今南归。'"（宋刻20卷本，基本古籍库，77页）

三十八、"怀深"条

原文

寿春夏氏子[1]，靖康间住灵岩尧峰院，号慈受禅师（同上）。

补笺

[1] 明瞿汝稷辑《指月录》卷二十八："东京慧林怀深慈受禅师，寿春府夏氏子。生而祥光现舍，文殊坚禅师遥见，疑火也。诘旦，知师始生，往访之。师见坚则笑，母许出家，依净照于嘉禾资圣。照举良遂见麻谷因缘，问曰：如何是良遂知处？师即洞明。出住资福，屦满户外。蒋山佛鉴殷禅师行化，至茶退，师引巡寮，至千人街坊，鉴问：既是千人街坊，为甚么只有一人？师曰：多虚不如少实。鉴曰：恁么那。师报然。值朝廷以资福为神霄宫，因弃往蒋山。留西菴陈请益，鉴曰：资福知是般事便休。师曰：某实未稳，望和尚不外。鉴举倩女离魂话反复穷之，大豁疑碍，呈偈曰：只是旧时行履处，等闲举著便諴讹。夜来一阵狂风起，吹落桃花知几多。

鉴拊几曰：这底岂不是活祖师意。"（五十四页，清乾隆明善堂32卷刻本）

清厉鹗《宋诗纪事》卷九十二"怀深"条云："怀深，寿春夏氏子。靖康间，住灵岩尧峰院，号慈受禅师。"下收其诗7首：《中秋赏月寄高峰瓊老》"灵岫高峰咫尺间，青松长伴白云闲。今宵共赏中秋月，莫道山家不往还。（《中吴纪闻》）"《尧峰院山居十咏》（存六首）：《清辉轩》"湛湛平湖浸月明，渔歌吹断晓风清。坏衣蒙顶跏趺坐，不称诗情称道情。"《碧玉沼》"深静含秋一鉴宽，清甘聊酌齿牙寒。灵岩自笑穷山骨，明月泉悭只欲干。"《多境岩》"聊向苍藤挂六环，满莎嘉致伴幽闲。双眸净洗看不厌，欲结遮头草一间。"《观音岩》"笑日野花青嶂下，歌春幽鸟白云间。宝陀大士全身露，懊恼游人空看山。"《东斋》"禅板蒲团消永日，明窗净几映疏筠。一炉香尽六时过，转觉山家气味真。"《西隐》"匿隐长嫌山未深，闭门莫放俗尘侵。如今满眼事奔走，欲向何人话此心。（以上《吴郡志》）"（四十四－四十五页，清文渊阁四库全书100卷本）

三十九、"惠崇"条

原文

淮南人，能诗[1]，有名于世。欧阳公称其为九诗僧之一[2]。旧志辑有诗句数十。

补笺

[1]明王圻《续文献通考》卷二百五十四《仙释考》："惠崇，淮南人，与潘阆同时，在九僧之数。有惠崇集十卷。"（三十八页，明万历三十年松江府254卷刻本）清厉鹗《宋诗纪事》卷九十一"惠崇"条云："惠崇，淮南人，一作建阳人，九僧之七，有集。钱易《序》云：'步骤高下，去古人不远；释子之诗，可相等者不易得。'《清波杂志》：崇非但能诗，

画亦有名。世谓惠崇小景者是也。"条下收其《访杨云卿淮上别业》云："地近得频到，相携向野亭。河分冈势断，春入烧痕青。望久人收钓，吟余鹤振翎。不愁归路晚，明月上前汀。(《瀛奎律髓》)"（十一~十二页，清文渊阁四库全书100卷本）由"地近得频"看，"建阳人"之说难成立。

明蒋一葵《尧山堂外纪》卷四十三"僧惠崇"条，下注："淮南人。至道间，浮图以诗名世者九人，时有集号九僧诗，惠崇其一也。"又云："惠崇诗有'剑静龙归匣，旗闲虎绕竿。'其尤自负者，'河分冈势断，春入烧痕青。'崇之弟子嘲曰：'河分冈势司空曙，春日烧痕刘长卿。不是师兄多犯古，古人诗句犯师兄。'潘阆常谑之曰：'崇师！尔当忧狱事。吾去夜梦尔拜我，尔岂当归俗耶？'惠崇曰：'此乃秀才忧狱事尔。惠崇，沙门也，惠崇拜，沙门倒也，秀才得无诣沙门岛耶！'寇莱公尝延惠崇于池亭，分题为诗，公探得'池上柳'，'青'字韵，崇探得'池上鹭'，'明'字韵。日午至晡，崇忽点头曰：'得之矣。此篇功在'明'字，凡五压不倒。'遂诵云：'雨歇方塘溢，迟回不复惊。暴翎沙日暖，引步岛风清。照水千寻回，栖烟一点明。主人池上凤，见尔忆蓬瀛。"公笑曰：'吾柳之功在'青'字，而四压不倒，不如且已。'"（十四页，明100卷刻本）

[2] 清潘永因《宋稗类钞》卷二十："欧阳文忠公诗话：国朝浮图以诗名者九人，剑南希画、金华保暹、南粤文兆、天台行肇、洋州简长、青城惟凤、江东宇昭、峨眉怀古、淮南惠崇，九僧诗极不多。崇到长安有'人游曲江少，草入未央深'之句，为时所称。崇非但能诗，画亦有名，世谓惠崇小景者是也。'画史纷纷何足数，惠崇晚出吾最许'，荆公诗云尔。"（九页，清文渊阁四库全书36卷本）清朱休度《小木子诗三刻·壶山自吟稿》卷上："惠崇，淮南人。'写物精微信有诸，数篇哦了转愁余。水烟林雪凭谁画，空剩流传百句图。'崇以画著，写物固精微，杨仲宏题崇画句也。

'水烟常似暝，林雪乍如春'，乃崇书林逸人壁句，诗中洵有画在。崇尚有自定句图五字百联，见别集；入此集者不及十之一二，惜也。"（二十七页，清嘉庆刻汇印 7 卷本）

《寿县志稿·胜迹》初编

（十六则[①]）

寿县城

寿县今城是南唐（937—975）寿州城。据《曾志》记载，显德四年（957），周世宗克南唐寿州后，迁州治于淮北，其时寿春县城大抵毁坏，至宋熙宁（1068—1077）年间，州治迁回时重筑。嘉定十二年（1219），建康都统许俊重修[②]。此后历代续修，至今完好。

1983年，安徽省文物工作队"楚都寿春城遗址调查小组"调查简报略称：通过上半年的调查，我们认为楚寿春城可能在今县城东南，包括今县城一部分，理由如下：

1. 与文献记载比较符合。《史记·楚世家》"（楚考烈王）二十二年，

---

① 按，本篇撰讫于1987年6月1日，分城、署、寺庙祠、山、墓、河泉塘、革命遗址共六类34条，选收于此者19条，因有些条目已整理成专文发表了。

② 下附石刻拓片是其证。此拓片王晓珂藏。

与诸侯共伐秦，不利而去，楚东迁寿春，命曰郢"。《汉书·地理志》九江郡寿春邑下自注："楚考烈王自陈徙此"。《水经注》"（淮水）又东北至九江寿春县西，沘水（按即渒水）、泄水合北注之，又东，颍水从西北来流注之。淮水又东，左合沘口。又东迳中阳亭北，为中阳渡，水流浅迹，可以砺也。淮水又东流与颍口会。东南迳苍陵城北，又东北流迳寿春县故城西，县即楚考烈王自陈徙此。……（淮水）又东过寿春县北，肥水（按，古称肥水者即今云渒水，下同）从县东北流注之。"《资治通鉴·魏纪九》胡三省注："寿春城外无它山，唯城北有八公山耳"。所说的楚寿春城在颍口以东，八公山之南，近渒水入淮处，位置当在今寿县城附近。其具体位置《光绪寿州志》卷三"古迹"条下的一段记载可做参考："寿春县故城，亦曰南城，即今州城，其外廓包今之东陡涧，并肥水而北，至东津渡，又并肥水而西，尽于大香河入肥处，城中有金城及相国城，其城门有芍陂渎门、石桥门、长逻门、象门、沙门，其地绵延曲折三十余里"。①

（图 9-1 建康都统徐俊重修石刻拓片图影）

---

① 曾道唯《光绪寿州志》卷三九页，清光绪十六年刊民国七年 36 卷重印本。

2. 地层上的依据，县委大院内的探方最下层是黄土层，出土的陶片，豆柄是汉代初期的遗物，该层应是汉代初期的文化层。二十世纪五十年代，南京博物院的葛冶功同志在东南城外的牛尾岗发掘墓葬曾发现战国地层，作了报道。因此我们在这一带找到战国地层是完全可能的。

3. 按一般规律，在城址的附近常有古墓区发现，据这次调查，大型、小型土坑墓则集中在城西城北。距离今寿县城仅数十里的朱集，1933年发现楚王墓，1977—1979年省文物队又在附近的杨庙清理九座战国楚墓，这些都给我们寻找楚郢都城址提供了可靠的线索。

4. 楚金币、大賮铜牛、鄂君启节都集中出土在城东南的丘家花园，西门，吴家咀子，柏家义地一带（即丘家花园附近）。这些文物当时都是贵重物品，且据"大賮"二字分析，应是楚中央财政机关所藏，绝非随意抛弃之物。我们认为这些器物的出土点与楚国郢都宫室或贵族活动区有直接的关系。调查中，我们在城东南的白骨塔、牛尾岗，虽然没有找到战国地层，但采集到了许多战国晚期的瓦当、筒瓦和板瓦、与江陵纪南城出土的有些相同或相似，这当然不是偶然的发现，可能与寿春郢都城址有关。（摘自1983年安徽省考古学会会刊》第七期）

城墙

今寿县城墙为省级重点文物保护单位。周长6650.8米，高7.7米，底宽18～22米，顶宽4～10米。为砖壁石基。旧时城墙有雉堞1000个。当时有以城墙为题作联曰："宝塔层层，直竖钢锥刺日月，城墙垛垛，横排牙齿啃云天。"今东北角上尚存200余，射洞作壶门状。西北角的画凉亭，东北角的文峰塔均毁于日寇炮火。《曾志》记说城墙上"原有角楼八座，铺五十五所"。今仅存西北拐角处一马面遗址，俗称地楼。敌台三处：

在东门南 160 米处，南门东 500 米处，东北拐角处，尚存有旧时用于战争的掩体建筑。建国后立足防水，年年维修，墙体宜坚。

涵洞

城内尚有古涵洞二：一在城东北，一在城西北。始建年月无考。明万历元年（1573）知州杨洞修涵，州人张梦蟾有记曰："寿城下故瓮涵三，盖泄市圃中潴水……一在城西南，地势稍峻，近塞弗通。东北并西北者，则今存也。"东涵看墙面向东，装有"崇墉障流"碑（横长60，高50厘米）。右方竖写寸楷一行："光绪十年四月重修，"中为从右至左横排"崇墉障流"四楷体字（字约 10×12 厘米），末行竖书"吴中钱禄曾题"六小楷字。

（图 9-2　涵洞题刻）

西涵看墙面南，装有"金汤巩固"碑，规格、章法与上碑同，右方书"光绪三十三年三月壬子重修"，中间为"金汤巩固"四楷字，末为"萃庵彭城孙"五小楷。涵系城防设施，故碑文取用"金城汤池"成语，以示城池"固若金汤"

之坚。

寿州州署旧址

位于东街,今人民法院、检察院、水利局、公安局大院均是。由于旧时郡、府、州、县政署均设于此,从玩乐的亭台,到祭祀的神祠,不惜民财民力,大兴建筑,楼堂馆舍,园圃坊监,应有尽有。据《曾志》记,今存州署旧址始建于明,清康乾嘉道几代均重修扩建过。同治二年(1863)苗沛霖陷寿州城时,州署建筑毁坏最多,同治、光绪间又作重修。今存古建筑尚有"谯楼""熙春台"及部分碑刻。

谯楼,即旧州署临街之大门楼。明天顺时建,拱形砖石结构,如同城门。今券楣上尚存州人张树侯书丹篆体石刻"古寿春"。

熙春台,位于后院。康熙二年(1663)知州黎士毅"因水台旧址改筑",道光二十七年(1847)知州饶元英在台上建亭、并在角柱上刻篆书联曰:霞布星罗天开寿域,花明麦秀人乐春台。

(图9-3 魁神[①])

---

① 陈艺编绘《中国古代白描速成画谱》,天津杨柳青画社,2008年,104页。

奎光阁

又名魁星楼。原文昌宫前有青云楼，楼中祀魁神。清康熙间教谕丁济美始建魁神祠，乾隆丁酉（1777）知州张佩芳在祠基上建奎光楼。奎，星名①，神话称为主宰文章兴衰②的魁神。魁星神像：一手执笔，一手执墨斗，寓意由它点定科举。

张佩芳有《奎光楼记》："人之求于此也，其心有得于此也。为士者逐什一之利，则不如裨贩一旦，奋志为学，往往获科名，致爵位，非名易于利，求之甚于利也。学至矣而名不至，于是求之于神。唐试礼部祷于石婆庙，宋试礼部祷于皮场庙，其事诞，其礼无不可知者。"③说明了旧时

---

① 《史记》卷二十七"魁枕参首"［正义］"枕，之禁反。衡，斗衡也。魁，斗第一星也。言北方лит，斗衡直当北之魁，枕于参星之首；北斗之杓连于龙角。南斗六星为天庙，丞相、大宰之位，主荐贤良，授爵禄，又主兵，一曰天机。南二星，魁、天梁；中央一星，天相；北二星，天府庭也。占：斗星盛明，王道和平，爵禄行；不然，反是。参主斩刈，又为天狱，主杀罚。其中三星横列者，三将军，东北曰左肩，主左将；西北曰右肩，主右将；东南曰左足，主后将；西南曰右足，主偏将；故轩辕氏占参应七将也。中央三小星曰伐，天之都尉也，主戎狄之国。不欲明；若明与参等，大臣谋乱，兵起，夷狄内战。七将皆明，主天下兵振；芒角张，王道缺；参失色，军散败；参芒角动摇，边候有急；参左足入玉井中，及金、火守，皆为起兵。"（汉司马迁《史记》，汉籍资料库本，第1291页）

② 清乔松年《纬捃》卷九《孝经纬》："奎主文章（《路史》仓颉仿象是也［《说郛》］。《天中记》引作：仿象），洛龟曜书丹青垂萌画字（《唐类函》）。"宋均注曰："奎星屈曲相钩，似文字之画，仓颉视龟而作书，则河洛之应，与人意通矣。"（三页，清光绪三年强恕堂14卷刻本）

③ 曾道唯《光绪寿州志》卷九第六页，清光绪十六年刊民国七年36卷重印本。

文人学士崇祀文昌、魁神①的本意。今阁修之一新，为人民观赏游乐之所。

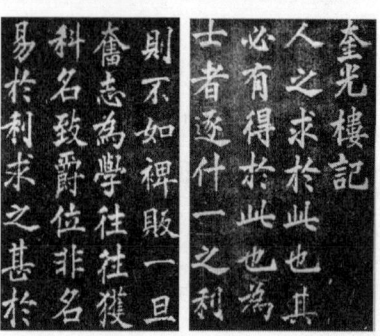

（图9-4 奎光楼记碑刻拓片图影）

① 《日知录》卷三十二"魁"条："今人所奉魁星，不知始自何年。以奎为文章之府，故立庙祀之。乃不能像奎，而改奎为魁；又不能像魁，而取之字形，为鬼举足而起其斗。不知奎为北方玄武七宿之一，魁为北斗之第一星，所主不同，而二字之音亦异。以文而祀，乃不于奎而于魁，宜乎今之应试而获中者皆不识字之人与？又今人以榜前五名为五魁，《汉书酷吏传》'所置皆其魁宿'，《游侠传》'闾里之侠，原涉为魁'，师古曰：'魁者斗之所用盛而杓之本也（天文北斗魁为首，末为杓。《淮南子》注：斗第一星至第四为魁，第五星至第七为杓）。故言根本者皆云魁。'《说文》'魁，羹斗也。'赵宦光曰：'斗首曰魁，因借凡首皆谓之魁。'其见于经者，《书·胤征》之'歼厥渠魁'，《记·曲礼》之'不为魁，主人能则执兵而陪其后'，然则五魁之名岂佳语哉？或曰：里有里魁，市有市魁，皆长帅之意，要非雅俊之目。近时人好以魁命名，亦取五魁之义。古人以魁命名者绝少，《左传》有鄢魁垒、卢蒲就魁，《吕氏春秋》齐王杀燕将张魁。"（清乾隆32卷刻本，卷三十二，第二十一页；参校严文儒，戴扬本校点《日知录·日知录之余》，上海古籍出版社，2012年版，1250页）钱大昕与顾氏观点相左，其《十驾斋养新录（附余录）》卷十九《魁星》云："学校祀魁星，于古未之闻也。按《新定续志学校门》云：'魁星楼为一学伟观，前知州吴檠既勤朴斫，今侯钱可则始丹垩其上，以奉魁星。郡人方逢辰书其扁。'是南宋已有之矣。顾氏《日知录》谓'奎为文章之府，故立庙祀之，而改奎为魁'，又谓'魁非佳语'；皆非也。北斗以魁为首，故有九魁之称。而凡物之首、人之帅，皆以魁名之。斗魁戴筐六星曰文昌，魁下六星，两两相比，曰三台。扬雄《甘泉赋》'冠伦魁能'，能，古字，魁能即魁台也。杜子美诗'君家最近魁三象，时论同归尺五天'，谓其为宰相之门也。魁士，名人之语，见于《吕氏春秋》，而《史记》云状貌魁梧奇伟皆非不美之词。宋人称状元为廷魁，见《石刻铺叙》。上舍第一人为上舍魁，见《文献通考》，由来已久，无可置议。《天官书》'奎为封豖为沟渎'，不云文章之府。宋初五星聚奎说者，谓孔子鲁人，奎娄为鲁分野，儒教当兴之象，特史官傅会之词。学校祀魁星，虽非古礼，证之《新定志》，则为斗魁，非奎宿明矣。奎为西方之宿，而顾以为北方元武之宿，亦误。"（第二十二页，清嘉庆刻本；参陈文和主编《嘉定钱大昕全集（7）》，凤凰出版社，2016年，515页）

时公祠

即汉寿春令时苗祠。时苗,字德胄,巨鹿人,汉献帝时来令寿春,用一母牛驾车来,岁余生一小牛。去任说:"此淮南所生,非我有也",留犊而去。父老们攀辕卧辙,仍不能止其留。为了纪念这位廉洁的县令,后人命留牛处的池塘叫"留犊池",又在池旁建时公祠。①

时公祠始建年月无考,一名留犊祠。原址在今"留犊祠巷"西头北侧,早圮,尚有一残碑砌在原址群众屋墙中,难识见。事越一千多年,街巷仍

---

① 《嘉靖寿州志》卷之二"留犊池"条:"州西南隅,汉时苗留犊于此,今池尚存。池之北有时公祠。……主事董豫诗:'去任无惭到任时,独留一犊饮斯池。廉名不特当时重,遗爱能令去后思。千载清名垂古史,半池明月映荒祠。停骖几度池边立,谩剔苍苔诵勒诗。'州同王九思诗:'寿春县令祠前水,自古相传饮犊池。旧见瑞莲开上下,况闻修竹映参差。迩年无吏供苹藻,今雨何人种藕丝。若把甘棠轻剪伐,丈夫空读召南诗。'知州刘天民诗:'时公留犊事已往,饮犊今遗往日池。碑断莓苔空汨没,祠荒梧竹自参差。迥如凤鸟余芳躅,常遣羔羊愧素丝。郡吏得承风教后,春秋忍废采苹诗。'知州赵宗《瑞莲诗引》'献帝时有姓时名苗者来令寿春,初至乘一驾车牛,犊去岁余生一犊,逮去任乃曰:此淮南所生,非我有也。留之而去。父老攀辕卧辙不能留,遂因犊凿池,名曰饮犊,示不忘也。岁久湮塞,后生小子有不能知其处者。成化己丑,予假守寿州,首访先贤遗迹,庠生王溥白曰:泮池与留犊池相映,谚云:此池复开,科第中魁。惟公有以图之。予惟时公之事,虽出矫激,然是心是操,盖亦不易得者。矧王生述谚语,信若有征,则于学校之系尤重也,乌容已乎。于是即其故处,畚其粪壤,道之清流,旬日之间,澄湛莹彻,大异于昔。左构祠堂三,以祀时公。复种莲于池内,一比时公之节之清,一以占科第之兆,何如也。其时已值春暮,皆曰时已过,恐无生理。然又不欲虚作池之功,姑亦试之。既种月余,又当五月十三,俗谓此日竹醉,可移竹矣。僚友任钱二公命仆栽竹数茎于池旁,以挹清气。仆友命曰:前时莲已生花矣。予叱之曰:今日竹醉,尔人亦醉。聚众仆合辞一言,始信而笑曰:种莲之理,予知之审矣。……'"(十九-二十页,明嘉靖8卷刻本)清李兆洛《养一斋集·文集》卷七《题跋·跋张怀白摹留犊图》:"时苗留犊事具《魏略》。盖其令寿春时也。予曩在寿州,曾访求遗迹,城西尚有时公祠。其坊曰留犊坊,其久而弗谖可知矣。此图当是元人本,神理具足。怀白临之,弥见生动。此等故事最有益世教者,人所以贵画像也。"(清道光二十三年活字印四年34卷增修本,基本古籍库,96页)清穆彰阿《嘉庆大清一统志》卷一百二十六:"孙叔敖庙,在寿州南。《寰宇记》:在安丰县东北二里。崔实云:孙叔敖作期思陂以攻寇,历代遂于坛上立庙。"(四部丛刊续编景旧钞560卷本,基本古籍库,2211页)

179

以"留犊祠巷"为名。明董豫诗曰:"去任元惭到任时,独留一特饮斯池。廉名不特当时重,遗爱能令去后思。千载清名垂古史,半池明月映荒祠。停骖几度池边立,谩剔苍苔诵勒诗。"①

淮南王墓

李师沆《凤台县志》记:"明一统志,淮南王葬肥陵山。""今五株山东南麓,冢墓岿然犹存。五株山即古肥陵也。"今在四顶山南坡寿(县)凤(台)公路北、寿县水电工程队房西有一古冢,即淮南王墓,墓高6.4米,周长166米。清同治八年(1869)江西新建人吴坤修楷书"汉淮南王墓"大字石碑(宽1、高2.5米)尚立墓前。

淮南王庙(刘公祠)

(图9-5 重建忠肃王庙(即刘公祠)碑②)

---

① 明御史张惠也有诗云:"来官不异去官时,一物留还饮此池。矫激声名当世惑,孤高节操后人思。城连绿水堤边路,门掩清风树下祠。遗泽尚存遗像在,不须重勒岘山碑。"(按:岘山在湖北,晋羊祜为襄阳刺史,常登此山,后祜死,人立碑以祀)

② 碑藏寿县博物馆,王晓珂拍摄,碑之局部特写由东南大学艺术学院张见博士修饰。

《曾志》引《水经注》："八公山上有淮南王刘安庙。庙中图安及八士像，皆坐床帐如平生，被服纤丽，咸羽扇裙帔，巾壶枕物，一如常居。庙前有碑，齐永明年建隐室石井。"清李师沆《凤台县志》说："庙地当即今五株山。"黄景仁《寿阳》诗："花草何须怨楚宫，六朝残劫总成空，地经白马青丝后，山在风声鹤唳中。终古英灵走河北，此间形势障江东。我来只访刘安宅，一片斜阳古庙红。"

寿地人对南唐节度使刘仁赡的忠节非常敬佩，塑（忠肃王）刘令公像于淮南王庙中。萧景云《刘公祠》诗云："江上君臣纳款勤，淮城守死孰酬勋。阐幽终合王裴传，旌节仍名忠正军。异代黄公邻俎豆，故乡彭郡渺丘坟。壁间碑字风云护，胜似荒残谢庙文。"① 今庙址均无存，但人仍喜谈及，故附记于此。

楚考烈王墓

《曾志》记："楚考烈王墓，在州南九十里茶庵集西里许，冢形犹在。"所指即今茶庵乡碾桥村红郢西侧的古冢。原有三个古堆，20世纪50年代修水利时见有券顶墓门，后经省博物馆探测未果。从30年代李三孤堆楚王墓发掘以来，对寿地楚文化研究文字达数十万言，大多认李三孤堆是楚幽王墓。但也有以该墓出土"酓肯鼎"二件，（"酓肯"是楚考烈王熊元的名字），也有认李三孤堆是楚考烈王墓。故今茶庵集西之考烈王墓尚待考。

花靥夫人墓

花靥夫人即寿阳公主，宋武帝刘裕之女。《天下名胜志》："寿阳

---

① 见《光绪寿州志》卷三十四，五十页，清光绪十六年刊民国七年36卷重印本。

公主春日卧含章宫檐下，有梅花点额上，成五出，宫中效之为梅花妆。"范仲淹《和提刑赵学士探梅三绝》诗云："静映寒林晚来芳，人人欲看寿阳妆。"萧景云《古墓考》说在"八公山十一峰南即花靥夫人墓"，今迹尚可寻。

吕公墓

吕公，即吕龟祥。

墓葬龟山腰。龟山位在四顶山东，庙山洼南。山形如龟，墓在龟鼻下。旧有"吕公墓"三字碑碣，清嘉庆前已毁，同治间吴坤修重修碑立墓前，误题为"吕申公墓"。吕申公即吕公著，吕夷简之子，吕龟祥之曾孙，宋哲宗时位至司空，卒赐申国公。据说今北山林场屋墙上见有残碑，可能是吴坤修所立之碑。寿县殡仪馆500米处吕公读书石亭、石墩尚存。

宓子墓

宓子，名不齐，字子贱（前521—？），春秋末年鲁国人孔子学生，宰单父（今山东单县）。相传宓子为鲁使吴路过瓦埠时病卒，葬于瓦埠东铁佛岗。旧立有碑，今不存，墓址尚有迹。瓦埠街因名君子镇，建有君子祠。李凤有《吊单父侯》诗曰："鸣琴优暇想襟期，此日来游慰所思。祠额新题君子字，皇华旧诵使君诗。月梁遗像低头处，烟雨荒坟收泪时。偶为巡行敬相吊，攀依浑忘却归迟。"①

---

① 《光绪寿州志》卷三十四月宗能征《谒宓子墓感述二绝》："圣门事业许谁承，道脉传流几替兴。吊古每增今昔感，夕阳荒草寸心凭。一堂化雨胜鸣琴，君子诚能契圣心。胡为使吴还卒楚，空教仗节到于今。"（六十一页）

淝水

即今东淝河。源于合肥西北将军岭，中部河床大部为瓦埠湖（亦名望春湖）所掩盖。现存河道，东南自钱家滩，北流，过东津渡，折向西北，过北门大桥，绕过八公山，入淮河。该段长约13公里，因秦晋"淝水之战"名荣古今。（淝水之战，见兵事志）

淝桥

古淝桥，位于八公山南的淝水上，今东津渡大桥一带。这里因系淝水下游淤塞河床，古为荒野沼泽地段，古名又称长濑津。《淮南王篇》云："我欲渡河河无梁"。《六朝诗乘》载记刘铄作《寿阳乐》有"上我长濑桥"句。《资治通鉴》记周显德三年三月，周世宗视木寨到过淝桥，并说周世宗还"自取一石，马上持之至寨，以供炮，从官过桥者人赍一石"，可见当时的淝桥是很不像样子的。清代人赵翼《淝水》诗说："淝水百丈水汤汤"。说明枯水位时有小堤便桥，高水位时就是宽阔的渡口了。1949年后，在此建成了一座长39米的石拱桥和一座12米的石墩板梁桥。70年代又新建一座长达270多米的高水位东津渡大桥。昔日险渡口，今日变通途。

孙公祠

孙公祠，即楚相孙叔敖祠，位于芍陂（今安丰塘）北岸。今存大殿、还清阁、崇报门和碑刻十九方。大殿三间，位于祠之后进，还清阁位于中进，崇报门为前进，又称碑厅，有历代重修安丰塘碑记，禁止侵塘为田之积水界石记，安丰塘灌区图示，孙叔敖线刻像及传略，重修孙公祠碑记等。其中清代书法家梁巘于乾隆四十年（1775）草书《重修安丰塘碑记》最为游客所欣赏。

（图 9-6　今藏孙公祠之分州宗示碑刻）

孙叔敖，姓蒍氏，名敖，字叔敖，经楚相虞邱举荐为相。司马迁评说他"三得相而不喜"，"三去相而不悔"。相楚王时，"施政导民，更无奸邪，盗贼不起"。"更于楚之境内下膏泽兴水利，因湖成塘，不一而足，芍陂其最巨也，开门五座，灌田万顷，泽及当时，功施后世"。后人为纪念他的伟绩丰功，于芍陂北岸建祠以祭。乾隆五十八年（1793）寿州知州周光隣《芍陂楚相祠》诗颂说："楚相祠堂柏荫清，芍陂晴藻碧烟横。欲知遗泽流长处，三十六门秋水声。廉吏可为终可为，衣冠今古式威仪。野人欲采塘花献，刚及西风稻熟时"。

孙公祠创建已久，年月失传。清曾道唯《寿州志》说是明代知州刘概建，不确信。宋王安石《安丰张令修芍陂》诗有"楚相祠堂仍好在"句，《水经注》记有"陂水北迳孙叔敖祠下"句，至少是在北魏时就有孙公祠了。清人夏俱庆《孙公祠登楼漫兴》诗云："楚相祠边叶落秋，登楼一望兴悠悠。

游人欲访当年事，大泽于今并水流。"①

---

① 冯煦《光绪凤阳县志》卷十下："（道光）八年春，知州朱士达捐廉银一千两，会州同长春捐廉银一百五十两，倡劝环塘士民许廷华、江善长等输助重修众兴坝卓口闸，……冬十一月，复以塘工余银增捐重葺孙公祠，并有记。……光绪三年，候补道任兰生拨款修浚塘堤桥闸沟坝水门及孙公祠，用制钱三千一百五十、六千四百五十四文，州人孙家鼐有记。十五年，巡抚陈彝拨银四千余两浚治芍陂，大土门既为民所私废，复添设永安门，仍为二十八门，州同宗能征有安丰塘水源全图记。"（十二页，清光绪十三年16卷刊本）卷十一："楚相孙公祠，在芍陂，祀楚令尹孙叔敖。明知州刘概建，栗永禄修。国朝顺治间，知州李大升修，后知州傅君锡、州同颜伯珣改建；伯珣撰记。"（三十页）曾道唯《光绪寿州志》卷五："国朝知州傅君锡、州同颜伯珣改建，有《孙公新庙记》。颜伯珣记曰：旧祠在古大树北，志记莫考。顺治十二年，郎阳李公大升来守寿春，锐志于陂，期三年复古不获，创厥功。初以旧祠陋，改作大树前。时天下甫定，于旧贯未有式廓。又使吏董治常以夜课工，故栋宇率仍狭薄；自堂徂前塾，但二三丈，祠无厦楹，兀然于野而已。今复改营树北旧址，仍北拓基一丈，为三楹，长二丈，广一丈二尺，高一丈一尺，台高一尺七寸，阶三级，两端各为耳房。下殿脊三尺，后北殿簷前及其半各两小楹，山壁夹之；内为南北廊就凉燠，外独为南户。各别院宇，南接庑，北横壁，东西则殿耳两横，又独壁接连殿庑两簷补其缺；居半其东西外壁，又各连耳房外横角与庑之后角焉。东院外壁，又小门通场圃引汲，竹树间纵横细路，悉于此分会也。两庑亦俱三楹，南北各为廊如耳房，簷厦两端各为圭门，北达耳房深院，南通崇报门楼下，凡出入旁引皆曲通，不离雨雪正庭。南属崇报门北壁，凡一丈八尺，东西属庑溜下凡二丈，墁以巨砖。崇报门在大树南，亦三楹，高二丈长一丈八尺广一丈五尺，中木为楼，南北两门对立，东西圭门通楼头小院，入庑廊，其上中间前后玲珑，……甬道列墀，细砖缘布，门外百坊三方，刻楚令尹孙公庙，字不雕镂。西偏别为屋三，前客堂，后禅室，旁则饭钵之厨；久以僧典祠，仍作僧舍，名后院，积卞叶竹根储薪爨犹有隙。周垣高五尺广一尺二寸，瓦顶转牙三层，脚转层十有一，环回四十二丈，自崇报门外旁两房与前门表坊及僧舍，意拟如是，行将归老旧林不及身为矣。美哉新庙，四时之宜备矣。崇功报德伏腊于斯，感鬼神和上下，道民礼乐，其大较已。其远者来禋焉，近者处语焉，游息焉，风焉浴焉，眺焉鉴焉，月吉读法焉，州刺史之巡行旅之倦焉，而于庭于房于廊于庑于阁上于大树下于南廊北窗此轩彼槛，皆得以栖憇，偃仰随意所适，而且风雨寒暑所不及也。……殿庑门阁凡九九所，二十八间，僧舍三所九间，户牖五十有七，户牖棍枢百四十六，厥数参错，附于册籍，备稽察焉。作《新庙记》。"（十一页，清光绪十六年刊民国七年36卷重印本）卷十六"何锡履，江苏丹阳人。官寿州州同，修治芍陂不避寒暑，抑强扶弱，惠泽均沾。去任后，居民立主于孙公祠以祀之。……徐廷（《通志》作定琳），保定人，监生。知寿州，兴举废坠，尤勤水利，与倅佐王天倪协力整治芍陂，并增修孙公祠。民怀其德，共立主于孙公之旁。"（二十一页）卷三十四宗能征《孙公祠怀古》："巍巍难继楚臣讴，令尹功名奠未休。叔季雄锋犹耳熟，荆襄霸业属谁谋。丹心早已输千古，盛德今传第几秋。俎豆虽残遗泽远，芍陂清浅好田畴。"（六十一页）

（图9-7 孙公祠藏梁巘书碑刻拓片图影）

近年，寿县人民政府已将通往孙公祠和安丰塘的公路改建为渣油路面，前来观光的客人络绎不绝，观光者写诗作画，追怀孙公创业旧迹，赞颂当代人民新功！

民俗考论与文献纂述 **下编**

从研究民俗中获取资源信息

现代科学认为，信息是决策的基础。地方民俗蕴藏着丰富的科技、经济和文化信息。如谣谚，它常交代一个地方的历史现象（如周必大《吴郡诸录》中"太平州不如芜湖，芜湖不如黄池"[1]）；或交代一个地方的地理特征（如郦道元《水经注》中"昭潭无底桔洲浮"[2]）；或提供方志地

---

[1] 宋周必大《文忠集》卷一百七十一："丁巳五更，同大兄肩舆五六里，至禅林山惠然院。……约五十里，至太平州河口，两岸多民居，溪流不甚阔，烟树如画。稍前即永丰圩八十四圩共之，夜泊黄池镇，距固城湖已百十里，商贾辐辏，市井繁盛。俗谚有云太平州不如芜湖，芜湖不如黄池也。"（十九页，清文渊阁四库全书 200 卷本）清杜文澜《古谣谚》卷二十九"周必大引俗谚"条："《吴郡诸山录》：至太平州，两岸多民居，溪流不甚阔，稍前即永丰圩。夜泊黄池镇，距固城湖已百一十里，而商贾辐辏，市井繁盛。俗谚有三不如谓云云也。'太平州不如芜湖，（芜湖）不如黄池'。按，上言三不如，此仅有二，必有脱文。"（中华书局，1958 年，437 页）

[2] 南北朝郦道元撰、清沈炳巽注《水经注集释订伪》卷三十八："又北过临湘县西，今长沙府治及诸属县，浏水从县西北流注之，县南有石潭山，湘水迳其西。山有石室石床，临对清流。水（"水"上当有"湘"字）又北迳昭山西，昭山在湘潭东四十里，昭王南征至此不复因名。昭潭在昭山下，潭水澄湛如墨，深不可测，山下有旋泉，深不测，故言'昭潭无底'也。亦谓之曰湘州潭。湘水又北迳南津城西，西对桔洲。桔洲在善化县西四里，湘江中有四洲，曰桔洲、直洲、誓洲、白小洲。夏月水泛，惟桔洲不没。谚云：昭潭无底桔洲浮。"（十五页，清文渊阁四库全书 40 卷本）唐杜甫撰、宋蔡梦弼笺《杜工部草堂诗笺》卷三十七《岳麓山道林二寺行》"桔洲田土仍膏腴"句注："《寰宇记》：桔州在长沙县西南四里，江中时有大水，洲渚皆没，此洲独存。《湘中记》：昭潭无底桔洲浮。"（九页，古逸丛书复宋麻沙本）五代杜光庭《录异记》卷七："昭潭山下有寒泉，水深不测，名曰昭潭。谚曰：昭潭无底桔洲浮。昔人覆舟于此，沉其铜甑，甑有铭题，后于洞庭湖中得之，疑有潜穴相通耳。"（二页，明津逮秘书 8 卷本）

名研究信息（如《舆地胜览》记麦城时引谚曰"东驴西磨，麦自破"[①]）；或提供建设所需水文资料信息（如《长安图志》记石堰最大水容量时引谚曰"水到龟儿嘴，百二十徽水"[②]）；或反映封建社会苛捐杂税多、人民负担重的"金杞县，银太康"（《李自成》）等。

寿县古为州来国，吴入州来，蔡昭侯迁此为都。楚徙都寿春，命曰郢。汉立淮南国，刘长、刘安父子等四个淮南王均都寿春。这里历史文化悠久，民俗中的科技、经济和文化信息极为丰富。可见，编写民俗志，研究民俗获取信息，对于制定地方发展战略决策，具有重要意义。

[①] 宋王象之《舆地纪胜》卷第七十八"当阳县·景物上"："磨城，《元和郡县志》云：在当阳县东四十里。盛洪之《荆州记》云：麦城东有驴城，沮水之西有磨城。传言伍子胥造此二城，以攻麦城。谚云：东驴西磨麦自破。"（五页，清影宋抄200卷本）郦道元《水经注》卷三十二："沮水又东南迳驴城西磨城东，又南迳麦城西，昔关云长诈降处，自此遂叛，传云：子胥造驴磨二城以攻麦邑，即谚所云：东驴西磨麦城自破者也。"（十六页，清武英殿聚珍版丛书40卷本）清沈钦韩《后汉书疏证》卷十九"当阳"条："《通典》：荆州当阳县。《汉书》：县有绿林山。《水经注》当阳故城因冈为阻，北枕沮川，其故城在东百四十里谓之东城，在绿林长坂南。长坂即张翼德横矛处也。沮水又东南迳驴城西（刘昭注本讹为庐）、磨城东，又南迳麦城西。谚云：东驴西磨麦城自破。"（三十页，清光绪二十六年浙江官书局30卷刻本）

[②] 元李好文《长安志图》卷下"凡水广尺深尺为一徽"条下注："今时下流闸下石渠岸里有一石龟，前人刻以志水者也。为之语曰：水到龟儿嘴，百二十徽水。尝闻主守者曰：今水虽至其则犹不及全徽。盖渠底不及古渠之深也。"（清经训堂丛书3卷本，基本古籍库，22页）清杜文澜《古谣谚》卷二十八"人为洪堰量水语"条："《长安志图》：洪堰制度，圣朝因前代故迹，初修洪口石堰，凡水广尺深尺为一徽，以百二十徽为准，守者以度量水。日具尺寸，申报所司。凭以布水，各有差等。注云：云口平流闸下，石渠岸里有一石龟，前人刻以志水者也，为之语曰：云云。尝闻主守者曰：今水虽至其则，犹不及全徽，盖渠底不及古渠之深也。'水到龟儿嘴，百二十徽水。'"（中华书局，1958年，431页）

一、民间文艺《拾子歌》中的信息

寿县村姑喜玩一种传统的游戏"拾子歌",以五粒石子或泥子放在地上,用右手轮番抛拾,从一到十。一次拾完的叫"满轮子",为胜;拾不起,丢了子,叫"死轮子",为败,就要转让给下一人。参加人数三、五均可,拾时配有唱词,因称"拾子歌"。唱词一般是从正月到十月。如三月唱词:"三月三,荠菜花①,头不疼,眼不花。"这里有一条不大被人注意的医药信息,就是寿县遍地生长的荠菜能给人除病,让人延年!《寿州志》把荠菜列入"蔬类"。荠菜全草入药,性凉,味甘淡,有凉血止血功能。主治吐血尿血、崩漏、痢疾等症。在瓦埠民间,至今尚有传用七个鸡蛋、七朵荠菜花治头晕眼花单方的。荠菜也用作治疗肾炎、乳糜尿等病,其所含荠菜酸、生物碱、氨基酸等成分,都是延年益寿的重要物质。二月唱词:"二月二,龙抬头,扯住龙尾到扬州"。这里提出的是寿县与扬州的关系。古代交通以水道为主,夏禹治水顺颍入淮到涂山,淮水从此大概就已开发。寿县滨淮,较早与扬州通达是有可能的。

---

① 清洪亮吉《卷施阁集·诗卷十·祕阁研经集》"南楼忆旧诗四十首"之三十九:"露滴新红水染蓝,两重门里试单衫。荠花撩乱春如海,记得年时三月三。"自注:"吾乡谚云:三月三,荠菜花儿单布衫。"(七页,清光绪三年洪氏授经堂刻洪北江全集增修41卷本)清顾禄《清嘉录》卷三"野菜花(眼亮糕)"条:"荠菜花,俗呼野菜花。因谚有'三月三,蚂蚁上灶山'之语。三日,人家皆以野菜花置灶陉上以厌虫蚁。侵晨,村童叫卖不绝,或妇女簪髻上以祈清目,俗号眼亮花。或以隔年糕油煎食之,云能明目,谓之眼亮糕。案:苏东坡《物类相感志》总论,三月三日收荠菜花置灯檠上,则飞蛾蚊虫不投。吴曼云《江乡节物词小序》云:杭俗上巳日置荠菜花于灶上,可驱虫蚁。诗云:一枝春向灶觚探。田汝成《西湖游览志》:三月三日,男女皆戴荠菜花,谚云:三春戴荠花,桃李羞繁华。江震志亦并载此俗。又昆新合志云:三月三日各乡村昇神朝岳帝,曰'野菜会',北乡更盛,儿女皆簪野菜花,或以野菜花抹灶可驱虫蚁。吴自牧《梦梁录》谓清明以柳条插门名曰明眼,与吾乡三日戴荠花之俗取意略同。"(二页,清道光12卷刻本)

寿县有俗语"半夜起来上扬州，天亮还在锅后头"，是说古时上扬州很不方便，要做很多准备工作。后来交通方便了，这句俗语便演变为比喻做事拖拉的用语了。另有俗语说："大扁担，长又长，三斗白米下苏扬""桑树扁担光釉釉，肩挑白米下扬州"。这种小本生意也能反映寿县与扬州早有贸易关系。自古就有："七十二河归正阳"[①]之说，扬州到正阳做生意的尤多。清咸丰、同治年间的"浙绍会馆"便是南方商人的"根据地""联络点"；今日尚存的"龙圆浴池"，从1939—1948年是扬州人张广泰、贾庆松合营的；民国年间的"刘家瓷器店"的货源也大多来自扬州、宜兴、景德。正阳关附近古有"来远镇"[②]（一说就

---

① 正阳也是税关。《两淮盐法志》卷八十六"督销门"："同治五年三月，运司丁日昌禀查五河正阳两卡，每包每卡收厘五百文，加以盐价水脚并计每包成本已在二两以外，再由正阳转运光州信阳各岸，沿途尚有数卡，每包约共捐钱五百余文，而格外之浮费不与焉。又查正阳关卖价二两四五六钱不等，其中货物滥抵平色折耗行用使费种种支销，即有余利。……（为）广销路，拟请将五河正阳两卡，每包一千文改为每包收库平银六钱，……所有五河厘卡每包银三钱，先由委员会同海分司随课带收，其余一半归正阳关厘捐委员收缴，俟销市大旺，即行在坝全收。"（七页，清光绪三十一年160卷刻本）《淮北票盐续略》卷四收《正阳关督销章程禀》（委员韩茂萱，同治三年五月）："窃奉运司转奉宪台札开照得正阳关三河尖为淮北售盐总汇，现在售价每引在十两内外，新章成本不过七两上下，计利甚厚。但恐不肖商贩抢跌贱售，致使价不保而票法坏。必须官为督销，随时稽察，以杜弊端。合行札司遴选运判一员，前往该两处往来督销。如查有抢跌贱售等事，即行具详，从重究罚，仍将派委衔名具报查考等。因奉此查，整顿盐务，以督销保价为要。务查有该员，安详勤慎，堪以委办，合亟札委驰赴正阳关三河尖两处，往来督销，严督各贩，划一价值，不准跌价抢售，致坏大局。"（六－七页，清同治九年12卷刻本）

② 《光绪凤阳县志》卷十五："来远镇，《元丰九域志》：安丰县有来远镇。周显德二年，李毂攻唐寿州不克，唐将刘彦贞引兵救之，至来远镇是也。胡三省《通鉴注》：来远镇，即东正阳。"（四十五－四十六页，清光绪十三年16卷刊本）《乾隆江南通志》卷二十八："来远镇，州西六十里。周显德二年李毂攻唐寿州，唐将刘彦贞驰救至来远镇是也，即东正阳，为商众所聚，向置巡司，今裁。（右寿州）"（十一页，清文渊阁四库全书本200卷）

是正阳前身）地名，如从地名学角度来思索，这里上通汝颍，下达吴越，到这里来经商的人确实称得上"来远"的。从历史考察，约从公元前58年"吴始伐楚"时起，吴的文化便有可能传入寿春。此后"楚自昭王即位，无岁不有吴师。"① 公元前519年吴入州来，寿县与扬州的商旅关系可能随之频繁与密切起来。这个信息有两点可以思考：一是寿县自然地理本身构成发展经济和文化的优越条件；二是依自然地理条件组织流通渠道，对发展商品生产有特殊意义。

九月的唱词："九月九，娘家走，白纸扇子遮日头。"这条信息是作为文化的扇子与寿县古文化的关系。扇子始于南方，如芭蕉扇、棕榈扇、蒲扇、绫罗绸缎制的各种绢质扇，用竹丝制成的油纸扇、白纸绘画扇。《红楼梦》中为撕扇子还专门写了一回，晴雯一连撕了两把，宝玉要把扇匣子拿出来，又叫麝月把扇匣子搬出来，可见南方扇子之多。寿县古文化与南方文化的关系从蔡侯墓出土的"吴王光鉴"也能得到佐证。如果再与原属寿县地境的淮南蔡侯墓出土的"蔡侯产"剑、"昭侯"戈、"吴王诸樊"剑、"吴王夫差"戈和越王勾践赐子戈等文物联系起来，还可看到当时处于楚亡边缘地带的古寿春，首先进入吴的文化范围，以及后来越灭吴、楚灭蔡，

---

① 汉赵晔《吴越春秋·阖闾内传第四》："于是太子定，因伐楚，破师拔番。"注："音婆，秦为鄱阳县，属九江郡，今饶州也。徐天祜曰：吴楚世为仇敌，吴自伐巢以至取番，大小二十余战，楚子重、子反，一岁七奔命，而昭王即位，无岁不有吴师，则亡臣伍员、伯嚭为之也。"（《二十五别史》6《吴越春秋》，齐鲁书社，2000年35页）《春秋左传正义》卷第五十四："嚭为吴大宰以谋楚。楚自昭王即位，无岁不有吴师。蔡侯因之，以其子乾与其大夫之子为质于吴。冬，蔡侯吴子唐侯伐楚。"（清嘉庆二十年南昌府学重刊宋本十三经注疏本，汉籍资料库，950-2页）宋金履祥《通鉴前编》卷十六："楚人围蔡。蔡侯以吴子及楚人战于柏举，楚师败绩，吴人郢。"注："左氏曰：沈人不会召陵。晋人使蔡伐之，灭沈。楚故围蔡。伍员为吴行人以谋楚。楚之杀郤宛也。伯氏之族出伯州犁之孙嚭为吴太宰以谋楚。楚自昭王即位，无岁不有吴师。蔡侯以其子乾与其大夫之子为质于吴。冬，蔡侯吴子唐侯伐楚，舍舟于淮汭。"（四十四页，清文渊阁四库全书18卷本）

楚、蔡、吴、越文化与古寿春文化融合的历史遗踪。

（图 10-1　吴王光鉴铭文[①]）（图 10-2　淮南蔡家岗赵家孤堆战国墓出土诸樊剑铭文[②]）

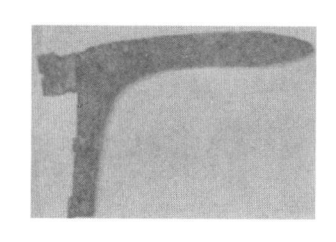

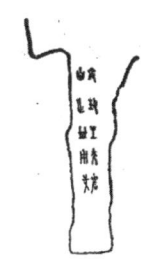

（图 10-3　蔡侯产剑之一铭文[③]）（图 10-4　吴王夫差戈及铭文摹本[④]）

---

① 吴王光鉴铭文："隹王五月，既字白期，吉日初庚，吴王光择其吉金、玄铣、白铣，台（以）乍（作）弔（叔）姬寺吁宗囗（彝）荐鉴，用亯（享）用孝，眉寿无疆。往已！弔（叔）姬虔敬，乃后孙孙勿忘。"（参见马承源《中国古代青铜器》，上海人民出版社，2016 年 116 页；张富翠《古代汉语实训教程》，西南交通大学出版社，2012 年，第 23 页）

② 见曹锦炎《河南汤阴新发现吴王诸樊剑考》，《中原文物》2019 年 6 期。

③ 战国早期，英国洛贝脱氏收藏，铭文为：囗（蔡）囗（侯）产之用金（剑）。（吴镇烽编《商周青铜器铭文暨图像集成续编》第 4 卷，上海古籍出版社，2016 年，275 页）

④ 见马道阔《安徽淮南市蔡家岗赵家孤堆战国墓》（《考古》1963 年 4 期）、孙稚雏《淮南蔡器释文的商榷》（《考古》1965 年 9 期）。

二、节日风俗中的科技思想

1. 除夕刷门槛

寿县人在农历年三十晚上吃年饭前，家庭主妇用马齿苋烧成热水洗刷门槛[①]。口中唱道："马熟菜，刷门槛，羊成阵，猪满圈；马熟菜，刷门槛，五谷杂粮一堆堆，鸡只鹅鸭满场飞；马熟菜，刷门槛，一家老少身体好，来年四季都平安。"中心思想是吉利、安乐、长寿，并与马熟菜有关。马熟菜是马齿苋的口语谐音，中医书上亦称马苋、豚耳、浆板草等。全草入药，具有清热、解毒、消肿诸功能。主治痢疾、疮疡等症，古代可能用此消除瘟疫。入夏时采收，用沸水浸烫或用草灰搓揉后晒成干菜，入冬可作蔬菜吃，除夕也用它作馅包成馍馍给孩子们吃，以避免孩子们过年吃油过多而病肚子。由此看，刷门槛的风俗有可能是古人对马齿苋科学价值的最初认识。

---

① 此与五行有关。明鲍山《野菜博录》"草部"卷二："马齿苋菜，名五行草。旧不著所出州土，今处处有之。以其叶青梗赤花黄根白子黑故名五行草耳。味甘性寒滑。食法，采苗叶，先以水焯过晒干，燥熟，油盐调食。"（四部丛刊三编景明3卷本，基本古籍库，29 页）数术者也用到它。明蔡清《易经蒙引》卷六下："九五，苋陆夬夬，中行无咎。"注："程子《传》曰：苋陆，今所谓马齿苋是也。暴之难干，感阴气之多者也。"（十三页，清文渊阁四库全书12卷本）明程如继《周易疏义》卷二则云："苋陆，今马齿苋，感阴气之多者。九五，当决之时，为决之主而切近上六之阴，如苋陆然。决而决之而又不为过暴，合于中行，则无咎矣。戒占者当如是也。"（三十五页，明崇祯八年姚学心等刻4卷本）明陈祖念《易用》卷三："苋陆者，马齿苋也，拔之甚易，生则甚繁，折之若脆，暴则不死，小人似之矣。九五昵近上六，非苋陆在前乎？然以其刚明也，思宗庙社稷之计，绝奸宄攀援之途，决之决之，邪可去矣。然则亦不可独任，以中行之，参和不偏，乃无咎耳。"（二十九页，清文渊阁四库全书6卷本）。

2. 端午节戴艾

"端午不戴艾，死了变鳖盖"①。这句俗语强调在端午节这天妇女和孩子戴艾对于生命的重要②。这一天，妇女们都要摘一撮艾叶佩戴在头发上，孩子们一般是放在耳丫上。艾有白、紫之分。《元和郡县志》说："寿

---

① 曾道唯《光绪寿州志》卷三："端午贴天师符，食角黍饮菖歜雄黄酒，妇人簪艾虎，小儿系五色长命缕，戚友以食物相饷谓之馈节。"（七页，清光绪十六年刊民国七年重印本）马朴《天启同州志》卷之二："三月三日，韩城戴艾叶。四月一日皆戴皂角芽红花子串。端午戴艾，其妇女小儿簪系艾虎彩缕，食则角粽白团，饮雄黄菖蒲酒。"（十三页，明天启五年刻本）王正茂《乾隆临晋县志》下篇："四月一日，男女戴皂叶，曰已头痛。端午戴艾叶，曰去疾；饮雄黄酒，曰避毒；以菰叶裹粘米食之曰角黍；儿童系五色丝于项腕，曰龙蛇不蜇。"（卷二，五页，清乾隆三十八年刊本）道光《赵城县志》卷十八："十六日戴栢叶，男妇皆出游，曰游百病，一游而百病可除也。男子游可耳，妇人不踰闺闼亦藉口除病耶。谷雨粘画蝎于墙，咒之曰送蝎。端午戴艾叶，曰去疾，饮雄黄酒，曰避毒，男女系五色丝于腕，曰龙蛇不蜇。"（三页，清道光七年37卷刻本）

② 各地说法不一，长治市："端午不戴艾，死了变成老妖怪。口述者: 赵玉秀，采录者: 冀彦丽。"沁原县："五月端午不戴艾，出门跌煞圪膝盖。"（编辑委员会《中国歌谣集成·山西卷》，中国ISBN中心，2009年，第268页）郧阳："初五早上起床后要早点去割艾蒿，采野菜、药草，门上插艾蒿，身上戴艾蒿。传说'五月端午不戴艾，死了变螃蟹'。"（冷小平，冷遇春，冷静《郧阳历史文化探研》，中国国际广播出版社，2018年，第299页）河源："（端午节）还有把艾叶揉碎装入小布袋内戴在脖子上的习俗，且有'五月端午不戴艾，死了变个老驴驮布袋'的俗语相传。"（陈建华主编《河源市文化遗产普查汇编·东源县卷》，广东人民出版社，2013年，第468页）江淮间："我的家乡，则人人佩艾虎以避邪。奶奶在世的时候，端午前几天，就动手为我们剪艾虎——就是用艾叶剪成虎形，或者用红纸剪虎形，贴到艾叶上，一枚小小的艾虎，就算成了，待到端午清早，再将艾虎戴在我们的头上。若是有孩子不听话，大人会唱一首民谣来吓唬你：'清明不插柳，死在大门口，端午不戴艾，死在家门外'，但据我的经验，用不着大人吓唬，孩子们都乐意。"（程耀恺《不争春》，合肥工业大学出版社，2013年，第28页）襄樊："当地俗谚咒语：'端午不戴艾，死后变螃蟹'，因此端午插艾是当地的风俗。端午采集艾蒿，插在屋檐门楣。'"（湖北省襄阳市人民政府编《襄樊市志1979—2005 下》，方志出版社，2015年，第3069页）章丘："旧时，有戴艾的习俗，民谣曰：'端午不戴艾，死了变成猪八戒。'"（章丘市文史资料研究委员会编《章丘文史资料·第12辑·章丘民俗》，1996年，第12页）

州产紫艾"①。清李兆洛《嘉庆凤台县志》说紫艾"今北山中有之，移栽他处则复白矣。产车路山者尤良，不常有"。②北山是寿县城北之山的总称，山上产紫艾；农户在园地边角种植的是白艾。

（图10-5　白艾）

英国人李约瑟教授在他所著《中国科学技术史》一书中，较详细地描述了中国的艾（上即李约瑟书中所引白艾图）。他在该书"文学、民间传说和艺术的相似性"一节中认为艾是一种南方植物，与巫术有关。他说艾在"《诗经》中常有记述。尽管这种植物并没有引人注意之处，但它却不仅在中国，而且在古代和中古代的欧洲以至墨西哥都被广泛采用，作为线

---

①　清陈维崧《陈检讨四六》卷二《憺园赋》"麟衫艾绶，顾眄非常。"注："焦赣《易林》：二千石官白艾绶。《东观记》：冯鲂孙石袭母公主封获嘉侯，安帝赐以紫艾绶，注：以艾草染之。"（清文渊阁四库全书20卷本，九页）《全唐文》卷一百七十三张鷟《五月五日洛水竞渡船十只请差使于扬州修造须钱五千贯请速分付水衡监二条》："续命之缕渐染成风，辟兵之缯因循不绝，朱丝约粽变成南楚之宜，紫艾禳灾大启中州之俗。翦鹦鹉之舌，必是能言，收乌鹊之脑，自然怀恋。"（周绍良主编《全唐文新编》第1部第3册，吉林文史出版社，2000年，2004页）

②　冯煦《光绪凤台县志》卷十二"药则紫艾"条："《元和郡县志》：寿州产紫艾。凤台李志云：今北山中有之。移栽他处，则复白矣。产车路山者尤良，不常有。"（四页，清光绪十三年刊本16卷本）

香的一种原料，被认为是一种有力的驱魔剂。……李时珍《本草纲目》列举这一植物及有关生药的许多用途。这种植物作为肠道杀虫药是很有名的，这一品种的确是治蛔虫病迄今最有效的山道年生物碱的来源"。①艾为多年生草本，有香气，茎、叶含芳香油。中医学以叶入药，性温味苦，有和宫血、暖子宫、祛寒湿之功能，主治月经不调、痛经等症。这大概就是寿县风俗把艾与妇女的生命、与孩子们的健康连在一起的最初原因。

三、谣谚中的信息

寿县有谚曰："水漫石狮子头，水从孤山流"。是说寿县古城北门外有淝水，淝水上有桥，桥上有一用青石雕制的石狮。狮子头高度比古城墙的顶部低，但比位于淮河硖石山附近的孤山一带略高，当北门外的淝水水位高过狮子头时，淮水便能越过孤山流向淮北平原，淝水水位就会下落，古城也就可保了。这则谚语提供的水文资料信息对于城防、治水都有实际意义。

"走千走万，不如淮河两岸"②。这句谚语生动地说出淮河两岸气候温暖适宜，土壤肥沃，水资源、矿产资源、物产资源丰富，交通方便，农

---

① 英李约瑟《中国科学技术史》第一卷"导论"，科学出版社、上海古籍出版社 1990 年版，第 16 页。另一处这样表述："还有和草药艾有关的巫术。尽管艾这种植物并没有引人注意之处，但它却不仅在中国，而且在古代和中古代的欧洲以至于墨西哥都被广泛采用，作为制线香或绳香的原料和驱邪的灵药。神话和宗教仪式方面，中西也有一些相似处，这表明它们也曾通过某种方式有过交流。"（英李约瑟原著、英柯林·罗南改编《中华科学文明史》第 1 卷，上海人民出版社，2001 年，第 66 页。）

② 俗谜云："北走千,南走万,不如淮河两岸。淮河两岸,有米、有面、有煤炭。(安徽淮南)"（崔建林主编《中华谜语全书》，线装书局，2007 年，第 363 页）怀远谚语："走千走万，不如淮河两岸。"（怀远县地方志编纂委员会编《怀远县志》，上海社会科学院出版社，1990 年，第 569 页）

作物种类齐全等优越的自然条件，经过两淮人民的勤劳开发耕耘，使得这里经济文化逐步繁荣，人民也就越发热爱这块地方。

风俗作为文化，向为历代封建王朝所重视。东汉和帝初年，张酺上言"问州中风俗"[1]；清雍正间两江总督奏书"寿州周围千里，民俗刁顽，知州一员，难以肆应"，他从统治人民的观点出发，把人民的反抗视为"刁顽"，要求"分设一县，添设知县一员，分疆而治"[2]。今天，我们批判继承传统文化，提倡移风易俗，建设社会主义精神文明。"信息是决策的基础。"编写民俗志，研究发掘地方民俗中的信息，对于制定地方经济发展战略决策，无疑具有重要的意义。[3]

---

[1] 《全后汉文》卷三十一《上言宜令刺史奏事如旧典》："臣闻王者法天，荧惑奏事太微，故州牧刺史入奏事，所以通下问知外事也。数十年来，重其道归烦扰，故时止勿奏事，今因以为故事。臣愚以为刺史视事满岁，可令奏事如旧典，问州中风俗，恐好恶过所道，事所闻见，考课众职，下章所告，及所自举有意者赏异之，其尤无状，逆诏书，行罪法，冀敕戒其余，令各敬慎所职，于以衰灭贪邪奸佞。（《续汉百官志》五注补引《东观书》，"和帝初张酺上言"）"（清严可均辑《全上古三代秦汉三国六朝文·全后汉文》，商务印书馆，1999年，311页）

[2] 清李兆洛《嘉庆凤台县志》卷一《舆地志》："雍正十年两江总督尹继善奏曰：寿州周围千里，民俗刁顽，命盗频闻，私铸赌博，迭经发觉。知州一员难以肆应。请分设一县，添知县一员，分疆而理。以城内之东北隅并北门外之石马店，东门外之石头埠等处地方划分新县管辖，并设典史一员，管理捕务。如此则要地有统理，剧邑有分任，而吏治收实效矣。奉旨依议，因以县北之凤凰山名县，曰凤台。"（一页，清嘉庆十九年10卷刻本）

[3] 本文原载《安徽史志通讯》1986年第1期，文中图为整理中添配。

民俗试雨杂谈

盛夏和初秋,天气易变。把握天气变化,对庄稼播种和收获至关重要。我县民间传自古代的"民俗试雨"风俗,就是在这样的背景下产生的。

一、孩子甩鞋

傍晚,田里一片青绿的秧苗或金黄的稻穗,有时想晴天,有时想阴雨。能否尽如人意?特别是农民对此十分关注。晚风忽而停吹,空气闷热起来,蜻蜓成群高飞;孩子们也赤身裸体,在场上嬉戏追逐,丢开这样玩那样。"甩鞋试雨"[①]是他们的拿手好戏。玩法是:先是鞁着鞋,尔后用一只脚

---

① 古人祷雨穿芒鞋、菅履也值得思考。《嘉靖惠州府志》卷十三:"刘康,字志宁,河源人也。正统间任高邮州知州,州当淮扬要冲,使节络绎,守者疲于应酬,……尝岁旱祷雨,芒鞋徒步,不远百里。"(七页,明嘉靖16卷刻本)《留春草堂诗抄》卷五《经孟词进士墓下追纪四梦》:"蕴隆虫虫郡忧,促起祷雨芒鞋求。桐杖筦筦草土泣,白衣枉弔长身立。为言白衣彼所制,责我未赴增怏怛。故人无子死吾手,十八年前忍回首。"(清嘉庆十九年秋水园7卷刻本,基本古籍库,54页)《雍正浙江通志》卷一百四十九:"黄升,《昌化县志》:号与竹,番禺人,举乡试,由肥乡学擢昌化令。尝六月祈雨,芒履出祷,入则焚香私第,密祷如外,三祷三雨。"(四十六页,清文渊阁四库全书280卷本)《雍正浙江通志》卷一百五十七"曾惟谦,《续处州府志》:江西泰和人,由乡举知景宁县。岁旱,菅履步祷,雨果沾足,有秋。"(二十七页,清文渊阁四库全书280卷本)

猛地上甩，待鞋子落下时再追上前去观看。若鞋底朝上。他们就喊"明儿是晴天"；若鞋底向下，他们就喊"明儿是阴天"。各人都是自圆其说，而且常常是固执己见！不过，玩归玩，第二天究竟是晴是阴？谁也不去旧话重提的。鞋子还是照常地甩。并且代代相因，久不失传。

二、乌云接日

日落前，常是天气有变的时刻。现在18点钟预报天气也有这种因素吧。不过这里说的是无天气预报的过去。"乌云接日"，是指太阳在未落入地平线前，就被西方生升的黑色云所掩吞。这是传自古代的"民俗试雨"经验。黄子发相雨说："候日欲入时，日上有冠云，不同大小，视四方黑者大雨；青者小雨。"[1]也是指日落时日上有云。民间以为若无乌云，而是金色晚霞，

---

[1] 黄子发《相雨书》"观云"条："候日始出，日正中有云覆日，而四方亦有云黑者，大雨，青者小雨。常以戊申日候日欲入时，日上有别云，不论大小，视四方黑者大雨，青者小雨。以六甲日平旦清明东向望日始出时，如日上有直云，大小贯日中，青者以甲乙日雨，赤者以丙丁日雨，白者以庚辛日雨，黑者以壬癸日雨，黄者以戊己日雨。"（不分卷清光绪渐西村舍本，二至三页）《御选唐诗》卷十二"五言律"收杜甫《春夜喜雨》："野径云俱黑，江船火独明"注："黄子发《相雨书》，常戊申日候日欲入时，上有冠云黑者大雨，青者小雨。"（四十四页，清文渊阁四库全书32卷本）明熊明遇《格致草》"雨征"："观朝日出光暗淡色苍白者，雨征也。日出时云多破漏日光散射者，雨征也。密云四布牛羊吃草如常者，不雨；若唊食匆遽似求速饱，雨征也。蝇蚋蚕蚕匆遽咂食，雨征也。螺蛳之属，仓皇飞骛，雨征也。穴处之虫群出于外，雨征也。朔日至于上弦，视月两角近日一角稍稍丰满，雨征也。月晕白主晴，赤主风色，如铅者，雨征也。"（不分卷函宇通本，基本古籍库，56页）《石墨镌华》卷七《访古遊记》："又有告我以陵北四十五里叱干村有乙速孤公碑者，余兴欲飞。赵生语余勿行，是天将雨。余怪之。赵生指门前溪水谓余：水缩，雨征也。盖水从巴谷出，村人凿山引之灌田。田皆亩一钟，而以其盈缩占雨甚验。余犹弗信。已而，阴云忽起，大风拔木，骤雨如注，山谷应响，水泉皆溢。"（清知不足斋丛书8卷本，基本古籍库）

又称"金热（日）头"，便认为明日是晴天。

三、猫狗吃青

夏日的岗坡田埂，还会滋生一丛丛新草，嫩绿鲜青。午后，西南天际升腾起乳白色云团，像山峰，也像棉朵。太阳给它镶起一道金边，使你遐想仙境的究竟。不知什么时候，云团变黑了，猫狗来到岗坡田埂上，默不作声地在那啃嚼新草，农夫们没空去遐想什么仙境，却对那变黑的云团和吃青的猫狗十分敏感。牧童学会了这个"经验"，在那老远的地方喊了起来："猫狗吃青，老天要阴"[①]。有时似当歌子唱！

四、蚂蚁拦路

晌后，有时能在路面上看见一条黑色的蛇阵，那就是聚在一起的蚂蚁，

---

① 古人祷雨用狗。《道德真经注》卷一"天地不仁以万物为刍狗，圣人不仁以百姓为刍狗"注："仁谓有心于爱之也。刍狗，缚草为狗之形，祷雨所用也。既祷则弃之，无复有顾惜之意。天地无心于爱物，而任其自生自灭，圣人无心于爱民，而任其自作自息，故以刍狗为喻。盖圣人之心虚而无所倚著，若有心于爱民，则心不虚矣。"（八页，明正统道藏4卷本）《王百谷集十九种·屠先生评释谋野集》卷一《答吴幼安》："王生耳中听松风瀑布且无暇、而暇及汝南儿月旦哉？以一身为万物刍狗，漆园生奈何不讥倒置之氏乎？"评释："刍狗，盖古人祷雨必束刍草为狗，被文绣，斋戒以将之。及其已陈，弃之于地，行者践其首，樵者取以为爨。"（二十四页，明刻40卷本）

古人祷雨与猫也有关系。《雍正浙江通志》卷二十一记："猫儿潭，崇祯《处州府志》：昔有术者檄龙于百尺潭以祷雨，龙奔化为猫入潭，故名。"（七页，清文渊阁四库全书280卷本）《万历括苍汇纪》卷之七"至下里滩，南会大梁水潴于猫儿潭"注："昔有术者檄龙于百丈潭，龙奔化为猫入此，故名。"（十八页，明万历七年15卷刻本）同治《丽水县志》卷三"又东五里为猫儿潭"注："吴赤乌间，有术士檄龙于百丈潭，龙奔化为猫，入于此潭。"（二十八页，清同治十三年15卷刊本）

民间谓之"蚂蚁拦路"。有时也能在它们的洞穴周围,见到这些忙着"高筑墙"的蚂蚁群体。周庾信《奉和赵王喜雨》诗:"玄霓临日谷,封蚁对云台"①和《对雨》诗:"徒劳看封蚁,无事祀灵星。"〔南北朝庾信撰、清倪璠注《庾子山集注》卷四《对雨》:"繁云犹暗岭,积雨未开庭。阶含侵角路,镬满溜疏萍。湿杨生细椹,烂草变初萤。徒劳看蚁封,无事祀灵星。"注:"椹,诸深切,音斟,木跋也。《月令》:腐草化为萤。《易林》曰:蚁封户穴,大雨将集。《后汉书祭祀志》曰:汉兴八年,有言周兴而邑立后稷之祀。于是,高帝令天下立灵星祠。言祠后稷而谓之灵星者,以后稷又配星食也,旧谓星谓天田星也。……牲用太牢,县邑令长侍祠。《三辅故事》:长安城东十里有灵星祠。"(五十六页,清文渊阁四库全书16卷本)〕中所说的"封蚁"都是指此。遇有此象出现,往往天气是闷热闷热的,民间也以此来试得近日的阴雨。

---

① 南北朝庾信撰、清倪璠注《庾子山集注》卷四《奉和赵王喜雨》"玄霓临日谷,封蚁对云台"注云:"《说文》曰:霓,屈虹,青赤或白色,阴气也。日谷,旸谷,日所出也。《淮南子》曰:日出旸谷。《东观汉记》曰:永平五年秋,京师少雨,上御云台,召沛献王辅,以《周易卦林》占之,其繇曰:蚁封穴户,大雨将至。上以问辅,辅曰:蹇,艮下坎上,艮为山,坎为水,山出云为雨,蚁穴居知雨将至,故以蚁兴。"(十二页,清文渊阁四库全书16卷本)《易林》卷十三:"蹇:蚁封户穴,大雨将集。鹊起数鸣,牝鸡叹室。相毂雄父,未到在道。"(十二页,士礼居丛书景刻陆校宋16卷本)《东观汉记》卷七"列传·沛献王辅"条:"沛献王辅善京氏易。永平五年秋京师少雨。上御云台,召尚席取卦具自为卦,以周易卦林卜之,其繇曰:蚁封穴户,大雨将集。明日大雨。上即以诏书问辅曰:'道岂有是耶?'辅上书曰:案,易卦震之'蹇,蚁封穴户,大雨将集。'蹇,艮下坎上,艮为山,坎为水,山出云为雨,蚁穴居而知雨,将云雨,蚁封穴,故以蚁为兴。"(五页,清武英殿聚珍版丛书24卷本页)明李东阳《怀麓堂集》卷十四《次韵杨应宁久旱三首》之一:"三复来诗百感侵,寂寥云汉有遗音。终风漫挟扬沙势,毕宿空怀好雨心。坐待庭苔封蚁蛭,梦惊潭树作龙吟。原田已恨冬无雪,更入新年恐不禁。"(八页,清文渊阁四库全书100卷本)

五、蛐蟮（即蚯蚓[①]）滚灰

夏季，大多花卉已经开过，该轮到这兆吉祥瑞的莲花了。她迎着夏日的清风开放着。午后，逗留在这清凉爽快的池边，观看水中的倒影和叶下动也不动的小鱼儿，可以享受无限的乐趣。当你离开池边，顿觉空气悬殊，不过那热乎乎的宅墙的反射，麦菜秸秆散发的清香，以及大路边上吱吱惊飞的蚂蚱……，能带你走进另一种极乐世界。你若有兴，还可注意到另一件有趣的事，那就是"蛐蟮滚灰"。在墙根边，稻场边，或是大路中央的灰土中，有几条蛐蟮在滚动，滚得没鼻没眼的。当它们滚得精疲力竭时，多半是给蚂蚁当作"广积粮"的资源拖走的。这种悲惨结局，并非被逼所为，而是它们自已选择的。如果说它"作茧自缚"未免有点过分。因为它们有善良的愿望，高尚的品格，它们是为"民俗试雨"所做的牺牲！

[①] 汉王充《论衡》卷第十四《变动篇》："故天且雨，蝼蚁徙，丘蚓出，琴弦缓，固疾发，此物为天所动之验也。故天且风，巢居之虫动，且雨，穴处之物扰，风雨之气感虫物也。"（上海人民出版社，1974年，229页）《刘子》卷之九："其旦雨也，寸云未布而蚁蚓移矣。巢居知风，穴处识雨，风雨方至而鸟虫应之。"（北齐刘昼撰；杨明照校注《刘子校注》，巴蜀书社，1988年，213页）唐卢仝撰、清孙之騄注《玉川子诗集注》卷三《夏夜闻蚯蚓吟》："夏夜雨欲作，傍砌蚯蚓吟。念尔无筋骨，也应天地心。汝无亲朋累，汝无名利侵，孤韵似有说，哀怨何其深。泛泛轻薄子，旦夕还呕吟。肝胆ận汝辈，热血徒相侵。"注："蚯蚓，一名鸣砌，孟夏始出，仲冬蛰结。术家谓蚓可兴云，又知阴晴，雨则先出，晴则夜鸣。无筋骨，其为物不息，引而后申。蚯蚓土精，无心之虫，穴居首阳下向，阳动则穴而上首。"（三十四页，清刻晴川八识 5 卷本）宋曹勋《松隐集》卷二十《断梅》："暑雨连朝困郁蒸，淖深蛙蚓上阶行。晚云翻海忽雷震，农说断梅明日晴。"（四页，民国嘉业堂丛书40卷本）宋陈景沂《全芳备祖》前集卷五"花部"："明年二月既望，夜中天大雷雨。某诘朝起，视两庑蚯蚓布地皆满，……辛巳八年者，……天大雷雨，蚯蚓布地，而三蘖勃然者，蚯蚓伏深壤，阳气骤趋之，则动植俱奋也。"（明毛氏汲古阁抄58卷本，基本古籍库，62页）

六、猫睁眼

早晨，太阳刚从朝霞里露出半边脸蛋，又被朝霞变化的云阵吞了进去。民间称此叫"猫睁眼"。他们依此情状可以试得有雨，并且可知有雨时间多半是在午前。有杂诗云："朝霞迎白日，丹气临阳谷；翳翳结繁云，森森散雨足"。指的也是这种猫睁眼。

七、泥鳅翻筋斗

约从午时起，圩沟、浅池的水面上冒出一些气泡，水里的泥鳅[①]在水皮翻筋斗，在那半露水面的一霎间，你能看到它的身腰弯曲成向下的"U"字形，显得十分纤柔、灵巧，富有一种连舞女也难以比拟的"曲线美"。不过它不是在供人审美，而是在为"民俗试雨"做演出啊！

在今日之科学观来看，以上二至七条所示可能与当时的气候有关；至

[①] 宋陆游《剑南诗稿》卷八十三《即事》之五："鱼鳅群出天将雨，蛙黾争鸣草满庭。莫道归休便无事，时时披襏伴园丁。"（四页，清文渊阁四库全书补配清文津阁四库全书 85 卷本）清金鉷《雍正广西通志》卷十五："龙马泉在城南岸，近江，三穴相通，有古榕十数根覆其上。天将雨，树荫下每见鳅鱼数万游跃，世传有龙化马于此，因名。"（六十一页，清文渊阁四库全书 128 卷本）《同治广信府志》卷一百六十一："天顺间，信守金铣廉干有异政，尝视空作迎仙语。会旱，为制金盘一具，步至三清，八漈龙潭故事。祈者持物往祷于潭中，获鳅蟹虫鱼之属，即归致雨以为常。公谨谢曰：吾不尔捧盘默祝，此来必求现真龙身，然后返。少顷，波涌丈余昇公身之半，公不惧，倏忽有物爪其金盘去。公谢起行，果大雨。（旧志）"（二十一页，清同治十二年 12 卷刻本）《弘治八闽通志》卷六《地理》"狮子岩"条："在兴贤上里凌云寺后山顶，有石嘴悬出类狮子状，下有龙洞，洞中有物状类泥鳅，有四足，号曰小龙。岁旱或得一二迎以下山即雨，俗因名其处曰龙湫。"（七页，明弘治 87 卷刻本）明王士性《五岳游草》卷四《越游（上）·台中山水可游者记》："又攀藤上峻坂五里，接苍山，为道者墓，蔡李二仙人修真地也。有鳅，时以风雨至听法焉。二仙以杖画地而分其清浊者，鳅居清者人汲，至今祷旱则应也。此地九月即雪封山。"（二十六页，清康熙 12 卷刻本）

于以鞋底朝上朝下试晴雨,显然是无科学根据的。不过,此时孩子特别兴奋,又有蜻蜓群飞①诸象,能不能说也与当时的气压有关呢？不然,何以能自古至今,久传不绝呢？②

---

① 清陈兆仑《紫竹山房诗文集》"诗集"卷三《自汶上抵东平得断句六首》之三："物性多于气候通,晴光强半入花丛。未妨蛱蝶时翻紫,只要蜻蛉不闪红。"自注："俗以红蜻蜓排阵占雨。"（二十二页,清嘉庆32卷刻本）清樊增祥《樊山续集》卷二十一《紫薇集·再续咏柳絮八首（之四）》："娇煞春城白项乌,飘飘身世亦仙乎。梨花院落寻常有,芳草天涯何处无。黄鹂留鸣知雨过,红蜻蜓弱倩风扶。问谁能作吹云画,拟画池塘纪梦图。"（二十二页,清光绪二十八年西安臬署28卷刻本）清嵇永仁《抱犊山房集》卷四《杂诗·初秋杂咏（其七）》："漠漠一望渚田青,禾耳丛生泛野萍。自到秋来无好日,满天欲雨乱蜻蜓。"（十五页,清文渊阁四库全书6卷本）杨基《眉庵集》卷之八《郡斋养疴呈醉樵内史》："江云倏忽暝还收,五月犹寒著弊裘。芳草斜阳看易晚,绿荷疏雨听如秋。池塘空阔蜻蜓喜,帘幕萧条燕子愁。不是无言成独坐,暂将心事静中求。"（二页,四部丛刊三编景明成化12卷刻本）清谢元淮《养默山房诗稿》卷二十九《荡海集·惠山即事》："石苔经雨绿粘衣,蝴蝶蜻蜓作队飞。莘草幽花春意厚,杜鹃偏道不如归。"（四十一页,清光绪元年32卷刻本）

② 本文原载寿县政协文史资料委员会编《寿县文史资料》第三辑,1995年8月。

民间文学琐记

一、四季少个春

清乾隆朝,宫里有个太监与礼部尚书纪晓岚过往甚密。一天,太监一人在宫门外仰望蓝天,想出一副对联的上联就怎么也对不起下联了。正好碰上纪晓岚有事经过那里,太监便缠着纪晓岚为他对出下联来。纪晓岚听了太监的上联是:"三元壮未志",立刻说到:"下联就叫'四季夏秋冬'吧"。太监不解地问道:"明明说的是'四季',为何只有'夏秋冬'

而少个'春'呢？"①

纪晓岚说："那春天是情感的象征，你太监要它做甚？"说完便走开了。啼笑皆非的太监还呆站在那里。

此事虽系传说，可纪晓岚的文才倒是真的，《四库全书》就是由他总纂的呵！②

---

① 徐珂《清稗类钞》"诙谐"类"人间四季夏秋冬"条："纪文达尝于退直，遇一内监，曰：'适有一联，乞公为足成之'，出句云'榜上三元解会状'，文达应声云：'人间四季夏秋冬'，内监问何故脱却'春'字，文达笑曰：'君当自问其为何故也。'"（徐珂《清稗类钞》第14册，商务印书馆，18页）又见琴石山人编《可发一笑》第10版，会文堂书局，1924年，205页。粤地神话传说《龙珠记》："一日，一公祖拿一白纸扇请状元题诗，马（状元）即提笔写"一年四季夏秋冬"。公祖拿此扇到处炫耀，被一太监说道，公祖差矣，此诗乃奚落公祖无春。此后，公祖怀恨在心，寻找机会报复。"（广东省南海市南庄镇地方志编纂委员会编《南海市南庄镇志》，广东人民出版社，2009年，第780页）又有故事说："一个小太监拦下纪晓岚，要求他讲个笑话。纪晓岚应要求说：从前有一个人。（沉默了许久）这个太监耐不住追问：下面呢？纪晓岚答道：下面没有了啊！小太监把此事告诉了太监总管，太监总管很有学问，认为纪晓岚太不尊重人，决定对其惩戒一番。一日遇到纪晓岚时，便说：久闻纪学士才高八斗，我有一上联：'三才天地人'，请帮忙对出下联。纪晓岚谦逊道：'过奖过奖。'随即对道：'四季夏秋冬'。总管便问：'四季乃春夏秋冬，怎么没春呢？'纪晓岚往太监总管的下身看了一眼，奸笑道：'春没了'。"（萧胜平编著《赢在幽默》，中国纺织出版社，2006年，第160页）又或云是明朝首辅解缙故事："郭公公细细琢磨……后，说：'乡试、会试、殿试，乃读书人青云直上的阶梯，咱家有一上联，烦解学士指教下联。'解缙略一拱手：'公公毋须客气。'郭公公左手摸摸光秃秃的下巴，尖声尖气地说：榜上三元解会状。解缙脱口对道：人间四季夏秋冬。郭公公柔声一笑：'解学士谬矣。人间四季，乃春夏秋冬。岂能无春乎？'解缙神秘一笑，压低声音说：'公公此言差矣。敢问公公：春根尚且不存，岂能叫春乎？'郭公公闻言一怔，霎时面孔红到耳根。"（永志强著《明朝首辅的为官智慧》，群言出版社，2010年，第56页）

② 本文原载《志苑》1995年第4期。

二、狗逃兆凶

狗逃不吉是民间常听到的说法。寿县张之屏记有此事，略曰："民国以来，合肥段祺瑞久秉国政，自黎黄陂免其职而势益张。九年与直军一战全局瓦裂。殊有出人意外者。吾有挚友段子翔，其族人也。祺瑞有妹嫁陈氏，携其子依祺瑞以居，咸呼之曰姑太太。一日至子翔家或谈及失败事，姑太曰：'非偶然也，去年已有征兆矣。祺瑞老家在合肥之南鄙，村居旷墅多饲犬，牝牡孳乳，多数十头。去年以来次第投亲故家，招之不返，至今村中无一犬存。'其姑太非造言诬蔑者，吾闻之子翔云。"这一段记述，说明狗在民俗观念中它还是一种能超前预感主人家命运凶吉的灵性动物，可知人就喜欢它了。

三、州失罪人

宋代词人苏轼的涉酒诗词亦多。有名的如他谪贬黄州时写的《临江仙·夜归临皋》："夜饮东坡醒复醉，归来仿佛三更。家童鼻息已雷鸣。敲门都不应，倚杖听江声。长恨此身非我有，何时忘却营营！夜阑风静縠纹平。小舟从此逝，江海寄余生。"当时苏轼谪贬黄州是作为罪人受着监管的。词意写出他不满于谪贬受罪的处境，而要弃官不干，隐居江湖，获得精神自由的心声。然而此首小词却惊吓了朝廷。据叶梦得《避暑录话》卷上记载，这天苏轼"与数客饮江上。夜归，江面际天，风露浩然。有当其意，乃作歌词，所谓'夜阑风静縠纹平，小舟从此逝，江海寄余生'者，与客大歌数过而散。翌日喧传，子瞻夜作此词，挂冠服江边，拏舟长啸去矣。郡守徐君猷闻之，惊且惧，以为州失罪人，急命驾往谒。则子瞻鼻鼾如雷，犹未兴也。然此语卒传至京师，虽裕陵（神宗）亦闻而疑之。"[①]这则有

[①] 赵传仁主编《诗词曲名句辞典》，山东教育出版社，1988年，第83页。

趣的故事，不问有无附会，但都成了后世讥讽当时的佳话了。

四、我的小干巴

人家银娃娃，两眼不霎他；我的小干巴，疼的肉吱啦。啪挞啪挞两巴掌，哪个能有我抽畅。（采录）①

五、诗人风流韵事

刘禹锡，洛阳人，字梦得。唐贞元九年进士，官至集贤殿学士，出任苏州刺史。李绅，无锡人。字公垂。元和元年进士，作过司空及滁、寿二州刺史；武宗时任宰相。

一次，李绅宴请刚从和州回来的刘禹锡，并让歌女杜韦娘劝酒。杜韦娘的梳妆打扮和委婉动听的歌声，深深地博得诗人的爱慕。于是当即赋诗相赠。诗曰："鬟髩梳头宫样妆，春风一曲杜韦娘。司空见惯浑闲事，断尽江南刺史肠。"李司空乃爽快大方之人，聆听七绝诗意，又见此情此景，便把杜韦娘送给了刘禹锡。从此，刘禹锡与杜韦娘恩恩爱爱，一唱一和。诗中的"司空见惯"，也就成了典故流传下来。

南宋词坛有位颇负盛名的作家名叫江夔，字尧章，号白石道人。鄱阳人。一生未出仕。与白石同时代的另一位诗人范成大，吴兴人，字致能，号石湖居士，官至参知政事。晚年退居故乡石湖，世有文名，尤工诗，家中侍女皆能歌善舞，名小红者尤著。相传江夔拜谒范成大，自制《暗香》《疏影》二词；成大命小红肆习，音节清婉。成大因遣小红归夔，二人遂成伉俪。江夔《白石道人诗集》下《过垂虹》中的"自作新词韵最娇，小红低唱我

---

① 收入《寿县志·第十九卷·文化》83页。

吹箫"佳句，相传就是咏志这段爱情故事。

（本文原载《志苑》）1994年2期）

六、元好问的一首佚词

读冯梦龙《情史类略》，发现元好问一首《摸鱼儿》词。该书卷二十一"情通类""雁"条载：元好问赴试并州，道逢捕雁者，捕得二雁：一死，一脱网去。其脱网者，空中盘旋，哀鸣良久，亦投地死。元遂以金赎得二雁，瘗汾水旁，垒石为识，号曰"雁丘"。因赋《摸鱼儿》词云："问世间、情是何物，直教生死相许。天南地北双飞客，老翅几回寒暑。欢乐趣，离别苦，就中更有痴儿女。君应有语，渺万里层云，千山暮雪，只影向谁去？横汾路，寂寞当年箫鼓。荒烟依旧平楚。招魂楚些嗟何及，山鬼暗啼风雨。天地妒，未信与、莺儿燕子俱黄土。千秋万古，为留待骚人，狂歌痛饮，来访雁丘处。"按：《情史》（春风文艺出版社1986年版）中此条在卷二十三，只两处标点有异，从其一"只影向谁去"句后为问号。检唐圭璋编《全金元词》，未收这首《摸鱼儿》词，该词当为元好问的佚词。

（本文原载《文献》1988年2期）

七、寿县谜语（计150条）[①]

1. 四四方方一小舟，二人对面说春秋；兵马渡河不沾水，不捉将帅不

[①] 作者辑纂引语说："谜语具有多功能的历史认识价值，我早有收集之意。巧在住院期间遇到护士周芹和同时住院的王治坤、刘学武、刘长胜、丁玉福、孙以俊、李宏金以及王毅如的老伴陈兰如，她（他）们会讲许多谜语，尤其是红军老战士王治坤同志，我们给他的'任务'是每晚必讲三、五条。每当点灯之时，他便清清喉头，高兴地讲谈起来。别人猜着，我就记着，月余，收此百十余条。打印此辑之时，特向上述同志致以诚挚的谢意。（1986年12月22日）"

罢休。（打一物）

2. 四四方方一座城，分作东西南北门；三排士兵三员将，白骨山上又来领队人。（打一物）①

3. 一个小坛两个口，白天不走黑夜走。（打一物）

4. 身有枣核大，三间房子装不下；门后头还有一个大尾巴。（打一用具）

5. 木碗子，两半子，毛尾长在一篆子。（打一物）

6. 小黑碗，顺地坎，坎不着，两个半。（打一物）

7. 从小在树上，长大在市上；它虽不吃荤，却在肉里蹲。（打一物）

8. 一棵木头穿山，白天黑夜水不干。（打一物）

9. 从小在树上，长大在市上，为了闹门子，不知挨打多少棍头子。（打一物）

10. 巴掌大，一块皮；里里外外生毛尾。（打一物）②

17. 一个葫芦七个洞，洞洞都有用。（打一物）③

18. 幼小青，长大白，喇叭腿，给你摘。（打一物）

19. 半截空中一座楼，文武百官在里头；亲生儿子不送老，恩爱夫妻

---

① 张华庚《新编麻将谱》云"俗话说：'一个中国人，闷得发慌；两个中国人，就好商量；三个中国人，难做成事；四个中国人，麻将一场。'打麻将称作'砌长城'，四四方方一座城，东西南北四个人。"（五洲传播出版社，2017年，第2页）

② 打印稿缺第3页，少了6条。

③ 王文宝《北京民间儿歌选》"谜语类"云："一个葫芦七个洞，个个都有用。（头）"（浙江人民出版社，1982年，第142页）又贵州谜语："一个葫芦七个洞，正面三个洞会动。两个洞口朝下开，还有两个分西东。（人体一物）"（本社编《大家都来猜谜语》，贵州人民出版社，1980年，第5页）李问渠《大众语文全书》云："一个葫芦七个洞，洞洞都有好作用，一个听来一个看，一个嗅来一吃饭。（头）"（新世界出版社，2007年，第220页）柳志、朱卉编《最新实用谜语大全》云："一个葫芦七个眼，听的听来喊的喊。（头）"（求真出版社，2011年，第354页）

不到头。（打一物）

20. 远看像个楼，近看窝窝头；人在下边走，水在上面流。（打一物）①

21. 看它像个塔，红虫往上爬；爬到塔顶上，虫塔都没啦。（打一物）②

22. 石层层，不见山；雪飘飘，不觉寒；路遥遥，不显远。（打一物）

23. 眼里吃饭肚里饱，腰里屙屎怎么了。（打一物）

24. 一个小铁棍，越打越往沟里挣。（打一物）

25. 有面无口，有腿无手；又能吃饭，又能喝酒。（打一物）③

26. 巴掌大，黑呀呀；毛根捣，水渣渣。（打一物）

27. 出去喳喳叫，回来叫喳喳；不知天早晚，路黑就回家。（打一物）

28. 一个小木匠，做个小晃晃；一头拉大车，一头开染坊。（打一物）

29. 远看像头牛，近看没有头；嘴里吐黄沙，肚里滚绣球。（打一物）

30. 不洗能吃，洗了不能吃。（打一物）

31. 一物生来五寸长，姑娘用它在闺房；半夜三更淌眼水，只见短来不见长。（打一物）④

32. 去是通畅路，回来路不通；闷得黄小姐，死在路当中。（打一物）

---

① 梁前刚《谜语常识浅说》云："远看像座楼，近看像个球，人在下面走，水在上面流。（雨伞）"（甘肃人民出版社，1983年，第209页）王跃田《民间拾艺》云："远看小洋楼，近看大馒头，人在底下走，水在上面流。（雨伞）"（浙江工商大学出版社，2012年，第249页）

② 章品《民间谜语》云："远看一盘塔，近看红虫往上爬，红虫爬上顶，不见红虫不见塔。（蚊香）"（大连理工大学出版社，1998年，第100页）辛木《民间谜语》云："高高山上一座塔，只见红虫往上爬，红虫爬到塔顶上，不见红虫不见塔。（盘香）"（上海书店出版社，1999年，第131页）

③ 申江《启迪智慧的谜语》载："有面无口，有腿无手，又吃又喝，伴你到底。"（中国旅游出版社，1991年，第114页）

④ 贺宜《贺宜文集》第5卷《谜语的研究》载："一物生来五寸长，姑娘用他在绣房，半夜三更流白水，只见短来不见长。（谜底：蜡烛）"（少年儿童出版社，1983年，第226页）

33. 东一片，西一片，隔着毛家山，到老不见而。（打一物）①

34. 弟兄四五个，娶个麻老婆，问它愿跟谁，它要嫁它三哥哥。（打一物）

35. 小小诸葛亮，蹲在城楼上；摆的八卦阵，专捉飞来将。（打一物）

36. 脊梁朝前，肚子朝后；你要猜到，给你绿豆。（打一物）

37. 红裙子，绿颈子，里面装的豆饼子。（打一物）②

38. 远看青山隐隐，近看水中成人；上不开花，下不结籽，惟惟怀抱玉心。（打一物）

39. 一个小木匠，做个小晃晃；用它放地下，不用放头上。（打一物）

40. 希奇希奇真希奇，没见鼻子当马骑。（打一物）③

41. 墙上一块补丁，足够名人猜到五更。（打一物）

42. 大四方，小四方；没有它，闷的慌。（打一物）④

43. 又长又方像块砖，上面芝麻千把千；粒粒都从口中过，舌头牙齿不沾边。（打一物）

44. 像桃不是桃，里面长白毛。（打一物）⑤

---

① 王文宝《北京民间儿歌选》云："东一片，西一片，到老不相见。（耳朵）"，浙江人民出版社，1982年，第143页）

② 石楠《365个猜谜游戏》云："红裙子，绿边子，黑猪围了一圈子。（最凶猛的"野兽"）"（中国法制出版社，2017年，第30页）

③ 吴珹《儿童谜语大全》云："稀奇古，两面鼓，稀奇怪，两条带，稀奇稀奇真稀奇，拿着鼻头当马骑。"（湖北少年儿童出版社，1997年，第175页）

④ 陈雨门《文虎集·灯谜大观》："大四方，小四方，没有它，闷的慌。（窗）"（中州书画社，1981年，第132页）

⑤ 共青团上饶地区委员会编《红小兵（活动资料）》"植物谜"："像桃不是桃，肚里长白毛，挖开毛里看，还有一个桃。"（1975编印，第103页）贵州省教育厅编《学前班教材·语言》"谜语"："棉桃——像桃不是桃，桃里长白毛。秋天桃裂开，白毛露出来。"（贵州人民出版社，1985年，第159页）

45. 身穿白龙袍，有眼没眉毛；一夜行千里，神仙不知道。（打一物）

46. 圆顶宝塔四五层，和尚出门慢步行；一把小扇半遮面，听见响声就关门。（打一物）

47. 弟兄七八个，围着旗杆坐；兄弟一分家，衣裳就撕破。（打一物）

48. 家后有个小黑碗，大雨小雨下不满。（打一物）

49. 昔日富贵受荣华，今日破败不成家；未曾请客先请我，多吃油盐酱醋茶。（打一物）

50. 生如白粉一条巾，头顶黄芽二边分；虽说不是水里物，水晶宫里长成人。（打一物）

51. 忆当年绿鬓婆娑，自归郎手青少黄多；莫提起，提起清泪满江河。（打一物）

52. 一朵芙蓉顶上开，穿衣不用剪刀裁；虽说不是英雄汉，却能叫起万户开。（打一物）

53. 水里走，水里摇，也没骨头也没毛。（打一物）

54. 上坎，下坎，八把锥子，两把剪。（打一物）

55. 锅门前，树旗杆；猜不着，打皮寒。（打一物）

56. 一个老头矮不蹲，火烧屁股不吱声。（打一物）

57. 一片一片又一片，掉到水里看不见。（打一物）

58. 塘里一盘磨，人人不敢坐。（打一物）

59. 东头一条牛，西头一条牛，天黑就抵头。（打一物）

60. 红公鸡，绿尾巴，一头扎到地底下。（打一物）

61. 头有鸡蛋大，腰有磨盘粗，身有七十二根肋膀骨。（打一物）①

62. 三千人马进木州，弯腰将军领着头；秦叔宝领兵旁边站，黑脸将军押兵在后头。（打一物）

63. 身穿钢盔铁甲，头顶两股钢叉；天上腾云驾雾，地下屎里开花。（打一物）

64. 弯弯树，弯弯材，弯弯树上挂金牌；谁能猜到这个谜，我把地皮翻过来。（打一物）②

65. 看它没有，摸它挡手；像冰不化，像水不流。（打一物）③

66. 远看山有色，近听水无声；春去它还在，人来鸟不惊。（打一物）

67. 生不能吃，熟不能吃，一边烧，一边吃。（打一物）④

68. 三间破房子，里面挂个鸡肠子。（打一物）

---

① 淮阳谜语："头有鸡蛋大，腰有磨盘粗，日雨都敢当，腰里还有二十四根肋巴骨。（旧式纸雨伞）"。（丁世良，赵放主编《中国地方志民俗资料汇编·中南卷（上）》，书目文献出版社，1990年，第154页）成健《谜语大观（上）》载："头有鸡蛋大，腰有磨盘粗，伸出一条腿，露出肋巴骨。（伞）"（大连海事大学出版社，1996年，第206页）

② 赵金昭《洛阳传统儿歌（1）》载："弯弯树，弯弯材，弯弯树上挂金牌。虽说我不是好东西，能把地皮翻过来。（犁）"（河南人民出版社，2012年，第114页）又一说，湖南省文学艺术联合会编《湖南歌谣集成（2）》载《翻圈（祁东县）》："弯弯树，弯弯柴，弯弯树上挂金牌。你把金牌交给我，我把世界翻转来。（演唱者：谭绪南；采录者：谭邦和。1986年5月采录于攸陂乡。附记：翻圈，又叫翻盘子。此歌新化等地也有流传。游戏时，双手将一根整线用手指穿织成一个长方棋盘形，然后让另一小孩双手插入盘中，翻到自己手中，如此轮流翻着，直到再翻不下去，一笑而止。）"（湖南文艺出版社，2009年，第803页）

③ 刘青《中国谜语选》："看看没有，摸摸倒有，像冰不化，像水不流。（玻璃）"（北京出版社，1982年，第39页）

④ 编委会编《荆门市烟草志》载："生的不能吃，熟的不能吃，边烧边吃。谜底：吸烟。"（崇文书局，2005年，第592页）毛允义《再塑青春》载："生不能吃，熟不能吃，卷巴卷巴烧着吃。您猜是什么？"（辽宁人民出版社，1991年，第506页）

69. 格子里，格子外，格子里头种白菜；又好吃，又好卖，又好送人又好带。（打一物）①

70. 破谜，破谜，两头上劲，当中锥个眼，够你猜到晚。（打一物）

71. 弟兄七八百，上山去打铁，铲也没打着，弄得一头裂。（打一物）

72. 半间屋做生意。（打寿县一地名）

73. 油炸老鳖。（打寿县一地名）

74. 六儿本是爱玉生，跟着雪美长成人，雪美带到塘边去，撇下大娘两下分。（打一种动物）

75. 大姐脸色美，二姐一肚水；三姐龇牙笑，四姐歪着嘴。（打四物）②

76. 伸腿挪膀大姑娘，摇头晃脑二姑娘，有红似白三姑娘，挤鼻扭眼四姑娘。（打四物）

77. 东冲里，西冲里，两个老头掰葱尾；东洼里，西洼里，两个老头谈话哩！（打二物）

78. 养鱼塘里癞蛤蟆；咧着嘴，龇着牙，摸不给摸，拿不给拿。剪子剪，上脚踏，一踏一路紫疙瘩。（打一物）

79. 一个老头八十八，脊梁上长两路牙。（打一物）

80. 一个老头九十九，吃饱饭，嘴一扭。（打一物）③

---

① 王仿《中国谜语大全》："格子里，格子外，格子园里种红菜。又能吃，又能戴，又能送人又能卖。（注：第二句有的作"格子里头种白菜"）"（上海文艺出版社，2008年，第203页）

② 钟颖、金宝《双喜临门》载："大姐长得美，二姐一肚水，三姐露着牙，四姐歪着嘴。（打四种水果）"（文化艺术出版社，1982年，第114页）

③ 《中国歌谣集成湖北卷·京山县歌谣》第2分册《儿童歌谣》载："一个老头九十九，吃饱了把嘴一扭。（口袋）"（京山县民间文学三套集成领导小组、京山县群众文化馆编印，中图法分类号：I207，第262页）

81. 梁上一条藤,藤上结个瓜,每到太阳落,瓜上就开花。(打一物)①

82. 一个庙,三个门,也没菩萨也没神。(打一物)

83. 方方头,扁扁咀,腰里长眼,眼里长腿。(打一物)

84. 一物生得真古怪,脊梁沟里冒屎来。(打一物)

85. 远看一根线,近看白练练,钢刀斧头砍不断(打一物)

86. 从乡里,到城里,没猫大,背行李。(打一物)

87. 从小青滴溜,长大黄滴溜;人家不滴溜,它还在滴溜。(打一物)

88. 地雀地雀满地戳,白天吃的饱饱的,晚上落个小空壳。(打一物)

89. 屋子里头一块肉,一年到头晒不透。(打一物)

90. 大姐明星亮月,二姐快嘴快舌,三姐钻头觅缝,四姐或冷或热。(打四物)②

91. 四四方方一块陵,一年到头穿白绫,要想穿大红,新娶媳妇配相公。(打一物)

92. 丁大、丁二、丁三郎,老丁长了个搭背疮,多少先生没瞧好,一个大姐巧鸳鸯。(打一物)

93. 南面来只雁,身背八根剑;走路呼呼响,蹲倒生个蛋。(打一物)

94. 家南边有一群猴,喝水的喝水,点头的点头。(打一物)

---

① 赵金昭等《洛阳现代儿歌》载:"电灯——屋里有根藤,藤上结个瓜。一到日头落,瓜里开红花。(搜集者:王叶)"(河南人民出版社,2012年,第232页)编纂委员会编《滇滩镇志》载:"屋里有根藤,藤上结个瓜,一到黄昏时,瓜里开红花。(灯泡)"(云南人民出版社,2014年,第349页)

② 王泉根《中国现代儿童文学文论选》载:"大姐明星朗月,二姐快嘴利舌,三姐钻头觅缝,四姐忽冷忽热。(尺、剪、针、熨斗)"(广西人民出版社,1989年,第618页)王仿《中国谜语大全》载:"大姐说长道短,二姐尖嘴快舌,三姐钻头觅缝,四姐忽冷忽热。(尺、剪刀、针、熨斗)"(上海文艺出版社,1983年,第474页)

95. 妖妖奇，奇奇妖，坐着要比站着高。（打一物）

96. 南边来只老黄狗，身上疙瘩有一斗。（打一物）

97. 家住山里并斗岭，天下都有我的名，凡是请客先请我，当今万岁少不了。（打一物）①

98. 红纸包，绿纸裹，走南到北都有我。（打一物）

99. 家里有个张打张，鼻子长在脊梁上。（打一物）②

100. 弟兄五个，生在一起，有骨有皮，长短不齐。（打一肢名）

101. 小红罐，紧紧口，里面又装糯米酒。（打一生理器官）

102. 大头大，大头大，人人大头都朝下。（打一器官）③

103. 天上不长它，地上不收它；吃它不看它，看它不吃它。（打一物）

104. 一家姓木，一家姓铁，木家门口下冷子，铁家门口下大雪。（打一机器）

---

① 李叶《全彩图解茶经》载："生在青山叶儿蓬，死在湖中水染红，人爱请客先请我，我又不在酒席中。（谜底：茶叶）"（北京联合出版公司，2015年，第223页）王钱超《潜山方言》载："生在青山夜里青，死在凡间我为先，来人请客先请我，走出门来谢谢恩。（茶）"（合肥工业大学出版社，2017年，316页）

② 岚皋县志编纂委员会编《岚皋县志》："响卜卜，卜卜响，鼻子长在脊梁上（打一用物）〔锅盖〕。"（陕西人民出版社，1993年，第548页）张立宪主编《读库》："外婆经常和我玩，……也说谜语，比如'从南来个张大张，鼻子长在脊梁上'，是锅盖。"（北京：新星出版社，2015年，48页）杜学德《河北民俗》："成人常在家庭中的茶余饭后，在田间地头和干活的空间，在纳凉的月下场院，在饭场上，爱出谜和猜谜。这些谜语也多是民间事物谜。如'圪亮亮，圪亮亮，鼻子长在脊梁上。'谜底是木头锅盖。"（甘肃人民出版社，2004年，第351页）

③ 《邓县民间文学资料·传统儿歌选（上）》："大头大，大头大，个个大头都朝下。你若不信我的话，走访四邻和五家。谁的大头不朝下，给你一匹白龙马。（鼻子）"（河南省邓县文化馆编印，1984年，第43页）赵金昭《洛阳传统儿歌（1）》："鼻子——大头大，大头大，人人大头都朝下。我说这话你不信，回去问问你大大。"（河南人民出版社，2012年，第116页）

105. 一只老鸡，带窝小鸡，经常走你门前过，你却不知好些数。（打二自然物象）

106. 自小姊妹们多，长大各归各的窝，死了又还魂，还魂才找老婆。（打一动物）

107. 弟兄二十多，兄弟拦门坐；碰到硬东西，还要找它哥。（打一器官）[①]

108. 家后一块麻，八对八丫叉；风来吹不动，雨来大开花。（打一物）

109. 青竹竿，十二节，高头又坐红官大老爷。（打一物）[②]

110. 红灯笼，绿宝盖，千人走，万人爱。（打一物）

111. 从小青，长大黄，临老还在火里亡。（打一物）[③]

112. 桥上有水桥下空，人人见它要打恭。（打一物）[④]

113. 四角伶俐，并无声音；两下不见，谈的分明。（打一物）

114. 弟兄七八千，住房住一间，烧酒很好喝，酒糟还卖钱。（打一物）

---

① 门牙。

② 赵耀宇《从民间谜语看西华民俗事象及女娲文化意蕴》载："青竹杆，十二节，顶上坐个红关爷"（高粱）"（见河南省文化厅《河南文化文物年鉴（2010）》，河南大学出版社，2010年，第551页）

③ 郝焕斌《大冶镇志》："从小青，长大黄，束着腰，靠着墙。（打一工具。谜底：扫帚）"（河南人民出版社，2008年，第602页）蒋应平主编《六安文史》载："黄烟生产工序繁多。烟工口头语道：'从小青，长大黄，绳捆索绑上牙床（牙床指烟榨），千刀万刀零碎剐，临死还在火上亡。'具体说，烟叶要经过撕叶、揉粉、开捆、打捆、上榨、站捆、推烟、包装等过程。为防止霉变，便于保存，每逢春夏之交包装好的成品黄烟，还要放进烟坑烘烤。"（中国文史出版社，2006年，第256页）按，上谜应为后者。

④ 正坤编《谜语》载："脸盆架——桥上有水桥下空，一只荷叶在当中，人说天下朝廷大，朝廷见我打一躬。"（中国文史出版社，2003年，第168页）康桥主编《谜语集粹》载："桥上有水桥下空，桥脚建成四边形，虽说身体没人高，人人见了要鞠躬。"（北京燕山出版社，1996年，第37-38页）

115. 大哥楼上跳,二哥打灯照,三哥呼噜噜,四哥已来到。(打四自然现象)①

116. 背着行李不叫走。(打一古人名)

117. 南天门上挂镜子。(打一古人名)②

118. 捧着猪头进庙门,捧着猪头回家转。老子打断儿子腿③,高高山上挂铜锤。高高山上挂大刀,高高山上挂铜锣。(打六种花名)

119. 一口咬掉牛尾巴。(打一字)

120. 土家人算卦,月小好期。(打一字)

121. 千字倒足千,八字坐两边;好个裙钗女,站在鬼面前。(打一字)

122. 上不上,下不下,何日谈这家?(打一字)

123. 王人肚里一对瓜,一点乌纱进王家;二十三点下大雨,和尚也到土地家。(打四字)

124. 两个燕子一阵飞,一个瘦来一个肥;一月来三趟,一年来一回。(打一字)

---

① 永胜县志编纂委员会编《永胜县志》载:"大哥楼上跳,二哥点火照。三哥带信来,四哥就赶到。(雷闪风雨)"(云南人民出版社,1989年,第709页)酉阳县文化广播电视新闻出版局编《酉阳民歌集》载:"雷电风雨——大哥楼上跳,二哥点灯照,三哥满地滚,四哥来赶到。(演唱人:倪月英,女,土家族,69岁,酉阳浪坪乡楠木桶三组人。搜集录像、词曲整理:唐腾华;录音:孙万山、李化)"(重庆大学出版社,2012年,第77页)

② 赵英《学生新歇后语词典》:"南天门上挂镜子——照(赵)云。"(内蒙古大学出版社,2006年,第308页)

③ 庐剧:"老:(唱)'……儿子打断老子腿,这花名叫什么花?……'小,(唱)'……老子打断儿子腿,这名就是茄子花。'"(安徽省文化局剧目研究室编《安徽省传统剧目汇编·庐剧》第12集,1961年,第17页)彭善梁等《远安歌谣》"对花":"'老子打断儿子的腿,那是一朵什么花,奉请我的歌师傅对到它。''老子打断儿子的腿,那是一朵杏子花,不知我的歌师傅是不是它。'"(长阳土家族自治县文化局编印,第96页)

125. 一点周瑜不良，三战吕布关张，口骂曹操奸党，十万雄军过江，一阵杀败东吴，四川刘备为王，目下乾坤将定，八卦诸葛阴阳。（打一字）

126. 一人力大顶破天，十女种田不到边，我想骑羊羊骑我，千土连田土连千。（打四字）

127. 初立民国不用刀，大清江山人去了，中字缺少中间柱，思想起来心碎了。（打一字）

128. 老二老二莫说我讲你，没我老大哪个认得你！（打一字符）

129. 虫入凤中飞去鸟，七人头上顶青草，大雨下在横山上，半个朋友不见了。（打四字）

130. 一边青悠悠，一边红彤彤，一边喜欢雨，一边喜欢风。（打一字）

131. 十字口中栽，不要把田猜，无头又无尾，猜到真精彩。（打一字）

132. 一木口中栽，非杏又非呆，要把困字猜，不算真秀才。（打一字）

133. 和尚腿上一条巾，道士腰中两块宝；虽说平常两个字，要想猜着不容易。（打两个字）

134. 夫妻二人走娘家，头戴两朵花，过了一个月，骑马转回家。（打一字）

135. 上不连天，下不连地，腰中结了一葫芦。（打一字）

136. 一竖，一边一点。（打一字）

137. 头顶草，肩背水，翘着尾巴，张着嘴。（打一字）

138. 无头又无脚，十字口中搁，要是猜田字，不算有才学。（打一字）

139. 劈头一鞭，两眼直翻；拦腰一棍，尾巴一掀。（打一字）

140. 三字写的丑，不改丰王毛主手；一笔添成字，就能天下走。（打一字）

141. 战徐州失去半偏，战吕布失去巾关；骂曹操拉马逃走，恨董卓

有心无肝。（打一字）

142. 田字不出头，不改申甲由；一笔添成字，就能天下游。（打一字）

143. 天没它大，人有它大；生在女腰，长在旦下。（打一字）

144. 一点一点大，人人都有它。（打一字）

145. 住的高楼大厦，穿的羽毛大褂；要谈你是个人，你还拖着尾巴。（打一字）

146. 狂风刮倒山头，长江水一点不留，凤凰窝生下一个鸡蛋，高山上刮的寸草没有。（打一字）

147. 一点一横长，二字口四方；身子在当中，寸字啃脊梁。（打一字）

148. 半个肉包没有肉，里面包个小黑豆。（打一字）

149. 两个跳蚤抬一根杠，还有一个在高头唱。（打一字）

150. 太子无人少一点，流浪三口得团圆，堂下无土好种田，十月十日得相连。（打四字）

附：谜底

1. 象棋；　2. 麻将牌；　3. 灯笼；　4. 油灯；　5. 牛蹄子；

6. 牛蹄；　7. 牛鼻栓；　8. 牛鼻栓；　9. 打更用的木鱼；

10. 猪耳朵；　　　　　11. 水烟袋；　12. 水烟袋；

13. 瓜子壳；　　　　　14. 跳蚤；

15. 庭院中的阴沟盖；　16. 花生；　17. 人头；

18. 棉花；　　　　　　19. 戏台唱戏；　20. 伞；

21. 盘香；　　　　　　22. 石磨；　23. 石磨；

24. 锻磨钻子；　　　　25. 大桌；　26. 砚台；

27. 墨斗；　　　　　　28. 墨斗；　29. 风簸；

30. 水；　　　　　　　31. 蜡烛；　32. 黄鳝笼；

33. 人耳朵；　　　　34. 顶针圈；　　　　35. 蜘蛛；

36. 人小腿；　　　　37. 红椒子；　　　　38. 包瓜；

39. 船锚；　　　　　40. 眼镜；　　　　　41. 窗户；

42. 窗户；　　　　　43. 书；　　　　　　44. 棉桃；

45. 鱼；　　　　　　46. 螺蛳头；　　　　47. 蒜头；

48. 鸟窝；　　　　　49. 抹桌布；　　　　50. 豆芽菜；

51. 船用竹篙；　　　52. 大公鸡；　　　　53. 蚂蟥；

54. 蟹；　　　　　　55. 灶前香火；　　　56. 烧水瓦罐；

57. 雪片；　　　　　58. 鸡头叶；　　　　59. 大门；

60. 胡萝卜；　　　　61. 老式雨伞；　　　62. 秤；

63. 屎壳郎；　　　　64. 木制犁；　　　　65. 玻璃；

66. 画；　　　　　　67. 香烟；　　　　　68. 屋吊灰；

69. 石榴；　　　　　70. 麻陀螺；　　　　71. 核桃；

72. 小店（甸）；　　73. 苏（酥）王坝（八）；

74. 鸡抱鸭子；　　　75. 苹果、葡萄、石榴、桃子；

76. 藕、藕叶、莲花、莲蓬；77. 牛吃草、蛤蟆叫；

78. 鸡头果；　　　　79. 耙；　　　　　　80. 米口袋；

81. 电灯；　　　　　82. 粪箕；　　　　　83. 斧头；

84. 推刨子；　　85. 雨丝；　　　　　　86. 木屜；

87. 楝树果；　　88.（有序号，无谜底）；　89. 舌头；

90. 尺、剪、针、烙铁；91. 窗户；　　　　92. 锁；

93. 纺棉车；　　94. 大水车；　　　　　95. 狗；

96. 蓑衣…①

字谜谜底

119. 告	120. 赵	121.［字迹不清。］
122. 卓	123. 金玉满堂	124. 八
125. 读	126. 夫妻义重	127. 福
128. 夕（如重夕叠夕）		129. 风花雪月
130. 秋	131. 鱼	132. 束
133. 平常	134. 腾	135. 卜
136. 卜	137. 范	138. 鱼
139. 乎	140. 斗	141. 德
142. 因	143. 一	144. 头
145. 廖	146. 寻	147. 谢
148. 勺	149. 六	150. 一品当朝

---

① 97 始，原打印稿缺一页，谜底之 97–118 缺失，只能留给读者了。

寿县历代灾情稽考表述

前言[①]

寿县滨临淮岸、自然灾害频仍，尤以水患为最繁。暴秦之际，祖龙焚书，史乘亡佚，诸多灾事，册不存焉。自汉以后，二千余年，虽有史乘可考，而对寿县自然灾害记载者，乃一朝一代耳；至其绵延不绝，千年系载者鲜矣。鉴以上之不足，辑千年之灾事，建国同志，历时百日，披历代史乘，搜古今资料，辑成此录，供修志参考，为社会服务。此录辑自公元前一百七十八年至公元一九七四年，先后共二千一百四十二年，凡寿县自然灾害所知见者均录焉。灾分十一类：曰水灾，曰风灾。曰蝗灾，曰旱灾，曰雹灾，曰震灾，曰疫灾，曰雾灾。曰饥灾，曰雪灾，曰霜灾。诸多灾害，

---

① 按，本文原题为"寿县自然灾情录"，现题是整理中拟定；所谓"表述"，即以"表"释述之义。文前引言是当时的寿县地方志办公室主任孙子连先生撰写，撰写时间为1985年1月7日。又，寿县历史上曾隶属于淮南国、豫州、淮西路、凤阳府、安丰路、临濠府、九江郡、扬州刺史部，淮泗道等，加上所辖地域涉及凤台、霍山、霍邱等，故史料记述中也多涉及。又，本文中的部分内容曾以《寿县历代水灾情况辑录》为题，连载于《皖西史志通讯》1984年1期39-40页，1985年1期第40页。

洪水惟繁，二千年来，寿县遭此灾者达总灾之半，盖因滨淮之故也。此录乃是初稿，遗漏之处，在所难免，敬请读者赐教！

表 3-1　自然灾情表

公元	干支	中史纪年	自然灾情
汉			
前178	癸亥	汉文帝二年	六月，淮南王都寿春，大风毁民室杀人。（汉书·五行志）①
113	癸丑	安帝永初七年	庐江，九江饥。（后汉书·安帝纪）
147	丁亥	桓帝建和元年	是年旱。（后汉书·五行志） 二月，荆、扬二州人多饿死。（后汉书·桓帝纪）
151	辛卯	元嘉元年	二月，九江庐江大疫。（后汉书·五行志）
三国·魏			
257		甘露二年	"秋冬旱。"②
258	戊寅	高贵乡公甘露三年③	正月，自去秋至此月旱。初，寿春夏秋常雨淹城，而此旱逾年，城陷，乃大雨。（晋书·五行志） 注：是时司马昭围诸葛诞于寿春④。晋志附会为"诞为天亡"，不可信。⑤
晋			
281	辛丑	太康二年	二月，淮南地震（晋书·五行志）。按：晋淮南郡治寿春。
283	癸卯	太康四年	扬州大水。（武帝纪）
284	甲辰	太康五年	九月淮南平原霖雨暴水，霜杀秋稼。（晋书·五行志）
285	乙巳	太康六年	十二月甲申朔，淮南郡震电。（晋书·五行志）
294	甲寅	惠帝元康四年	五月壬子寿春山崩洪水出，城坏地陷方三十丈，杀人；六月寿春大雷震。山崩地坼人家陷死。（晋书·本纪：地大震，死二十余家。《安徽历史地震灾害简况》记：寿县地震发生在294年7月，震级5+级，烈度达7度）
295	乙卯	元康五年	五月颍川、淮南大水。（晋书·五行志） 帝纪云：扬州等六州大水。
309		永嘉九年	五月淮南寿春洪水出，山崩地陷，坏城府及百姓庐舍。⑥
东晋			
319	己卯	元帝太兴二年	五月，淮南、安丰蝗虫食秋麦。（晋书·五行志）
322	壬午	永昌元年	五月，"寿春大水。"
323	癸未	明帝太宁元年	五月，寿春大水。（晋书·五行志）
350	庚戌	永和六年	五月，"寿阳不雨至于十月。"
363	癸亥	兴宁元年	"旱。"
394	甲午	太元十九年	"豫州俱旱。"
南北朝			
449	己丑	宋文帝元嘉二十六年	二月庚申寿阳骤雨有回风，云雾广三十许步，从南来至城西回，散灭。当其冲者室屋树木摧倒。（宋书·五行志）⑦

续表

公元	干支	中史纪年	自然灾情
463	癸卯	宋大明七年	七月,"大水"。
473	癸丑	元徽元年	六月乙卯,寿阳大水。(宋书·五行志)
503	癸未	梁武帝天监二年	六月,安丰县大水。(隋书·五行志)
513	癸巳	魏世宗延昌二年	五月,寿春大水。
隋			
617		隋炀帝大业十三年	淮河数百里绝水无鱼。(注:此据旧志。隋书未记)⑧
唐			
634	甲午	唐太宗贞观八年	七月江淮大水。(唐书·五行志)⑨
636	丙申	贞观十年	淮海旁州大水。(唐书·五行志)
668	戊辰	高宗总章元年	江淮大旱。(唐书·五行志)
761	辛丑	肃宗上元二年	九月江淮大饥,人相食。(资治通鉴)⑩
767	丁未	代宗大历二年	秋,淮南水灾。(唐书·五行志)
770	庚戌	大历五年	寿州大水。
786	丙寅	德宗贞元二年	淮南河溢。(唐书·五行志)
788	戊辰	贞元四年	四月,淮南地生毛。(唐书·五行志)⑪
790	庚午	贞元六年	夏,淮南大旱井泉竭,人渴且疫死者甚众。(唐书·五行志)
791	辛未	贞元七年	寿州旱。(唐书·五行志)
805	乙酉	顺宗永贞元年	秋,淮南旱。(唐书·五行志)
806	丙戌	宪宗元和元年	夏,寿州大水。(唐书·五行志)
808	戊子	元和三年	淮南旱。(唐书·五行志)
809	己丑	元和四年	秋,淮南旱。(唐书·五行志)
813		元和八年	秋,"淮南大水害稼。"
814	甲午	元和九年	秋,淮南大水伤稼。(唐书·五行志)
818	戊戌	元和十三年	六月辛未,淮水溢。(唐书·五行志)
822	壬寅	穆宗长庆二年	江淮饥。(唐书·五行志)
823	癸卯	长庆三年	淮南旱。(唐书·穆宗本纪)
825	乙巳	敬宗宝历元年	秋,淮南旱。(唐书·五行志)
830	庚戌	文宗太和四年	夏,淮南大水害稼。(唐书·五行志)
833	癸丑	太和七年	秋,寿州大水害稼。(唐书·五行志)
834	甲寅	太和八年	夏,江淮旱。(唐书·五行志)
840	庚申	开成五年	夏,淮南螟蝗害稼。(唐书·五行志)⑫
841	辛酉	开成六年	夏,淮南饥。(唐书·五行志)(注:应为会昌四年)
852	壬申	宣宗大中六年	淮南饥。(唐书·宣宗本纪)⑬
855	乙亥	大中九年	秋,淮南饥。(唐书·五行志)
858	戊寅	大中十二年	八月寿州水伤稼。(唐书·五行志)⑭

续表

公元	干支	中史纪年	自然灾情
861	辛巳	懿宗咸通二年	秋，淮南不雨，至於明年六月（唐书·五行志）
862	壬午	咸通三年	淮南蝗。夏，淮南饥。（唐书·五行志） "夏，淮南旱，蝗、民饥。"
866	丙戌	咸通七年	夏，江淮大水。（唐书·五行志）
868	戊子	咸通九年	江淮旱，蝗。（唐书·五行志）
885	乙巳	僖宗光启元年	淮南蝗。（唐书·五行志）
886	丙午	光启二年	十一月，淮南阴晦雨雪至明年二月不解。（唐书·五行志）[15] "寿州十一月大水。"
891	辛亥	昭宗大顺二年	春，淮南大饥，疫死十三四。[16]（唐书·五行志）[17]
五代十国			
957	丁巳	南唐保大十五年	三月辛丑昼夜晦雨沙如雾。（十国春秋）（注：此年即后周显德四年，是日刘仁瞻卒。[18]）
959	己未	周世宗显德六年	淮南饥。（文献通考）
宋			
962	壬戌	宋太祖建隆三年	正月己巳淮南饥。（宋史·太祖本纪）
966		乾德四年	"寿州大水。"（注：原标964年，误）
972	壬申	开宝五年	河决，寿州大水。（宋史·五行志）[19]
973	癸酉	开宝六年	六月，淮潩水溢。（宋史·五行志）
977	丁丑	太宗太平兴国二年	八月，寿州大水。（宋史·太宗本纪）
980	庚辰	兴国五年	四月，寿州风雹、安丰风雹。[20]（宋史·太宗本纪）
983	癸未	兴国八年	五月，河水决浸民田，坏居民庐舍。（宋史·五行志）[21]
986	丙戌	雍熙三年	寿州大水。（宋史·太宗本纪）[22]
994	甲午	淳化五年	秋，寿州雨水害稼。（宋史·五行志）
1003	癸卯	真宗咸平六年	淮南水灾。（宋史·五行志）[23]
1005	乙巳	景德二年	九月，淮南旱，饥。
1010	庚戌	大中祥符三年	淮南旱，饥。
1011	辛亥	大中祥符四年	六月丙寅，淮南水灾。（宋史·真宗本纪）
1012	壬子	大中祥符五年	五月辛未，江淮旱。（宋史·真宗本纪）[24]
1013	癸丑	大中祥符六年	夏，江淮饥。（宋史·真宗本纪）
1014	甲寅	大中祥符七年	淮南饥。（宋史·真宗本纪）
1016	丙辰	大中祥符九年	六月京畿等东西路蝗蝻生、七月群飞翳空延至江淮。（宋史·五行志）[25]
1017	丁巳	天禧元年	六月，江淮大风多吹蝗入江海，或抱草木僵死。（宋史·五行志）[26]
1020		天禧四年	"淮南水灾。"
1022	壬戌	乾兴元年	淮南路水灾。（宋史·五行志）[27]
1026	丙寅	仁宗天圣四年	九月，江淮诸州军，雨水坏民庐舍。（文献通考）

续表

公元	干支	中史纪年	自然灾情
1032	壬申	仁宗明道元年	淮南饥。（宋史·五行志）
1033	癸酉	明道二年	淮南饥。（宋史·仁宗本纪）[28]
		宝元四年	淮南旱，蝗。（注：无四年。录此俟考）
1044	甲申	庆历四年	淮南饥。（宋史·仁宗本纪）
1051	辛卯	皇祐三年	淮南饥。（宋史·仁宗本纪）[29]
1057	丁酉	嘉祐二年	三月，戊戌淮水溢。（宋史·仁宗本纪）
1061	辛丑	嘉祐六年	七月，淮南淫雨成灾。（宋史·五行志）
1064	甲辰	英宗治平元年	寿州水。（宋史·五行志）
1073	癸丑	神宗熙宁六年	淮南饥。（宋史·五行志）[30]
1074	甲寅	熙宁七年	自春及夏淮南路久旱。（宋史·五行志）
1075	乙卯	熙宁八年	八月淮南路旱。（宋史·五行志） 淮西蝗。（文献通考）[31]
1081	辛酉	元丰四年	五月淮水泛涨。（宋史·五行志）[32]
1093	癸酉	哲宗元祐八年	自四月至八月，昼夜不息，淮南路大水。
1101	辛巳	徽宗建中靖国元年	江淮旱。（宋史·徽宗本纪）[33]
1102	壬午	崇宁元年	淮南蝗。（宋史·徽宗本纪）
1108	戊子	大观二年	淮南路大旱，六月不雨。（宋史·五行志）[34]
1109		大观三年	"江淮、荆、浙、福建旱。"
1111	辛卯	政和元年	淮南旱。（宋史·五行志）
1118	戊戌	重和元年	夏，江淮诸路大水。（宋史·五行志）[35]
1119	己亥	宣和元年	秋，淮南旱。（宋史·五行志）
1120		宣和二年	"淮南旱。"
1122	壬寅	宣和四年	淮南旱。（宋史·徽宗本纪）
1123	癸卯	宣和五年	淮南饥。
南宋			
1128	戊申	高宗建炎二年	六月，淮甸大蝗。（宋史·五行志）
1131	辛亥	绍兴元年	淮南民，流常州平江府者多殍死。（宋史·五行志）（注：殍piǎo，饿死）[36]
1134	甲寅	绍兴四年	安丰水害稼。（文献通考）
1141	辛酉	绍兴十一年	淮南饥。（宋史·五行志）
1143	癸亥	绍兴十三年	淮南饥。（宋史·高宗本纪）
1148	戊辰	绍兴十八年	冬，江淮郡国多饥。（宋史·五行志）[37]
1152	壬申	绍兴二十二年	淮甸水。（宋史·五行志）[38]
1158	戊寅	绍兴二十八年	九月，淮南水。（宋史·五行志）
1162	壬午	绍兴三十二年	四月，大雨，淮水暴溢数百里，淹没庐舍，人畜死者甚众。（宋史·高宗本纪） 六月，淮南北郡县蝗飞入湖，州境声如风雨，自癸巳至於七月丙申。（宋史·五行志）[39]

续表

公元	干支	中史纪年	自然灾情
1164	甲申	孝宗隆兴二年	七月，寿春浸城郭，坏庐舍，圩田军垒，操舟行市者累日，人溺死者甚众，越月积阴苦雨，水患益甚，淮东有流民。（宋史·五行志）[40]
1165	乙酉	乾道元年	六月，淮西蝗。（宋史·五行志）
1167	丁亥	乾道三年	八月，淮浙诸路多言青虫食谷穗。（宋史·五行志）[41]
1169	己丑	乾道五年	秋冬不雨，淮郡麦种不入。（文献通考）[42]
1171	辛卯	乾道七年	春，淮南旱，秋，淮郡亦荐饥，金人运麦於淮北岸，易南岸锅镪，斗钱八千。（宋史·五行志）（注：镪，成串的钱）[43]
1175	乙未	淳熙二年	秋，江淮郡县螟。（宋史·五行志） 淮东西饥。（文献通考）
1176	丙申	淳熙三年	淮甸饥。（文献通考）[44]
1178	戊戌	淳熙五年	淮南旱。（宋史·五行志）[45]
1180	庚子	淳熙七年[46]	江淮郡皆饥（宋史·五行志）[47]
1182	壬寅	淳熙九年	七月，淮甸大蝗。（宋史·五行志）[48]
1183	癸卯	淳熙十年	六月，江淮旱，旧蝗遗育害稼。（文献通考）
1185	乙巳	淳熙十二年	淮水冰，断流。（宋史·五行志）[49]
1188	戊甲	淳熙十五年	五月，淮甸大雨水，淮水溢。庐、濠、安丰军皆漂庐舍田稼。（宋史·五行志）[50]
1192	壬子	光宗绍熙三年	七月，淮西雨害禾；九月，淮西郡国稼皆肃于霜，民大饥。（文献通考）
1193	癸丑	绍熙四年	五月丙子，淮水大水。（宋史·光宗本纪） 是年，四月霖雨至于五月。（文献通考） 戊寅，安丰军大水，平地三丈余，漂田庐，丝麦皆空。（宋史·五行志）[51]
1194	甲寅	绍熙五年	冬，亡麦苗，淮西东郡国皆饥。[52]（宋史·五行志）
1197	丁巳	宁宗庆元三年	三月，淮浙郡县疫。（宋史·五行志）[53]
1201	辛酉	嘉泰元年	两淮旱。（宋史·宁宗本纪）[54]
1205	乙丑	开禧元年	九月丙戌，淮水溢。（宋史·五行志）[55]
1207	丁卯	开禧三年	江淮郡邑水。（宋史·五行志）[56]
1208	戊辰	嘉定元年	淮民大饥，食草木，流于江浙者百万人。先是淮郡罹兵，农久失业，米斗二千，殍死者十三四，炮人肉马矢食之，诏所在郡国赈卹。（宋史·五行志）[57]
1209	己巳	嘉定二年	春，两淮大饥，米斗钱数千，人食草木。淮民刲道殣食，尽发瘗骼，继之人相扼噬，流于扬州者数千家，渡江者聚建康，殍死日八九十人。（宋史·五行志）

续表

公元	干支	中史纪年	自然灾情
1215	乙亥	嘉定八年	淮浙江东西饥。（宋史·五行志） 是年春旱，前种不入，至八月乃雨，江浙淮闽皆旱，衢婺等州及安丰为甚。（文献通考）四月，飞蝗越淮而南，淮郡蝗食禾苗，山林草木皆尽。（宋史·五行志） 五月，大燠，草木枯槁，百泉皆竭，江淮杯水数十钱，渴死者甚众。（宋史·五行志）⑱
1218	戊寅	嘉定十一年	淮浙江东饥馑，亡麦苗。（宋史·五行志） 是年秋不雨至于冬，淮郡旱，蔬麦皆枯。（文献通考）⑲
1219	己卯	嘉定十二年	二月，安丰军故步镇火燔民庐千余家，死伤于焚者五十余人。（文献通考）⑳
1223	癸未	嘉定十六年	五月，江淮郡县水，皆无麦禾。（宋史·五行志；参文献通考）
1242	壬寅	理宗淳祐二年	五月，两淮蝗。（宋史·五行志）㉑
1264	甲子	景定五年	"六月寿州镇大雨水溢。"
元				
1290	庚寅	世祖至元十七年㉒	"夏四月芍陂屯田霖雨，河溢害稼二万二千四百八十亩有奇。"㉓
1295	乙未	元贞元年	"秋七月安丰路旱，八月安丰路大水。"
1300	庚子	成宗大德四年	"五月徐、濠、芍陂旱，蝗。"㉔
1301	辛丑	大德五年	安丰霖。（元史·成宗本纪）㉕
1302	壬寅	大德六年	安丰、清州蝗。（元史·成宗本纪）
1314	甲寅	仁宗延祐元年	八月，安丰路水；十二月，安丰饥。（元史·五行志）
1320	庚申	延祐七年	四月，安丰、庐州淮水溢，损禾麦一万顷。㉖
1321	辛酉	英宗至治元年	安丰饥。（元史·英宗本纪）㉗
1322	壬戌	至治二年	闰五月，安丰路雨伤稼。（元史·五行志）
1323	癸亥	至治三年	安丰、芍陂屯田女直户饥。（元史·英宗本纪）芍：音鹊；陂：音碑
1324	甲子	泰定帝泰定元年	六月，寿春县旱。（元史·五行志）㉘
1329	己巳	文宗天历二年	安丰路属县蝻。（元史·五行志）㉙
1330	庚午	至顺元年	二月，安丰路饥。（元史·文宗本纪）㉚
1333	癸酉	顺帝元统元年	夏，两淮大饥。（元史·五行志）㉛
1334	甲戌	元统二年	春，淮西饥。（元史·五行志）㉜
1335	乙亥	至元元年	六月，寿州大雨水溢
1336	丙子	至元二年	淮西安丰县饥。（元史·五行志）㉝
明				
1383	癸亥	太祖洪武十六年	"寿州旱。"
1389	己巳	洪武二十二年	"（寿州）二月，大雨。"
1403	癸未	成祖永乐元年	凤阳饥。（明史·五行志）

续表

公元	干支	中史纪年	自然灾情
1409	己丑	永乐七年	六月，寿州水决城。（明史·五行志）[74]
1415	乙未	永乐十三年	凤阳旱。（明史·五行志）
1422	壬寅	永乐二十年	"凤阳等府水灾。"
1424	甲辰	永乐二十二年	二月，寿州卫雨水坏城。（明史·五行志）
1432	壬子	宣宗宣德七年	寿州卫奏雨潦暴涨坏城。旧志又记："按宣宗实录，是年八月己丑寿州卫奏，近城西有湖与淮相通。雨潦暴涨坏城二百余丈，乞发附近军民修理，从之"。
1436	丙辰	英宗正统元年	寿州卫奏，水涨坏城。（旧志）七月间淮水泛涨，坏西北城垣。（英宗实录）[75]
1437	丁巳	正统二年	凤阳淮扬诸府四五月淮河泛涨，漂居民禾稼。（明史·五行志）[76]
1439	己未	正统四年	"五月，雨水。"
1440	庚申	正统五年	夏，凤阳蝗。（明史·五行志）
1441	辛酉	正统六年	夏，凤阳蝗。（明史·五行志）[77]
1442	壬戌	正统七年	淮凤徐州五月至六月霪雨伤稼，凤阳蝗。（明史·五行志）
1443	癸亥	正统八年	秋，凤阳蝗。
1447	丁卯	正统十二年	夏，凤阳蝗。（明史·五行志）[78]
1448	戊辰	正统十三年	夏，五月至六月凤阳久雨伤稼。（明史·五行志）[79]
1453	癸酉	景帝景泰四年	凤阳饥，凤八卫二三月雪不止，伤麦。[80]
1454	甲戌	景泰五年	七月，庐凤六府大水。（明史·五行志）[81]
1456	丙子	景泰七年	六月，凤阳大旱，蝗。（明史·五行志）[82]
1460	庚辰	英宗天顺四年	七月，淮水决，没军民田庐。（明史·五行志）[83]
1463	癸未	天顺七年	五月，淮凤大雨，腐二麦。（明史·五行志）[84]
1467	丁亥	宪宗成化三年	岁大饥。
1468	戊子	成化四年	凤阳饥。（明史·五行志）
1476	丙申	成化十二年	八月，淮凤大水。（明史·五行志）
1479	己亥	成化十五年	凤阳旱。（明史·五行志）
1481	辛丑	成化十七年	二月甲寅，凤阳、庐州等处州县同日地震。（明史·五行志）[85]
1483	癸卯	成化十九年	凤阳淮安扬州府饥。（明史·五行志）[86]
1493	癸丑	孝宗弘治六年	三月，大雪。
1495	乙卯	弘治八年	三月乙酉，淮凤州县暴风雨雹杀麦。（明史·五行志）[87]
1500	庚申	孝宗弘治十三年	十月戊申，南京、凤阳同时地震。（明史·五行志）[88]
1501		弘治十四年	九月寿州地震有声。（弘治实录）[89]（注：应为公历10月31日）
1502	壬戌	弘治十五年	八月庚戌，凤阳霪雨大风。（明史·孝宗本纪）[90]
1504	甲子	弘治十七年	淮阳庐凤荐饥，人相食，且发瘗胔以继之。（明史·五行志）[91]

续表

公元	干支	中史纪年	自然灾情
1506	丙寅	武宗正德元年	七月，凤阳诸府大雨，平地水深丈五尺，没居民五百余家。（明史·五行志）[92]
1508	戊辰	正德三年	庐凤四府饥。（明史·五行志）[93]
1509	己巳	正德四年[94]	夏，大旱，蝗飞蔽日，岁大饥，人相食。
1512	壬申	正德七年	凤阳旱。（明史·五行志）
1514		正德九年	六月甲辰，凤阳地震有声，庐凤淮扬旱。[95]（明史·五行志）（注：地震为公历7月4日）
1517	丁丑	正德十二年	凤阳淮安诸府皆大水。（明史·五行志）
1518	戊寅	正德十三年	庐凤淮扬府饥。（明史·五行志）
1520	庚辰	正德十五年	淮扬凤州县三十六，旱。（明史·五行志）
1522	壬午	世宗嘉靖元年	正月朔旦，凤阳地震，夏蝗。七月，庐凤淮扬四府同日大风雨雹，河水泛涨，溺死人畜无算。冬，气暖如春，草水皆华，间有实者。
1523	癸未	嘉靖二年	正月凤阳地震。（明史·五行志）
1524	甲申	嘉靖三年	正月朔，凤阳府并河南、山东，陕西等处元旦同时地震。（嘉靖实录）（注：公历2月4日）
1525	乙酉	嘉靖四年	八月癸卯，凤阳一卫三州县地震，声如雷，九月壬申，复震。（明史·五行志）（注：公历为9月3日）。淮大溢。（嘉靖实录记：徐州、凤阳府、寿州、颍州、河南开封、怀庆府县地震，有声如雷）
1527	丁亥	嘉靖六年至廿九年	"凤阳旱"，八年庐凤饥[96]。廿七年正月十一日雨水冰；廿九年夏四月寿州城南麦秀两岐。
1552		嘉靖三十一年	二月凤阳府地震有声。（公历为三月五日）[97]
1553	癸丑	嘉靖三十二年	庐凤饥。（明史·五行志）
1555	乙卯	嘉靖三十四年	五月庚子，凤阳大冰雹，坏民田舍，六月大水，浸城深二丈，月余水始消。
1566	丙寅	嘉靖四十五年	夏，淫雨坏城，人畜溺死者无数。（县志又记：知州杨乔集舟筏为济，民获全者甚众）
1568	戊辰	穆宗隆庆二年	凤阳大旱。（明史·五行志）
1569	己巳	隆庆三年	夏六月，雨雹大如卵，折木伤屋。
1573	癸酉	神宗万历元年	淮凤二府饥，民多为盗。（明史·五行志）
1575	乙亥	万历三年	八月，凤徐四府州大水。（明史·五行志）
1579	己卯	万历七年	五月，凤阳大水。（明史·五行志）
1594	甲午	万历二十二年	七月，凤阳大水。（明史·五行志）
1612	壬子	万历四十年	南畿荐饥，凤阳尤甚。（明史·五行志）
1617	丁巳	万历四十五年[98]	五月甲戌，凤阳地震，己亥复震。（明史·五行志）"1617.6.13，凤阳府天鼓鸣，地震；6.14，天鼓复鸣，地复震。"
1643	癸未	庄烈帝崇祯十六年	凤阳地屡震。（明史·本纪）[99]

233

续表

公元	干支	中史纪年	自然灾情
1644	甲申	崇祯十七年	正月庚寅朔，大风霾，凤阳地震。（明史·本纪）（注：霾，音埋。《毛传》霾，雨土也。）[100]
清			
1649	己丑	顺治六年	寿州大水。
1653	癸巳	顺治十年	据嘉庆《合肥县志》载，顺治十年七月龚鼎孳《请蠲赈疏》云：以庐州论，"连岁旱魃为虐，赤地千里，飞蝗蔽于中野，湖泽涸而生尘，自去年二月至今年六月雨雪全无，禾苗尽槁。牛乏可饮之水，贱鬻以供庖厨。人当垂绝之时，吞声而咙糠秕，甚至贷呼无路……"（按，寿志未载，恐寿南乡亦受灾苦）[101]
1655	乙未	顺治十二年	四月，淮水涨。[102]
1668	戊申	康熙七年	凤阳地大震，七日乃止，是岁水荒。
1670	庚戌	康熙九年	六月，凤阳巢县、合肥大旱、蝗，七月六安州吴山大旱、蝗。（清史稿）
1678	戊午	康熙十七年	大旱。
1679	己未	康熙十八年	淮南大饥，寿州更甚。[103]
1686	丙寅	康熙二十五年	凤阳等处旱；卅七年凤阳等府大水。
1705	乙酉	康熙四十四年	秋，凤阳府属水灾。[104]
1727	丁未	雍正五年	七月十五日，蛟水泛滥，沿河人民沿（淹）没者甚众。[105] 雍正五年七月，六安霍邱霪雨四十余昼夜，民舍倾圮甚多。（清史稿）
1729	己酉	雍正七年	寿州饥。（清史稿）
1736	丙辰	乾隆元年	水。
1737	丁巳	乾隆二年	旱。
1740	庚申	乾隆五年	"旱。"
1741	辛酉	乾隆六年	旱。
1742	壬戌	乾隆七年	水。
1743	癸亥	乾隆八年	旱，十一月朔雷电交作。
1745	乙丑	乾隆十年	"水。"
1746	丙寅	乾隆十一年	水。"水，寿宿等二十三州县卫秋被水灾。"
1749	己巳	乾隆十四年	水。
1750	庚午	乾隆十五年	水。
1751	辛未	乾隆十六年	旱。
1752	壬申	乾隆十七年	水。
1753	癸酉	乾隆十八年	水。九月淮水溢，坏民舍。（清史稿）
1755	乙亥	乾隆二十年	大水。
1757	丁丑	乾隆二十二年	水。
1761	辛巳	乾隆二十六年	水。

续表

公元	干支	中史纪年	自然灾情
1768	戊子	乾隆三十三年	旱。
1773	癸巳	乾隆三十八年	"秋,水。"
1774	甲午	乾隆三十九年	"旱。"
1775	乙未	乾隆四十年	旱。
1778	戊戌	乾隆四十三年	旱。
1779	己亥	乾隆四十四年	"水。"
1780		乾隆四十五年	"秋,水。"
1781		乾隆四十六年	水。"因淮睢泛涨,低田被淹,寿州等九州县被灾八九分。"
1782	壬寅	乾隆四十七年	大水。
1785	乙巳	乾隆五十年	大旱。
1786	丙午	乾隆五十一年	大水。
1791	辛亥	乾隆五十六年	水。
1802	壬戌	嘉庆七年	旱。
1804	甲子	嘉庆九年	"寿州、凤台、宿州等州县被水、被淹。"(安徽通志)
1805	乙丑	嘉庆十年	"滨临淮泗各属今夏雨较多,洼地间有积水,……怀远、寿州等七州县被水、被旱。"(安徽通志)[107]
1806	丙寅	嘉庆十一年	"寿州等十二州县沿河低洼地亩,被水淹浸,收成款薄。"(安徽通志)[108]
1807	丁卯	嘉庆十二年	旱。
1811	辛未	嘉庆十六年	"旱。"
1814	甲戌	嘉庆十九年[109]	夏大旱,秋八月黄河溢,由涡入淮,淝颍皆溢,没田庐甚众。
1826	丙戌	道光六年	五月大风折木,秋雨水败稼。
1831	辛卯	道光十一年	大水,秋地震。(《安徽省历史地震震害简况》记说:1831年9月28日凤台地震6+级,烈度达8度……寿县霍邱等地均震)
1832	癸巳	道光十二年	"大水。"
1833	庚戌	道光十三年	大水,饥馑载道。[10]
1850		道光三十年	大水,漂没民舍无算。
1851		咸丰元年	"寿州、宿州、灵壁皆大水。"(安徽通志)
1855	乙卯	咸丰五年	寿州天雨黑豆,夏大旱。飞蝗蔽天禾稼俱伤(注:异象可有,天雨黑豆难解,不可信)
1857	丁巳	咸丰七年	寿州大水。
1858	戊午	咸丰八年	寿州饥民甚众。秋,蝗蝻遍地生,禾稼尽伤。(注:蝻,蝗的幼虫,还没生翅。)
1859–1860		咸丰九年、十年	蝗蝻生,扑灭之,禾稼未伤。[11]
1866	丙寅	同治五年	寿州大水,城不没者三版,田庐淹没,人畜溺死无数。

续表

公元	干支	中史纪年	自然灾情
1867	丁卯	同治六年	寿州大水,麦秀双岐。
1869	己巳	同治八年	寿州东淝水清,四月大风,继以冰雹,坏房舍禾稼无数。
1870	庚午	同治九年	寿州大水东淝水清。[12]
1878	戊寅	光绪四年	寿州大水。
1886	丙戌	光绪十二年	春,正阳火,延烧千余家。
1887	丁亥	光绪十三年	六月大风,八月河决郑州,由陈颍入淮淝水涨。"七月寿州大水。"
1888	戊子	光绪十四年	七月,寿州大水。
1889	己丑	光绪十五年	六月,寿州大水,七月大风。
1902	壬寅	光绪二十八年	"大旱,瓦埠湖东地区,秋稼颗粒无收。"[13]
1909	己酉	宣统元年	"夏,大水,淮淝一带低注地,多被淹没,房舍多被淹倒。"
民国			
1912		民国元年	"大水。"
1913		民国二年	"旱。"
1916		民国五年	"水。"
1917		民国六年	地震,正月初二晨。张树侯《地震》诗:"晨起方依枕,无端忽动摇。"
1921		民国十年	"大水。"
1928		民国十七年	"旱。"
1931		民国二十年	"夏季阴雨连绵,月余方晴。淮淝水暴涨,寿县低注地悉被成泽国。在北门城墙上,可伸手洗衣。田禾被淹没,房屋被淹倒许多。"
1932		民国二十一年	"瓦埠湖干涸,通行车辆。"
1934		民国二十三年	"全省大旱,六安、霍邱、霍山、寿、凤台等受灾。"
1938		民国二十七年	"夏大水,寿县东南之瓦埠湖水涨时,宽十里许。六月间,日寇第一次占寿县,湖西人民多涉水向湖东避难。未几,阴雨时作,湖水遂上涨,其后,蒋匪破坏黄河,(水)向东南灌,淮淝一带遂泛滥成灾。"
1942		民国三十一年	"旱。"
1943		民国三十二年	"旱。"
中华人民共和国			
1950[14]			大水(正阳)水位达24.77米,全县受灾6个乡,淹没土地801997亩,死人32人。
1952			七月,大雨兼旬,淮潆水位陡涨,正阳水位达22.89米。湖滨淹没54197.7亩,受涝面积88150亩。五月,鼠疫流行,县成立防疫委员会,组织医生做预防,注射17万人。
1954			六月,大雨连绵,余月不息,寿县降雨量达657毫米。二十六日正阳水位达26.41米,寿县城墙危急,七处塌破,调自全县民工7080人加高抢堵,方保安全。

续表

公元	干支	中史纪年	自然灾情
1955			元月大雪，平地雪厚一米有余，中共寿县县委抽调干部 320 人深入灾区检查灾情。
1958			六月，连降大雨，淮淠水位猛涨。正阳水位达 24.9 米，全县受灾 45 个乡镇，淹没土地 726510 亩。
1959			八月二日，受八级台风害，倒中稻 56187 亩，坏玉米 3867 亩，房屋 6849 间，三日下午三时，城内九里降短时急暴雨，闪电集中，市民刘树林（女，回民）被电死。
1961			夏大旱，时达 140 多天，十月阴雨连绵，晚秋作物落花死苗。
1964			4 月 5 日晚，大雨，风力 10 级以上，双桥、下塘、瓦埠、杨庙、杨公、迎河、水湖七区受灾。倒房 7593 间，死人 20，伤人 173，死伤耕畜 29 头。是月连降大雨 20 余日，203400 亩麦因涝无收。
1968			夏秋大水。
1973			6 月大雨，12 万亩大小麦受淹。26 日 13 时，炎刘、双桥、迎河三区部分社队遭大风、冰雹灾。伤人 23，损水稻、棉花、杂粮和瓜类共 39500 多亩，坏房 2944 间。
1974			6 月 17 日 18 时，风雹，风力 10 级。正阳南堤大队降冰雹大如杯口，小似马泡。全县坏房屋 17 万多间，农作物之灾 9 万亩，风卷摔死 3 人伤 1 人。[15]

注：① 宋赵祯《洪范政鉴》卷九上"雾常风若"条："汉文帝二年六月，淮南王都寿春大风，毁民室杀人。刘向曰：是岁，南越反攻淮南边，淮南王长破之。后年入朝，杀汉故相辟阳侯，归聚奸人谋叛，自称东帝；见异不悟，后迁于蜀。"（三页，宋淳熙内府 12 卷写本）

② 本文中凡打""号的，系采自《安徽省水旱灾害史料整理分析·灾情表》"寿州"栏所记，下同。

③ 按，曹髦（241—260），字彦士，豫州沛国谯县人，三国时期曹魏第四位皇帝，魏文帝曹丕之孙，东海定王曹霖之子，即位前封为高贵乡公。

④ 晋陈寿《三国志·魏书》卷二十八："后毌丘俭、文钦反，遣使诣诞，招呼豫州士民。诞斩其使，露布天下，令知俭、钦凶逆。大将军司马景王东征，使诞督豫州诸军，渡安丰津向寿春。俭、钦之破也，诞先至寿春。寿春中十余万口，闻俭、钦败，恐诛，悉破城门出，流进山泽，或散走入吴。以诞久在淮南，乃复以为镇东大将军、仪同三司、都督扬州。吴大将孙峻、吕据、留赞等闻淮南乱，会文钦往，乃帅众将钦径至寿春；时诞诸军已至，城不可攻，乃走。诞遣将军蒋班追击之，斩赞，传首，收其印节。进封高平侯，邑三千五百户，转为征东大将军。

诞既与玄、飏等至亲，又王凌、毌丘俭累见夷灭，惧不自安，倾帑藏振施以结众心，厚养亲附及扬州轻侠者数千人为死士。甘露元年冬,吴贼欲向徐揭,计诞所督兵马足以待之,而复请十万众守寿春,又求临淮筑城以备寇,内欲保有淮南。朝廷知诞有自疑心,以诞旧臣,欲入度之。二年五月,征为司空。诞被诏书,愈恐,遂反。召会诸将,自出攻扬州刺史乐绵,杀之。敛淮南及淮北郡县屯田口十余万官兵,扬州新附胜兵者四五万人聚谷足一年食,闭城自守。遣长史吴纲将小子靓至吴请救。吴人大喜,遣将全怿、全端、唐咨、王祚等,率三万众,密与文钦俱来应诞。以诞为左都护假节、大司徒、骠骑将军、青州牧、寿春侯。"(崇文书局,2009年,第348-349页)

⑤ 本文"自然灾情"栏中的"注",系作者自注,下同。

⑥ 本文凡未注出处的,均录自寿州旧志,下同。

⑦ 沈约《宋书》卷三十四《志》:"文帝元嘉二十六年二月庚申,寿阳骤雨,有回风,云雾广三十许步,从南来至城西回散灭,当其冲者,室屋树木摧倒。"(六页,清乾隆四年校刊《钦定宋书》第10册)清朱铭盘《南朝宋会要》不分卷稿本引同上(基本古籍库,141页)宋李昉《太平御览》"咎征部三"引作:"(《宋书》)又曰:文帝元嘉九年,寿阳骤雨,有回风云雾广三十步,从南来至城西回散灭,当其冲者,室屋树木皆摧倒。其年晋宁太守爨松子反。"(卷第八百七十六,第四页,四部丛刊三编景宋本)

⑧ 清何绍基《光绪重修安徽通志》卷三百四十七:"大业十三年大旱,自淮及江东,绝水无鱼。"(四页,清光绪四年350卷刻本)明陈舜仁《万历应天府志》卷二:"(炀皇帝)十三年,自淮及江东西数百里绝水无鱼,十一月起,丹阳宫帝欲移居江东,会乱不果。"(三页,明万历刻增修32卷本)清赵宏恩《乾隆江南通志》卷一百九十七《禩类志》:"炀帝十三年大旱,自淮及江东绝水无鱼。"(十三页,清文渊阁四库全书200卷本)

⑨ 宋欧阳修、宋祁《新唐书》卷三十六《五行志》云:"八年七月,山东、江淮大水。十年,关东及淮海旁州二十八,大水。"(清乾隆武英殿刻本)按此,作者所引《唐书》当指《新唐书》。

⑩ 宋司马光《资治通鉴》卷第二百二十二《唐纪》第三十八云:"(九月)壬寅,制去尊号,但称皇帝。……江淮大饥,人相食。冬十月,江淮都统崔圆署李藏用为楚州刺史。"(九洲图书出版社,1998年,2747页)

⑪ 宋欧阳修、宋祁《新唐书》卷三十五《志》第二十五:"贞元四年四月,淮南及河南地生毛。"(北宋嘉祐十四行本,汉籍资料库,912页)明徐应秋《玉芝堂谈荟》卷二十五"地生毛"条:"唐武后垂拱元年淮南地生毛,或白或苍,长者尺余如马鬣,焚之臭如燎毛。德宗建中四年、贞元四年、文宗太和六年,地皆生毛。"(三十页,清文渊阁四库全书36卷本)宋李昉《太平御览》"咎征部七":"《唐书》曰:则天天授初,淮南地生毛,或白苍,长者尺余,或遍居人床下,扬州尤甚,大如马尾,焚之如毛气。"(卷第八百八十,第十页,四部丛刊三编景宋1000卷本)

⑫ 见宋欧阳修、宋祁《新唐书》卷三十六《志》第二十六(北宋嘉祐十四行本,

汉籍资料库，939 页）《古今图书集成·博物汇编·禽虫典》第一百七十六卷："（文宗开成）五年夏，幽魏博郓曹濮沧齐德淄青兖海河阳淮南虢陈许汝等州螟蝗害稼。占曰：国多邪人，朝无忠臣，居位食禄，如虫与民争食，故比年虫蝗。"（蝗部纪事之七，清雍正铜 192 卷活字本）此段又见清沈炳震《唐书合钞》卷五十五《志》三十一（清嘉庆十八年海宁查世倓 260 卷刻本，基本古籍库，964 页）

⑬ 宋欧阳修、宋祁《新唐书》卷三十五《志》第二十五："（大中）六年夏，淮南饥，海陵高邮民于官河中漉得异米，号圣米。九年秋，淮南饥。咸通三年夏，淮南河南饥。"（北宋嘉祐十四行本，汉籍资料库，899 页）宋王象之《舆地纪胜》卷第四十三"圣米"条："唐五行志，大中六年夏，淮南饥。"（四页，清影宋抄 200 卷本）

⑭ 宋欧阳修、宋祁《新唐书》卷三十六《志》第二十六："大中十二年八月，魏博幽镇兖郓滑汴宋舒寿和润等州水，害稼。"（汉籍资料库，935 页）

⑮ 元马端临《文献通考》卷三百六《物异考》十二："光启元年秋，河东大云雾，明年夏，昼阴积六十日。二年十一月，淮南阴晦雨雪至明年二月不解。"（清浙江书局 348 卷本，基本古籍库，4762 页）清沈炳震《唐书合钞》卷五十五《志》三十一："（光启）二年十一月，淮南阴晦雨雪至明年二月不解。"（二十三页，清嘉庆十八年海宁查世倓 260 卷刻本）

⑯ 后晋刘昫《旧唐书》卷二十上《本纪》第二十上："（二年）初，行密扬州失守，据宣州，孙儒以兵攻围三年。是春淮南大饥，军中疫疠死者十三四。是月孙儒亦病，为帐下所执，降行密。"（吉林人民出版社，1995 年，474 页）

⑰ 清沈炳震《唐书合钞》卷五十四《志》三十："大顺二年春，淮南大饥。"（二页，清嘉庆十八年海宁查世倓 260 卷刻本）元马端临《文献通考》卷三百一《物异考》七："大顺二年春淮南大饥。"（清浙江书局 348 卷本，基本古籍库，4699 页）明黄道周《洪范明义》卷下："大顺二年春，淮南大饥。时王师溃于赵城。"（七十二页，明崇祯 2 卷刻本）

⑱ 宋陆游《南唐书》"元宗本纪"卷第二："保大十五年春二月乙亥，周帝亲征。齐王景达自濠州遣边镐。许文稹、朱元帅兵数万援寿州。……丁未，寿州刘仁赡病革。副使孙羽等代仁赡署表降于周。辛亥昼晦，雨沙如雾。夏四月，周帝北还。"（万有文库本《陆放翁集》，商务印书馆，1923 年，13 页）宋陈鳣《续唐书》卷五十三："保大十五年，周主复亲征，耀兵城北，仁赡病甚，已不知人。副使孙羽遂诈为仁赡书以降，周主命舁仁赡至帐前，抚劳嘉叹，拜为天平军节度使兼中书令，仁赡不受命而卒，年五十八。薛氏亦不食五日而卒。时昼晦雨沙如雾，州人皆哭。"（清道光四年士乡堂 70 卷刻本，基本古籍库，246 页）

⑲ 元马端临《文献通考》卷二百九十六《物异考》二："五年五月，京师雨连旬不止，河决。澶州濮阳县河南河北诸州皆言大雨霖，绛和庐寿州大水。……六年六月，郓州河决，杨口怀州河决，获嘉颍州淮洑水溢，淹民舍田畴甚众。"（清浙江书局 348 卷本，基本古籍库，4641 页）

⑳ 元马端临《文献通考》卷三百五《物异考》十一："太宗太平兴国二年六月，瀛州景城县雨雹，七月相州永定县大风雹害稼。五年四月，大名府冠氏县、寿州安丰县风雹。"（清浙江书局348卷本，基本古籍库，4749页）《宋史》卷六十二《五行志》第十五："太平兴国……五年四月，冠氏、安丰二县风雹。"（元至正本配补明成化本，汉籍资料库，1346页）

㉑ 元马端临《文献通考》卷二百九十六《物异考》二："八年五月，河大决滑州房村，径澶、濮、曹、济诸州，浸民田，坏人民庐舍，东南流入淮。"（中华书局，1986年，2344页）

㉒ 也见《宋史》卷六十一《五行志》第十四："雍熙二年七月，朗江溢，害稼，八月瀛、莫州大水，损民田。三年六月，寿州大水。"（汉籍资料库，1322页）清嵇璜《续通志》卷一百七十二《灾祥略》："雍熙二年八月瀛莫州大水，三年六月寿州大水。"（清文渊阁四库全书640卷本，基本古籍库，2078页）明柯维骐《宋史新编》卷二《本纪》二："是岁（三年），司门员外郎王延范等坐谋不轨弃市。寿州大水，濮州蝗，占城高丽来贡。"（十一页，明嘉靖四十三年杜晴江刻200卷本）

㉓ 清姚文田《嘉庆广陵事略》卷七："（真宗咸平）六年二月，淮南水灾（《宋史真宗纪》二），景德二年九月淮南旱（《宋史真宗纪》二），……（大中祥符）三年淮南旱（《宋史真宗纪》二），五年淮南饥（李焘《长编》七十九），……七年淮南饥（《宋史真宗纪》三）"（七页，清嘉庆归安姚氏开封节院7卷刻本）

㉔ 明王一化《万历应天府志》卷二："（大中祥符四年）六月，遣使安抚江淮南水灾，许便宜从事，五年五月江淮旱……七年八月，除江淮被灾民租。（天禧元年）江淮南蝗，并言自死。仁宗皇帝天圣四年六月，江淮南大水，肆赦蠲租，抚流民。"（十九页，明万历刻增修32卷本）

㉕ 宋李焘《续资治通鉴长编》卷八十八"真宗"条："（大中祥符九年）戊寅诏：京东淮南蝗旱，所伤田，据遣官按定合放数外所纳税物三分以下者，并与倚阁四分已上者，更放一分。"（十五页，清文渊阁四库全书520卷本）

㉖ 元马端临《文献通考》卷三百十四《物异考》二十："天禧元年二月，开封府京东西河北河东陕西江淮两浙荆湖百三十州军，蝗蝻复生，多去岁蛰者，和州蝗生卵如稻粒而细。六月江淮大风，多吹蝗入江海，或抱草木僵死。"（清浙江书局348卷本，基本古籍库，4867页）

㉗ 元脱脱《宋史》卷六十一《五行志》第十四："乾兴元年正月，秀州水灾，民多艰食。……是岁，京东淮南路水灾。"（汉籍资料库，1325页）

㉘ 明王一化《万历应天府志》卷二："明道元年三月，江东淮南旱饥，遣使与长吏录系囚；二年春，诏发运使以上供米赈江东淮南饥民，遣使督视饥死者，官为之葬。"（明万历刻增修32卷本，四十一至四十二页）

㉙ 明王一化《万历应天府志》卷二："皇祐三年八月，江南淮南饥，遣使安抚。"（明万历刻增修32卷本，二十一页）

㉚ 清姚文田《嘉庆广陵事略》卷七："神宗熙宁六年淮南饥（《宋史五行志》五），七年淮南久旱（《宋史五行志》四），八年八月旱（《宋史五行志》四），熙宁中，淮西连岁蝗旱居民艰食（王辟之《渑水燕谈录》），（元丰）八年八月，淮南水灾（《宋史哲宗纪》一），（哲宗元祐）八年四月雨至八月，昼夜不息，淮南大水（《宋史五行志》一上），绍圣元年，淮南军禾一本九穗（《雍正志》），徽宗崇宁元年淮南蝗（《宋史徽宗纪》一）。"（八页，清嘉庆归安姚氏开封节院 7 卷刻本）

㉛ 清徐松辑《宋会要辑稿》"瑞异"三："熙宁八年八月，淮西蝗，陈颖州，蔽野。"注："《续宋会要》：'熙宁八年八月三日，诏有蝗蝻处，委县令佐亲部夫打扑。如地里广阔，分差通判职监司提举，仍募人，得蝻五升或蝗一斗，细色谷一升，蝗种一升，给粗色谷二升……'"（不分卷稿本，基本古籍库，3032 页）

㉜ 清傅泽洪《行水金鉴》卷六十二："宋神宗元丰四年五月，淮水泛涨（《宋史五行志》）。是年命发运副使史公弼修泗州洪泽湖（《玉海》）。"（五页，清文渊阁四库全书 175 卷本）

㉝ 明王一化《万历应天府志》卷二："徽宗皇帝建中靖国元年，江淮旱。"（明万历刻增修 32 卷本，二十二页）

㉞ 明王一化《万历应天府志》卷二："（大观）二年，江淮大旱。守臣曾孝序上言：欲将常平见在诸色钱、诸司对椿钱，趁时收籴稻种，候将来春种出粜与力田之人。诏：速行之。"（明万历刻增修 32 卷本，二十二页）

㉟ 明王一化《万历应天府志》卷二："重和元年，江淮水。诏监司督责州县还集流民。"（明万历刻增修 32 卷本，二十三页）

㊱ 元马端临《文献通考》卷三百一《物异考》七："绍兴元年，行在越州及东南诸路郡国饥，令郡发常平仓粟以赈……淮东京东西流民聚常州平江府者多殍死。"注："亦令各郡赈之。"（清浙江书局 348 卷本，基本古籍库，4699 页）清姚文田辑《嘉庆广陵事略》卷七："绍兴元年饥，淮南民流多殍死（《宋史·五行志》五）。"（清嘉庆归安姚氏开封节院 7 卷刻本，基本古籍库，156 页）

㊲ 元马端临《文献通考》卷三百一《物异考》七："十一年，京西淮南饥，令通商移粟。……十八年冬，浙东江淮郡国多饥，合诸道常平使者赈粟。"（清浙江书局 348 卷本，基本古籍库，4699 页）

㊳ 清嵇璜《续通志》卷一百七十二《灾祥略》："（绍兴）二十二年，淮甸水。"（清文渊阁四库全书 640 卷本，基本古籍库，2079 页）

㊴ 元马端临《文献通考》卷三百十四《物异考》二十："三十二年六月，江东淮南北郡国蝗飞入湖州境，声如风雨，自癸巳至于七月丙申，飞遍畿县，余杭仁和钱塘皆蝗，丙午蝗入京城。"（4868 页）

㊵ 元马端临《文献通考》卷二百九十七《物异考》三："（孝宗隆兴）二年七月，苏湖常秀润升宣池太平广德庐和光寿春无为及淮东郡皆大水，浸城郭，坏庐舍圩田军垒，舟行廛市累日，人溺死甚众。越月积阴苦雨，水患益甚。"（4646 页）

㊶ 元马端临《文献通考》卷三百十四《物异考》二十："孝宗乾道三年八月，江东郡县螟螣，淮浙诸路多以青虫食谷穗为灾。"（4870 页）

㊷ 元脱脱《宋史》卷六十七《五行志》第二十："五年夏，饶信州荐饥，民多流徙；徽州大饥，人食蕨葛；台楚州盱眙军亦饥，秋冬不雨；淮郡麦种不入。"（清乾隆武英殿 496 卷刻本，基本古籍库，696 页）

㊸ 元马端临《文献通考》卷三百一《物异考》七："七年秋，江东西湖南十余郡饥，江筠州隆兴府为甚，人食草实，流徙淮甸。淮郡亦荐饥。金虏谍知，运麦于淮北岸，易南岸铜镪，斗钱八千。江西饥民流光濠安丰间，皆效淮人私籴淮镪。"（4700 页）

㊹ 又有蝗灾。清汪师韩《韩门缀学》卷三"捕蝗"条："淳熙三年七月，淮甸大蝗。其扬泰州窖扑蝗五千斛，余郡或日捕数十车。时令淮浙郡国捕除。"（清乾隆刻《上湖遗集》5 卷本，基本古籍库，87 页）

㊺ 清姚文田辑《嘉庆广陵事略》卷七："五年，淮南旱（《宋史五行志》四）。"（清嘉庆归安姚氏开封节院 7 卷刻本，基本古籍库，156 页）

㊻ 宋真德秀《西山先生真文忠公文集》卷第六《奏乞倚阁第四第五等人户夏税（同提沽司七月上）》："淳熙八年，淮浙江东饥，诏遣著作郎袁枢。"（四部丛刊景明正德 55 卷刊本，基本古籍库，80 页）

㊼ 元马端临《文献通考》卷三百一《物异考》七："七年，镇江府台州无为广德军民大饥。令出常平米赈之。赈广德军至于越岁之春，弛两岁帛赋。是岁，江浙荆湘淮郡皆饥，皆蠲赋予粟，或一道至十四五万石。"（4701 页）

㊽ 清徐松辑《宋会要辑稿》"瑞异"三："淳熙九年六月，全椒历阳乌江县蝗，乙卯飞蝗过都，遇大雨堕仁和县界，七月淮甸大蝗。"（不分卷稿本，基本古籍库，3036 页）清姚文田辑《嘉庆广陵事略》卷七："九年七月，淮甸大蝗，真扬泰州窖扑蝗五千斛（《宋史五行志》一）。"（清嘉庆归安姚氏开封节院 7 卷刻本，基本古籍库，156 页）

㊾ 明黄道周《洪范明义》卷下："淳熙十二年春，淮水冰，断流。"（明崇祯 2 卷刻本，基本古籍库，127 页）《御定佩文韵府》卷六十六之十一"寒冰冱"条："《宋史五行志》：淳熙十二年，淮水冰，断流。是冬，大雪自十二月至明年正月，或雪或霰或电或雨，水冰冱尺余，连日不解。"（清文渊阁四库全书 444 卷本，基本古籍库，16217 页）

㊿ 清姚文田辑《嘉庆广陵事略》卷七："十五年，淮甸大雨水，淮溢（《宋史五行志》一上）。"（156 页）

(51) 清毕沅《续资治通鉴》卷一百五十二："己亥，蠲四川水旱郡县租赋。安丰军大水，平地三丈余，漂田庐，丝麦皆空。六月辛丑朔下诏，戒饬风俗，禁民奢侈与士为文浮靡、吏苟且饰伪者。"（清嘉庆六年递刻 220 卷本，基本古籍库，2035 页）清徐乾学《资治通鉴后编》卷一《宋纪》一（清文渊阁四库全书本）所记同。

(52) 元马端临《文献通考》卷三百一《物异考》七："（四年）夏，绍兴府亡麦，

安丰军大亡麦。五年冬,亡麦苗,行都淮浙西东江东郡国皆饥。"(清浙江书局348卷本,基本古籍库,4702页)

㊾ 清何绍基《光绪重修安徽通志》卷八十:"宁宗庆元元年诏:两浙淮南江东路荒歉,诸州收养遗弃小儿(《宋史宁宗纪》)。"(六页,清光绪四年350卷刻本)

㊾ 清何绍基《光绪重修安徽通志》卷八十:"嘉泰元年,江东两淮旱,赈之,仍蠲其赋(《宋史宁宗纪》)。"(六页,清光绪四年350卷刻本)清姚文田辑《嘉庆广陵事略》卷七:"嘉泰元年,两淮旱。"(清嘉庆归安姚氏开封节院7卷刻本,基本古籍库,157页)尹继善《乾隆江南通志》卷八十三《食货志》:"嘉泰元年,浙西江东两淮旱,赈之,仍蠲其赋(《续文献通考》)。"(十三页,清文渊阁四库全书200卷本)

㊿ 清傅泽洪《行水金鉴》卷六十二:"宋宁宗开禧元年九月丙戌,淮水溢。淮东郡国楚州盱眙军为甚(《宋史五行志》)"(清文渊阁四库全书175卷本,基本古籍库,626页)

㊽ 清嵇璜《续通志》卷一百七十二《灾祥略》:"开禧元年九月,淮东郡县水。二年五月,东阳县大水。三年江浙淮郡邑水,鄂州汉阳军尤甚。"(清文渊阁四库全书640卷本,基本古籍库,2081页)

㊼ 明柯维骐《宋史新编》卷十八《志》四:"嘉定元年,淮民大饥,流江浙者百万人。是岁行都亦饥。二年春,两淮荆襄建康府大饥,米斗钱数千。淮民剖竹殣食,尽发瘗胔,继之人相揉噬,流扬州者数千家。是秋,诸路复大歉。冬,行都饥殍者横市,道多弃儿。"(明嘉靖四十三年杜晴江200卷刻本,基本古籍库,195页)

㊸ 清来集之《倘湖樵书》卷十二:"嘉定八年,淮、浙江东西饥。都昌饥民聚为盗者三十六党。"(八十页,清康熙倘湖小筑12卷刻本)元马端临《文献通考》卷三百一《物异考》七:"八年,淮浙江东西饥,都昌县饥民聚为盗者三十六党,自秋至于明年夏,县官出钱三百三十三万缗粟四百八十五万石以赈。"(清浙江书局348卷本,基本古籍库,4703页)

㊴ 元马端临《文献通考》卷三百四《物异考》十:"八年春旱,首种不入,至八月乃雨,江浙淮闽皆旱,……盱眙、安丰为甚。十年七月不雨。十一年,秋不雨至于冬,淮郡及常州、镇江、建康、江阴、广德旱,蔬麦皆枯。"(4738页)

㊵ 清嵇璜《续通志》卷一百七十三《灾祥略》:"十三年二月,安丰军故步镇火。"(清文渊阁四库全书640卷本,基本古籍库,2108页)《宋史》卷六十三《五行志》第十六:"十三年二月庚寅,安丰军故步镇火燔千余家,死者五十余人。"(十二页,清乾隆武英殿496卷刻本)

㊶ 清嵇璜《续文献通考》卷二百二十八《物异考》:"淳祐二年五月,两淮蝗。"(清文渊阁四库全书250卷本,基本古籍库,3736页)清姚文田辑《嘉庆广陵事略》卷七:"淳祐二年五月,两淮蝗(《宋史五行志》一下)。"(十页,清嘉庆归安姚氏开封节院7卷刻本)

㉒ 清傅泽洪《行水金鉴》卷六十二："按《元史·安塔哈传》，世祖至元九年五月，淮水溢；是为度宗咸淳七年也。"（清文渊阁四库全书175卷本，基本古籍库，626页）

㉓ 清嵇璜《续文献通考》卷三十三《国用考》："（二十六年）七月，两淮屯田雨雹害稼，蠲今岁田租。二十七年二月，芍陂屯田以霖雨河溢害稼。"（二十九页，清文渊阁四库全书250卷本）民国柯劭忞《新元史》卷七十九《志》第四十六："二十七年，晋陵、无锡二县霖雨害稼，并免其田租。芍陂霖雨害稼，免其租，以荐饥免今岁银俸钞。"（民国九年天津退耕堂257卷刻本，基本古籍库，701页）

㉔ 明宋濂《元史》卷二十《本纪》第二十："是月（五月）同州平滦隆兴雹，扬州、南阳、顺德、东昌、归德、济宁、徐、濠、芍陂旱蝗。真定保定、大都通蓟二州水。"（洪武九十九卷本和南监本，汉籍资料库，431页）

㉕ 民国柯劭忞《新元史》卷四十四《志》第十一："（大德）五年八月，平滦路霖雨。是年，峡州、随州、安陵、荆门、泰州、光州、扬州、滁州、高邮、安丰霖雨。"（324页）清嵇璜《续文献通考》卷二百二十一《物异考》："五年八月，平滦路霖雨害稼。是岁，峡州、随州、安陵、荆门、泰州、光州、扬州、滁州、高邮、安丰霖雨害稼。"（五页，清文渊阁四库全书250卷本）

㉖ 明王圻《续文献通考》卷二百二十《物异考》："七年四月，安丰、庐州淮水溢，损禾麦一万顷。"（九页，明万历三十年松江府254卷刻本）民国柯劭忞《新元史》卷四十三《志》第十（民国九年天津退耕堂刻本）所记同。

㉗ 民国柯劭忞《新元史》卷八十《志》第四十七："（至治元年三月）河南安丰饥，以钞二万五千贯米五万石赈之，营王也。"（713页）

㉘ 民国柯劭忞《新元史》卷四十四《志》第十一："泰定元年三月，临洮狄道石州离石宁乡旱；六月，景清沧莫等州、临汾泾川灵台寿春六合等县旱。"（327页）

㉙ 清嵇璜《续文献通考》卷二百二十八《物异考》："文宗天历二年，淮安庐州安丰三路属县蝻。"（二十五页，清文渊阁四库全书250卷本）民国柯劭忞《新元史》卷四十五《志》第十二："天历二年，淮安、庐州、安丰三路属县蝻。"（334页）

㉚ 清嵇璜《续文献通考》卷三十二《国用考》："文宗至顺元年三月，安庆、安丰、蕲、黄、庐五路饥，以淮西廉访司赃罚钞赈之。"（四十四页，清文渊阁四库全书250卷本）

㉛ 明王圻《续文献通考》卷二百二十一《物异考》："顺帝元统元年夏，两淮大饥。二年春，淮西、池州、济南、莱芜等县饥。"（3952页）清嵇璜《续文献通考》卷二百二十《物异考》（清文渊阁四库全书250卷本）所记同。民国柯劭忞《新元史》卷四十五《志》第十二："元统元年夏，两淮大饥。二年春，淮西饥。"（332页）

㉜ 清嵇璜《续文献通考》卷三十二《国用考》："（顺帝元统二年二月）是月，安丰路旱饥，敕有司赈粜麦万六千七百石。三月，……淮西饥。"（八十六页，清文渊阁四库全书250卷本）

㉝ 民国柯劭忞《新元史》卷四十五《志》第十二："二年，顺州及淮西安丰浙西

松江州台州江西江抚袁瑞四州、湖北沅州卢阳县饥。"（332页）

㉔ 清谈迁《国榷》卷十四："（六月）乙丑，大理寺少卿虞谦为右副都御史，淮水溢寿州。"（清抄104卷本，基本古籍库，587页）

㉕ 清傅泽洪《行水金鉴》卷六十二："明英宗正统元年十二月癸亥，直隶寿州卫奏：七月间淮水泛涨，坏西北城垣，请修治，从之（《明英宗实录》）。英宗正统二年……五月终，淮水泛溢，漂流房屋孳畜甚众，民不堪命，乞赐赈贷。……上命有司覈实，从之。九月戊申，直隶大河卫奏：……近因淮水泛涨，决堤漂屋，请停造，从之（《明英宗实录》）。"（清文渊阁四库全书175卷本，基本古籍库，627页）

㉖ 清谈迁《国榷》卷二十三："（丁巳正统二年四月）壬戌，赈凤阳旱饥。"（同上，967页）《成化中都志》卷三："正统二年，淮水泛涨，厅宇圮坏。"（四十六页，明弘治10卷刻本）

㉗ 清嵇璜《续文献通考》卷二百二十八《物异考》："英宗正统……五年夏，顺天、河间、真定、顺德、广平、应天、凤阳、淮安、开封、彰德、兖州蝗。六年夏，顺天、保定、真定、河间、顺德、广平、大名、淮安、凤阳蝗。"（清文渊阁四库全书250卷本，基本古籍库，3740页）

㉘ 清嵇璜《续文献通考》卷二百二十八《物异考》："(英宗正统)七年五月,顺天、广平、大名、河间、凤阳、开封、怀庆、河南蝗。八年夏，两畿蝗。十二年夏，保定、淮安、济南、开封、河南、彰德蝗，秋，永平凤阳蝗。"（3740页）

㉙ 清嵇璜《续文献通考》卷二百二十一《物异考》："十三年……五月至六月，凤阳徽州久雨伤稼。"（3672页）

㉚ 清嵇璜《续文献通考》卷二百二十《物异考》："（景帝景泰）四年，徐州涝饥，河南山东及凤阳饥。"（3646页）

㉛ 清嵇璜《续通志》卷一百七十二《灾祥略》："五年六月，扬州潮决；七月，苏松淮扬庐凤六府大水。"（清文渊阁四库全书640卷本，基本古籍库，2085页）嵇璜《续文献通考》卷二百十六《物异考》所记同。

㉜ 清谈迁《国榷》卷三十一："（丙子景泰七年）是月（六月），淮扬凤阳大旱，蝗。"（清抄104卷本，基本古籍库，1321页）

㉝ 清何绍基《光绪重修安徽通志》卷八十："英宗天顺四年春三月，免南畿被灾秋粮；秋七月，淮水决，败凤阳城，遣使赈恤（《明史稿英宗纪》）。"（十一页，清光绪四年350卷刻本）清嵇璜《续文献通考》卷三十二《国用考》："四年七月，自五月雨至是月，淮水决，没军民田庐，遣使赈恤。"（723页）

㉞ 清姚文田辑《嘉庆广陵事略》卷七："（英宗天顺）七年大雨，腐二麦（《明史五行志》二）。"（十五页，清嘉庆归安姚氏开封节院7卷刻本）

㉟ 清嵇璜《续文献通考》卷二百二十《物异考》："十七年二月甲寅，南京、凤阳、庐州、淮安、扬州、和州、兖州及河南州县同日地震。"（二十七页，清文渊阁四库全书250卷本）

⑧⑥ 清嵇璜《续文献通考》卷二百二十《物异考》："（宪宗成化）十九年，凤阳淮安扬州三府饥。二十年陕西饥，道殣相望。"（十五页，清文渊阁四库全书250卷本）

⑧⑦ 清嵇璜《续文献通考》卷二百二十三《物异考》："（孝宗弘治八年）三月己亥，桐城雨雹深五尺，杀二麦；己酉，淮凤州县暴风雨雹，杀麦。"（二十五页，清文渊阁四库全书250卷本）

⑧⑧ 清嵇璜《续文献通考》卷二百二十《物异考》："十三年七月己巳，京师地震；十月戊申，南京凤阳同时地震。"（二十九页，清文渊阁四库全书250卷本）

⑧⑨ 清谈迁《国榷》卷四十四："（九月）己巳，寿州及太康县地震有声。"（清抄104卷本，基本古籍库，1869页）

⑨⑩ 清张廷玉《明史》卷十五《本纪》第十五："（十五年）八月庚戌，以南京凤阳霪雨大风，江溢为灾，遣使祭告，敕两京群臣修省。"（清武英殿本，汉籍资料库，194页）

⑨① 清嵇璜《续文献通考》卷二百二十《物异考》："十七年，淮扬庐凤济饥，人相食，或发瘗骸以继之。"（十六页，清文渊阁四库全书250卷本）

⑨② 清嵇璜《续文献通考》卷二百二十一《物异考》："武宗正德元年七月，凤阳诸府大雨，平地水深丈五尺，没民居五百余家。"（十二页，清文渊阁四库全书250卷本）

⑨③ 清谈迁《国榷》卷四十七："（戊辰正德三年九月）癸亥，延绥庆阳大水赈之；应天庐凤淮扬旱，命吏部左侍郎王琼赈之。"（1996页）

⑨④ 清查继佐《罪惟录》"志"卷之三："五年庚午四月，华州蒲州地震。五月，宁夏地震，寿州土崩水溢。"（四部丛刊三编景手稿90卷本，基本古籍库，349页）

⑨⑤ 清嵇璜《续通志》卷一百七十三《灾祥略》："九年，顺天河间保定庐凤淮扬旱。"（清文渊阁四库全书640卷本，基本古籍库，2104页）又清嵇璜《续文献通考》卷二百二十二《物异考》所记同。

⑨⑥ 清谈迁《国榷》卷五十八："（甲辰嘉靖二十三年六月）戊寅，免凤阳旱灾田租。"（清抄104卷本，基本古籍库，2546页）

⑨⑦ 清谈迁《国榷》卷六十："（嘉靖三十一年二月）癸亥凤阳地震有声。"（2647页）

⑨⑧ 清龙文彬《明会要》卷六十九《祥异》二："（天启）三年四月京师地震，十二月两京凤阳苏松淮阳泗滁同日地震。"（十八页，清光绪十三年永怀堂80卷刻本）

⑨⑨ 清嵇璜《续文献通考》卷二百二十《物异考》："十六年九月，凤阳地屡震。十一月丙申，山东地震。十七年正月庚寅朔，凤阳地震。"（五十二页，清文渊阁四库全书250卷本）

⑩⓪ 清抄416卷本《明史》卷二十六《本纪》二十六、卷二十四《本纪》第二十四，两处记此事。

⑩① 左辅纂《嘉庆合肥县志》卷第三十五，四七页，清嘉庆八年修民国九年重印36卷本。张祥云《嘉庆庐州府志》卷五十二（清嘉庆八年54卷刻本）、黄云《光绪续修庐州府》志卷十五（清光绪十一年100卷刊本）所记同。

⑩² 曾道唯纂《光绪寿州志》卷三十五："国朝顺治六年，寿州大水。八年大有年。十二年四月，淮水涨，是年甘露降于寿州。"（六页，清光绪十六年刊民国七年重印36卷本）

⑩³ 曾道唯纂《光绪寿州志》卷三十五："（康熙）十七年大旱。十八年淮南大饥，寿州更甚。"（六页）

⑩⁴ 曾道唯纂《光绪寿州志》卷三十五："（康熙）二十五年凤阳等处旱。三十七年凤阳等府大水。四十四年秋凤阳府属水灾。"（七页）

⑩⁵ 见曾道唯纂《光绪寿州志》卷三十五，七页。

⑩⁶ 见民国赵尔巽《清史稿》志十七灾异三，民国十七年清史馆本536卷，基本古籍库，724页。

⑩⁷ 清长龄《懋亭自定年谱》卷一："十年乙丑，四十八岁。……二十八日奉上谕，著照长龄所请，将凤阳凤台五河怀远寿州泗州天长七州县被水被旱处所无力农民，加恩赏给一月口粮。"（清道光桂丛堂4卷刻本，基本古籍库，17页）又何绍基《光绪重修安徽通志》卷八十二："十年上谕：……滨临淮泗各属，本年夏雨较多，洼地间有积水，……将凤阳凤台五河怀远寿州泗州天长七州县被水被旱处所无力农民，加恩赏给一月口粮。"（四页，清光绪四年350卷刻本）

⑩⁸ 清何绍基《光绪重修安徽通志》卷九："嘉庆十二年谕：上年安徽省寿州等十二州县被水淹浸，著加恩借给籽种。（恭纪食货志蠲赈）"（五页，清光绪四年350卷刻本）

⑩⁹ 清李文敏《光绪江西通志》卷一百三十："十九年冬，江南大侵。寿州饥民由浙江道广信建昌而至临川，（临川知县秦）沆虑其扰也，豫捐廉储备，人给钱米若干，载以船，护之出境。饥民愉服，邻市不惊。"（七十五页，清光绪七年180卷刻本）童范俨《同治临川县志》卷三十五《职官名宦》："十九年冬，江南大祲。寿州饥民百数十口至数百口不等，由浙江历广信建昌至临川境。沆虑其在乡村肆扰，先出示捐廉买米，城中设厂，每口日给米八合钱十文。旋雇船装载，差役护送出境，前赴下游，谕令速回春耕，毋失农时。饥民欢帖而去。"（三十三页，清同治九年54卷刻本）

⑩ 道光数条见曾道唯纂《光绪寿州志》卷三十五："道光六年五月，大风折木，秋雨水败稼。（右自乾隆三十三年后俱见州案）十一年大水，秋地震。十二年大水。十三年大水，饥馑载道；正阳镇舟子戴氏，生子一身二首，耳目口鼻悉具。二十四年秋，寿州星殒西方，白气亘天，月余不见。大孤堆集木生连理。三十年大水，漂没民居无算。"（十页，清光绪十六年刊民国七年重印36卷本）

⑪ 咸丰数条见曾道唯纂《光绪寿州志》卷三十五："咸丰元年，寿州星殒。二年，寿州麦秀双歧，或三歧，陶姓家产一羊两头八足。四年，王怀德妻刘氏一产三男。五年，寿州天雨黑豆，夏大旱，飞蝗蔽天，禾稼俱伤。七年寿州大水，夏昼星殒，其声如雷，红白色，长二尺，周围四尺，农家一鸡四足，二足着地，二足悬于尾。八年，寿州麦未种，而生活饥民甚众，秋蝗蝻遍地生，禾稼尽伤。九年十年蝗蝻生，扑灭之，禾稼未伤。"（十页，清光绪十六年刊民国七年重印36卷本）

⑫　同治数条见曾道唯纂《光绪寿州志》卷三十五："同治四年，李生黄瓜。五年，寿州大水，城不没者三版，田庐淹没，人畜溺死无数。六年，寿州大水，麦秀双岐。八年，寿州东溮水清，四月大风，继以冰雹，坏房舍禾稼无数。九年，寿州大水，东溮水清（以上志稿）。"（十一页）

⑬　光绪数条见曾道唯纂《光绪寿州志》卷三十五："光绪四年，寿州大水。十一年十月，星流如织。十三年六月，大风；八月，河决郑州，由陈颖入淮溮水涨。十四年七月，寿州大水。十五年六月，寿州大水，七月大风。"（十一页）

⑭　作者文末有注云："1950年后资料，系子连同志摘自县档案局文书档案。"

⑮　作者文后有"编后"一则，云："子连同志工作之暇，为《辑录》撰写'前言'，并补记了1950年后的灾情；水利局顾应昌同志也为我提供《安徽省水旱灾害史料整理分析》一表，在此一并致谢。此次重印，增加地震一次。余如原稿。辑者水平确实有限。错误一定很多，敬请补正。(1985年1月1日)"又有"重印说明"一则，云："为给当前的防汛工作提供参考资料，重印此录，1961年后灾情资料，待补。(编者1987年6月)"

寿县书目综录[1]

一、汉

刘安

周易淮南九师道训一卷	玉函山房辑佚书[2]
淮南鸿烈解二一卷	明套印本 六册
淮南鸿烈解二一卷	明刊本 六册

---

[1] 书目前有编述说明云："《寿县书目综录》是为编纂县志'著述'一目准备的资料。其中简介部分作者和书籍内容，是想给我县某些领域的研究提供若干信息，为现实服务。《综录》分上、下编。生人著述入下编。除省志办公室丁剑同志，本室孙子连主任提供书目外，省、县和安庆市图书馆编印的《图书目录》是《综录》资料的主要来源，在此一并致谢。编者资料缺，阅历浅，《综录》遗漏较多，欢迎补正（编者1987年12月1日）。"按此，《综录》仅完成上编部分。

[2] 即《汉书·艺文志》"六艺略"所录《淮南道训》云："《淮南道训》二篇，淮南王安聘明易者九人，号九师说。"（"说"，或作"法"。杨树达《汉书窥管》，上海古籍出版社，1984年，205页）也即刘向《七略别录》曰："淮南王聘善《易》者九人，从之采获，著《道训》十二篇。"王通《中说》评说："九师兴而易道微。"（《百子全书·文中子》岳麓书社，1993年，947页）按，此书又有楚南湘远堂清光绪十年本。

淮南鸿烈解 二一卷	汉魏丛书
淮南鸿烈解 二一卷	子书百家
淮南鸿烈解 二一卷	四部丛刊
淮南子 二一卷	清乾隆五三年武进庄氏校刊本 四册
淮南子 二一卷	清光绪二二年新化校刊本 八册
淮南子 二一卷	清光绪二年浙江书局刊本 六册
淮南子 二〇卷	清桐城吴汝纶点勘民国排印本 三册
淮南子 二一卷	民国九年石印本 四册
淮南集证 二一卷	民国中华书局聚珍本 十册

按《寿州志·艺文志·著述》记：

《钦定四库全书》子部杂家类：《淮南子》二十一卷。提要云：汉淮南王刘安撰，高诱注①。《汉书艺文志》杂家：《淮南》内二十一篇，《淮南》外三十三篇。颜师古注曰：内篇论道，外篇杂说，今所存者二十一篇盖内篇也。高诱序言：此书大较归之于道，号曰鸿烈。故《旧唐志》有何诱《淮南鸿烈音》一卷，言鸿烈之音也。《宋志》有《淮南鸿烈解》二十一卷，亦鸿烈之解也。而注其下曰：淮南王安撰；似乎解亦安撰者。诸书引用，遂并《淮南子》之本文，亦题曰《淮南鸿烈解》，误之甚矣。晁公武②《读

---

① 提要原文有"安事迹具汉书本传"一句。
② 晁公武（约1105—1180），山东巨野人（一说河南清丰人），世居开封昭德坊，故称昭德先生。靖康末年迁居四川嘉定，绍兴中进士，累官吏部侍郎。绍兴二十一年（1151），对其藏书校雠异同，述记要旨，成《郡斋读书志》四十卷。宋陈骙《南宋馆阁录》卷八记："国史院编修官，绍兴以后十三人。……晁公武，字子止，济南人。二年二月以吏部员外郎兼，三月以枢密院检详诸房文字兼。"（十三页，清文渊阁四库全书10卷本）

书志》称《崇文总目》亡三篇，李淑《邯郸图书志》[①]亡二篇，其家本唯存原道、俶真、天文、坠形、时则、览冥、精神、本经、主术、缪称、齐俗、记论[②]、诠言、兵略、说林、说山十七篇，亡其四篇。高似孙《子略》称，读《淮南》二十篇[③]，是在宋已鲜完本。惟洪迈《容斋随笔》称今所存者二十一卷，与今本同。然白居易《六帖》引乌鹊填河事云出《淮南子》[④]，而今本无之，则尚有脱文也。[⑤]

古寿春是淮南国国都。淮南国自汉高祖四年（前203），至武帝元狩元年（前122），除其中六年称郡，历时七十四年，刘安一人都寿春长达四十二年。虽其祖籍沛郡丰邑，但这批著述均在寿春所作，并给后世以很大影响。《寿县书目综录》收入他的书目，是理所当然的。

刘安，汉高帝刘邦之孙，淮南厉王刘长之子，文帝六年，因刘长谋反被流放西蜀，死于途中，文帝八年封刘安为阜陵侯，十六年（前164）封刘安为淮南王，时年十六岁。至武帝元朔六年（前123），因谋反，"上

[①] 明胡应麟《少室山房笔丛》"甲部·经籍会通"二："宋世诸家虽咸有书目，载于《文献通考》，其类例悉不能详。……李淑献臣《邯郸图书志》载其家所藏图书五十七类，经史子集通计一千八百三十六部，二万三千三百八十六卷，其外又有艺术志、道书志、书志、画志，通为八目十卷，号图书十志。按李氏类例于四部之外更列四目，亦阮氏外篇之意。然书画一类分为二门，有道书而无释典，不可晓也。"（明万历刻48卷本，基本古籍库，14-15页）

[②] 提要原文为"道德、泛论"。

[③] 元马端临《文献通考》卷二百十三《经籍考》四十："高氏《子略》曰：少爱读楚辞淮南小山篇，声峻瑰磊，他人制作，不可企攀者。又慕其离骚有传，窃究多思致，每曰淮南天下奇才也。又读其书二十篇，篇中文章无所不有，如与庄列吕氏春秋韩非子诸篇相经纬表里，何其意之杂出文之沿复也。"（清浙江书局348卷本，基本古籍库，3510页）

[④] 唐白居易《白氏六帖事类集》卷三"桥第十一·乌鹊"条："《淮南子》：乌鹊填河成桥，而渡织女。"（五十八页，民国景宋30卷本）

[⑤] 曾道唯《光绪寿州志》卷三十，一页，清光绪十六年刊民国七年重印36卷本。

下公卿治,所连引与淮南王谋反列侯、二千石、豪杰数千人,皆以罪轻重受诛""上使宗正以符书治王,未至,安自刑杀"。(《汉书·淮南衡山济北(王)传》[1])卒年五十七岁。

刘安其人,历史多有评述。《史记·淮南衡山列传》说:"淮南王安为人好读书鼓琴,不喜弋猎狗马驰骋,亦欲以行阴德拊循百姓,流誉天下。"[2]《汉书》亦有此等记述。他温雅,善文辞,长音乐,通天文地理诸子学说,召集有各科知识的人才于寿春,"议论天下兴亡,寻求治世良方,探讨学术方技,搜集古史佚闻"[3],辑《楚辞》,著一大批文学、哲学、科技书籍,为我们留下珍贵的淮南国文化,亦即古寿春文化遗产。所著《淮南万毕术》对于炼丹的技术,在化学史上占有重要地位;其《天文训》记载的"二十八宿"和"干支纪年法",是对我国天文学的重大贡献。淮南国文化是寿县古文化的重要部分,因此,介绍与研究淮南王著述及其思想,对于我们吸取古代文化精华,建设社会主义的两个文明有着重要的意义。

关于刘安及其思想的研究,古今许多学者都取得了相当大的成就,本编节录安徽著名学者欧远方为陈广忠《淮南子故事选编》所写的序言[4]文字作结:

"一般认为《淮南子》以道为主,糅合儒、墨、名、法、阴阳等家,在诸子百家中被列为杂家,从现在观点看,可以列为哲学家。《淮南子》一书是刘安为西汉王朝提出的治国安邦的理论纲领,也是对汉初数十年治政的理论和实践进行的概括和总结。他的思想体系与司马谈《论六家要旨》

---

[1] 汉班固《汉书》,岳麓书社,1993年,949页。
[2] 汉司马迁《史记》,岳麓书社,1988年,854页。
[3] 陈广忠《两淮文化》,辽宁教育出版社,1995年,130页。
[4] 欧远方《〈淮南子故事选编〉序言》,《安徽史学》,1985年第2期。

接近，主张以道为主，兼收并蓄，扬长弃短，集道家的自然天道观、法家的进步历史观和儒家的仁政学说于一炉，剖析秦朝和六国治政的成败得失，而系统地提出了基本符合汉初社会实际的'无为而治'的理论。这种理论在汉初实行六十余年，证明是行之有效的。但汉武帝即位以后没有几年，'罢黜百家，独尊儒术'，这位饱学的诸侯王在统治阶级的内部矛盾斗争中被迫自杀。《淮南子》一书也随之不为历代封建统治者所重视，不过书中进步的政治思想和哲学思想，对后人仍有很大影响。比刘安稍后的伟大历史学家司马迁和东汉唯物主义哲学家王充等人，都从中汲取了进步的思想因素，融化在自己的作品之中。今天我们研究先秦和西汉思想史、文化史、科技史和文学史，《淮南子》仍是一部不可多得的宝贵资料。

刘安所取得的学术成就，与其特殊的条件是分不开的。刘安所都之寿春，是历史古城，春秋以来即是江、淮一带的政治文化中心和军事重镇，经济繁荣，交通便利。春秋时蔡国的五个侯为都四十七年，战国末期楚国的最后四个王为都十九年，刘安父子在此建都六十四年。西汉离楚亡不远，八百余年的楚文化并未泯灭古老的文化传统，特殊的地理条件，优越的诸侯王地位，卓绝的文学才能，对学术文化事业的发展，起了重要的推动和促进作用。正因为如此，才会使寿春成为汉初的一个重要文化学术中心，成了文人荟萃的'稷下'。

"《淮南子》在我国学术界素受重视。这部著作经汉代大学者刘向搜集整理，许慎、高诱校注考释，宋、明、清历史学者的悉心研治，特别是经过清代学者王夫之、王念孙、俞樾、吴汝纶诸人以及近代、现代、当代吴承仕、杨树达、刘盼遂、蒋礼鸿等人的艰苦努力，在版本、校勘、内容等方面的研究上，都取得了相当大的成就。《淮南子》一书还受到国外学者的重视，现在所能见到的日本人所藏的二十一卷本、二十八卷本、节选本《淮南子》，竟有五十种之多。现代著名学者，安徽合肥人刘文典所著的《淮南鸿烈集解》一书，将被收入中华书局新编的《诸子集成》之中。"

汉高帝，刘邦，字季，沛之丰邑人，共生八子。后三子：赵幽王友立为淮南王；赵共王恢立为梁王；燕灵王建无后。此三子系诸姬生，即诸妾中不知氏族及秩次者（略）：

表4-1　西汉淮南王世系简表（名前有 ※ 的为淮南王）

肥，曹夫人生，高祖六年封为齐悼惠王，有子九①	太子襄，为齐哀王	文王则	
	次子章，为城阳景王②	※ 共王喜，孝文十二年徙王淮南，都寿春5年，5年后复还王阳城；凡立，三十三年薨	
	兴居③		
	将闾		
	志		
	辟光（略）		
惠帝，刘盈，吕后生，在位七年			
文帝，刘恒，薄姬生，在位二十三年	景帝，刘启，文帝大子，窦皇后生，七年六月即皇帝位，尊皇太后薄氏为太皇太后，窦氏曰皇太后	武帝，刘彻，景帝中子王美人生。后元三年即皇帝位	昭帝弗陵，武帝少子，母赵氏
如意，戚姬生，赵隐王高祖九年立			
※ 长，赵姬即张敖美人生，高祖十一年布反，立少子长为淮南王共22年。文帝六年因谋反被流放西蜀，途中不食不饮，死于途中，有子四	※ 安，孝文八年封阜陵侯，十六年封淮南王，都寿春共42年		
	勃，孝文八年封安阳侯，十六年封衡山王		
	赐，孝文八年封阳周侯，十六年封庐江王		
	良，孝文八年封东城侯（无后）		

注：① 汉班固《汉书》卷三十八："齐悼惠王子，前后凡九人为王：太子襄为齐哀王，次子章为城阳景王，兴居为济北王，将闾为齐王，志为济北王，辟光为济南王（师古曰：辟音壁，又读曰闢），贤为菑川王，卬为胶西王，雄渠为胶东王。齐哀王襄，孝惠六年嗣立。……是岁（文帝元年），齐哀王薨，子文王则嗣。十四年薨，无子，国除。"（岳麓书社，1993年，877-879页）

② 汉班固《汉书》卷三十八："城阳景王章，孝文二年以朱虚侯与东牟侯兴居俱立，二年薨。子共王喜嗣。孝文十二年，徙王淮南，五年，复还王城阳，凡立三十三年薨。子顷王延嗣，二十六年薨。子敬王义嗣，九年薨。子惠王武嗣，十一年薨。子荒王顺嗣，四十六年薨。子戴王恢嗣，八年薨。子孝王景嗣，二十四年薨。子哀王云嗣，一年薨，无子，国绝。成帝复立云兄俚为城阳王，王莽时绝。"（879–880 页）

③ 汉班固《汉书》卷三十八："岁余……匈奴大入边，汉多发兵，丞相灌婴将击之，文帝亲幸太原。兴居以为天子自击胡，遂发兵反，上闻之，罢兵归长安，使棘蒲侯柴将军击破，虏济北王。王自杀，国除。"（880 页）

二、隋

裴政

承圣降录十卷①

裴政，字德表，裴邃之孙，裴之礼之子。高祖寿孙，从宋武帝徙家于寿阳，历前军长史、庐江太守。祖邃，梁侍中、左卫将军、豫州大都督。祖籍闻喜，父之礼，廷尉卿。

政幼明敏，博闻强记，达于时政，为当时所称。年十五，辟邵陵王府法曹参军事，转起部郎、枝江令。平侯景，封夷陵侯。征授给事黄门侍郎，

---

① 《全隋文》卷十二"裴政"条云："政（《周书》作正）字德表，河东闻喜人。梁豫州刺史邃孙。初为邵陵王府法曹参军，转起部郎，枝江令。湘东王召为宣惠府记室，除通直散骑侍郎。侯景之乱，加壮武将军，封夷陵侯。征授给事黄门侍郎，加平越中郎将，镇南府长史。入周为员外散骑侍郎，授刑部下大夫，转少司宪。隋受禅，转率更令。加上仪同三司。进散骑常侍，转左庶子，出为襄州总管。卒年八十九，有《承圣降录》十卷。"（清严可均辑《全隋文·先唐文》，商务印书馆，1999 年，122 页）又，清姚振宗《隋书经籍志考证》卷十三《史部三》："按《史通》一再言裴政《太清实录》，则是书，裴政所撰也。《隋书列传》，裴政，字德表，河东闻喜人，仕梁元帝，历周入隋，至襄州总管卒官，年八十九，著《承圣降录》十卷，《北史》作《承圣实录》亦十卷，不言有《太清实录》。按，梁元帝承圣改元之前三年犹称太清年号，此《太清录》其即裴政之《承圣实录》欤？"（民国师石山房丛书 40 卷本，基本古籍库，481 页）此未定论。

复帅师副王琳拒萧纪，破之于硖口。加平越中郎将、镇南府长史。周文帝授其为员外散骑侍郎，引事相府。寻授刑部下大夫，转少司宪。开皇元年，加位上仪同三司。诏与苏威等修定律令。进位散骑常侍，转左庶子。后为襄州总管。（摘隋书本传）

三、宋

吕希哲

吕氏杂记二卷 ※

吕希哲[①]，夷简三子公著子，字原明，少从焦千之、石介、孙复、胡瑗学。复从二程张载游，闻见益广。务躬行实践。元祐中为崇政殿说书，导帝以正心诚意为本。徽宗时知曹州，崇宁党祸后知相州，徙邢州。为人乐易有至行。晚年名益重，远近皆师遵之。

《文献通考》称《岁时杂记二卷》："陈氏（直斋）曰：侍讲东莱吕希哲原明撰。希哲，正献公公著之子。吕荥阳公在历阳时，与子孙讲诵，遇节日则休学者，杂记风俗之旧，然后团坐饮酒以为乐。久而成编，承平旧事犹有考焉。（有）周平園序"。[②]

[①] 宋李幼武《宋名臣言行录外集》卷六："吕希哲，字原明，正献公之长子，以恩补官，元祐中除兵部员外郎，充崇政殿说书。绍圣初，出知太平州，坐党谪居和州。徽宗初复官，知单州，召为光禄少卿直祕阁知曹州，寻夺职，知相州邢州奉祠。政和中卒，年七十八。"（一页，清文渊阁四库全书51卷本）

[②] 序云："本朝承平岁久，斯民安生乐业。凡遇节物，随时制宜。虽有古有今，或雅或鄙，所在不同，然上而朝廷，次而郡国，下逮民庶，欢娱熙洽，未尝虚度，则一也。侍讲吕公当全盛时，食相门之德，既目击旧礼，又身历外官，四方风俗皆得周知追记于册，殆无遗者。惟上元一门，多至五十余条，百年积累之盛，故家文献之余，兹可推矣。庆元戊午秋，公之元孙仙游，邑大夫祖平以示平園老叟周某，窃有生晚，不及见之，叹云。"（《文献通考》卷二百六《经籍考》三十三，清浙江书局348卷本，基本古籍库，3441页）

（图 11-1　吕希哲父吕公著像①）

吕本中

紫微诗话一卷	百川学海
紫微诗话一卷	津逮秘书
东莱诗集二〇卷	四部丛刊续编
官箴一卷	说郛
官箴一卷	百川学海
吕氏童蒙训二卷	清钱唐丁氏当归草堂丛书本一册

吕本中，好问子，希哲孙。原名大中，字居仁，以荫补承务郎，累迁中书舍人兼直学士院。初与秦桧同为郎，相得甚欢。桧既相，私有引用，本中封还除目。赵鼎素主元祐之学，谓本中公著后，故深相知。桧怒，风御史萧振劾罢之，提举太平观。卒谥文清，学者称为东莱先生。其诗得黄

---

① 吕公著（1018—1089），字晦叔，寿州人。仁宗时进士，英宗时知蔡州，神宗时知开封府，哲宗时官至尚书右仆射兼中书侍郎。像载《虞邑西乡吕氏宗谱》，乾隆间斯祜堂木活字本（华人德编《中国历代人物图像集》，上海古籍出版社，2004 年，第 739 页）。

庭坚、陈师道句法。①

吕祖谦

东莱博议四卷	清道光二四年刊本 四册
古周易一卷（音训二卷）	金华丛书
东莱书说三五卷	金华丛书
吕氏家塾读诗记三二卷	金华丛书
春秋左氏传说二〇卷	金华丛书
东莱左氏博议二五卷	金华丛书
大事记一二卷	金华丛书
唐鉴	金华丛书
少仪外传二卷	金华丛书
卧游录一卷	金华丛书
诗律武库前后集三〇卷	金华丛书
东莱文集四〇卷	金华丛书

---

① 明柯维骐《宋史新编》卷一百四十《列传》八十二："吕本中，字居仁，公著之后。幼而敏悟，恩授承务郎。公著追贬，本中亦坐黜。后历枢密院编修官。绍兴六年，自直祕阁主管崇道观，召赴行在，特赐进士出身，擢起居舍人，兼权中书舍人。七年，上幸建康，本中奏曰：当今之计，必先为恢复事业求人才，恤民隐，审刑政，开言路；然后练兵谋帅，增师上流，固守淮甸，伺彼有衅，一举可克。……八年迁中书舍人，又兼侍讲，又兼权直学士院。初，本中与秦桧同为郎，相得甚欢。桧既相，私有引用，本中封还除目，桧勉其书行，卒不从。赵鼎素主元祐之学，谓本中公著后，又范冲所荐，故深知之。会哲宗实录成，鼎迁仆射，本中草制有曰：合晋楚之成，不若尊王而贱霸，散牛李之党，未如明是以去非。桧大怒，言于上曰：本中受鼎风旨，伺和议不成，为脱身之计。风御史萧振劾罢与祠。卒，学者称为东莱先生，赐谥文清。有诗二十卷，得黄庭坚陈师道句法。又有春秋解、童蒙训、师友渊源录行于世。"（九页，明嘉靖四十三年杜晴江200卷刻本）

吕祖谦[1]，即吕本中侄儿吕大器之子，字伯恭，隆兴进士，复中博学宏词科，官至直秘阁著作郎国史院编修。与朱熹、张栻齐名，称为东南三贤。少性偏急，一日诵孔子躬自厚而薄责于人语，平时忿怀，忽涣然冰释。其文词闳肆辩博，凌厉无前，于诗书春秋，多究古义，于十七史皆有详节。故词多根柢，学者称东莱先生。卒谥成，后改谥忠亮。

表4-2　吕氏世系

夷简	公绰					
	公弼					
	公著	希哲	好问	本中	大器（从子）	祖谦
	公孺					

四、明 清

方震孺

方孩未先生集一六卷　　　　清嘉庆二二年方氏刊本　六册

方震孺[2]，字孩未，万历进士，授御史。辽阳破，震孺一日十数疏陈兵事，

---

[1] 明冯琦编、明陈邦瞻增辑《宋史纪事本末》卷二十一："吕祖谦，字伯恭，婺州人，其学本之家庭有中原文献之传。长从汪应辰林之奇胡宪游，而友张栻朱熹。学以关洛为宗，旁稽载籍。心平气和，不立崖异。少卞急，一日诵孔子躬自厚而薄责于人之言，忽觉平时忿惶涣然冰释。朱熹尝言学如伯恭方是能变化。……既卧病，而任重道远之志不衰。居家之政，皆可为后世法祖。谦尝与朱熹书曰：学者须是专心致志，绝利之原，凝聚停蓄，方始收拾得……与张栻书曰：从前病痛，良以嗜欲粗薄，故欠却克治经历之功；思虑稍少，故欠却操存澄定之力；积蓄未厚而发用太遽，涵泳不足而谈说有余。其自克治如此。学者称为东莱先生。"（三十二页，明万历28卷刻本）

[2] 清赵宏恩《乾隆江南通志》卷一百五十六《人物志》："方震孺，字孩未，寿州人。万历癸丑进士，由知县授御史。天启初以巡城忤魏珰，珰衔之。值辽警，一日上十三疏，慷慨请出关犒师，遂以监军巡按辽东。时巡抚王化贞弃广宁，而震孺茌前屯严守。珰恶震孺，亦罪及之，诬以赃私、咒诅，坐大辟。怀宗初，释免。久之，起巡抚广西。京师陷，率师勤王，马士英阻之，忧愤而卒。"（十六页，清文渊阁四库全书200卷本）清何绍基《光绪重修安徽通志》卷二百十二《人物志》："方震孺，字孩未，桐城人，移家寿州。万历癸丑进士，由沙县知县入为御史。……魏忠贤素怨震孺，诬以咒诅，应坐大辟。崇祯初释之。流贼犯寿州，震孺倡士民固守城获全。史可法上其功，用为岭西参议，后擢右佥都御史，巡抚广西。闻闯贼陷京师，恸哭率师勤王。马士英惮之勒还镇。以忧愤卒。（《一统志》《明史本传》）国朝道光七年，恩准入祀乡贤祠（《寿州志》）。"（清光绪四年350卷刻本，十页）

请犒师关外，军民感悦，迁监军巡按。魏忠贤坐以大辟，得遣戍，崇祯初释还，擢右佥都御史，巡抚广西。闻闯陷京，恸哭勤王，马士英悼之，勒还镇，忧愤卒。

赵炯然

息壤集三卷[①]　　　　　　　清乾隆一二年刊本一册

赵炯然，字心陌，一字薪胍，号亘中。廪生，撰"四勿箴"以自誓，于学无所不窥，文字奇古，尤邃于术数兵法。呕血死。著有《八阵钤》等，已刊者惟《息壤集》三卷。邓旭有《赵炯然传》略云：炯然少负异质，七岁能诗，闾左号以神童。自天官职方声律三式医卜诸学无不洞彻。（《光绪寿州志》）[②]

[①] 清沙琛《点苍山人诗钞》卷三有诗题云《寿州孙慎斋得赵亘中息壤集相示》，诗语云："……不周山颓裂元池，狂澜突地江河移。水妖石怪凌交逶，五谷糜烂人民饥。莫堙其源谁能治，美人曼曼淮之湄，荷衣萝带冰雪肌。吐杏万象穷两仪，怀宝不出光陆离。匪今匪古何人斯，云君恍惚山鬼痴。……万景炼神之宗支，童真士女相递师。瑶姬渡世三千基，上宫追随飞化迟。人间游戏谪不归。丹文玉笈留拥持，阳九百六丁其时。虞余庚辰无人麾，欲往援之中心悲。鸠毒鸠佛凤鸟冶，深篁蔽天烟雨迷。块独无聊歌噫嘻，含睇宜笑娇微词。紫庭真人不可追，回车弭节云之陲。珠玉唾落天风吹，古草茫茫荒春陂。寿阳孙子嗜好奇，遗珰淬珮探渺沂。宝书烂烂辉丹曦，点苍道人眼眩眩。谓是神仙化身信不疑，荒荡无实何由知，厥名息壤云知之。"（四十二页，民国云南丛书8卷本）

[②] 清何绍基《光绪重修安徽通志》卷二百十八《人物志》："赵炯然，字心陌，寿州诸生。父某明季被寇执，不屈死。炯然负异才，七岁能为诗，于学无所不窥，文字奇古，尤邃于术数兵法。甲申之变，北望呕血死。著有大明中极《八阵钤》《笋支》《极思集》若干卷藏于家。其已刊者惟《息壤集》三卷（《寿州志》旧志）国朝道光九年，准祀乡贤祠（寿州新志新增）。"（十一页，清光绪四年350卷刻本）《光绪寿州志》卷三十四收孙克依《书赵亘中先生息壤集后》："明季颓天纲，丛神借姦究。东林祸尤深，枉杀诸君子。操戈亦有徒，入室相捂牴。国社遂以迁，贻误果谁使。卓哉赵先生，知几通妙理。抱贞谢名累，不激复不诡。殉国凛大节，草莽臣哭死。素怀系君亲，宁甘贱自菲。遗文堕荆榛，孰取窥微旨。长共碧血埋，青燐冷淮涘。圣代奖与公，尽褒前志士。荒陬未上闻，旷典安及此。谁当录草稿，愿继先太史（自注：谓邓林屋先生）。具状吁九重，拟配乡贤祀。兼布手订诗，言行昭千纪。庶慰忠义魂，芳风被故里。"（五十二页，清光绪十六年刊民国七年36卷重印本）李师沆《光绪凤台县志》卷二十收方士贞《题息壤集后》："遗文郑重拭蜗涎，面目疑窥太古先。天问荒唐三楚裔，阴符寥落八钤篇。吟魂幽啸招何处，沧海横流剩此贤。幸有小山光气在，忍教神剑堕重渊。"（四十页，清光绪十九年25卷刊本）

张轸

西滍遗稿

张轸，字行之，性敦朴，工诗文①，居身廉退，乡人衿式。正德间授羽林经历，寻以忧改虎贲卫，秩满卒（旧志）。②

方希孟③

息园诗存八卷　　　民国二十年排印本 二册

西征录二卷　　　　清传抄本 一册

祁韵士④

己庚编二卷　　　　清道光二八年刊本 二册

江映川

---

① 清陈田辑《明诗纪事》戊签卷二十二收张轸诗一首，题《游古峡石寺》："石磴盘空入翠微，竹林疏处见禅扉。云封松顶鹤归晚，草掩山蹊客到稀。百尺瘦藤悬峭壁，千年古塔下斜晖。方袍尽日闲无事，檐下穿针补衲衣。"前有小传云："轸，字行之，寿州人。正德间诸生，授羽林卫经历，改虎贲卫，有《西滍遗稿》。"（第九页，清陈氏听诗斋187卷刻本）

② 曾道唯《光绪寿州志》卷二十三《人物志》。（八页，清光绪十六年刊民国七年重印本）又李兆洛《嘉庆凤台县志》卷八《人物》："张轸，字行之，张绅子。廉让敦朴，工诗文，士林争重之。正德间授羽林卫经历，改虎贲卫。及卒，知府刘天民铭其墓。"（三十四页，清嘉庆十九年10卷刻本）

③ 曾道唯《光绪寿州志》卷十八："方希孟，廪贡生，花翎升用知府，分省补用盐运。"（二十二页，清光绪十六年刊民国七年36卷重印本）李师沆《光绪凤台县志》卷九："方希孟，廪贡生，三品衔花翎知府，分省补用盐运。"（十五页，清光绪十九年25卷刊本）

④ 民国赵尔巽《清史稿》列传二百七十二："祁韵士，字鹤皋，寿阳人。乾隆四十三年进士，官编修，擢中允大考改户部主事。嘉庆初，以郎中监督宝泉局。局库亏铜案发，戍伊犁，未几赦还。卒于保定书院，年六十五。韵士幼喜治史，于疆域山川形胜古人爵里名氏靡不记览。弱冠，馆静乐李氏。李藏书十余楹，多善本，韵士寝馈其中，五年益赅洽。……韵士又著《西域释地》《西陲要略》，皆考证古今，简而能核。外有《万里行程记》《己庚编》《书史辑要》诗文集。"（关外二次本，汉籍资料库，13399页）

医术全集二十卷

江映川[①]，字绍周，监生，精医，善济人。著有医术全集二十卷待梓。（光绪寿州志）

白启阳

瘟疫辨论[②]

白启阳，幼习医得秘授，治奇症无不效。家徒壁立而求医者，止受钱百文，余则施之。（光绪寿州志转记旧志）

孙家勤

医方要言

孙家勤[③]，号予九，庠生。精岐黄术，不以医名，遇有奇疾虽严寒盛暑必往诊，则应手愈，施药饵不取值，辑医方要言行世。（光绪寿州志）

孙翼祖

周易通　数卷

孙翼祖，号蕉圃，工诗嗜饮，善演禽兼精青乌术。以侄家醇贵封儒林郎。（光绪寿州志）[④]

---

① 冯煦《光绪凤阳县志》卷十八下之下："江映川，字绍周，寿州监生。精医，善济人，著有《医术全集》二十卷（寿志）。"（三页，清光绪十三年16卷刊本）

② 何绍基《光绪重修安徽通志》卷二百六十三："白启阳，寿州人，得秘授，治疾无不效，著有《瘟疫辨论》。"（十三页，清光绪四年350卷刻本）

③ 冯煦《光绪凤阳县志》卷十八下之下："孙家勤，字予九，寿州庠生。精医术，遇有奇疾，虽严寒盛暑必往诊，则应手愈。辑有《医方要言》行世，年八十终、子传伦，监生，世其业。"（八页，清光绪十三年16卷刊本）

④ 何绍基《光绪重修安徽通志》卷二百二十八《人物志》："孙长和，字小云，寿州廪贡。咸丰初，元举孝廉方正，历署池州府教授、黟县教谕，并得士心。善隶书，能诗，著有《怀雨楼诗集》，弟翼祖，字蕉圃，著有《周易贯指》，亦名《周易通》。"（十五页，清光绪四年350卷刻本）

刘濂

五峰草堂诗集①

刘濂，字石樵，善著色山水大幛。（光绪寿州志）

夏炳南

堪舆要诀、名茔图记各一卷

夏炳南，字少庐，少时卜地葬亲，屡为地师愚，遂立志研青囊学，遇熊某授以秘旨，涉历三十余年，爰精其术，相墓门言休咎立应。②

葛佩兰

发蒙字考三卷

葛佩兰③，字凤鸣，沉潜笃学，留心小学。（光绪寿州志）

葛维麒

正骨指南

葛维麒，清乾隆间人。④

刘允谦

岭南吟二卷

---

① 何绍基《光绪重修安徽通志》卷二百二十八："刘濂，著《五峰草堂稿》。"（十六页，清光绪四年 350 卷刻本）卷三百四十五："《五峰草堂诗集》，刘濂著。"（三页）

② 曾道唯《光绪寿州志》卷二，三十五页，清光绪十六年刊民国七年 36 卷重印本。

③ 冯煦《光绪凤阳县志》卷十八上之中《文学》："葛佩兰，字凤鸣，寿州人。沉潜笃学。雍正三年受知于学使孙嘉淦，补诸生。时功令试士无试帖，故精诗字者鲜，佩兰独工吟咏，一时名宿，竞以韦柳方之。临晋唐小楷，于道德经尤神似。留心小学，著《发蒙字考》三卷。"（八页，清光绪十三年 16 卷刊本）

④ 李云《中医人名大辞典》载："葛维麒，字圣祥。清代安徽寿州人。性孝友，精医道。乾隆五十一年（1786）岁荒，疫疠流行，葛氏以药济人，不计酬报。著有《正骨指南》二卷，今未见。子葛奎，传承父业。见《寿州志》"（中国中医药出版社，2016 年，第 1067 页）

刘允谦①，字六吉，顺治丁亥进士，知沈丘县，爱民礼士，境内有河名王邦溜，河底有石常坏舟，允谦凿去之，商民念其德，立祠河畔，名"念庵"。擢山东巡按，革弊除强，六府澄清，归老后为乡饮宾之首（旧志）。②

周箎

竹甫诗钞一卷

周箎③，字锦灿，号竹甫，性狷介，博览图籍，工诗，善分书，老于诸生。

邓宗源

宛陵诗草

邓宗源，字浚川，乾隆丁卯举人，宁国府学训导，截取知县，改授翰林院待诏，性和易宽厚，而临事刚正，不苟为异同。（《光绪寿州志》）④

---

① 清穆彰阿《嘉庆大清一统志》卷一百九二："刘允谦，寿州人。顺治四年知沈丘县，英敏廉介，以教养士民为务。邑人德之。"（四部丛刊续编景560卷旧抄本，基本古籍库，3765页）清王士俊《雍正河南通志》卷五十六："刘允谦，江南寿州人，进士。顺治四年知沈丘县，英敏廉介，抚流移，劝垦辟，考课士子，文风大振。士民立祠祀名宦。"（清文渊阁四库全书80卷本，基本古籍库，1975页）清何绍基《光绪重修安徽通志》卷一百九十七："国朝刘允谦，字六吉，寿州人，顺治丁亥进士。知沈丘县，……县河底有石坏舟，募民凿去，商民立祠河畔。擢山东巡按。"（十五页，清光绪四年350卷刻本）

② 清曾道唯《光绪寿州志》卷十六，三十三页，清光绪十六年刊民国七年36卷重印本。

③ 清何绍基《光绪重修安徽通志》卷二百二十八："周箎，诸生，著《竹甫诗钞》。"（十六页，清光绪四年350卷刻本）

④ 清何绍基《光绪重修安徽通志》卷二百二十八："邓宗源，字浚川，寿州人，乾隆丁卯举人。由甯国府学训导截取知县，改授翰林院待诏。所著有《宛陵诗草》（寿州志）。方仙根，寿州岁贡，选训导，辞不赴，惟以经史图籍自娱，尤邃于理学，著有《四书讲义》（寿州志）。"（十三页，清光绪四年350卷刻本）

孙嘉瑜

景梅山房诗 一卷

孙嘉瑜，字吟秋，世居淮阴，其先人乔寓正阳镇因家焉。少弃举子业，以书记游历江淮间，性敏善，涉猎书史，博学工书，为金寿门洪剑城所重（光绪寿州志）①

方恬

春秋要旨

方恬，字引长，育颖子，廪生。性孝友，勤学问，工诗文书画，能悬肘作蝇头小楷，年未三十而卒。②

王任

槐庭心传文草

王任，字莘农，岁贡生，穷究经史，理解莹澈，尤通河图洛书。（光绪寿州志）③

姚德钧④

读史正气录一八卷　清光绪一三年刊本　四册

---

① 清何绍基《光绪重修安徽通志》卷二百二十八："孙嘉瑜，字吟秋，寿州人。自童时学为韵语，金寿门农见而奇之。性敏，涉猎书史，一览不忘。历游江淮，诗益进。著有《景梅山房集》（寿州志）"（十三页，清光绪四年350卷刻本）

② 清曾道唯《光绪寿州志》卷二十三，六页，清光绪十六年刊民国七年36卷重印本。

③ 清李师沆《光绪凤台县志》卷十二《人物志·孝友》："王任，字莘农，岁贡生。事亲先意承志。年十六，母婴重疾，竭力调治，历十六年，憔悴骨立。……父病疽，呼天愿以身代，昼夜侍疾，目不交睫者三十余日。居丧哀毁，逾恒友诸弟。老而益笃，敦宗睦族，为乡里重。……著有《槐庭心传文草》，卒年七十一。"（九页，清光绪十九年25卷刊本）

④ 姜士彬《光绪六合县志》"官师志"卷四之五上："姚德钧，安徽寿州人，由监生七年署县事。"（三十四页，清光绪十年8卷刻本）

孙克依①

湘雪轩诗草四卷　　　　清嘉庆一二年刊本　二册

湘雪轩诗草四卷　　　　清光绪淮南孙氏刊本　二册

孙克修②

畅园诗存二卷

听鹏吟榭诗钞二卷

曹子龙

鸣鹤堂诗若干卷

曹子龙③，字卧云，廪生，九岁能文，早有才名，尤工于诗，寄居金陵。卒年二十八。

---

① 孙克依（1755—1881），字慎斋，号不庵，又号痴翁，寿州人，官江苏江阴训导、直隶候补知府，喜考订商周钟鼎尊彝，有《湘雪轩诗文集》，刻有《诗隽腹腴》。清何绍基《光绪重修安徽通志》卷二百二十八："孙克依，贡生，有义行，著《湘雪轩诗文集》。"（十六页，清光绪四年350卷刻本）《湘雪轩诗草》嘉庆一二年刊本藏皖图，清光绪十六年淮南孙氏重刻本藏上图、皖图、南开、安徽科研所（见李灵年、杨忠主编《清人别集总目》，安徽教育出版社，2000年，第642页）。又，其《湘雪轩诗》有经学文化事业有限公司2014年版。

② 清曾道唯《光绪寿州志》卷二十三："孙克修，字竹君，国子生。善画工诗，构别墅曰畅园。著有《畅园诗存》二卷、《听鹏吟榭诗钞》二卷。嘉庆丙子科眷录，议叙盐课司大使，选授浙江横浦场盐大使，兼理浦东场事，军功议叙六品衔，年七十卒于官。"（十四页，清光绪十六年刊民国七年36卷重印本）

③ 清冯煦《光绪凤阳县志》卷十八上之中《文苑》："曹子龙，字卧云，寿州廪生。少有才名，著《鸣鹤堂诗集》。"（十九页，清光绪十三年16卷刊本）清何绍基《光绪重修安徽通志》卷二百二十八："曹子龙，廪生，著《鹤鸣堂诗集》八卷"（清光绪四年350卷刻本）

孙蟠[①]

言行彙编

经史晰疑

十洲诗文钞

南游纪程记

旅窗晴课

心相三十六则

读书十八则

百二十寿印谱、乐老堂印存

孙贯

长啸诗草

---

① 清何绍基《光绪重修安徽通志》卷二百五十八："孙蟠，字石舟，寿州增生，旌表孝行监生士谦之弟也（据奏案增）。父玠临终以义事属二子使行之，遂遵遗命，更推广焉。士谦殁，子克任率其诸弟事蟠如父，蟠视之如子。寿州淮淝交汇往来所经有桥三已倾圮，蟠与诸姪次第成之，易木以石，更于其西增置一桥。嘉庆五年水灾，请于有司，设二厂，分男女，煮粥按口以给，凡三阅月。大宪综其事以奏，奉上谕给蟠道衔、克任给同知衔。壬戌，州又苦旱，仍以粥赈八十余日，日万余人。事闻，奉旨加赏大缎二正，以示鼓励。甲子春，州遭屡歉，人益困，复行赈粥，远方就食者日四万人，计时月所费三万六千余金，坚辞议叙。年七十时，辞戚友称祝，命子克佺等制棉衣二千余领以给贫人，又每岁散钱米衣物等，行之数十年不倦。"（七页，清光绪四年350卷刻本）冯煦《光绪凤阳县志》卷十六上："孙蟠，《旅窗晴课》一卷，《言行汇编》无卷数，《心相三十六则》《读书十八则》《乐老堂印谱印存》六卷（《寿州志》）。"（十一页，清光绪十三年16卷刊本）又同卷有："孙蟠《风士记》一卷（《寿州志》）。"（七页）曾道唯《光绪寿州志》卷二十三："孙蟠，字石舟，号小巫山樵。增贡生，知府衔，品端学粹，孝友传家。遵父玠遗命，随兄士谦置义田，增义学。……性嗜山水。长子仁，有隽才，既冠而殂，蟠心恸之。父玠命出游以自广。每出数旬必归省。父殇，放意远游，足迹几遍天下。著有《言行彙编》《经史晰疑》《十洲诗文钞》《南游纪程记》《旅窗晴课》《心相三十六则》《读书十八则》《百二十寿印谱》《乐老堂印存》各书行世。"（三－五页，清光绪十六年刊民国七年36卷重印本）

267

孙贯①，字彻中，亲殁终身茹素，不衣裘帛。（光绪寿州志）

张伟略

四书讲义

张伟略，字宪渠，岁贡生，勤学不倦。午日供角黍，方为文，误砚朱为饧，濡食殆尽；夏夜挥蚊，遍体皆殷，读如故。（光绪寿州志）②

陶信芳

天香斋吟草

陶信芳，字秋水，岁贡生，贫无立锥地，佣书自给，足迹不履豪门，亦未尝自立崖岸。（光绪寿州志）

孙家鼐

钦定书经图说③ 五〇卷 清光绪二九年 石印本 一六册

西学大成 二册

---

① 清何绍基《重修安徽通志》卷二百二十八："孙贯，有孝行。亲殁，茹素终身。著《长啸斋诗草》。"（十六页，清光绪四年350卷刻本）

② 见曾道唯《光绪寿州志》卷二十三，十五页（清光绪十六年刊民国七年36卷重印本），与之连记的是："陶信芳，字秋水，岁贡生。贫无立锥地，佣书自给。足迹不履豪门，亦未尝自立崖岸。著《天香斋吟草》。"冯煦《光绪凤阳府志》卷十八上之中亦连记二人："张伟略，字宪渠，陶信芳，字秋水，皆寿州岁贡。伟略著《四书讲义》，信芳著《天香斋吟草》。"（十四页，清光绪十三年16卷刊本）

③ 清张之洞《张文襄公奏议》卷七十二《奏议》七十二《谢颁赏书经图说摺（光绪三十二年正月初四日）》："光绪三十一年十二月二十九日，差弁赍到颁赏《钦定书经图说》一部。臣当既恭设香案，望阙叩头谢恩。"（民国刻张文襄公全集72卷本，基本古籍库，1231页）民国闵尔昌《碑传集补》卷四十三《邹征君传（邹永修）》："邹征君者，新化罗洪里人也。名代钧，字甄伯。……二十八年，长沙张文达公招征君入都，奏充编书局总纂兼学务处提调官。其明年，充《钦定书经图说》纂修，兼校对官。书成，擢分省补用直隶州知州。"（民国十二年60卷刊本，基本古籍库，837—839页）

续西学大成[1]（不分卷） 清光绪飞鸿阁石印本 一六册

孙清甫

碧雪山房诗集 存一卷 清光绪三四年 排印本 一册

孙玉田

拳石山房诗集

孙玉田[2]，字端卿，监生，孝亲恭兄，读书为善。年逾四十卒，士论惜之（光绪寿州志）

孙树南

攓云山房诗文集

孙树南[3]，号晴轩，父炳图官户部郎中，树南随父宦京师，少攻苦，与诸名人互相砥砺，诗文清俊，一扫尘氛，中道光乙未顺天举人。以甲午膳录议叙知县，未及铨选而卒。子孙多登科第，以长子家谷贵，累赠荣禄

---

[1] 孙家鼐《续西学大成》在学科类别上已有很大进展，如，地学：地学总论、地质全志（附地球杂志）；史学：中西交涉通论、中西近事图说、交涉通商表、中西记载、中西大局论、中西通商原始记、中国筹防记、西域回教考略、中国新政录要；政学：富国养民策、富国精言、富国理财说；兵学：西法练兵说、英国水师律例、德国军制要；农学：养民新说、化学农务、染布西法、蔗糖西法；文学：西国学校（德国学校论略）、泰西实学精义、新学刍言、西学渊源记、心智ոꞏ、思辨学、心学公理、心才实用、西国行教考；格致学（书目略）、化学（书目略）、矿学（书目略）、重学（力学）（书目略）、汽学（书目略）、电学（书目略）、光学（书目略）、声学（书目略）、工程学（书目略）。（参孙青《晚清之"西政"东渐及本土回应》，上海书店出版社，2009年，第212页）

[2] 冯煦《光绪凤阳县志》卷十八之下："孙玉田，字端卿，寿州监生。孝亲恭兄，读书为善。著《拳石山房诗集》。"（二十四页，清光绪十三年16卷刊本）

[3] 冯煦《光绪凤阳县志》卷十八上之中："孙树南，字晴轩，寿州人；父炳图，官户部郎中，树南随侍。少攻苦，与都下名流互相砥砺。中道光乙未顺天举人。著有《攓云山房诗文集》"（十五页，清光绪十三年16卷刊本）

大夫。(光绪寿州志)

余法祖

小舟山房文集

余法祖，号秋渔，廪贡生。言动刻意，以古人为师。尝刊先正格言，购义地为宗族营葬。晚年积书万余卷，披诵不辍。①

张亦韩

喘余诗草

张亦韩，号退庵，郡廪生，慷慨尚义，著有《喘余诗草》②。

徐有庆

孟子实事考征遗稿二卷

徐有庆，号易斋，廪贡生。性敦朴，治家严肃，熟读经史，博洽群书。③

徐伯鉴④

卷云山馆诗钞

适轩尺牍八卷 清同治十年苏州刊本四册

金埕

――――――――――

　　① 见曾道唯《光绪寿州志》卷二十三，十五页，清光绪十六年刊民国七年36卷重印本)。又，冯煦《光绪凤阳县志》卷十八上之中："余法祖，字秋渔，寿州廪贡。著有《小舟山房文集》。"(九页，清光绪十三年16卷刊本）

　　② 曾道唯《光绪寿州志》卷二十三，十六页。

　　③ 曾道唯《光绪寿州志》卷二十三，十六页。

　　④ 曾道唯《光绪寿州志》卷二十三："徐伯鉴，号菊生。文生以佐戎幕，积荐知县。著有《卷云山馆诗钞、尺牍》。"(十六页，清光绪十六年刊民国七年36卷重印本)冯煦《光绪凤阳县志》卷十八上之中："徐伯鉴，字菊生，寿州附贡。博览群书，受知于巡抚英翰，召入幕，从征数省，军书多出其手；奏保蓝翎五品衔知县，卒于军营。恤赐銮仪卫经历衔，荫一子入监，读书期满，以县主簿铨用。著有《适轩尺牍》《卷云山馆诗赋钞》。子惟中、用中，皆诸生。惟中承荫（采访册）。"(六页，清光绪十三年16卷刊本）

读易管窥

读诗管见

琅琊纪程

南旋纪略

金墀[1]，字仲丹，廪生，博览书史（光绪寿州志）

谢开宠

元宝公案[2]　　　　　檀几丛书

谢开宠[3]，字晋侯，顺治甲午举人，己亥进士，任四川宜宾县知县，洁己爱民，案无留牍。亲老道险不克迎养，闻讣奔丧，哀痛庐墓，所服阕后，淡于仕进，以诗赋自娱，设教广陵，归老于家。

邓林屋

邓林屋诗集九卷　　　　邓氏重刊

---

[1] 李师沆《光绪凤台县志》卷十二："金墀，字仲丹，号枫亭，廪生。幼警敏笃学，风度端凝，博览书史。著有《读易管窥》《读诗管见》《琅琊纪程》《南旋纪略》诸书。亲殁，庐墓三年。"（四页，清光绪十九年25卷刊本）

[2] 清法式善《陶庐杂录》卷四："王晫《檀几丛书》五十种。每种一卷，集其同时人之著述。虽涉琐屑，而零金碎玉往往而在。徐士俊《三百篇鸟兽草木记》、徐士俊《月令演》、黄宗羲《历代甲子考》、徐汾《二十一史征》……谢开宠《元宝公案》、……庄臻凤《琴声十六法》、李清《鹤龄录》、陆圻《新妇谱》、陈碻《新妇谱补》、查琪《新妇谱补》、徐震《美人谱》……"（三十九页，清嘉庆二十二年陈预刻6卷本）

[3] 见曾道唯《光绪寿州志》卷十九《宦绩》（三十三 - 三十四页）。又，清何绍基《光绪重修安徽通志》卷一百九十七："谢开宠，字晋侯，寿州人。顺治己亥进士，知宜宾县，洁己爱民，案无留牍，以艰归。"（十七页，清光绪四年350卷刻本）

钱陆灿[1]（常熟人，字湘灵，号园沙。顺治举人，好藏书，教授金陵、常州间。有《调运斋集》）序之曰："林屋者，故太史寿州邓公旭字元昭之号也。公先世家洞庭山林屋洞也。明初徙户实凤阳，道常公者以长子当行，两弟居守，道常居临淮卒，返葬于吴西，其四世孙景阳又自临淮徙寿州，……公自为诸生，时有霸王之略，及官翰林。……诗前后集，有岱游诗、游嵩诗、秦中纪游诗、吴越游诗、楚游诗，浮黄集诗若干卷，谓余芟存之，都曰《林屋集》。公平生好李长吉，故古体尤多奇语，近体则古淡似王孟，而香艳间入于温李，后世知诗者推表的焉。康熙二十三年六月钱陆灿撰"（光绪《寿州志·著述》）[2]

萧景云

招鹤堂诗选六集　　　　　　　传抄本

萧景云[3]，字亦乔，号雪蕉，岁贡生。工诗善书，为亳州梁巘高弟子，尝著论古今利弊，洒洒万余言不休。……喜遨游，涉富春，登会稽，历括苍赤城，尽览浙东西之胜，归而键户著述，家无宿储，泊如也。……道光元年征举孝廉方正。安徽巡抚孙尔准考取送部引见，未及行而卒。著文集

---

① 冯桂芬《同治苏州府志》卷一百《人物》二十七："钱陆灿，字湘灵。高才嗜古，为经义清真老硬。顺治丁酉乡举，第二科场弊发，复试者再名皆前列。未几以粮案诖误，教授毗陵金陵间。诗歌骨力雄厚，一扫浮靡。古文不名一家，磊落自喜。晚年偕徐乾学、王日藻、秦松龄、周金然、尤侗、黄与坚等为耆年会。陆灿无位，而齿最宿，名最高，诸公皆兄事之。"（九页，清光绪九年150卷刊本）

② 见曾道唯《光绪寿州志》卷三十，三十页。

③ 何绍基《光绪重修安徽通志》卷二百二十八："萧景云，字亦乔，寿州人。道光元年举孝廉方正，未及赴都而卒。工书善诗，喜遨游，涉富春，登会稽，历括苍赤城，尽揽浙东西之胜，归而键户著述。家无宿储，泊如也。少受知于东武窦东皋萧，窦官浙江学政，时延入幕，有袖千金乞关说者，怒而挥之。著有《招鹤堂诗文集》。"（十三页，清光绪四年350卷刻本）

若干卷。

周元辅

意山园诗集四卷，续钞一卷

周元辅，字远斋，府学生，工诗画，善抚琴，性畸僻，于世寡合。署抚吴坤修为刊其《意山园诗集》四卷、《续钞》一卷，表其墓曰：寿州诗人。①

龙榜

四书精意

龙榜，字会云，文生，敦朴有古风，治丧不用浮屠，闭户潜修。著《四书精意》于先贤注处多所发明。（光绪寿州志）

刘浚文

触萍诗钞一卷

刘浚文，字竹坪，举人。②

曹一峒

地学薪传

曹一峒，字巨观，县学文生、岁贡。精地理，著《地学薪传》，并造

---

① 见曾道唯《光绪寿州志》卷二十三，十六页。又，何绍基《光绪重修安徽通志》卷二百二十八："周元辅，著《意山园诗集》四卷，《续钞》一卷（以上新增）。"（十六页，清光绪九年150卷刊本）冯煦《光绪凤阳县志》卷十八上之中："周元辅，字左枢，寿州诸生。博涉经史百家，受业于泾县包慎伯、荆溪周保绪、武进汤雨生。所学逾邃，遭世乱，深自晦，不求人知；以故贫困。家藏古籍及所著多毁于兵火。同治中，署巡抚吴坤修方欲招致，会卒。题其墓曰：寿州诗人；刻其《意山园诗集》四卷、《续钞》一卷（采访册）。"（十七页，清光绪十三年16卷刊本）

② 曾道唯《光绪寿州志》卷二十三："刘本忠，字芊圃，举人，私淑王阳明，讲求易学。……卒于家，年七十八。同里举人刘浚文，字竹坪，著有《触萍诗钞》一卷，贡生方玉山、薛纯熙，廪生孟锦堂及纯熙弟，廪生克家子，举人景元，皆有文名。"（十七页）

有记里鼓。①

鲍瑞璠

燕居日省录

鲍瑞璠,字立万,廪生。资敏好学,以植品尽伦、积德行仁为务。专究先儒诚敬之学,颇为乡里所称。②(光绪寿州志)

顾佩兰

石塘杂钞二卷

顾佩兰,号禊亭,邑庠生,工诗古文词。著《石塘杂钞》二卷藏于家。旁及医术地理诸书,皆力探奥窔。善临颜鲁公争坐位帖,指画墨竹,尤为识者鉴赏。年逾七十以终。③

徐辑五

西杂吟一卷

蓼南唱和集一卷

徐辑五,字卓轩,副贡生。先以郡廪生保教谕。性孝友,资颖悟,恒私淑吕缉熙。教人先品行而后文艺,此慎独堂课存所由名也。著有《西杂吟》

---

① 曾道唯《光绪寿州志》卷二十三:"曹一峒,字巨观,县学文生,岁贡,惜子文载淮南书院。课艺精地理,著有《地学薪传》,并造有宣夜及记里鼓,木人推磨。子昂青,文生,孝亲友弟,善教后学。孙兰熏,廪生。"(十七页,清光绪十六年刊民国七年36卷重印本)

② 曾道唯《光绪寿州志》卷二十三:"鲍瑞璠,字立万,廪生。资敏好学,以植品尽伦积德行仁为务。刻《敬信录》《阴骘文》《觉世经》诸善书,士有被其容接者多所成就。先是,母王氏多病,瑞璠以侍疾不就试,故晚年始得一衿。其居无惰容,专究先儒诚敬之学,颇为乡里所称。著有《燕居日省录》。"(十七页)

③ 曾道唯《光绪寿州志》卷二十三,十八页。又《光绪吉林通志》卷六十七《职官表》:"(光绪十九年)顾佩兰,安徽寿州人,都司衔守备署。"(二十七页,清光绪十七年122卷刻本)究否一人,俟考。

一卷,《蓼南唱和集》一卷。晚年博览群籍,旁及医学地理,并著《千姓韵纂》《韵语随录》等书。①

徐桂馨

石塘诗集

徐桂馨,号一山,文生。见义必为。咸丰七年东匪至,率练卫乡里。著有《石塘诗集》②。

顾丰兰

草香斋诗钞

顾丰兰,字藻江,性和厚,能忍让,著有《草香斋诗钞》。③

刘恬

晚月吟稿

刘恬,字舒怀,号桂麓,贡生,清介自持,工行草书,亳州梁巘题其书云:意其为人,脱然尘纲,自适其性,故见之笔墨者萧然淡雅如此。④

萧珠

闲中吟一卷

萧珠,字德藻,号赤水,文生,内行纯笃好读书,手录群经诸史及百

---

① 曾道唯《光绪寿州志》卷二十三,十八页,清光绪十六年刊民国七年36卷重印本。

② 曾道唯《光绪寿州志》卷二十三,十九页。按,何绍基《光绪重修安徽通志》卷二百二十七载:"张名标,岁贡,著《师竹山房诗》。陈秉烈,增生,著《涔园诗草》。徐桂馨,增生,著《尺园诗草》(以上新增)。"(八页,清光绪四年350卷刻本)此徐桂馨,青阳人,同名。

③ 曾道唯《光绪寿州志》卷二十三,十九页。

④ 曾道唯《光绪寿州志》卷二十三,十页。李兆洛《嘉庆凤台县志》卷七《艺文》收刘恬《画凉亭》:"吕公不可作,遗址感苍茫。列嶂谁重画,西风自送凉。勖名随逝水,台榭剩斜阳。寂寞荒亭外,无人草木香。"(七十八页,清嘉庆十九年12卷刻本)

家文集，至老不倦。①

孙仁

香雪山房诗文集

孙仁，号心斋，廪生，天性孝友，读书尤攻苦，喷血满卷于病危时，犹诵"哀哀父母，生我劬劳"之句②。殁年三十四。有香雪山房诗文集行世。以孙家良③贵。诰赠朝议大夫。④

夏尚忠

芍陂纪事二卷 一册（100页）

夏尚忠，字绍姒，号客川。文生，博学工词翰，修桥梁，好施与。嘉庆十九年饥，倡捐以赈之。尤留心芍陂水利。谓有"五要""六害""四便""三难""二弊"，皆切中窾要。著《芍陂纪事》二卷，知州朱士达奖以"安丰硕彦"匾额。（光绪《寿州志》）

《芍陂纪事·序》：

芍陂创始于楚相，续修于历朝，自春秋迄今二千余年矣。向来志记，罕有存者。

---

① 曾道唯《光绪寿州志》卷二十三，十二页。又，冯煦《光绪凤阳县志》卷十八上之中《文学》："萧珠，寿州庠生，著《闲中吟》（《安徽通志》）。"（十四页，清光绪十三年16卷刊本）

② 汉毛亨传、汉郑玄笺《毛诗》卷十三《蓼莪》："哀哀父母，生我劬劳。"笺云："哀哀者，恨不得终养父母，报其生长己之苦。"又题注云："晋王裒以父死非罪，每读至'哀哀父母，生我劬劳'，未尝不三复流涕。受业者为废此篇。诗之感人如此。"（四部丛刊景20卷宋本，基本古籍库，436页）

③ 何绍基《光绪重修安徽通志》卷二百十三："孙家良，字翰卿，寿州进士。历官福建汀州府知府。有弭盗功。咸丰十一年，发贼犯汀，家良城守数十日，食尽城陷，巷战重伤被害，子东河通判传莹及家属十二人阖门殉难。事闻，奉旨忠孝节义萃于一门，从优议恤，赠太仆寺卿，传莹道衔，均赐祭葬。世袭云骑尉。"（二十页，清光绪四年350卷刻本）

④ 曾道唯《光绪寿州志》卷二十三，十二页。

迨国朝康熙间，曲阜颜公来佐是州[①]，修陂之功最大，自理治绩，勒为成编，然只叙其七载之经营与一时之述作而外，此无征焉。且夫古今之兴废多端，前后之因革多故，二千余年珥笔从略，轶亡不少。凡官府之司是陂者，政有所不明，治有所不逮，奚所据而考焉。都人士之欲助理是工者，亦谁所取法？闾里编氓，于何遵守而效力焉。缙绅先生之东西引过是都者，无从访乎其迹。如是，而数千年之德政仅付之望洋而叹也，岂非憾事哉？余间尝披阅州志，又旁证诸书，见其事之可信者存之，可疑者阙之，未备者补之，大率以州志为本，而损益以折其衷焉。自顾学识弇鄙，稿凡几易，未敢信心也。盖乘志之体，必官无遗政，人无遗善，地无遗迹，物无遗类，始得犁然以信今而传后，庶使官此土者一睹典章型范在焉。生此地者，一慕前修，向往决焉。夫以代远年湮，文献不足，加以余之僻处一隅，闻见无多，姑即家藏之遗文，父老睹记，辨其世次，别类分门，宜更有不备不醇之恨。然睹箓竹而知卫产，诵板屋而识秦俗，自谈井里或稍存一二遗规也。是为序。

时嘉庆六年，岁在重光作噩杪秋月，芍北居士夏尚忠绍姒氏自识于惜阴书屋之雨窗。

王铭传、王运开

[①] 冯煦《光绪凤阳县志》卷十七："颜伯珣，字季相，山东曲阜人，贡生。康熙二十九年任寿州州同，廉洁自好，听断如神。三十七年修芍陂，躬自区画，无间寒燠，历四载乃竣。著《安丰塘志》，民立祠祀之（《寿州志》）。《芍陂纪事》云：伯珣监修芍陂役，度其废坏而熟筹之，早作夜思，盛暑祈寒，不少懈。自康熙戊寅讫癸未，七年焦苦，陂制改观。方工之兴，民劳而怨；及其已成，环陂之民，无不乐其乐而利其利，公之心犹未已也。每春亲巡堤上，恐其堕损。夏秋更历圩亩，视水将涸，则发钥启闸，务令利均。至冬犹自按验，稍不完者补葺之，为来岁计。或乘肩舆，或扢小舟，时而散步问疾苦，抑豪强，随宜经纪焉。"（七十一页，清光绪十三年16卷刊本）

寿春南乡广岩塘后岗王氏家谱十卷（宣统己酉年王运开创修）[①]

王铭传作序（《安徽文献书目》记王运开为合肥人，是其迁住高刘北乡，属肥境，著有《怀宁律师公会会员姓名表》一卷一册，民国石印本）

家谱引

王氏之谱，谱王氏之族也。王氏出自太原而蔓延于天下。明洪武初，讳聪公诧处豫章之瓦屑坝，奉政府命，携眷属来迁寿春南乡广岩塘，延至三世。祖三公：长讳子方，次讳子登，三讳子文，分插草标，各传世系。予本子文公裔也。凡系子方、子登、子文三公后者，远近统呼之曰店子岗王。自是始而谱不及聪公以前者，亲尽也。年湮代远，稽者无从，姑置之。特以始迁祖作始祖称可也。

聪公以下，卜世二十，卜年五百，先人之讳某氏某享年几某日生某日殁葬某地，悉者笔之，失查者姑阙以待证。予以后皆名之，是尊吾之所出，

[①] 按，此谱后又见王成昌、王树木编《王氏宗谱支裔续修谱》一卷，即十四世王春三支分支谱，共六支，略为：一，鸿昌（妣吴氏）支，树字辈：谷、道、杰、荣；多字辈：凡、芬、直、明、茹、勋；朝字辈：春、娟、政。二，世昌（妣朱氏）支，树字辈：常、功、村、鑫（清）、珍；多字辈：金、安、平、选、秀、华、明、升、维、莲、淮玲、淮华、淮芬；朝字辈：俊、英、菊、祝、富、友、银、花、芹、芝、本、莉、全、群、霞、军、国、贵、红。三，如昌支（妣权氏），外迁。四，永昌（妣刘世菊）支，树字辈：彬、勤、经（建伟）、恩、邦、木、兰；多字辈：启、法、田、凤、海、国、辉、伟、菊、竹、翠、东林、幼林、洪林、广珍、晓萍、勤、凤、雨、玉、毅（宜）、慧、蜜、旭、东、俊、静、飞、琳玲；朝字辈：勋、坤、林、慧、璞、玻、瑾、珺、文、武、双、全、洋、允、正、娟、艳、兰、丹、彤、荣、博、欢、彪（冠）、娅、丽、保、玲、芳、晶、秋实、灿、梅、志、爱、涛、阳。五，玉昌（妣骆宾茹）支，树字辈：权（建国）、影、胜、群、瑶、林；多字辈：政、珩军、晓遣、晓珂、晓光、广、括、俊、珍、荣、德、坦、贵、秀；朝字辈：从周、婕好、欢、泽慧、亚男、帅、科、宁、巨、严。六，鼎昌（妣吴久兰）支，树字辈：根、廷、之、学、成、叶、苗；多字辈：青、才、富、余（磊）、美、芹、磊、生、芸、艺、来、艳、敏、利、林、花；朝字辈：强、丽、洋、鹏、犇、强、绪、浩、遥。

志吾之所由传也。呜呼！谱也者，不惟敬先，抑亦利后，一脉相传，本支百世，始迁者一人也。再而兄弟、而孙、而元曾、以齐衰之服始，缌麻之服尽，服尽则非亲，非亲则涂人也，涂人之先，一人之身也，势也，理也，莫可如何也。吾因慨世之九族不亲，视若涂人者，更仆难数，所以纠合族有志之士，采访清缮，各司其事，不惮星霜，竭虑殚精，时一周而谱之规模粗就，复得先父懋功公手订墨谱为之校辑，先世之生配卒葬以及承祧并绝嗣者，不稍舛讹，而谱牒成焉。谨仿欧氏瓜瓞之例，为一家言，刊刷十八部，装订成匣，按字分收，切勿亵渎。观吾谱者孝弟之心，可以油然而生矣。在昔安溪先生有云：以天地之心为心，则天下无不爱之民物；以祖宗之心为心，则天下无不和之族人；以父母之心为心，则天下无不友之兄弟。爰证数言，俾吾族人有所观感而向化焉。是为引。

十四世裔孙铭传手敬引

宣统元年己酉仲春夹钟月中瀚

五、民国

李味酸

天随阁笔录二卷

钉头木屑 不分卷

李烈士味酸（1903—1932），原名李安贫，字淑才。上书作于乙丑年（1925），其女小坦珍藏。

柏文蔚（烈武）

柏烈武五十年大事记 抄本，上下册

共六篇39节，141页，约7万字。今存安徽省博物馆。本办公室（寿县方志办）今存抄本系1983年我与史学诚二人在省博查阅方志资料时，

由古籍部李嘉和刘序功先生提供,并委托馆内同志代抄的。篇首曰:

壬午炎夏,热气袭人,避居山中,觉嚣尘俗鄙之怀为之顿消。不但医我血压高,且可却我功名热。每当风晨月夕,闭目独坐,偶有所思,五十年如一梦,实白驹过隙耳。其间奔走流离,惊涛骇浪,使高堂忧惧,家族议讥,亲邻讪笑,果何为者?不有以记述而揭明之,余之生也,将不知何所为而来;及其死也,又不知何所为而去。故五十年之大事,有不容已于自述者。按年索想,历历在目,笔之于书,事皆翔实,不敢铺张,不敢炫耀。言为心声,以质诸世之掌月旦者,其加以褒贬焉,是亦著者之心愿也。谨缀数言,以志篇首。

凡例曰:

一、是书分为六篇,每篇分为若干节,使阅者便于浏览。第一篇为少年时代;第二篇为学生运动及革命时代;第三篇为辛亥、癸丑革命时代;第四篇为亡命时代;第五篇为肃清反动时代;第六篇为将退老学佛时代。

二、是书按年记载,不及琐碎私事,言从简当,皆对国家社会立言。

三、是书由甲申起,余九岁,至丙子止,余六十一岁,计五十三年,故曰五十年大事记。此后研究佛学,兼及诗文,无关大事云。

四、一切直接关系及人物皆属之。

五、在六十一岁之后,逐年记载,日后续刻之。

导淮说明书 一册 铅印本,今存安徽省博物馆。

该书未印时间,约写成于20年代后期。柏氏自写弁言曰:

淮域居中国之腹,平原百余万方里,为东亚第一大农区。中贯以淮河,旁合豫、鲁、皖、苏四省名川数十,东入于海。其交通灌溉之利,固不后于扬子江。乃自淮不出海,水利失修,古代井田沟洫之制,荡然无存。即历史有名诸川,亦多淤成平陆。以致水旱频仍,农民辍耕,流为兵匪,富户广田自荒，中原从此扰攘多故矣。

民国初元，文蔚治军江淮，首创裁兵导淮之意（议）：访聘熟悉水利士绅宗嘉禄、陈伯盟诸君，设局筹备测量；复联合苏督程德全，电保张故绅謇为导淮督办，而文蔚与海州故绅徐鼎霖为会办。正拟进行，适逢民二政变。张氏入京，改导淮局为全国水利局，与美国红十字会订借美金三千万元。嗣美工程团来华测勘，反对旧黄槽出海，借款因之未成，张氏亦辞职南归。导淮进行，自是中止。而文蔚测量皖北之结果，由宗嘉禄规划开浚睢河二百余里，至今泗、灵诸县民田七百余万亩，十年来未受水灾，已见小效。至苏省设立运河局专事防堵工程，则与导淮无关。

民国十一年，华洋义赈会以中国频年受灾，前后助赈以千万计，拟截此后赈款移作导淮。曾由该会职员商之文蔚，函请苏、皖、豫三省长官联电政府立案，再约前撰《治淮计划书》之斐立门工程师来华复测，确定路线，估计工程。乃苏都（督）齐燮元自请为督办，拟提用保留导淮之赈余一百万元；旋因江浙事起（指一九二四年的江浙战争），遂无结果。今金陵大学挪用之教育费，即在此项开支，并测量仪器亦存校中。盖导淮问题不但为中国之要政，且已入世界之视线矣。

吾党国奠都南京，开始建设，当有以震动中外，具瞻之耳目，唤起全国民众之同情，则此开辟百万方里富源，发展民生事业之导淮案，当然在新政部署之中，毫无疑义。

文蔚籍隶淮滨，本民元提倡导淮之初衷，更以十数年来经历与研究，业经提出第四次中央执行委员会全体会议；兹再列举导淮理由及办法说明书，请执政当局及关心淮患之民众，合力以谋成之，文蔚不胜企祷焉。

松柏居士日记

此日记是柏氏从1945年8月6日至1946年10月2日逐日记载的。

有念佛内容，也有抨击时政爱国爱民的正义之声。书存其幼子心瀚处，日记小序曰：

自三十二年八月，患风寒潮湿之病，胸背神筋（经）疼痛，八、九、十三个月间，九死一生，自忖万无能生之理，乃忽忽两年，得延残喘，不但不死，且又度过七十矣。噫！日记之乌可不作？念佛之功课乌可再停？由现在起，逐日皆须念佛，逐日皆有日记。今日七十之我，八十、九十期颐之我，又乌可不念佛，不日记也。从八月六日，逐日逐事须要记载，以复旧观，不复中断也。是为记。

王松斋（荣懋）

导淮全书辑要

民国十九年（1930）出版，今存安徽省博物馆。柏文蔚于民国卅五年（1946）为该书写有序文，曰：

民国初年，余忝任皖督，首倡导淮之议，合江皖两省共谋进行。公推张季直先生为督办，余与许九香为会办。正在筹划时期，适先总理草创《建国方略》，关心水利，询及导淮方法。余举《禹贡》所云，导淮入海，实为洒沉澹灾一劳永逸之大计，并言淮河入海洞槽淤塞难开，宜改道由灌河入海较为利便，先总理审察大势采纳是说，已辑入《建国方略》。而当时议论纷纭，莫衷一是，美红十字会则主张入江，费礼门则主张入海，詹美生则主张江海分疏，南通张季直则主张三分入江七分入海，灌云武同举则主张由黄河旧槽入海，常熟宗嘉禄则力主由灌河入海，各有辩论，洋洋数千言，互陈利弊。然未经实行，终无确定入海路线之水准。上年导淮会筹备入江一段工程，拟在三河坝设活动闸，以操纵水利。又拟洪湖筑堤，以捍御水患。然只利于江北而不利于豫皖。经皖人极力反对，要求取销洪湖筑堤之议，始将上游工程列入第二期中。不意第一期所办入江之工作，又迭经变乱，全行破坏，是入江已属无效。而各处防御水灾，只知筑堤为治标之计，而不知入海为治本之要图，则信乎谈治淮者多，而真知淮者少矣。吾寿县王君松斋姻兄博学多闻，著述甚富，研究导淮已二十余年，凡中外水利家工程师测量实验之成绩有著书可传者，皆搜罗无遗，辑成《导淮全书》十四章，附以各种图表详加说明，合今日科学古来成法，互相证明。无论全部及局部治水办法，皆足备参考，而供实用，非专执一家之言、如费礼门、赛伯尔之计划偏而不全者可比。夫外人以科学治水技术固精矣，然未能熟悉中国水道情形，又测勘未周，岂必措施悉当？故知科学非死物，成法亦非死物，要在会而通之，因地以制宜，因时以制宜耳。王君此书，既不执今以戾古，亦不泥古而误今，而对于入海路线之取道灌口也，与余大指相同。凡余所欲言而未尽者，王君皆详言之。余老矣，有志未逮，诚得当代伟人见诸施行，必可为长淮流域新辟一大农区，而富民富国，其利无穷。即或未能速成而刊布此书，以广为宣传，则淮民知识宏开，亦必奋然兴起而急图之矣，岂独为专门不朽之业已哉。是为序。民国三十五年孟冬月。①

晋北监政沿革志一卷　　民国八年排印本一册
中外德育粹编一卷　　民国八年安庆同文印书馆排印本一册
孙毓筠（少侯）
夬庵狱中集三卷　　民国安徽通志馆红格抄本一册
烬余集
诗古文辞百六十四首

---

① 见安徽省政协文史资料研究委员会编《纪念柏文蔚先生》（1986年版，第100页）与孙彩霞主编《柏文蔚文集》，黄山书社，2011年，第415页。

国学讲演录（上下）

《国学讲演录》弁言：

夬庵先生，少时即笃好阳明良知之学。弱冠后，读内典，叹其广大精微，非儒所及。遂尽弃所学，归依佛乘。闭关两载，遍览大藏，洞达诸宗旨趣，于法相宗，所得尤多。先生尝评论世界各派学说，谓西洋哲学、康德、叔本华诸家所倡之唯心论，析理虽极细微，要之未出识想边际，至吾国儒者之言道德，往往混入形而上学。其曰太极、曰天理，大率暧昧空漠，远于实事，与斯多噶派之宇宙天理说，同一误谬，以佛理衡之，但法尘中之幻影而已，独其克治身心，严辩义利，使吾人得由此养成高尚之人格，其功有足多矣。又尝谓禅宗末流之弊，非法相宗不能挽救，然欲习相宗，必从小乘有部转益增进，且须洞晓因明轨则，方能深入阃奥。又曰佛教理论至圆至妙，在世界宗教哲学中，洵推第一。但经论中所言世界形状，旨本于印度神话，与今人实验多不相合。此等谬误之点，应修正之，不曲为附会，所论皆精确不易。盖先生以伟大之知力，观察宇宙人生之真理，又得法相宗理论为之证佐，故能见人之所不能见，言人之所不敢言。其见地之超卓，视古今东西之大思想家，殆无所愧。先生阐扬佛教之言，俱于所著法相宗纲要一书。狱中教典缺乏，不敷参考，故至今尚未脱稿。其每日讲演之语，凡关于儒家道德者，云等皆随时记录。两月以来积若干条，厘为上下两卷（凡言克治身心之法者，皆编入上卷，言社会风俗之弊者，皆编入下卷）名曰《国学讲演录》，而以先生近日所作诗古文辞附焉。呜乎，先生之学，精微广博，综合东西诸家学说之长，是集所录，不过其绪余耳，岂足以尽先生。然尝鼎一脔能知全味，读是集者于先生高尚伟大之精神，亦可略见其概云。（光绪丁未季冬上瀚受业门人段云、权道涵谨识）

《国学讲演录》跋：

夬庵先生在狱著书之暇，则为云、涵两人讲演儒家道德之学，其说简易，似象山而不流于空滑。切实，似伊川而不堕于支离。盖能集诸家之长，而去其所短。至其论近时人心风俗之弊，语语词中症结，尤足发人深省，云等亲聆绪论，旷若发聩。虑其久而忘也，每讲毕，即录记于纸，置之座右，不时展阅，身心有所警觉，不至放逸以取罪戾。至先生之说，关于佛教者，他日当另行编次，故于此录概不详入云。（光绪丁未季冬下瀚受业门人段云、权道涵谨跋）

《烬余集》：

先生在狱中所作文字多半散失，云等于废纸丛中觅得者凡十二篇，先生又复删去其半，今录入集中者仅此而已。然寥寥数千言皆与学术道德绝有关系之文，其价值读者自能知之，无待余言。（光绪丁未季冬上瀚受业门人段云、权道涵谨跋）

孙传楙

安徽全省铁路刍言一卷（附图）　　　石印本 一册

寿州孙文正公年谱一卷　　　　　　民国绿格抄本[①]

张树侯[②]

[①] 王寔先编《近代中国史料丛刊续辑》第 750《历代名人年谱总目》（台北文海出版社，1980 年版，244 页）收目，标为"未著名氏，国立北平图书馆藏抄本"。

[②] 张氏有《自撰小传》云："树侯，姓张氏，名之屏。世居寿州，地当淮淝之中，政治、军旅、文学、书画，代有其人。树侯生于有清同治五年，父兄均隶籍黉序。树侯年二十五，始列胶庠，以乡贡终。……平生嗜好甚多，以婆贫故，力不逮，亦不暇也。惟于金石文字，好之甚笃；三代篆籀，暨汉唐以来诸石刻，罔弗搜罗，以资效仿，至老不衰。诗文篆刻，亦间为之，弗能工也。著有《尚书文范》《淮南耆旧小传》《书法真诠》等书。于时年已七十矣。区区碎墨，不识能暂留人间否？用是自撰小传附于后，庶异日览者，或不至读其书，尚论其世，而以不知其人为憾也。故书其略。"（载寿县政协文史资料委员会编《寿县文史资料》第三辑，1995 年，第 276 页）

书法真诠　　　　　　　　　　　民国廿一年刊 一册

寿州乡土小志　　　　　　　　　芍西学堂油印本 一册

晚菘堂诗草一卷　　　　　　　　未刊手稿

淮上革命史二卷

尚书注

树侯印存

诗文录存

联语录存

淮南耆旧小传稿　　　　　　　　抄本 一册

张氏《自叙》云：

　　"淮南本《禹贡》扬州之域，三代之人物无闻焉。《鲁颂》犹称淮徐之夷，其时之文化可知矣。周辙既东，风气一变：老子生于亳，庄子生于蒙，管子生于颍上，闵子生于符离，灿乎郁然，光于简册矣。厥后，以布衣起而君天下者，前有炎汉，后有朱明；虽曰圣哲挺生，谅亦非一人之力；其立功当世，勋华彪炳者，固已垂休光于史册；吾意浮沉井里，湮没不彰者，当亦不止一二数也。惟是数千年来，漫无纪载，为可憾已！

　　余每欲搜求遗轶，勒为一书，既所以发潜而阐幽，亦可以风世而砺俗；无如年代湮远，莫从稽考。往者已矣，从今不纪，后益无征；不能纪远，聊纪于近。所恨荒村僻处，见闻隘陋，耳目所逮，上不过三百年，远不过五百里；又且得之委巷之谈，窥于管蠡之中，其于史实，仅及豹之一斑，龙之一鳞；其间传闻异辞，展转失真者，必不免焉。后有好事如我者，征文考献，或即以是著为牛溲马勃，闌根楔桓可以。抑或病其事半荒唐，语多无稽，则即以为野夫谈天，痴人说梦亦可也。王元美云：'野夫兴到不复删，大海回风吹紫澜。'我之为矣。

花前把酒，冬夜围炉，儿女满前，言笑晏晏，皆老人成书之资料，又安能居今稽古，作老博士生涯哉！是以有兴即谈，随事录写，久之裒然成帙，略分类次而录之，名曰《淮南耆旧小传》，用以别于正传也。又曰初编，以搜罗而未有已，当赓续录之，爰书其端以为叙。民国二十四年二月树侯书时年七十。"①

孙传瑗

待旦集

（见《雁后合钞五种》五卷，民国卅六年聚珍本一册）②

孙传瑗③于民国二十二年十二月十一日记其撰写《安徽革命纪略》一文《附言》说：洪泽丞先生应安徽通志馆之约，撰安徽通志大事记。上自有史，下迄逊清咸同，纲目列举，义例毕备，都为上下两卷。其自清末，以暨民初，盖阙如也。馆长江彤侯先生因以其责属之传瑗。窃念清民之间

---

① 见寿县政协文史资料委员会编《寿县文史资料》第三辑，第 275 页）。又《小传》有六安谢云皋题词云："辛苦人天付逝波，尊闻搜佚意云何。清淮千里成孤注，直笔闻情老一皤。人谱由来皆鬼篆，名山已许识先河。苍茫四海无余策，强为著书晨夕过。鸣蝉沸夏娱群绿，一鹤撩天慕独行。我辈何由怀故国，此书端合补先生。焚香洒墨风云会，拄杖看天象纬明。寂寞淮南论文献，晚菘堂畔挹孤清。"又淮南洪冠南题词云："二十年前一谒见，真人天际想风姿。即今笔阵纵横处，好似屠龙射虎时。大龙突起莽苍苍，立马横刀好战场。斜日晓风一回首，旧人谁与说南庄。入眼淮南数耆旧，岿然独在鲁灵光。寻碑说字年年事，头白江湖气未降。"（寿县政协文史资料委员会编《寿县文史资料》第三辑，277 页。）

② 民国詹励吾辑《雁后合钞五种》，民国三十六年（1947）排印本。包括：《待旦集》一卷，孙传瑗撰；《尻轮集》一卷，薛元燕撰；《逊遯吟》一卷，江家球撰；《逼侧吟》一卷，江家珺撰；《观酒狂斋诗录》一卷，詹励吾撰。（上海图书馆编《中国丛书综录（1 总目）》，上海古籍出版社，1982 年，第 872 页。）

③ 孙传瑗（1893—1985），字蓬生，号养癯，寿县人，曾任五省联军孙传芳的秘书，后曾任大学教授、教务长，著有《待旦集》《中国上古时代刑罚史》《今雅堂诗存》等。

十余年，诚多事矣。然事之大者，无逾于革命诸役。如徐烈士锡麟之刺清抚臣恩铭，如熊烈士成基之首义，如辛亥革命之役，如癸丑讨袁之役，皆事之荦荦大者，而传瑗几于靡役不与。耳目所晋接，或与传闻失实者异，思其久而湮没弗彰也，因笔之于简册，附于省志大事记之后，别为一编，曰《安徽革命纪略》。其曰纪略者，仅举其事之始末概要，求其简而能赅，不悖于事实。若夫其详，请以俟诸党史氏焉可也。民国二十二年十二月十一日孙传瑗纪。（《学风》月刊第四卷第六章）[①]

孙多慈

素描集　　　　　中华书局民国二十五年版　　　一册

孙多慈，寿州孙传瑗之女。据她的南京中央大学同学屈义林先生著文介绍，其父为民国安徽省政府委员时，随父住省城安庆昭忠祠街，毕业于安庆第一女中。1931年入南京中央大学艺术系西画组，从师徐悲鸿学素描，选修宗白华先生《美学》，胡小石先生古诗选，以及徐仲年先生的法语课。1934年即以一幅《鲛人弹琴图》初露其艺术才华。画中一个半裸体的美人鱼，仪态优雅，于海岸边抱琴弹奏，四面海波漫卷，天上明月疏星，鲛人的神情恍惚如梦，全画用黑白点线细描，构思新颖，笔墨精细。作者说她以此寓意"远涉重洋，留法深造"的理想。1935年春，跟随徐悲鸿去黄山写生，归来后引起流言蜚语，某氏又取消了她留学名额，致使身心交瘁，未待毕业即回安庆母校女中任教。徐悲鸿引用古代贵妇庄姜送别女伴的诗句"燕燕于飞"，画了一幅《燕燕于飞图》送给孙多慈作临别纪念，图中一位古装仕女，仰望飞翔的燕子，满脸愁苦之状，

[①] 1934年第6期。参见柴德赓、荣孟源等编《中国近代史资料丛刊·辛亥革命》，上海人民出版社，1957年，180页。

旁边题字是"乙亥冬写燕燕于飞以遣悲怀"。题字寓意巧妙,"以遣悲怀"的"悲"字,一字双意,既表"悲鸿"怀中之悲,更表师生两相之悲,贴切地表达了这对师生的惜别悲情。抗战爆发,孙家避迁长沙。1938年迁浙江丽水,后与浙江教育厅长许绍棣结婚。婚后生活并不理想,这在她寄徐师香港途中诗有所表露:"伤心家国无穷恨,红树青山总不和",其孤苦彷徨可以想见。此间执教浙江艺专,胜利后曾到杭州,不久随夫去台湾,教于艺术学院。1963年因患癌症赴美治疗,逝于洛杉矶机场。卒时是艺术学院院长。

《孙多慈素描集》是1936年由徐悲鸿推荐给中华书局出版的。笔者近年询问京沪各大藏书单位,均无所获。从史料得知,序言是宗白华先生所作,序言赞美孙画"线文雄秀,真气逼人","观察敏锐,笔法坚稳。清新之气,扑人眉宇。"[①]孙以一幅开朗聪慧的"自写"像置于集前。集中还收有水墨三幅。

孙多慈也爱画国画,有牛、虎、狮、鹅群、虎啸、鸡等,已逝历史学家李则刚称其国画"笔法雄俊、气概不凡,确有徐悲鸿先生的作风"。她的油画造诣尤深。李则刚有观感文章陈述说:"我们此次所见油画的作品,从题材方面说,如表现人群的活动有:牧女,刈草,采桑,矿工,挑土,小店,画室的一角,夜课等;如写自然风景而兼示人类的生活和情感的有:

---

① 宗白华还说:"孙多慈女士天资敏悟,好学不倦,是真能以艺术为生命为灵魂者,所以落笔有韵,取象不惑,好象前生与造化有约,一经睹面即能会心于体态意趣之间,不惟观察精确,更能表现有味。素描之造诣尤深,画狮数幅,据说是在南京马戏场生平第一次见狮的速写,线纹雄秀,表出狮的体积与气魄,真气逼人而有象外之味。最近又爱以中国纸笔写肖像,落墨不多,全以墨彩分凹凸明暗,以西画的立体感含咏于中画之水晕墨章中,质实而空灵,别开生面。引中画更近于自然,恢复踏实的形体感,未尝不是中画发展的一条新路。(1935年8月写于南京)"

春去，惆怅，天目庙前茶棚，五台山之黄昏，天目归来，玄武湖一角等；如纯绘自然景色的有：天目云海，红树白桥，山雨欲来，庐山天桥，野渡无人，黿头渚，晨曦等；如富有历史性的古迹与故事之描绘有：南京鼓楼，安庆碉堡，台城路，后湖柳，明陵，天鹅等；静物的描绘，如黄花，水果，菊蟹，静物等；人体的写真，如父亲，李家应女士，及其他好几幅的人体。我们从这些形形色色的范畴内，足以窥知孙君的观察锐敏，取材丰富。至于技巧方面，我们虽是一个门外汉不敢妄赞一词。但以孙君的作品，静态抒写，具穆肃壮丽之长，动态的描绘，擅深纯温雅之美，于布局敷色之外，尤其有一种奇人情志的天才。所以就是一个艺术家也好，一个艺术门外汉也好，到了她的画前，总能教你始而精神怡悦，一见即发快感；继而教你精神渐渐严肃，似乎它给了你什么；继而教你沉思，教你遐想。譬如到了天目云海之前，在那不满一尺的地方，云海苍茫，变幻无际，无限大的宇宙，都从这里显示出来。到了牧女之前，看那茫茫的山野，数不尽的群羊，一个孤单的少女伫立于小山之巅，她那种的气志，情态，从作者的手腕传出，似乎有说不尽的蕴藏。到了春去的前面，一个女人屈身俯首坐在流水落花之前，水的流沫，花的飞红，以及女人之垂头凝想，在这里我们当然知道作者启示了我们什么。他如天目归来的自写，把从旅途归来的风尘，从胜地归来的情绪，一一活现出来，再拿来与前几年的自写（即素描集前的自写像——笔者）一比，天目归来的自写，与前几年挥毫作画的自写，显然是两个样子。作者在这说明人的生活和精神，都是被环境所决定，作者在这里更说明人生一页的过程。总之在孙君的画里，处处启示了我们一个宇宙，一个人生。……孙君说过这样一段话：'艺术之广博浩瀚，诚无涯际；苟吾心神向往，意志坚定，纵有惊涛骇浪，桅折舟复之危；亦有和风荡漾，鱼跃鸢飞之乐，果欲决心登彼岸者，终不当视为畏途，而自辍其志也。''吾终觉此世惟多残酷，险诈，猜忌，虚伪，则吾所指为真美善之资，实无尽藏，一如造物之形之色，千变万化，罔存纪极也。吾尽力以搜求之，撷取之，熔冶之，纳之入于吾微末之艺，其无憾乎？'"

后来李则刚对此赞叹不已。称"是孙君对于艺术和社会的联系，已深极了澈，更能善自利用环境，创造新型。从这一点，孙君将来的成就，更可预期"。① 介绍至此。笔者以为，大凡有成就的人对于事业的态度无不如此。

郑芳荪②

郑赞丞先生遗诗一卷　　　　民国通志馆抄本 一册

无名氏

寿县安丰塘查勘报告书　　　　民国卅五年十二月 一册油印本

高语罕

白话书信　　　　　　　　　　上海亚东图书馆出版一册

高语罕《白话书信》先后四版发行，现存安徽省图书馆编号：（I266-20）为第四次印刷。书前有四版自序、再版自序、自序、序；后为绪论，绪论后为正文，共四个部分：家庭书信、社交书信、工商书信、论学书信。全书约五百页。该书是他1918年在芜湖商业夜校的自编教材，具有篇幅短小，文字通俗，形式大众化等特点，是"安徽最早宣传社会主义和民主主义的

---

① 按，李则刚文见其1935年12月28日写于安庆的《参观孙多慈君画展》（李修松主编《李则纲遗著选编》，安徽大学出版社，2006年，第618-623页）

② 郑芳荪，字赞丞，安徽寿县人。早年肄业于安徽大学堂，辛亥革命期间，任镇军参谋长。民国成立，任安徽内务司司长，积劳成疾，客居日本期间，旧疾复作，于民国三年（1914）8月1日殁于日本东京。（政协安庆市大观区文史委员会《大观文史资料》第1辑《纪念辛亥革命八十周年》，第53页）

通俗读物"，"由绩溪人汪孟邹在芜湖长街开设的芜湖科学图书社（专门经销上海、北京等地）"发行，"对新文化新思想在安徽的传播起了积极作用。"（《安徽省情》第132页）上海亚东图书馆发行时曾做这样的介绍：《白话书信》不但教授一般书信的知识，并且启发青年文学的兴趣，引导他们顺应时代的思潮。已有许多学校采用为课本。

高语罕（1888—1948），寿县正阳关人，幼随父读私塾，约十七八岁时东渡日本入早稻田大学，1907年回国在安庆省立五中任学监，投身辛亥革命，与陈独秀关系密切，为我国早期共产党员，他的《白话书信》在寿县革命史上也具有重要意义。《安徽省情》介绍说，五四运动后，早期共产党人高语罕、沈泽民、张秋人、柯庆施等曾在芜湖、安庆、寿县等地以教书为职业，宣传马列主义。"据有关资料记载，1921年，共产党员高语罕、沈泽民、董亦湘等以教书为名，进行了党的活动；1922年，寿县已有党的活动。"高语罕曾到德国留学，1925年回国，1937年与陈独秀同住四川江津，1942年去南京住明瓦廊街，1948年病故。子高国玖，因1928年在上海与恽代英、陈乔年等被捕受刑，成了疯子，后死于正阳关。

高语罕死时家贫无以为殓，幸有原二农学生王光华为之料理丧事，葬南京南门外花神庙侧吴敬梓墓旁。于右任书题墓碑，高语罕学生李宗邺写有《回忆高语罕》，并附悼念先生七绝二首：

渡江长夜盼黎明，人海苍茫雾里行。"五四"浪花高百尺，导航灯塔是先生。

博学能文又健谈，江淮革命著先鞭。毕生知己陈独秀，身后萧条一样寒。

（注：李诗原载1983年7月7日《芜湖党史资料》第三期。此引仅作了解当时情况做参考。高、陈经历在此书目介绍中不做评述。）

现代名人书信 高语罕编 1933 年上海光华书局出版

序言一篇 （高语罕自序于 1932 年 9 月 22 日）

第一部分　新青年通信 21 篇

第二部分　现代评论通信 7 篇

第三部分　创造社通信 11 篇

第四部分　各家通信 14 篇

文章及其作法　高语罕著　上海光华书局刊

九死一生记[①]

广州记游　一册　民国十一年二月出版，亚东图书馆发行

薛卓汉[②]

皖北寿县的农民生活[③] 一册

时书农

交芦室诗稿三卷　未刊手稿

[①] 《九死一生记》，原载成都《新民报》日刊，自 1945 年 8 月 16 日至 1946 年 1 月 28 日，逐日连载共 114 期，记述了高语罕从 1926 年 3 月中山舰事件，直到 1937 年自香港回内地投身抗战前夕的革命经历，包括参与发动南昌起义、介绍朱德入党、与叶剑英的亲密交往、与陈独秀的交往等内容。2018 年由中共党史出版社出版。

[②] 薛卓汉（1898—1931），又名薛云长，寿县人。1927 年参加革命，同年加入中国共产党。历任中共寿县县委书记，安徽省农民协会主席，红一军政治部副主任，参加了鄂豫皖革命根据地第 1、第 2 次反"围剿"斗争。1931 年于皖西牺牲。（中国工农红军第四方面军战史编辑委员会编《中国工农红军第四方面军人物志》，解放军出版社，1998 年，第 797 页）

[③] 薛氏结论说："寿县农民已经从自耕农底地位，降到佃农的地位，从家庭手工业底地位，降到失业的地位了。所以致此的原因：一、地主的剥削；二、士绅的敲诈；三、官吏的苛暴；四、军队的勒索；五、外资的压迫。这些农民的敌人都是相依为命、互成其恶的。"（原载 1924 年 10 月 15 日《中国青年》第五十三期，见中共安徽省委党史工作委员会编《安徽早期传播马克思主义史料选》，1986 年，第 132 页。）

徐子食

劫余集一卷　未刊手稿

朱海观[①]

译著：

［苏］格罗斯曼《不朽的人民》

法捷耶夫《苏联文学论集》

伊林《人与自然》

帕乌斯托夫斯基《卡腊布迦日海湾》

［英］赖尔夫·派克《反和平的阴谋》

［波］普鲁斯《米哈尔科》

［俄］陀思妥耶夫斯基《罪与罚》

［美］沃克《战争风云》

［印］安纳德《克什米尔牧歌》

---

① 朱海观（1908—1985），寿县人。1937年南京金陵大学英文系和历史系毕业。1940年任郭沫若秘书。1947年任苏联塔斯社驻中国总社英文翻译。1949年后，历任中国社科院外文所《世界文学》编委、顾问。40年代开始译有论文集《苏联社会主义现实主义论文集》，小说《不朽的人民》《卡腊布迦日海湾》《老人与海》《海明威中短篇小说选》《罪与罚》等。（中国作家协会编《中国作家大辞典》，中国社会出版社，1993年，第172页）

黄荫庭（传森）[1]

红楼梦考（佚）

淠滨读书记

洪人纪（晓岚）[2]

淮上民军起义始末记 一卷[3]

愚谷诗存四卷

愚谷庶记

---

[1] 黄荫庭（1896—1960），名传森，号午村，寿县城关人。清光绪三十四年至宣统三年（1908—1911），入寿县城关阜财学堂读书，民国元年（1912）春考入南京国民大学。民国二十九年至1957年8月，先后在安徽省立十一临中、五临中、一临中、凤台精忠中学和寿县中学等校任教。1960年4月病逝于上海。他学识渊博，工诗文，弱冠业师傅秉臣逝世，联云："一纸书，自天外飞来，云杏花春雨，归兴方浓，讵料开缄余涕泪；三寸管，向江头掷去，问故国文章，谁称继起，未曾屈指已凄凉。"民国十九年元旦，国民政府通令全国各地停工停市三日过元旦，其联曰："梅花香绕迎年鼓；明月光分守岁灯。"乡前辈薛少卿七十诞辰，联云："抽三寸管，赋江上槐花，笑指羊城，早有新诗惊海内；开七秩筵，倚山头桂树，醉横铁笛，戏招明月落尊前。"（寿县地方志编纂委员会编《寿县志》，黄山书社，1996年，第832页）

[2] 洪晓岚（1866—1953），名人纪，字伦五、晓岚，别号愚谷，寿县三十铺人。自幼随父读书，光绪十三年（1886）入泮。后历任阜财商业学堂堂长、寿州公学监学、劝学所所董。辛亥革命，淮上军起义，任革命军司令部文牍。民国期间，历任寿县公署学务科长、寿县公学校长、劝学所委员会委员、教育董事会保管董事、教育局长、安徽省自治筹备处评议会评议员。其著除《淮上民军起义始末》尚存外，余皆无存。

[3] 该书记实性强。如云："六安之光复也，王传禄、吴民寿实首其事。嗣司令部闻其跋扈，乃复遣段云、权道涵往。未久，闻淮军败于颍，亦起团练相抵抗。惟枪械缺乏，为王传禄击退，焚杀十余里，经安抚使朱金堂、前清知州田毓璜调停，由六安地方出军费数千金，权、段解兵他去。孙都督（毓筠）复以田毓璜为知事，六安遂不隶于淮上矣。"（安徽省政协文史资料研究委员会《淮上起义军专辑》节录，1987年，第79页）

寿县物产记述汇纂

引 言

寿县形胜、物产，史志多有记述。如"寿春，淮南一郡之会，地方千余里，有陂田之饶"①，"寿阳旧为豫章之地，其财力雄壮，独甲诸州"②，寿阳"外

---

① 南北朝萧子显《南齐书》卷十四《志》第六"州郡上"："豫州，晋元帝永昌元年，刺史祖约避胡贼，自谯还治寿春。寿春，淮南一都之会，地方千余里，有陂田之饶，汉魏以来扬州刺史所治。北拒淮水，《禹贡》云：淮海惟扬州也。咸和四年，祖约以城降胡，复以庾亮为刺史，治芜湖。"（吉林人民出版社，1995年，139页）

② 曾道唯《光绪寿州志》："明史宏询《谢公祠记》：寿阳，旧为豫章之地，其财力雄壮，独甲诸州，而翼蔽长淮，固守国之奥区也。"（卷一，第十页，清光绪十六年刊民国七年重印本）按，此文"明史宏询"指明代史宏询，而非指《明史》载有宏询《谢公祠记》，有学者误读，如云："自晋以后的唐宋明清各朝，寿县均以繁华著称于世，有所谓'扬寿皆为重镇'之说，《明史宏询谢公祠记》：'寿阳关为豫章之地，其财力雄厚，独甲诸州'。"（《淮南师范学院学报》2017年第6期118页）据《嘉庆凤台县志》卷十"古迹"载："知州史宏询《谢公祠记》略云：嘉靖甲辰，巡按御史一泉王公语宏询曰：谢康乐思在寿人，勋名在晋史，不可以无祠，命工鸠众因八公山旧堂宇数椽，规而新之，中为祠堂，东西为两庑，十一月二十日告成。记见庄桐旧州志。"（清嘉庆十九年刻本）可见，史宏询乃知州。

有江湖之阻，内保淮肥之固，龙泉之陂，良畴万顷"，"金石皮革之具萃焉，苞木箭竹之族生焉"①，等等。寿县地处温带中部，四季分明，雨量适中，土地肥沃。物产丰富。

毛泽东同志曾在《中国共产党在民族战争中的地位》文中说过："我们这个民族有数千年的历史，有它的特点，有它的许多珍贵品。"②在建设寿县之时，我们编辑寿县物产类编资料，希望有所裨益。

本资料按原省志编委会通知规定的选编范围选编。即"县志办公室负责选辑县志、乡镇志上的资料"，"保存原貌及其完整性"。有些物品，如"大救驾""大美兴干子"等，虽属名产，但地方文献无记载，没有辑入。寿县革命史料所记述的寿县物产，不仅资料珍贵，而且能从中看到我党重视对地方经济的研究和理论联系实际的传统。这部分资料不好较大类分录，辑附于"矿类"之后。

旧志中常在文句之间注以双行小字，选录时改成单行书写。本次注文，放在各物类及其原著标题之后，以别新旧之注。

编者水平有限，漏错难免，当请赐教。③

---

① 伏滔《正淮论》："彼寿阳者，南引荆汝之利，东连三吴之富；北接梁宋，平涂不过七日；西援陈许，水陆不出千里。外有江湖之阻，内保淮肥之固。龙泉之陂，良畴万顷，舒六之贡，利尽蛮越，金石皮革之具萃焉，苞木箭竹之族生焉，山湖薮泽之隈，水旱之所不害，土产草滋之实，荒年之所取给。此则系乎地利者也。其俗尚气力而多勇悍，其人习战争而贵诈伪，豪右并兼之门，十室而七；藏甲挟剑之家，比屋而发。然而仁义之化不渐，刑法之令不及，所以屡多亡国也。"（清严可均辑《全晋文》下，商务印书馆，1999年，第1441页）

② 《毛泽东选集》第2卷，人民出版社1991版，第533页。

③ 按，本文系打印稿，标注："寿县地方志编纂委员会办公室王建国，一九八四年四月五日"。

一、谷类

谷类：麦，大、小、荞三种。稻，寿、霍有稻田，种稻颇多；蒙则差少。粟、黍、稷、蜀秫、芝麻。豆，黄、黑、绿、青、江、豌、茶、小、扁、蚕。酒凡十二种，黄、黑、绿三种为多。（明栗永禄纂修《寿州志》，天一阁藏明嘉靖二十九年刻本，第二册卷四第四页，以下简称《嘉靖寿州志》）

谷类：曰小麦，曰大麦（一名䴬麦），曰莜麦，曰红籼，曰白籼。曰青豆，曰黄豆，曰黑豆，曰绿豆，曰赤豆，曰豌豆。曰黑黍，曰黑芝麻，曰白芝麻。（清席苫、张肇扬纂修《寿州志》卷十一第廿三页，传抄清乾隆卅二年刻本，以下简称《乾隆寿州志》）。

谷类：大麦、小麦、莜麦。白稻、籼稻、粳稻、糯稻、晚稻。黄豆、青豆、赤豆、黑豆、绿豆、豌豆、豇豆、小豆、劳豆。蜀黍、玉黍、芝麻、黄粱、黍、稷。（清曾道唯修、葛荫南纂《寿州志》，第三册卷八第十五页，清光绪十六年木活字本，以下简称《光绪寿州志》）

谷类：麦类则有大麦、小麦、莜麦；稻类则有白稻、籼稻、粳稻、糯稻、晚稻；豆类则有黄豆、青豆、赤豆、黑豆、绿豆、豌豆、豇豆、劳豆；黍稷类则有蜀黍、玉黍、芝麻等。盖以气候中和、地势复水陆咸备，故谷类兼江北之所有也。（清张树侯撰《寿州乡土志》，光绪戊申芍西学堂油印本，以下简称《寿州乡土志》）

其谷宜麦，大麦中饭，小麦为面，性淳和宜人，较他处之产为良。宜黍，土名秫秫，亦名高粱，有红壳、黑壳数种，其秆中盖屋编墙。宜菽，绿豆中饭，黄豆中压油造腐，所种最广；豇豆、扁豆为蔬，间种之。宜稷，有二种，长桐大穗者，土名谷子；丝穗而粒稍大者，名穄子，穄中饭。宜荞麦，种甚广，为面食之耐饥，俭岁尤赖之矣。下地亦宜稻，袁家集、顾家桥、焦冈湖、穆杨湖、芦沟集、大河湾、高王寺、刘家巷，皆多稻田，余亦间种。（清李兆洛纂修《凤台县志》，卷二，第一页，清嘉庆十九年刻本，以下简称《凤台县志》。

注：雍正十一年分设凤台，划城之东北隅属县，与州治同城。辑入本资料之物品，系今寿县境内产。下同。）

屑豆为腐，推珍珠泉所造为佳品。俗谓豆腐创于淮南王[1]，此盖其始作之所，斯邑产之最古者矣。豆腐之术，三代前后未闻：此物至汉淮南王安，始传其术于此。（《凤台县志》卷二，第三页）

注：明李时珍著《本草纲目》记："豆腐之法，始于汉淮南王刘安。"（《人民卫生出版社》1978年9月版）又，清人吴育《珍珠泉记》："其水淳澄不容垢沔，沉埃聚沫，或旋焉，或播焉，澹之使不得泊，味清冽刻削，不能久饮。彼其出于石罅，性因然也。而造豆腐其者资焉，色白而质良，风味尤胜；或曰淮南王安实始作于此，其信耶。"[2]

---

[1] 宋陈景沂《全芳备祖·后集》卷二十七"蔬部·豆腐"条："纪要：世传豆腐本淮南王术（朱文公诗注）。五言绝句：种豆豆苗稀，力竭心已腐。早知淮南术，安坐获泉布。（朱文公）"（明毛氏汲古阁58卷抄本，基本古籍库，448页）明陈函辉《小寒山子集》收《羹腐记》云："豆腐，豆之之，肇于淮南王刘安。贫人饱啖以当肉。其属有二，为米腐，为麻腐。惟豆遍中国，与饭肉酒同功，日用必需，而米麻不恒见。质无骨不劲易败，故名腐。"（不分卷明崇祯刻本，基本古籍库，22页）明虞淳熙《虞德园先生集》卷二十一《书天界寺香饭记后》："翁子先持罗玄甫寄来香饭记，示同社。……坐中有师读记不解问：淮南王术治豆何法？曰：即今所吃豆腐也，起于淮南王。"（十八页，明末33卷刻本）

[2] 李兆洛纂《嘉庆凤台县志》卷十，三十一页，清嘉庆十九年12卷刻本。

二、蔬类

蔬类：白菜、荞菜、菠菜、苋菜、芹菜、韭菜、莴苣、菾莲①、茼蒿、苦荬、芫荽、茄子、瓠子、葫芦、萝卜（白、红、胡三种）、瓜（王、菜、冬、丝、甜、苦六种）、葱、蒜、生菜。（《嘉靖寿州志》卷四，第四—五页）

蔬类：曰菘、曰荞、曰芹、曰韭、曰葱、曰蒜、曰姜、曰苋、曰茄、曰荠、曰蘑菇、曰莴苣、曰菠菜、曰茼蒿、曰红萝葡、曰白萝葡、曰王瓜、曰菜瓜、曰苦瓜、曰丝瓜、曰南瓜、曰东瓜、曰扁豆、曰刀豆、曰红豆、曰蚕豆、曰茭白（一名茭瓜）、曰薯蓣（一名山菜）、曰芋头（一名蹲鸱②）、曰箭杆白菜③、曰芫荽、曰瓠子、曰葫芦、曰生菜、曰百合。（《乾隆寿州志》卷十一，第二十四页）

蔬类：菘、荞、芹、韭、葱、蒜、姜、苋、茄、荠、菌、莴苣、菠棱、茵陈、茼蒿、莱菔、胡萝菔、黄瓜、菜瓜、苦瓜、丝瓜、南瓜、冬瓜、筍瓜、扁豆、刀豆、红豆、荚穞豆④、茭白、薯蓣、山药、芋头、箭杆白菜、芫荽、瓠子、葫芦、生菜、百合、蘑菇。（《光绪寿州志》卷八，第十五页）

---

① 明杨子器撰《弘治常熟县志》卷一"菜品"条："甜菜，北方名菾莲，冬种夏收，亦可作干。"（林傅，清抄本）

② 陈桂芳《嘉靖清流县志》"芋，《本草》名，状如蹲鸱，叶大根圆，可食。"（卷之二，第一二页，明嘉靖刻本）《正德松江府志》："芋，古名蹲鸱，大者为芋头，旁生者曰芋妳，其苗鬆嫩可作菹，苏之西境多种。"（卷之五，第十二页，明正德七年32卷刊本）《嘉定赤城志》："芋，若蹲鸱谓之芋魁，今出城西沙田者佳。"（卷第三十六，第十四页，台州丛书40卷本）

③ 明杨子器撰《弘治常熟县志》卷一"菜品"条："箭杆菜，茎长如箭杆，白色味佳，又名银杆菜，十月收。"（林傅，清抄本）

④ 元胡古愚《树艺篇·谷部》卷六："穞豆，黑豆中最细者，味甘性温无毒，堪作酱豉，主贼风湿痹，妇人产后冷血，炒焦投酒，名豆淋酒，能舒筋。"（明纯白斋33卷抄本）

蔬类：则有菘，有芹，有荞，有菲，有葱，有蒜，有茄，有苋，有菠菜，有莴苣，蒌苦，有茵陈蒿、茼蒿，有菜菔、胡罗菔，有黄瓜、菜瓜、苦瓜、丝瓜、冬瓜、南瓜、笋瓜，有刀豆、扁豆、豇豆，有白蕻，有芫荽，有葫芦、瓠子及他之诸种，不及备详也。（《寿州乡土志》）

其蔬宜菜，有数种。油菜以收子，青菜四时皆有之，黄芽白菜亦间种，大而脆，不减安肃产也。宜萝葡，白、青、红诸种俱宜；极肥大，胡萝葡则切片醃之，远售江省矣。宜莴苣，宜苋，宜菠稜，宜葵，宜葱，宜蒜，宜菲，宜胡荽，宜芥，宜青椒。种蔬治畦掘井以灌，井上施辘轳，一井常灌四五百畦，则一人之任也，随挑随种；一岁可五六熟，粪土少而蔬常盛长，故畦地之价常倍于他地。其蓏宜瓜，有数种，东瓜、南瓜以入蔬；西瓜有二种，其收子者不中噉。宜瓠，宜茄。（《凤台县志》卷二，第三页）

三、果类

其果宜榴，宜梨，宜柿，宜枣，宜桃，宜李，宜杏，宜葡萄。（《凤台县志》卷二，第三页）

果类：桃、李、杏、枣、黎、梅、栗子、柿子、石榴、菱、芡、莲房、白果、核桃、葡①、槲颇②、花红、沙果、樱桃、荸荠、西瓜、文官果③。（《嘉

---

① 按，此处缺刻一字。

② 本字有木字旁。

③ 明谢肇淛《五杂组》卷十一："北地有文官果，形如螺，味甚甘，类滇之马金囊，或云即是也。后金囊又讹为槟榔，遂以文官果为马槟榔。不知文官果树生，马金囊蔓生也。"（明万历四十四年潘膺祉如韦馆 16 卷刻本，基本古籍库，187 页）《万历间府志》："文官果，细叶柔枝，大略如槐，其花丛生一颗，内数房。"（卷之四，第三十一页，明万历 15 卷刻本）葛清《乾隆乡宁县志》："文官果，俗呼木瓜。"（卷十三，第三页，清乾隆四十九年 15 卷刻本）《光绪海城县志》："文官果，形如小香瓜。"（第四十四页，清宣统元年不分卷铅印本）

靖寿州志》卷四，第五页）

果类；曰桃，曰李，曰杏，曰枣，曰柿，曰榴，曰梨，曰木瓜，曰林檎①，曰樱桃，曰胡桃，曰藕，曰菱，曰薋，曰苹果，曰沙果，曰花红，曰文官果，曰荸荠，曰莲，曰白果，曰葡萄。（《乾隆寿州志》卷十一，第二十四页）

果类：梅、杏、桃、李、枣、柿、榴、果、梨、木瓜、林檎、樱桃、苹果、柰、文官果、银杏、胡桃、葡萄、西瓜、香瓜、蜜瓜、莲子、藕、菱、芡、荸荠。（《光绪寿州志》卷八，第十六页）

果类，则有梅、有杏、有桃、有李、有枣、有柿、有石榴、有梨、有木瓜、有樱桃、有银杏、胡桃、葡萄、有西瓜、番瓜、有莲子、藕、菱芡、荸荠等。（《寿州乡土志》）注："花红"即沙果，亦名林檎。见"缩印本"《辞海》556页。

四、草类

草类：莞，可蓆。苇，可箔②。芘，可复屋。艾、蓼、蒿、芦、菖莆、

---

① 朱霖《乾隆镇江府志》"来禽，俗呼花红，亦曰林檎。刘稹《京口记》：荆国多林檎。"（卷之四十二，第十四页，清乾隆十五年增刻55卷本）李应泰《光绪宣城县志》："曰林檎。宋梅尧臣诗：右军好佳果，墨帖求林檎；君今忽持赠，知有逸少心。"（卷之六，第二页，清光绪十四年刊40卷本）

② 古同"箔"。

苜蓿①、益母、车前、虎耳（虎须）②、萱草。（《嘉靖寿州志》卷十一，第二十四页）

草之类，曰莞，可以为席，曰苇，曰蒿，曰芦，曰芭蕉，曰雁来红，曰映山红，曰兰，曰苔，曰莎，曰凤尾，曰吉祥③，曰蕨，曰荇，曰苜蓿，曰老鹳草④，曰菖蒲。（《乾隆寿州志》卷十一，第二十四页）

草类：莞，苇、蒿、芦、芭蕉、雁来红⑤、十样锦⑥、汉宫秋⑦、莎、苔、

---

① 光绪本《凤台县志》所记近似，云："（北）山亦宜松柏而种者少。《晋书》称八公山草木皆如人形，而《水经注》则云八公山无草木，惟童阜耳，今北山固濯濯也。询之山民，或云不宜木。然其故老皆云：北山向时木甚美中栋梁，今城中老屋多北山木所构，其产有青灌红灌，大皆合围。"（清光绪十九年刊本，卷四，第二页）

② 《至顺镇江志》："虎耳，生庭砌间，紫茎叶，间有毛状，若虎耳。开花后引鬣长尺许，须端著地，即生根叶。又谓之虎须草。"（卷四，第三十一页，清道光二十二年丹徒包氏21卷刻本）

③ 《弘治八闽通志》："吉祥，叶如萱而小，四时葱翠不凋。"（卷之二十五，第十九页，明弘治87卷刻本）《崇祯闽书》："吉祥，叶如萱而小，四时一色，生泉石中。山村人以插瓶祀先，虽在荫宇，葱翠不凋；家有吉事，定自开花，故名吉祥。邵武天池山有之。佛书：天援菩萨、吉祥子菩萨，到贝多树下敷草东向西坐，所从来远矣。"（卷之一百五十，第四五页，明崇祯154卷刻本）陈善《万历杭州府志》："草之属凡二一，……为老少年，为吉祥草，为虎须蒲，三种，杭人多植之盆，以充玩好。"（卷之三十二，第九页，明万历100卷刻本）

④ 彭作桢《民国完县新志》："老鹳草，俗名笆子科，皆以花形长尖而言。"（食货第五，第十三页，民国二十三年6卷铅印本）

⑤ 彭作桢《民国完县新志》："雁来红，《本草》又作老少年，县名为老来少，茎叶及穗与鸡冠花相似，其叶至秋变为红黄杂色，望之如花，妍丽可爱。"（食货第五，第十三页，民国二十三年6卷铅印本）《咸淳重修毗陵志》："雁来红，似藋而叶端色黄，即玉树后庭花也。又一种名映日红，其叶尽赤。"（卷第十三，第十五页，明初30卷刻本）

⑥ 范成大《绍定吴郡志》："十样菊，一本开花，形模各异，或多叶，或单叶，或大或小，或如金铃，往往有六七色以成数色，名之曰十样锦。"（卷第三十，第十三页，择是居丛书景宋刻50卷本）

⑦ 《乾隆金山县志》："汉宫秋，其叶杂色者，名锦缠头，红者名雁来红，黄者名雁来黄。"（卷之十七，第九页，清乾隆刊20卷民国重印本）潘镕《嘉庆萧县志》："剪秋罗，《群芳谱》：一名汉宫秋，色深红，花瓣分数歧，尖峭可爱。"（卷之五，第十二页，清嘉庆18卷刊本）

凤尾、吉祥、蘋、荇、苜蓿、老鹳草、鹦哥草、菖蒲、香草。(《光绪寿州志》卷八，第十六页)

草类，则有蒲、苇，有芦、荻，有蘋、荇、苔藓，有菖蒲，香草。(《寿州乡土志》)

注：香草即江蓠，亦为"离乡草"。

五、木类

木类：桑、柳、椿、槐、榆、榕、松、柏、桧、楝、白杨、黄杨、梧桐、紫荆、棠棣、乌桕[①]。(《嘉靖寿州志》卷四，第五页)

木之类：曰柏、曰松、曰桧、曰桑、曰柘、曰楮（一名榖[②]）、曰榆、曰槿、曰槐、曰椿、曰樗、曰楸、曰楝、曰杨、曰柳、曰冬青、曰皂荚、曰合欢、曰梓、曰梧桐。(《乾隆寿州志》卷十一，第二十四页)

木，则槐、榆、椿、樗。《农桑集要》：材密而叶香者为椿，材疏而叶臭者为樗，今土人统名为椿，率皆樗也。不植而自生，且易长，数岁则连抱。其材并不中爨矣。

山亦宜松柏，而种者少。《晋书》称八公山草木皆如人形[③]，而《水经注》则云八公山无草木，惟童阜耳。今北山固濯濯也。询之山民，云不

[①] 明黄仲昭《八闽通志》卷二十五："乌桕，叶似梨杏，花黄白，子黑色，土人多取其叶以染皂，子可压油，即桕油也。"（十二页，明弘治87卷刻本）

[②] 也叫榖，通称构树，落叶乔木，叶似桑叶而粗糙，果圆球形，熟时红色。树皮可造纸，叶可做猪饲料。

[③] 唐房玄龄《晋书》卷一百十四《载记》第十四："坚与苻融登城而望王师，见部阵齐整，将士精锐。又北望八公山上，草木皆类人形。顾谓融曰：此亦劲敌也。何谓少乎？怃然有惧色。初，朝廷闻坚入寇会稽，王道子以威仪鼓吹求助于钟山之神，奉以相国之号。及坚之见草木状人若有力焉。"（吉林人民出版社，1995年，1768页）

宜木。然其故老皆云，北山向时木甚美，中栋梁，今城中老屋多北山木所构①。其产有青樻红樻，大合围以上，发老屋者犹时时得之。青樻色青坚致，类海楠；红樻红泽，皆他处所无。（《玉篇》：樻，木丛生也，今作灌。遍检字书，皆无此种木。）明季兵火刊伐遂尽，今欲求青樻红樻之蘖而辨其枝叶，亦不可得矣。居民每冬月则入山划草根以爨，木之槎枿长尺余者并根掘而鬻之以为薪。夫山者，宣也，莫之植而望其茂，即地亦窘于生矣（今雷家套、梁家套颇有松树，盖皆飞子成林不过数年耳）。故县虽有山而薪蒸苦贵，鬻爨者颇资石炭。（清嘉庆十九年刻本《凤台县志》卷二，第二页）

《汉书·地理志》：寿春合肥，受南北湖皮革、鲍、木之输，亦一都会也。颜师古注：皮革，犀兕之属也；鲍，鲍鱼也；木，枫楠豫章之属。按：今皮革为牛羊，无犀兕；木类虽繁，亦无楠豫章。（《光绪寿州志》卷八，第十五页）

木类：柏、松、桧、桑、柘、楮、榆、槿、槐、椿、樗、楸、楝、杨柳、黄杨、冬青、皂荚、莘、梧桐……（《光绪寿州志》卷八，第十六页）

木类：则有松、柏，有桑、柘，有松，有槿，有榆、柳，有槐、檀，有皂角、冬青，有椿，有乌柏②、有楝，有橡。（《寿州乡土志》）

---

① 清戴震《水地记》卷三："《水经》'北入于淮'注云：肥水又西分为二水，右即肥之故渎，遏为船官湖。肥水左渎又西迳石桥门北，亦曰草市，门外有石梁渡、北洲湖、北对八公山，山无树木，惟童阜耳。"（清乾隆四十二年3卷抄本，基本古籍库，54页）

② 文人常咏及此树。清张培仁《静娱亭笔记》卷十"广州杂咏"条"钱唐叶詹崖明府道泰官粤西令，落职后流寓粤东，有《广州杂咏百首》，自序云：朝闻犀啸，访金锁于澄潭；暮听猿啼，吊玉环于古洞；饮椰浆而似醴，习以成风；啖蚬酱而如饴，渐能从俗。又云：过陆贾之遗祠，忆翡翠文犀自能柔远；弔虞翻之旧宅，笑紫髯碧眼未解怜才。今采录于此：木棉花放满山红，乌柏枝枝曳晚风。裁就羽纱蝴蝶茧，清明不怕雨濛濛。"（清刻12卷本，基本古籍库，54页）

六、竹类

竹类：水竹、苦竹。（《嘉靖寿州志》卷四，第六页）

竹之类：曰淡竹、曰斑竹、曰紫竹、曰水竹、曰凤尾竹、曰慈孝竹①、曰天竹、曰箬竹。（《乾隆寿州志》卷十一，第廿四页）

竹类：淡竹、斑竹、水竹、凤尾竹、慈孝竹、天竹、箬竹。（《光绪寿州志》卷八，第十六页）

竹类，有水竹，天竹，淡竹。（《寿州乡土志》）

七、花类

花类：葵、菊、牡丹、芍药、栀子、荼蘼、玉簪、凤仙、紫薇、金盏、蔷薇、石竹、木槿、芙蓉、山丹、瑞香、碧桃、月继②、金灯、珎③珠、火蝴蝶、剪春罗④、龙爪花、棣棠。（《嘉靖寿州志》卷四，第六页）

花之类，曰夹竹桃，曰玉芙蓉，曰木笔（一名辛夷），曰蔷薇，曰月季，曰桂，曰芍药，曰牡丹，曰菊，曰水仙，曰罂粟，曰鸡冠，曰千叶莲，

---

① 吴宽《正德姑苏志》卷第十四："慈姥竹，丛生，俗名慈孝竹。"（十一页，明正德元年 60 卷刻本）(同治)符兆鹏《太湖县志》卷十："慈孝竹，即丛竹，一年两笋，冬生于内，夏生于外。"（五页，清同治十一年 46 卷刊本）胡寿海、史恩纬《光绪遂昌县志》卷十一："慈孝竹，俗名孝顺竹。《群芳谱》云：长干中耸，群筱外护，向阳则茂。"（六页，清光绪二十二年 12 卷刊本）

② 书为继，甚少见。

③ 同"珍"。

④ 宋陈景沂《全芳备祖》前集卷二十《花部》"剪春罗花"条引翁元广《七言绝句》云："谁把风刀剪碎罗，极知造化著工多。飘零易逐风光老，公子樽前奈若何。"（明毛氏汲古阁 58 卷抄本，基本古籍库，181 页）明陈继儒辑《致富奇书》卷二《花部（药部畜牧部附）》："剪春罗，火带疮绕腰上者，採花或叶捣烂涂之。剪春罗，一名碎剪罗，五月开花，雄黄色，花瓣类剪刀痕。每叶一花。"（清乾隆 4 卷刻本，基本古籍库，169 页）

曰佛边莲，曰虞美人，曰杜鹃，曰碧桃，曰山茶，曰金盏，曰蜡梅，曰绣球，曰荼蘼，曰凤仙，曰玉簪，曰剪春罗，曰剪纱，曰棠棣，曰萱，曰丁香，曰荷葵，曰千叶榴，曰石竹，曰金灯，曰火蝴蝶，曰玉兰，曰海棠，曰秋海棠，曰紫薇。（《乾隆寿州志》卷十一，第二十四页）

花类，梅、腊梅、红梅、白梅、绿萼梅、穿心梅、兰、碧桃、绛桃、绯桃、夹竹桃、金丝桃，水仙，玉兰，辛夷，海棠、秋海棠，紫薇、红薇、白薇、蔷薇，月季，宝象芍药，牡丹，荷包牡丹，米囊，虞美人，杜鹃，映山红，山茶，绣球，鸡冠，红莲、白莲、金雀莲、碧莲、四面莲、子午莲、西番莲、锦边莲、千叶莲，千叶榴，石竹葵、蜀葵，荼蘼，凤仙，茉莉，夜来香，夜合玉簪，剪春罗、剪秋纱，棠棣，丁香，桂菊、六月菊、万寿菊、僧鞋菊①，金灯，火蝴蝶②，萱，金盏，芙蓉。（《光绪寿州志》卷八，第十六页）

花类，则有梅类，各种桃类，各色海棠，紫薇以及蔷薇各类。他如芭蕉、雁来红鸡冠，以及莲类、葵类咸具而有，更有剪春罗、虞美人以及桂菊、芙蓉、金盏、玉簪、夜合、萱草，尤所在皆是也。（《寿州乡土志》）

八、药类

药类：柴胡、桔梗、玄参、苦参、麻黄、远志、大戟、白部、漏芦、细辛、牛膝、南星、黄精、半夏、薄荷、紫苏、萆薢、罂粟、瞿麦、瓜蒌、乌头、香附子、天仙子、牛蒡子、地黄、蛇床子、桑白皮、何首乌、商陆、

---

① 明周文华《汝南圃史》卷十："僧鞋菊，即西番莲。僧鞋菊，春初发苗如蒿艾，长三四尺，九月中开花，碧色，状如僧鞋，故名。《松江府志》云：西番莲，叶如菊花，如宝相，色淡青，与诸花异，人家间有之。盖指此也。《浣花杂志》曰：此花最易茂，正月青发芽，不耐栽移，极喜肥地。"（三十五页，明万历书带斋12卷刻本）

② 同"蝶"。

麦门冬、金银花、旋复花、枸杞、地骨皮、龙胆草、三白草、牵牛、杏仁。（《嘉靖寿州志》卷四，第六页）

药之类，曰何首乌，曰芎䓖，曰艾。曰石斛①，曰青蒿，曰夏枯草②，曰牛蒡子，曰地黄，曰蛇床子，曰桑白皮，蓖麻，曰忍冬，曰车前，曰柴胡，曰元参，曰苦参，曰麻黄，曰大戟，曰百部，曰细辛，曰牛膝，曰南星，曰黄精，曰半夏，曰蒲公英，曰益母草，曰葛根，曰桔梗，曰远志，曰花椒，曰杏仁，薄荷，曰紫苏，曰萆薢，曰商陆，曰门冬，曰旋复花，曰枸杞，曰瞿麦，曰乌头，曰瓜蒌，曰香附，曰天仙子，曰地骨皮，曰龙胆草，曰牵牛。（《乾隆寿州志》卷十一，第廿五页）

药类：何首乌、芎䓖、艾、石斛、青蒿、夏枯草、牛蒡子、地黄、蛇床子、桑白皮、蓖麻、忍冬、车前、柴胡、元参、苦参、麻黄、大戟、百部、细辛、牛膝、南星、黄精、半夏、蒲公英、益母草、葛根、桔梗、远志、花椒、杏仁、薄荷、紫苏、萆薢、罂粟、商陆、天门冬、旋复花、枸杞、瞿麦、瓜蒌、乌头、香附、天仙子、地骨皮、龙胆草、牵牛、石菖蒲。（《光绪寿州志》卷八，第十六页）

药类，则有何首乌、有艾及青蒿、夏枯草与牛蒡子、蛇床子、蓖麻子，有桑白皮、忍冬藤、车前、柴胡、玄参、苦参及麻黄，有大戟、芫花、细辛、

---

① 唐李林甫《唐六典》卷三："安州青紵布，寿、庐、光等州生石斛。"（七页，明刻30卷本）清沈炳震《唐书合钞》卷六十《志》三十六："乾元元年，复为寿州。土贡丝布绌茶生石斛，在京师东南二千二百一十七里，至东都一千三百九里。"（三－四页，清嘉庆十八年海宁查世倓260卷刻本）《嘉庆大清一统志》卷一百二十七"土产"条："石斛，《唐书志》《九域志》《寰宇记》皆云寿州贡。"（四部丛刊续编景旧抄560卷本，基本古籍库，2244页）

② 宋唐慎微撰《重修政和经史证类备用本草》卷十一"《图经》曰：夏枯草生蜀郡川谷，今河东淮浙州郡亦有之。冬至后生叶，似旋复，三月四月开花作穗，紫白色，似丹参花，结子亦作穗，至五月枯，四月采。"（《四部丛刊》景金泰和晦明轩本，基本古籍库，451页）

百部，有牛膝、地榆、天南星、地骨、半夏、天冬、蒲公英、益母草，有紫苏、薄荷、远志、桔梗、花椒、萆薢、罂粟、高陵，有旋复花、天仙子、枸杞、瞿麦、瓜蒌、杏仁、牵牛花、龙胆草及乌头、鹤虱[①]等。（《寿州乡土志》）

药则紫艾[②]（《元和郡县志》，寿州产紫艾。今北山中有之。移栽他处则复白矣。产车路山者尤良，不常有），柴胡（较他处为良），江蓠（土人谓之离乡草，惟报恩寺后产之，或种以为业，十月佈子，四月而刈镬，汤煮之，纳诸坎蹈以出汁，经宿而暴之，气类苏荏。妇女以渍油膏发，远方多来售之者。其草出境乃香，故谓之离乡草云）。芎䓖、茵陈，皆以为枸杞、紫苏之属，亦多有。北山之阳产蜈蚣，聚小石为培塿，煮鸡汁灌之，蜈蚣则集，捕之中药。（《凤台县志》卷二，第二页）

贝母。李时珍《本草纲目》载记：《颂曰》今河中、江陵府、郢、寿、随、郑、蔡、润、滁州皆有之。（《本草纲目》第二册第十三卷，人民卫生出版社版，第805页）

前胡。江东乃有三四种。一种类当归，皮斑黑，肌黄而脂润，气味浓烈；一种色理黄白，似人参而细短，香味都微；一种如乌草头[③]，肤赤而坚，有两三岐为一本，食之亦戟人咽喉，中破以姜汁渍捣服之，甚下膈解痰实。然皆非真前胡也。今最上者出吴中。又寿春生者，皆类柴胡而大，气芳烈，

---

① 沈括《梦溪笔谈》卷二十六《药议》："地菘，即天名精也。世人既不识天名精，又妄认地菘为火蔹；《本草》又出'鹤虱'一条，都成纷乱。今按：地菘即天名精。盖其叶似菘，又似名精［一作蔓菁］（名精即蔓精也），故有二名；鹤虱即其实也。世间有单服火蔹法，乃是服地菘耳，不当用火蔹（火蔹，《本草》名稀蔹，即是猪膏苗，后人不识，亦重复出之）。"（辽宁教育出版社，1997年，153页）

② 清穆彰阿《嘉庆大清一统志》卷一百二十七"土产"条："紫色艾，明《统志》：寿州出。"（四部丛刊续编景旧抄560卷本，基本古籍库，2244页）

③ 清文渊阁四库全书52卷本《本草纲目》卷十三作"如草乌头"，基本古籍库，588页）

味亦浓苦，疗痰下气，最胜诸道者。（《本草纲目》第二册第十三卷，人民卫生出版社版，789页）

前胡。《图经曰》：出陕西梁汉江淮、荆襄州郡，及相州、孟州皆有之。《道地》：吴中寿春及越衢婺陆等处皆好。（明刘文泰纂《本草品汇精要》卷十，第314页）

注：忍冬，花称"金银花"；茎称"忍冬藤"。

羽类

明旧制寿州贡赋①：州岁进野味：天鹅二十只，贺鸡四只，鹔鹴十只，雁十三只。（《嘉靖寿州志》卷之四，第七页，明嘉靖刻本）

曰贺鸡，曰鹔鹴，曰雉，曰鹳，曰鹭，曰鸳鸯，曰鸲鹆，曰燕。（《乾隆寿州志》卷十一，第廿五页）

羽类：鹅、鸭、鸡、鹊、乌鸦、麻雀、鹌鹑、鸠、鹰、鹘、鱼虎②、鸰、鸱鹠、凫、天鹅、鹤鸡、鹈、雉、鹳、鹭、鸳鸯、鸲鹆、燕。（《光绪寿州志》卷八，第十六页，清光绪十六年刊民国七年重印本）

羽类：家畜则有鸡，鹅，鸭，野畜则有鸦，有雀，有鹊，有乌，有鸠，

---

① 明柳瑛《成化中都志》卷一"寿州"条："今本府总数岁进野味二百只，贺鸡二十三只，天鹅三十一只，鹔鹴四十只，雁八十二只；活鹿一十六只，活獐四只，青鹤四只；岁办皮二千八十四张，带毛硝熟皮七百七十张，绵羊皮三百七十二张，山羊皮一百四十张，貛皮一百七张，野猫皮二十三张，水獭皮七张，貉子皮八十九张，獐皮三十张，竹狗皮二张，退毛硝熟皮一千三百一十四张，山羊皮九百八十三张，獐皮二百五十五张，麂皮二十八张，鹿皮四十三张，牛犊皮五张；翎毛五万根，野鸡翎三千四百根，野鸭翎七千八百根，鹳翎四千根，杂色翎三万四千八百根"。（四十一页，明弘治10卷刻本）

② 清胡绍煐《文选笺证》卷十《上林赋》"箴疵鵁卢"条："绍煐按：鵁、鸬，一鸟。《说文》：一曰鵁鸬是也。鸬，黑也；鵁毛黑似鸬，故谓之鵁鸬，长颈上白，故谓之乌。鵁以能捕鱼，故又谓之鱼虎。盖鸬之一种，俗呼为水老鸦，疑即此鸟。"（清光绪聚轩丛书第五集32卷本，基本古籍库，143页）

有鹰，有凫，有鹭，有鸳鸯，有淘河。（《寿州乡土志》）

十一、鳞介类

鳞类：鲤、鳜、鲫、鲢、鳊、鲂、鳣、鲶、鳝、鲦、鳅、黄颊。

介类：龟[①]、鼋、鳖、虾、蟹、螺。（《嘉靖寿州志》卷四，第七页，明嘉靖刻本）

鳞介之类：曰鲂，曰鲟鳇，曰鳊，曰鳗，曰鲫，曰鲈，曰鳜（一名鲢），曰刀鲚，曰鳗，曰螺，曰蚌，曰蟹，曰回黄，曰银鱼，曰蝦，曰鳜，曰鲶，曰鲦，曰鳝，曰鳅，曰龟，曰鼋。"（《乾隆寿州志》卷十一，第廿六页）

鳞介类：鲂，鲟鳇，鳊，鲫，鲤，鲈，鳜，刀鲚，鳗，鳝，回黄，银鱼，鳜，鲶，鲦，鳅，龟，鼋，鳖，蟹，螺，蚌，虾。（《光绪寿州志》卷八，第十六页，清光绪十六年刊民国七年重印本）

鳞类，有鲫，有鲤，有鲂，有鲢，有刀，有鳅，有鳝，有鳗，有银鱼。

介类，有鳖，有龟，有蟹，有虾。（《寿州乡土志》）

鱼则鲤、鲂、鳠、鮰、鳊、鲲、青鳠[②]、银鱼、脍残鱼[③]（俗名面条鱼，

[①] 宋王应麟《玉海》卷第一百九十七《祥瑞》"至道瑞麦图"条："至道三年，真宗即位。五月甲戌，寿州贡绿龟。"（清光绪九年浙江书局204卷刊本，基本古籍库，3788页）

[②] 同"鲩"。

[③] 宋孙应时《宝祐重修琴川志》卷九《叙产》："脍残鱼，出扬子江，清明时有之。俗谓吴王斫脍弃其余于江中，遂化为此鱼。又有一种曰鲦鱼，状如脍残味淡，出湖中，四时有之，又其甚小者，则曰银鱼。"（六页，清道光元15卷抄本）唐骆宾王撰、明颜文选注《骆丞集》卷三《上司刑太常伯启》"脍余之鱼，希振鳞于吴水"注："吴王渡江食脍，弃其余江中，化为鱼，名曰脍残鱼。左思《三都赋》：双则比目，片则王余。"（清文渊阁四库全书4卷本，基本古籍库，156页）宋罗愿《尔雅翼》卷二十九："王余，长五六寸，身圆如筯，洁白而无鳞，若已脍之鱼；但目两点黑耳。《博物志》曰：王余江行食脍，有余弃于中流，化为鱼，名吴王脍余。《高僧传》则云：宝志对梁武帝食脍，帝怪之。志乃吐出小鱼，鳞尾依然。今金陵尚有。脍残鱼二说相似，然吴王之传则自古矣。"（清文渊阁四库全书32卷本，基本古籍库，198页）

形肥白，如面条也，又名黄花鱼）。（《凤台县志》卷二，第三页）①

十二、货类、服用类②

货类：绵、丝、火麻③、檾麻④、布⑤、绢、蜡、靛、蓝、红花。（《嘉靖寿州志》卷四，第七页，明嘉靖8卷刻本）

服用之类：曰丝、曰绵、曰红花、曰蓝、曰靛、曰蜡、曰檾麻、曰火麻、曰绢、曰布、曰葛布、曰紬⑥、曰竹器。（《乾隆寿州志》卷十一，第廿四页）

服用类：丝棉⑦、红花、蓝靛、蜜蜡、檾麻、火麻、绢、布、葛、土绸。

---

① 其下又云："《唐书·地理志》：颍州土贡有糟白鱼（唐，下蔡属颍州）。今淮河白鱼，犹甲他处矣。又有青金鱼，形类鲇，极鲜美，产黑石潭石穴中，亦他所所无也。鳇鱼不恒有，间有之。"（《凤台县志》卷二，第三页，清嘉庆十九年刻本）

② 清穆彰阿《嘉庆大清一统志》卷一百二十七"土产"条："丝布，……《唐书志》：濠州、寿州贡。绢，《唐书志》：寿州贡。……葛布，《宋书志》：寿州贡。麻布，《寰宇记》：寿州产。茶，《唐书志》：寿州贡。"（四部丛刊续编景旧抄560卷本，基本古籍库，2244页）

③ 高鹤重修《定远县志》（一）："黄麻，土人呼火麻，可绩为线布。"（志一，第十三页，明嘉靖刻万历增修本）樊深撰《河间府志》："火麻，又名线麻。"（卷之七，第十二页，明嘉靖28卷刻本）张岳维乔《嘉靖惠安县志》："树阴下隙地最宜之麻，即火麻，绩为粗布，《仪礼》所谓麻之有蕡者，即今黄麻。"（卷之五，第十页，明嘉靖13卷刻本）

④ 同苘。张峰纂修《隆庆海州志》："苘麻，俗名山麻。"（卷之二，第十五页，明隆庆10卷刻本）

⑤ 杜佑《通典》卷六《食货》六："寿春郡，贡丝布十疋，生石斛五十斤。今寿州。"（清武英殿200卷刻本，基本古籍库，50页）唐李林甫《唐六典》卷三："淮南道，庸调杂有纻䌷火麻等布，寿州以絁布绵麻。……寿州葛布。"（明刻30卷本，基本古籍库，30页）明柯维骐《宋史新编》卷二十三《志》九："寿春，贡葛布石斛。"（明嘉靖四十三年杜晴江刻200卷本，基本古籍库，261页）清吴暻《左司笔记》卷十一："寿州贡葛布十匹，石斛二十斤。"（清抄20卷本，基本古籍库，167页）

⑥ 同"绸"。

⑦ 李兆洛《嘉庆凤台县志》卷八《列女志》："《唐书·地理志》：下蔡，土贡絁绵。寿春，土贡丝布。宋《太平寰宇记》：下蔡寿春，土产丝布絁绵麻布；今蚕绩之利颇寥寥焉。"（一页，清嘉庆十九年10卷刻本）

（《光绪寿州志》卷八，第十六页）

服用类：唯棉布。

染料类：唯靛青。（《寿州乡土志》）

十三、虫类

虫之类：曰蝉，曰蜂，曰蝶、曰蚁，曰蛇、曰萤、曰蟋蟀（一名促织）、曰蜻蜓、曰螳螂，曰络纬、曰蜘蛛、曰蝇、曰蛙、曰蚊、曰蝎、曰蝎虎、曰蚓、曰蜗牛、曰蜈蚣、曰蚱蜢。（《乾隆寿州志》卷十一，第廿六页）

虫类：蝉、蜂、蝶、蚁、蛇、萤、蟋蟀、蜻蜓、螳螂、络纬、蜘蛛、蝇、蛙、蚊、蝎、蝎虎、蚓、蜗牛、蜈蚣、蚱蠓。（《光绪寿州志》卷八，第十六页）

虫类，有蜂，有蝶，有蝉，有萤，有蚁，有蜻蜓、螳螂，有蜘蛛、络纬，有蛇，有蝎，有蝎虎，有蜗牛，有蚊，有蝇，有蚓，有蝼蛄，有蜈蚣，有蚱蠓。（《寿州乡土志》）

十四、茶类

茶：陆羽《茶经》：茶，凤亭山伏翼阁、飞云、曲水二寺、啄木岭与寿州、常州同盩。越州上，鼎州次，婺州次，岳州次，寿州洪州次，寿州瓷黄，茶色紫。

《宋史·食货志》：茶在淮南有六州，寿州居一，官自为场，置吏总之，谓之山场。采茶之民隶，谓之园户，岁课作茶输租，余则官悉市之。其售于官者，皆先受钱而后入茶，谓之本钱。又民岁输税愿折茶者，谓之折茶税。按，唐宋史志，皆云寿州产茶，盖以其时盛唐，霍山隶寿州隶安丰军也，今土人云寿州向亦产茶，名云雾者最佳，可以消融积滞，蠲除沉疴。自山户贪樵薪之利，淮南草木，旦旦伐之，而茶之萌蘖其生，也渐微矣。今山中多有栽植树木者，倘斧斤以时，生机日盛，仍可普美利于无穷也。故检唐宋史志，备录以俟考。（《光绪寿州志》卷八，第十六页）

宪宗元和初，吴少阳在蔡州，阴聚亡命抄掠寿州茶山，以实其军[①]。胡三省云：寿州有茶山。按：唐时寿州兼辖盛唐霍山。故有茶山。（《光绪寿州志》卷十一第廿七页）

《新唐书·陆贽传》："（陆贽）调郑尉，罢归。寿州刺史张镒有重名，贽往见，语三日，奇之，请为忘年交。既行，饷钱百万，曰：'请为母夫人一日费。'贽不纳，止受茶一串。曰：'敢不承公之赐。'"[②]

常鲁公使西蕃，烹茶帐中。赞普问曰：此为何物？鲁公曰：涤烦疗渴，所谓茶也。赞普曰：我亦有此，遂命出之，以指曰：此寿州者，此舒州者，此顾渚者，此蕲门者，此昌明者，此㴩湖者。[③]（《光绪寿州志》卷三十六，第八页）

注："同盌"，指茶味相同。《中国古今地名大辞典》"凤亭山"条：茶生凤亭山伏翼阁者，味与寿州同。

[①] 明严衍《资治通鉴补》卷二百三十九《唐纪》五十五："（吴）少阳（吴元济子）在蔡州，阴聚亡命，牧养马骡，时抄掠寿州茶山，以实其军。（注：寿州有茶山）"（清光绪二年盛氏思补楼294卷活字印本，基本古籍库，4701页）清傅恒《通鉴辑览》卷六十："少阳在蔡州，阴聚亡命，抄掠寿州茶山。（注：寿州与六安霍山接界，山多产茶）"（清文渊阁四库全书120卷本，基本古籍库，4701页）

[②] 宋欧阳修、宋祁《新唐书》第3册，岳麓书社，1997年，3052页。

[③] 按，此节见李肇《唐国史补》卷下（明津逮秘书3卷本，基本古籍库，29页）

关于"寿州茶"①。北宋人沈括著《梦溪笔谈》载十三山场有"寿州麻步场""霍山场"和"开顺场"（开顺场在霍邱南一百五十里之开顺镇），未见其他山场。似寿州茶常指寿州所属之霍山②霍邱所产。记此以俟考。

十五、矿类（土、石、瓷）

贞阳侯渊明，太清元年为豫州刺史，百姓诣阙拜表，言其德政，树碑于州门内。及碑匠采石，出自肥陵，渊明乃广营厨帐，多召人物，躬自率领牵至州。识者笑之。（《光绪寿州志》卷卅六，第六页）

寿春府寿春县紫金山，石出土中③，色紫，琢为砚，甚发墨，叩之有声。（《光绪寿州志》卷卅六，第十四页④）

---

① 清徐乾学《资治通鉴后编》卷四十一《宋纪》四十一："帝（仁宗）令参知政事宋绶面作诏云：当求德门以正内治。既而左右引寿州茶商陈氏女入宫。帝欲立之为后。绶谏曰：陛下乃欲以贱者正位中宫，不与前日诏语戾乎？后数日，枢密使王曾入对，又奏引纳陈氏为不可。帝曰：宋绶亦如此言。"（清文渊阁四库全书184卷本，基本古籍库，458页）《宋大诏令集》卷一百七十九《政事》收有《讨吴少诚诏》文："吴少诚，非次擢用，授以旌旄，秩居端揆之荣，任揔列城之重，期申报効，奉我典常；而秉心匪彝，自底不类，凶狡成性，扇诱多端；外肆矫诬，内怀疑阻，毁忠废信，弃德崇奸。擅动甲兵，屡越封境，寿州茶园，则行纵夺。唐州诏使，潜构杀伤；干黩国章，已在无赦。……"（宋敏求编《唐大诏令集》，商务印书馆，1959年，628页）

② 李肇《唐国史补》卷下："风俗贵茶。茶之名品益众。剑南有蒙顶石花，或小方，或散牙，号为第一。湖州有顾渚之紫笋。东川有神泉小团，……寿州有霍山之黄牙，蕲州有蕲门团黄"。（明津逮秘书3卷本，基本古籍库，25页）

③ 明栗永禄《嘉靖寿州志》："紫金山，州东北十里，古传山有黄金色，故名。南唐齐王景达于山列十余寨，以拒周师。周显德四年，世宗征淮南，唐之援兵营于此山，与城中烽火相应。宋太祖率殿前诸军，击紫金山连珠砦拔之，遂下寿州。"（卷二，第三页，明嘉靖8卷刻本）

④ 按，此即宋杜绾撰《云林石谱》卷中所记："紫金石，寿春府寿春县紫金山石，出土中，色紫，琢为研，甚发墨，扣之有声。余家旧有风字样研，特轻薄，皆远古物也。"（中卷，第八页，清知不足斋丛书3卷本）其书砚为研。

观音粉①。秧草山东崖产白土，土人谓之观音粉，可为酿酒白药。居民掘得者售之，颇获利。

赤土。紫金山产赤土，醃咸鸭卵者以此土和盐泥卵，则卵中黄，色红而润；土人亦掘而售之。（《凤台县志》卷二，第一页）

瓷。寿州瓷黄②。（《光绪寿州志》卷八，第十五页）

图 12-1　寿州瓷黄之罐③

图 12-2　唐寿州窑青黄釉印花碗④

---

① 曹允源《吴县志》："医林纪闻：雅宜等山有掘得石粉者，洁白如面，土人或诡其名曰观音粉，以作饼，饼亦能止饥。其实山石之根耳，食之者往往便闭而死。"（卷第五十一，第十五页，民国二十二年铅印本）

② 唐陆羽《茶经》卷中"盌"条："盌，越州上，鼎州次，婺州次，岳州次，寿州洪州次，……寿州瓷黄茶色紫，洪州瓷褐茶色黑，悉不宜茶。"（五页，宋百川学海 3 卷本）

③ 晨钟《瓷器收藏与鉴赏》，新世界出版社，2016 年，34 页。

④ 林祝华《林祝华藏瓷说瓦》，岭南美术出版社，2005 年，第 153 页。

矿类有硝，唯城内专产。（《寿州乡土志》）

注：寿县火硝，即硝酸钾，含在黑色土中，易溶于水，故忌阴雨。夏春雨水多，产量较少；秋冬天冷，产量最丰。其制法，有一块空地为硝场，雨后连续十五个晴天，硝生土中，其状地泛潮，土味苦。铲一至二厘米土皮晒干压细，加草灰二十分之一，拌匀堆起，转入滤缸加水滤出硝水。硝水入锅，以华氏120度熬四十至六十分钟，用筷头试之能成圆点为够。再装布袋滤渣，移入于缸内冷透。长出硝芽，加清水分之，入小锅温火化尽，加水胶许，入小缸冷固拨出，置于草灰上荫干，即成普通火硝。

附：

寿县农产品以麦、稻、高粱、黄豆等为大宗，副业则为棉花、绿豆、山芋、菜籽、苎麻、芝麻等类，而以菜籽为多。（摘自安徽巡视员（筹）巡视寿县工作给中共中央的报告，一九二九年七月十二日）

本县之特别产物，则有煤、硝、青石、大小养猪、以及瓦埠湖之银鱼、毛鱼、瓦虾等，均为收入大宗。其特别劳动事业之所，则有煤矿一处，石家凹的打石塘。（摘自中共寿县县委给中共六安中心县委的信，一九三〇年八月十日）

编后记

本资料来源主要是已见的明栗永禄纂修之《嘉靖寿州志》，清席芑、张肇扬纂修之《乾隆寿州志》，清曾道唯修、葛荫南纂之《光绪寿州志》，清张树侯撰之《寿州乡土志》，清李兆洛纂修之《凤台县志》以及寿县革命史料等。尚有清李大升修、陈邦简纂之同治十二年《寿州志》，清朱士达修、乔载繇、汤若荀纂之道光九年《寿州志》无款复制，只好暂缺。

寿县档察局为我们提供了《嘉靖寿州志》《光绪寿州志》，县委宣传部、县图书馆也从图书方面给了我们以方便，在此谨致谢意。（一九八四年四月五日）

安徽明清戏剧人物录

吴兆（明），字作非熊，休宁人，少聪颖，善为传奇。万历中游金陵，与郑应尼同作《白练裙》以嘲马湘兰，而自悔轻薄，改弦为歌诗。名气颇大，后客死新会。事迹见《安徽通志》或王士禛《白门集注》。[①]

吴大震（明），徽州人，作有《龙剑记》传奇行世。梁廷枏《曲话》

[①] 何绍基《光绪重修安徽通志》卷二百二十四："吴兆，字非熊，休宁人。少喜为传奇词曲，既而弃去，刻意为歌诗。曹能始雅爱之，偕游名山。后卒于粤。论者谓其诗与能始同词，而意新理惬，实为过之。著金陵广陵姑苏豫章诸稿（《一统志》）"（十四－十五页，清光绪四年350卷刻本）《道光休宁县志》卷之十四："吴兆，字非熊，鉴潭人。初游金陵，与新城郑应尼作《白练裙》杂剧，嘲马湘兰，青楼人比之樊川轻薄。复作秦淮斗草诗，曹能始、李本宁为之叹赏。兆为人豪放率真，每贵游杂坐，竟日苦吟，旁不知有人。有金陵、闽中、豫章、姑苏、东归、武陵诸稿（《海阳诗隽》）。"（五十页，清嘉庆二十年24卷刊本）清张豫章辑《四朝诗·明诗》卷十三《乐府歌行》十收吴兆《西湖子夜歌》："湖女二三月，相将戏水涯。新堤看杨柳，旧堤看桃花。新著杏红衫，试骑赭白马。马骄堤路窄，急为扶侬下。三桥当路半，正好与郎期。湖水原无信，郎来哪有时。南峰望北峰，如欢又如侬。何当云雾合，两峰作一重。渡头人眼众，船开不敢要。惯知侬泊处，不过西泠桥。外湖歌折柳，里湖歌采莲；闻声不相及，意绪风中传。西陵花深处，旧是情人路。湖船不出湖，愿欢寻故步。悔寄孤山梅，悔折断桥柳；两地本无情，郎心哪得久。"（清文渊阁四库全书312卷本，基本古籍库，3403页）情韵确佳。

略有记载。[1]

汪道昆（明），字伯玉，歙县人，嘉靖丁未（1547）年进士，与戚继光招募义乌兵抗倭寇，擢为司马郎，累官兵部侍郎。尝与李攀龙、王世贞等切劇为古文辞，世贞称道昆为文简而有法，由是名大起。世贞亦尝职兵部，天下称两司马。道昆通音律，工乐府、有《远山戏》《洛水悲》《五湖泛舟》杂剧。事迹见《明史》本传及歙县志。[2]

余蕴叔（明），安徽目莲戏班艺人。演武戏，搭一大台，选剽轻精悍能跌打者三四十人，搬演《目莲》，三日三夜。事迹见张岱《陶庵梦忆》。[3]

汪京（明清），字紫庭，自号长啸老人，歙县人。善啸又年高，人以啸

---

[1] 清李斗《扬州画舫录》卷五："《龙剑》，徽州吴大震作。"（十页，清乾隆六十年自然盦18卷刻本）

[2] 明王懋德、陆凤仪《万历金华府志》卷之十二："汪道昆，字伯玉，歙县人。由进士嘉靖二十七年任。英特警敏，事无大小，必一日决之。"（五十二页，明万历30卷刻本）明阳思谦、黄凤翔《万历泉州府志》卷之六："既而，都御史汪道昆以总兵戚继光荡灭倭寇，实藉金华兵之力，遂调金华兵戍守。"（十三页，明万历24卷刻本）明周士英《崇祯义乌县志》卷之十一："汪道昆，字伯玉，直隶歙县人。由进士嘉靖二十七年任。乌旧习因循，奸蠹纠纷。公英特警敏，风力过人，绪寻本始，梳栉宿弊，振洗颓风，杜绝侵渔，征赋立办，辩枉破滑，剪刈锄强，痛惩起灭，以熄讼源；操持公廉，信令必罚，盗贼屏息，豪右惕心；事无巨细，刻期日中决之，群情胥服；易听改观，治以严明。……入工部主事，民遮道泣留不忍别。"（七页，明崇祯20卷刻本）

[3] 张岱《陶庵梦忆》卷六"目莲戏"条："余蕴叔演武场，搭一大台，选徽州旌阳戏子剽轻精悍能相扑跌打者三四十人，搬演目莲，凡三日三夜。四围女台百什座戏子献技台上。如度索舞緪、翻桌翻梯、觔斗蜻蜓、蹬罈蹬臼、跳索跳圈、窜火窜剑之类，大非情理。凡天神地祇、牛头马面、鬼母丧门、夜叉罗刹、锯磨鼎镬、刀山寒冰、剑树森罗、铁城血瀎，一似吴道子《地狱变相》。为之费纸札者万钱，人心惴惴，灯下面皆鬼色。戏中套数，如《招五方恶鬼》《刘氏逃棚》等剧，万余人齐声呐喊。熊太守谓是海寇卒至，惊起差衙官侦问，余叔自往复之，乃安。台成，叔走笔书二对，一曰：'果证幽明，看善善恶恶随形答响，到底来哪个能逃？道通昼夜，任生生死死换姓移名，下场去此人还在。'一曰：'装神扮鬼，愚蠢的心下惊慌，怕当真也是如此。成佛作祖，聪明人眼底忽略，临了时还待怎生。'真是以戏说法。"（清乾隆五十九年王文诰8卷刻本，参弥松颐校注《陶庵梦忆》，西湖书社，1982年74页）

翁呼之。其啸：能作鸾鹤凤凰鸣，每发一声，则百鸟回翔。常登平山云一楼，友拉翁啸，初发声如空山铁笛，音韵攸扬，既而鹤唳长天，声彻云汉，有变风雷、动山岳之势。翁亦善歌，年垂八十，声犹绕梁，事迹见清陈鼎《啸翁传》。①

汪汝谦（明清），字然明，安徽歙县丛睦坊人。明末避地杭州，为风雅领袖。汝谦善度曲，与苏崐生同至金陵，驰名当时。著有《春星堂梦》《草斋集》。事迹见《歙县志》、清吴伟业《楚两生歌·序》②及清查士标《汪然明先生轶事》。③

---

① 清张潮《虞初新志》卷十一收陈鼎（定九）之《啸翁传》，其中云："啸翁尝于青夜独登高峰颠，豁然长啸，山鸣谷应，林木震动，禽鸟惊飞，虎豹骇走。山中人已寐者，梦陡然醒，未寐者心悚然惧，疑为山崩地震，皆徬徨罔敢寝。达旦，群相惊问，乃知为啸翁发啸也。啸翁之啸，幼传自啸仙，能作……老龙吟，醉卧大江滨，长吟数声，鱼虾皆破浪来朝，鼋鼍多迎涛以拜。他日，与黄鹤山樵、天都瞎汉、潇湘渔父、虎头将军十数辈登平山六一楼，拉啸翁啸。啸翁以齿落固辞，强而后可。……少顷，移声向东，则风从西来，蒿莱尽伏，排闼击户，危楼欲动；再而移声向西，则风从东至，阗然荡然，如千军万马驰骤于前，又若两军相角，短兵长剑紧接之势，久之则屋瓦欲飞，林木将拔也。于时炷香烬，而啸翁气竭，昏仆于地，众客大惊，亟呼山僧灌以沸水，半晌乃甦。"（清张潮辑《虞初志合集之二·虞初新志》，上海书店，1986年，165页）

② 清吴伟业《梅村家藏稿》卷九《后集（一）》有《楚两生行并序》，"序"云："蔡州苏崐生、维扬柳敬亭，其地皆楚分也，而又客于楚。左宁南驻武昌，柳以谈，苏以歌，为幸舍重客。宁南没于九江舟中，百万众皆奔溃，柳已先期东下；苏生痛哭，削发入九华山。久之，出从武林汪然明。然明亡，之吴中。吴中以善歌名海内，然不过哗缓柔曼为新声，苏生则于阴阳抗坠，分刌比度，如崐刀之切玉，叩之栗然，非时世所为工也。……"（四部丛刊景清宣统武进董氏60卷本，亦见《吴梅村诗集笺注》，世界书局，1936年，141页）

③ 赵吉士《康熙徽州府志》卷之十五："汪汝谦，字然明，歙丛睦人。与董其昌文征明陈继儒钱谦益诸公相友善。明末避地武林，置舟西湖，题曰'不系园'；纵情诗酒，为风雅领袖。所著有《春星堂梦》《草斋诸刻》。"（十七页，清康熙三十八年18卷刻本）嵇曾筠《雍正浙江通志》卷二百五十四："《不系园集》一卷，《随喜菴集》一卷，《湖山韵事》一卷。钱塘汪汝谦然明辑。"（十六页，清文渊阁四库全书280卷本）又卷二百五十一："《春星堂集》十卷，尤氏《艺文志》：汪汝谦撰。按汪氏家乘，字然明，有《听雪轩集》《绮咏·绮咏续集》《梦草》《游草》《闽游诗》《纪咏物诗》。"（二十七页）尹继善《乾隆江南通志》卷一百六十七："汪汝谦，字然明，歙人。为人任恤，分宅指困，移居武林，招集胜流，为湖山诗酒之会。论者称其钩探风雅，编次金石，刊度律吕；虽专门肉谱，不能与争云。"（二十六－二十七页，清文渊阁四库全书200卷本）

阮大铖（明清），安徽怀宁人。大铖降清后从北军为前驱，帐中诸将闻其有《燕子笺》《春灯迷》传奇，问其能自度曲否？大铖即起，鼓板顿足而唱。诸将北人不解南曲，乃改唱弋阳腔，始点首称善。庞树柏《龙禅室摭谈》略有记载。①

王墅（清），芜湖人。据梁廷枏《曲话》记载有《拜针楼》传奇行世。

王翠林（清），字锦泉，一字秀峰，安庆人。乾隆时春台部旦角，昆乱俱工，跌扑便捷，工小调，能吴语，演《断桥》《湖船》诸出，姿态极佳。《日下看花记》有记载。②

王小庆（清），字情云③，安徽人。道光初嵩祝部昆旦也。与席秀林齐名，

---

① 清王士禛《池北偶谈》卷十一"阮怀宁"条："金陵八十老人丁胤常与予游祖堂寺，憩呈剑堂，指示予曰：此阮怀宁度曲处也。阮避人于此山，每夕与狎客饮，以三鼓为节，客倦罢去。阮挑灯作传奇达旦不寝以为常。《燕子笺》《双金榜》《狮子赚》诸传奇皆成于此。《所知录》云：大铖既降本朝，在营中，诸公闻其有《春灯迷》诸剧，问能自度曲否？大铖即起，执板顿足而唱以侑酒。"（清文渊阁四库全书26卷本，基本古籍库133页）

② 铁笛道人评其艺曰："伶工中之铮铮矫矫者。昆乱俱谙，跌扑便捷，工小调，能吴语，丰神俊逸，姿容明秀，不事修饰，天然妩媚，无暇健服华装，皆潇洒自如，有绝类超群之概，音律亦精细清圆。初在庆喜部内，见其《断桥》及《湖船》一出，姿态尚丰满。嗣因病而瘦，然愈瘦愈秀，亦初不知其为秀峰也。……其《军门产子》《琵琶洞》《一枝梅》尤为高下共赏，新旧剧内，数见登场，锦襟绣袴，骨飞肉腾，亦如其下笔纵横离披，颉颃尽致也。"（孙崇涛、徐宏图《戏曲优伶史》，文化艺术出版社，1995年，第279页）

③ 《金台残泪记》卷一："小庆，字曰情云，家本皖水。岁在癸甲，绝艳飙驰；运厄辰巳，芳龄溘逝。前此兰谱之书，梨园之论，皆谓一人而已。吾友□□太史言其十倍小郏，惜余未见。嗟乎！……今日余临此风，是昔之美人团扇迎之，而有舒迟之色者也；今日余坐此月，是昔之美人绣帘望之，而有低徊之色者也；今日余听此雨雪，是昔之美人卧阁闻之，而有憔悴之色者也；今日余抚此丝竹，是昔之美人华筵奏之，而有绮靡之色者也。然则余于小庆，何时不见焉？何物不见焉？嗟乎小庆，姣婉其容，飘零其迹，可谓不幸。……有席秀林者，字丽香，扬州人。以美闻嵩祝部，与小庆同时先后死。"（傅谨、谷曙光、吴新苗《京剧历史文献汇编·清代卷1》上，凤凰出版社，2011年，第427页）

两人皆不寿早卒。事迹见《金台残泪记》[1]。

孔艳清（清），安徽人，咸丰时京剧艺人。事迹见《潜山义团记》。

方福林（清），安徽人，咸丰时京剧艺人。事迹见《潜山义团记》。

曹显猷（清），安徽人，咸丰时京剧艺人。事迹见《潜山义团记》。[2]

方成培（清）[3]，字仰松，号岫云横山人，歙县人，博览经传及诸子百家之言，尤精于乐，著《词麈》五卷。常谓："后人言乐，多失之太深"。又谓："言乐须习其器。今世三尺，即古之律吕"。程瑶田、汪龙皆推挹之。又汇诸家词曲，考订格律，为书二十三卷，名曰《词矩》。有《琴谱》者，中多伪脱，成培为准律，次第先后，补完残缺，不一日而毕。客游汉皋，卒于其地。与周皑友善，皑亦致力音韵律品之学，刻有《黄山二布衣词》，成培七卷，周皑十七卷[4]。成培有《雷峰塔》传奇。事迹见《歙县志》。

丘三林（清），字浣霞，道光时安徽人。从卢禄驭习旦角，初入西班，

---

[1] 清姚莹《东溟文集·文后集》卷十一《张亨甫传》："张亨甫，名际亮，建宁人。……乙酉入京师朝考报罢，京贵人及名士言诗者无不知亨甫矣。……亨甫以是负狂名。慨当时诸公好士而无真谊，曾不如其好色也，取一时名优为之传，著论一篇，曰《金台残泪记》，笔力高古。识者知亨甫所志远矣。"（清中复堂全集26卷本，基本古籍库，282页）

[2] 刘廷凤《民国潜山县志》卷五《京都潜山义园记》，云："安庆旧有义园在崇文门外，为一郡设也。其地颇隘，葬几满。……义园在宣武门外南横街盆儿胡同南口外，首事：周瀛、郝学言、徐廷魁、潘运昌、章可纯、韦文波、韦文锦、周延龄、陈盛江、曹显猷、余运秀、张金生、余永谟、陈盛茂、严嘉宾……孔艳清、张新广、产得先、张锦垣、陈兰芝、金春荣、李长明、韦文绣、郭焕廷、张倚云、郝知礼、郝永升、金凤九、产艳伦、祝东来、徐亨英、方福林、余三胜、陈兰初、陈庚鉴、程玉珊。以上俱倪庶常手书勒石。"（三十八页－三十九，民国九年30卷铅印本）

[3] 劳逢源《道光歙县志》卷八之九："方成培，字仰松，工诗余，倚声按拍，吕律克谐。又能穷四上之源。宋白石道人歌曲，旁注佶屈，世罕辨者，皆寻得其理。所著有《词矩》《词麈》及《听奕轩小稿》等数十种行世。为人廉洁不苟，人咸重之。"（十三页，清道光八年10卷刻本）

[4] 石国柱《民国歙县志》卷七："皑诗四册未梓行，成培所撰《词矩》手写本，今尚存其半。"（二十三页，民国二十六年16卷铅印本）

后归徽班。禄驭有徒三人：卢三才、方三林及丘，并蜚声歌坛，而丘名尤著。事迹见《辛壬癸甲录》。①

史秀林（清），安庆人，嘉庆时北京玉庆部旦角，演《双蝶》《描容》数出，悲欢情态，曲尽其妙。事迹见《日下看花记》。

孙金官（清），安庆人。嘉庆时春台部旦角，武技甚佳。《日下看花记》有记载。

江永（清），字慎修，安徽婺源人。康熙间游京师，方苞、李绂与论经礼，大为折服。他读书多有深思，专于比勘，精通声律声韵之学，著有《律吕阐微》《律吕新论》等书。事迹见《婺源县志》。②

江金官（清），字秀南，号毓秀，安庆人。嘉庆时来三庆部，唱旦角；昆曲、秦腔，无不兼擅。事迹见《日下看花记》。③

---

① 见曹惆生《中国音乐舞蹈戏曲人名词典》，商务印书馆，1959年版，31页。又，我友万素《徽班徽调史料摘录》一文引《辛壬癸甲录》所记："丘三林，字浣霞。皖人，初入西班，后乃归徽班。春和堂卢禄驭弟子也。"（见颜长珂、黄克编《徽班进京三百年祭》，文化艺术出版社，1991年，第182页）按，《辛壬癸甲录》，清杨懋建道光十一至十四年著。

② 何绍基《光绪重修安徽通志》卷二百十九："江永，字慎修，婺源人。为诸生数十年，博通古今，专心十三经注疏。而于三礼，功尤深。以朱子晚年治礼为《仪礼经传通解》书未就，黄氏杨氏相继纂续亦非完书，乃广摭博讨，大纲细目，一从五礼之次而编辑之，题曰《礼经纲目》，凡八十八卷，厘正发明，足以终朱子未竟之绪。尝一至京师，桐邑方苞、荆溪吴绂，质以礼经疑义，皆折服。其他如推步钟律声韵，皆能发前人之所未发。而一切制度名物稽考精审订讹补漏，实东南一大儒宗也。所著礼经自纲目外，有《周礼疑义举要》《礼记训义》……《律吕阐微》《律吕新论》《春秋地理考实》……卒年八十二，祀乡贤（《四库目录》《婺源县志》）。"（十三页，清光绪四年350卷刻本）

③ 小铁笛道人《日下看花记》"金官"条："姓江字毓秀，年二十岁，安庆人。三庆部，与朱福寿皆新到京，擅场之艺颇多。初演《打洞》《审录》，风神秀整，态度清佳，昆乱梆子俱谙，音亦清亮，圆转自如。家湛华居士曾观三庆《思春》，十数人登场，独赞江郎有女子态，细觇其香眉成削，眉语传情，洵不诬也。……近见其演《弑齐》及《醉阁》，亦极妙。"（孙崇涛、徐宏图《戏曲优伶史》第279页引）

朱大翠（清），字翠屏，安庆人。嘉庆时春台部旦角，兼掌班务。《百花点将》《翠云楼》《跑马卖械》，是其夙擅之剧。事迹见《日下看花记》。①

朱宝玉（清），字羽仙，皖人②。咸丰时京剧旦角，事迹见《法婴秘笈》③。

汪三林（清），一作双林，字秋白，又字霞卿，安徽人。道光时昆曲旦角，癸未甲申间（1823—1824）以技著于京师。事迹见《金台残泪记》。

杨玉环（清）④，字韵珊，安庆人。道光时唱昆曲旦角，道光（1823—

---

① 小铁笛道人《日下看花记》"大翠"条："姓朱字素屏，年二十九岁，安庆人。旧在春台部兼掌班务。《百花点将》《翠云楼》《跑马卖械》夙所擅场。与江月芬同师。"（流沙《宜黄诸腔源流探——清代戏曲声腔研究》第 7 页引）

② 《法婴秘笈》，清双影盦生撰，有双肇楼民国 26 年刊本。按，此条当依据曹惆生《中国音乐舞蹈戏曲人名词典》（商务印书馆，1959 年版，第 47 页）所述："朱宝玉（清），字羽仙，安徽人，咸丰时京剧旦角，见《法婴秘笈》。"而傅谨、谷曙光、吴新苗主编《京剧历史文献汇编·清代卷（1）·专书（上）》（凤凰出版社，2011 年，第 685 页）收《法婴秘笈》文则为："朱宝玉，字韵仙，苏州人，年十六岁；清云堂。程玉翠，字羽仙，安徽人，年十六岁；忠恕堂。"孰是，俟考。

③ 又《法婴秘笈》所记皖伶尚有："鲁翠云，字霓仙，安徽人，年十九岁，余庆堂。严添寿，字眉仙，安徽人，年十八岁，敦福堂。韩全喜，字嫩卿，安徽人，年十八岁，霭云堂。胡添寿，字凤仙，安徽人，年十八岁，维新堂。汪连元，字桂秋，安徽人，年十七岁，福寿堂。张金凤，字绮琴，安徽人，年十七岁，松茂堂。郝小桂，字月仙，安徽人，年十六岁，春福堂。"（傅谨、谷曙光、吴新苗《京剧历史文献汇编·清代卷（1）·专书（上）》第 684–685 页）

④ 张际亮《金台残泪记》"汪双林、汪三林、张心香、张五福、杨玉环、郁大庆传"条："汪双林，字霞卿，安庆人。汪三林，字秋白，安庆人。……杨玉环，字韵珊，安庆人。……华胥大夫曰：此六人皆癸未、甲申间以声伎著者。阅岁几何，而响衰矣。余尝见姬侬，慨然疑非昔比。于霞卿诸少年，不可知邪。事有迩而暨远，物有微而喻大。自古权势之门，豪华之蘖，当其枯宠于左右，固私于中外，岂不谓铁券可贪天，金弹无尽日。然而沉湎不悟，祸患相倚。郦坞烽销，邺台香散，此一时也；绿珠粉堕，紫丝帐荒，又一时也。至于铜狄铜驼，摩挲汉晋；青盖青衣，来去吴洛；回头陵谷之区，转眼沧桑之泪。虽极富贵，莫保终始。况乃悦己为容，事人以色，而欲延皓齿于朝露，驻朱颜于夕霞，是宜不可得矣。"（傅谨、谷曙光、吴新苗《京剧历史文献汇编·清代卷（1）·专书（上）》，凤凰出版社，2011 年，第 425 页）

1824）年间，以声技著于京师。事迹见《金台残泪记》。

汪小庆（清），字受仙，安徽人，同治时京剧艺人。《菊部群英》略有记载。

汪玉兰（清），字澧香，安庆人，道光时三庆部旦角。事迹见《燕台集艳》。

汪连元（清），字桂秋，咸丰时京剧艺人。事迹见《法婴秘笈》。

汪金林（清），字燕仙，安徽人。生于咸丰丁巳（1857），同治光绪时来四喜、春台二部，唱老生。工演《昭关》《醉写》《跑坡》《南阳关》《金水桥》等剧。汪与沈三元皆以"硬襄子"名，其演剧不问戏之轻重，皆不温不火，恰到好处。

何声明（清），安庆人，嘉庆时春台部旦角，音律精细，恪守旧规。据《日下看花记》，他最善于演《谏父》一出。

何芷香（清），歙县人，工乐府，有《梨花香》传奇，事迹见《歙县志》。

宋玉林（清），字温如，皖人。嘉庆甲子（1804）随其师兄罗霞林同入京，来金玉部，有蝴蝶双飞之目。事迹见《听春新咏》。

宋全宝（清），字碧云，太湖人。嘉庆道光时三庆部旦角，为余老四三弟子，与杨法龄齐名。事迹见《辛壬癸甲录》。

李文瀚（清），字云生，宣城人。有《紫荆花》《银汉槎》等传奇。事见《安徽通志》[①]

李喜贵（清），字芸舫，号云卿，安徽潜山人。嘉庆时京剧旦角。事

[①] 何绍基《光绪重修安徽通志》卷一百九十："李文瀚，字云生，宣城举人，陕西知县，署郿县有声，补岐山。倡捐济饥，又借社仓粟行工赈法，浚池筑堡；十余年后回匪之扰岐下，得以无恐。调长安廉知。……升郦州巡抚。张祥河以贤员荐升四川嘉定府知府。（宣城县志）"（二十八页，清光绪四年350卷刻本）

迹见《莺花小谱》。①

李福林（清），字兰轩，安庆人。嘉庆时北京三庆部旦角，演《打饼》《西游记》诸出，尽态极妍。《出塞》尤擅胜场。事迹见《日下看花记》。②

李福寿（清），字小韵、安徽人。嘉庆时春台部旦角。事迹见《众香国》。

李双喜（清），字兰亭，安庆人。嘉庆时三庆部旦角。演《战宛城》中的邹氏最工。事迹见《日下看花记》。

李继美（清），皖人。嘉庆道光时京剧艺人。事迹见《重修安庆义团关帝庙碑记》。

宋和（清），字介三，歙县人。少孤，十四学技击，二十四习商。常至浙江，见弦唱，悦之。因学弦索琵琶。偶于淳安逆旅见废书中有"子房未虎啸，破产不为家"之句，反复通读，遂学诗。又得断简《汉书》读之，乃更学为文，喜记变异之事，最为简古。王鸿绪、韩菼、何焯皆器重之。事迹见《歙县志》③

---

① 艺香居士《莺花小谱》"评花十三首，调寄《黄莺儿》·李喜贵，娇艳"条云："妖冶舞天魔。上氍毹，百媚多。下场冷淡些儿个。想芳容倦波，问芳情怨么？眉心底用葳蕤锁。细瞧科，恼人犹好，何况昵人。"（傅谨、谷曙光、吴新苗《京剧历史文献汇编·清代卷（1）专书（上）》，凤凰出版社，2011年，第398页）

② 小铁笛道人评曰："《打店》跌扑，身轻如一鸟过。《宛城》一战，尤堪叫绝。……李郎殆潜心习艺，自献所长，不随风气转移者。"（孙崇涛、徐宏图《戏曲优伶史》第279页引）

③ 劳逢源《道光歙县志》卷八之五："宋和，……年二十四学贾，至浙江，见人之弦唱而悦之；因学弦索及琵琶。偶夜月同人散步钱塘江上，有余恭先者曰：昨作一诗，恐韵非四支，和漫听之。实不知何者为韵。又于淳安逆旅，见废书中有子房未虎啸破产不为家之诗，甚壮之，反复竞读，乃知诗有韵；因学为诗和。虽贾而实不知所以为贾。久而资尽，遂归。忽于几上得断简汉文读之，乃更学为文。一夕，梦白衣老人，……瘖心觉开朗，乃购《史记》，于霞山寺读之六阅月。自是以文章自命。……华亭王相国及韩慕庐、陈沧洲、孙莪山、张匠门、何义门诸前辈皆器重之。老而不遇，卒于京师。"（十页，清道光八年10卷刻本）

许茂林（清）[1]，字竹番，安徽人，嘉庆时从张传莲舫习旦角，来和春部。《园会》《楼会》二剧，一写风情，一摹病态，茂林演来，各极其妙。事迹见《听春新咏》[2]。

杨松林（清），字定仙，安徽人。嘉庆时和春部旦角，《听春新咏》略有记载。

杨月楼（清），名久昌，潜山人。从张二奎习老生，计演《探母》《打金枝》《取洛阳》《五雷阵》《牧羊记》等剧，皆传师门衣钵。幼时原习武生，武把深具根柢，演《恶虎村》《连环套》《昊天关》《贾家楼》诸剧都很有神，尤其擅扮孙悟空，一时有杨猴子之称。事见《档案》。

---

[1] 留春阁小史评许茂林："姿容姣秀，音调清新，瘦不嫌寒，柔非无骨。尝见其《园会》《楼会》二剧，一写风情，一摹病态，各极其妙。"（孙崇涛、徐宏图《戏曲优伶史》，第280页引）又据载，其为清乾隆中北京昆班保和部男旦张蕙兰的高徒。（吴新雷《中国昆剧大辞典》，南京大学出版社，2002年，第333页）

[2] 留春阁小史《听春新咏》载有数名皖籍伶人。如下：郝桂宝，字秋卿，又字丛香，安徽皖江人。四喜班旦色。留春阁小史评其技："《盘殿》《四门》《烤火》《番儿》诸剧，虽并臻妙品，然秋卿佳处在生质不在人工，是以杏苑争春，止让梅花第一。"章喜林，字杏仙，安徽人。四喜部旦色。留春阁小史评其技："余见近时演《相约》《讨钗》两剧，不作媒婆身段，即为恶婢情形，其中吐难言之隐，愤激莫诉之神，终未传出，惟杏仙能做到恰好处。至演《杀惜》则状彼咆哮，使人发指；《打樱桃》则恣其调笑，令我情怡。能事让伊独擅，名下毕竟无虚。"刘彩林，字琴浦，安徽人。四喜部旦色。留春阁小史评其技："其工剧甚多，而扮演《萧后打围》，跌坐瑶台，屏珠环翠绕，恰肖当时气象，非浅绿疏红所可仿佛也。"郑三元，安徽皖江人。和春部旦色。留春阁小史评其技："小身玉质，风致嫣然。昔与四美齐名。而文人笔墨，又喜赋春华，懒歌秋实，故题赠无闻焉。近与林香居士见其《缝衣》一出，钩心斗角，活泼玲珑，神妙有不可言喻者。林香谓余曰：如此绝技，而集中不录，犹记旧院而无马湘兰也。"罗霞林，字屋生，安徽人。三和部旦色。留春阁小史评其技："娇憨刁态，谑浪成风。所演诸剧，皆能以嬉笑成文章，故悦之者不少。甲子入都，与其师弟宋温如（名玉林）同隶金玉部，时有'蝴蝶双飞'之目。温如往矣，而眉生声价尤隆。"（孙崇涛、徐宏图《戏曲优伶史》，第280–281页引）

杨金喜（清），字念农，安庆人。道光时来春台部，唱旦角。事迹见《燕台集艳》。

杨亨龄（清），字玉卿，安庆人。嘉庆时，来春台部唱旦角。擅场有《桂花亭》《狐春》诸出。《日下看花记》有记载。

杨福源（清），安徽人。精于昆曲，咸丰入京为升平署教师，其声不亚皮黄界的长庚。事载《日下看花记》。

杨凤翔（清），安庆石埭人。嘉庆时来春台部，唱旦角。音律恪守梁豁规范，犹存正始之音。演《吹箫引凤》《昭君和番》等剧最出色。事迹见《日下看花记》。

杨双官（清）[1]，名天福，安庆人、嘉庆时来四喜部唱旦角。其演剧能在平淡中见长，味殊隽永，《背娃》一出，轻描淡写，一洗魏长生尽态极研之习。事迹见《日下看花记》。

张芷芳（清），名蓉官，合肥人。生于1851年，功习武旦。同治、光绪时来四喜部，工演《泗州城》《卖艺》《无底洞》《青龙棍》《清风岭》等剧，与李砚农齐名。事见《菊部群英》。

张谱生（清），字秉街，安徽人。嘉庆时来三和部，旦角。事迹见《听春新咏》。

陈二林（清）[2]，字意卿，安庆人，嘉庆初来春台部，唱昆曲。演《花鼓》

---

[1] 小铁笛道人评云："眉蹙娥儿，脸围瓜子，演剧在淡中取态，其味当于隽永处求之。如《背娃》一出，自魏三擅场后，步其武者，工鞶妍笑，极妍尽致。天福轻描淡写，活像三家村里当家妇人，脸不畏羞，口能肆应，可谓一洗时派矣。他剧未见出色，其尺有所短，寸有所长矣。"（孙崇涛、徐宏图《戏曲优伶史》第280页引）

[2] 小铁笛道人评云："初见其《打番》《打雁》，丰姿满态，宛肖当年'耗子'（按乾隆时萃庆部旦色于永亭的俗号）登场，惟嫌少风致耳。……嗣演《遇妻》《踢球》，颇有风趣，妙处更在嫣然一笑间。"（孙崇涛、徐宏图《戏曲优伶史》第278页引）

《遇妻》诸小出俨然村妇，不假修饰，而于朴素中特饶俊俏。《打雁》《踢球》诸剧，最自矜许，与吴大保之《杀四门》、徐才官之《占花魁》并传。事载《众香国》与《日下看花记》。

陈玉琴（清），字小云，安徽人，道光时来三庆部，唱旦角。演《茶叙》《问病》诸剧"慧心四映"，与桂香异曲同工。事见《长安看花记》。（初在深山堂，后移居辉山堂；桂香亦深山堂伶者）

陈金元（清），字芷香，安庆人。同治时来春台部唱青衫。事迹见《菊部群英》。

陈桂林（清）[①]，字小山，安庆人。嘉庆时来春台部，唱旦角。演《独占》《劈棺》最擅。亦喜昆曲，扮《英雄谱》之霍小姐特妙。事迹见《日下看花记》。

陈荣官（清），字荣珍，安徽太湖人。嘉庆时来春台部，旦角。擅《皮弦》《汉门》《喂药》《负荷》诸剧，音韵和谐、别饶妍媚。昆曲既工细合律，跌扑亦轻灵矫捷。事迹见《日下看花记》。[②]

[①] 铁笛道人评陈桂林："性情温婉，举止安闲。《独占》《蝴蝶梦》最所擅场。姿色未臻绝丽，而柔媚之趣深含。武技未至轻便，而《劈棺》一剧描写仓皇惊愕神情，声容逼肖。《独占》至秉烛入帏时，情态殊佳。习见诸郎演此出，俱不及小山。……陈郎虽名隶花部，覃精昆曲，堪为雅部名伶。近见其于《英雄谱》扮霍小姐一回，拍案叫绝，又胜于《劈棺》矣。"（孙崇涛、徐宏图《戏曲优伶史》第279页引）又，《日下看花记》还记有皖人三庆部旦色苏小三者："初不甚著名，苦心习艺而成，今则居然名伶矣。……昆乱俱妙，跌扑矫健、自由。其演《小金钱》，背剑刘郎，歌音激楚，蓉锷霜飞，娥翠脸霞，依然韶美，最堪击节。……要是徽部中未易才也。"（孙崇涛、徐宏图《戏曲优伶史》，第280页引）

[②] 小铁笛道人评云："擅场有《皮弦》《四门》《喂药》《赏荷》《游殿》《打店》诸剧，姿态端淑，音韵和谐。淫逸之戏脱俗，别饶妍媚。"（孙崇涛、徐宏图《戏曲优伶史》，第280页引）

周小凤（清）①，字竹香，安徽人。道光时春台部旦角，与陈长春齐名。事见《金台残泪记》。

郝小桂（清）②，字月仙，安徽人。咸丰时京剧艺人。《法婴秘笈》略有记载。

郝天秀（清），字晓岚，安庆人。乾隆末年唱秦腔花旦，得魏三之神。人以"坑死人"呼之。赵翼有《坑死人歌》（见《扬州画舫录》）。清焦循《花部农谭》云："自西蜀魏三儿为淫哇鄙谑之词，市井中如樊八、郝天秀之辈，转相效法，染及乡隅。"

高朗亭（清）③，名月官，皖人，本宝应籍。幼习旦角。魏长生自京

---

① 张际亮《金台残泪记》"陈长春周小凤传"条："陈长春，字纫香；周小凤，字竹香，皆安徽十牌人也，以色艳动一时。纫香声伎独绝，善□殿撰□□，有'状元夫人'之目。华胥大夫曰：昔乾隆间，李桂官周旋毕秋帆宫保于微时，其意有足感者。此'状元夫人'所由著也，今纫香其有同焉者欤？竹香初善越中□孝廉，赠之至万金。久而竹香颇疏之，孝廉父至都下，或乃以此诈竹香，索其数百缗而去。时有伶某亦善越中某孝廉，孝廉无以归，伶厚资之始行。嗟乎！若此伶者，其姓字乃不传，可慨也夫。"（傅谨、谷曙光、吴新苗《京剧历史文献汇编·清代卷（1）·专书（上）》，凤凰出版社，2011年，第424页）

② 天柱外史《皖优谱》卷三《旦谱》："郝小桂，字月仙，安徽人。道光二十年庚子生。咸丰五年乙卯，十六岁，在北京，所部未详。工旦。"（黄天骥《近代散佚戏曲文献集成》之一，山西人民出版社，2018年，126页）

③ 铁桥山人《消寒新咏》云："高朗亭，安庆人，或云三庆徽班掌班者。在同行中齿稍长，而一举一动，酷肖妇人。第丰厚有余而轻柔不足也。华服艳妆，见之者无红颜女子之怜；有青蚨主母之号。善南北曲，兼工小调。尝与双凤，霞龄等扮勾栏院妆，青楼无出其上者。若［寄生草］、［剪靛花］……淫靡之音，依腔合拍。所谓入烟花之队，过客魂销；喷脂粉之香，游人心醉者矣。"《日下看花记》："（朗亭）现在三庆部掌班，二簧之耆宿也。体干丰厚，颜色老苍，一上氍毹，宛然巾帼，无分毫矫强，不必征歌，一颦一笑，一起一坐，描摹雌软神情，几乎化境，即凝思不语，或诟谇哗然，在在耸人观听，忘乎其为假妇人。岂属天生，未始不由体贴精微而至。后学循声应节，按部就班，何从觅此绝技？《燕兰小谱》目婉卿（魏长生）为一世之雄，此语兼可持赠朗亭。"（孙崇涛、徐宏图《戏曲优伶史》，文化艺术出版社，1995年，第274页引）《众香国》："朗亭为徽班老宿，脍炙梨园。近已年逾四十，故演剧时绝少。然偶尔登场，其丰颐皤腹，语言体态，酷肖半老家婆，真觉耳目一新，心脾顿豁。殿之以见戏之有别趣，亦犹诗之有别裁、文之有别情云尔。"（傅谨、谷曙光、吴新苗《京剧历史文献汇编·清代卷（1）专书（上）》，凤凰出版社，2011年，第271页）

还蜀后，朗亭继之入京，以安庆花部含京秦两班。名其部曰"三庆"。其体干丰厚，颜色老苍，而一上氍毹，宛然巾帼。一颦一笑一起一坐，描摹神情，几入化境。事迹主要载于《众香国》。

曹春山（清），名福官，安徽人，同治时四喜部昆曲老生，工演《访鼠测字》中的况钟、《金山释放》中的周羽、《草鞋夜课》中的冯仁等。《菊部群英》有记载。（即京丑曹二庚祖父）

曹应钟（清），字念生，道光时歙县人。精于金石碑版之学，兼通音律。著有《救赵记》传奇、《指南车》传奇。事见《歙县志》[①]。

曹升官（清）[②]，安庆人。嘉庆时春台部武旦。演《擂台》《打店》，有星流电掣之妙。间演雅剧，按律宣音，亦自动听。事迹见《日下看花记》。

曹永吉（清）[③]，名羊儿，安庆人。唱老生，光绪乙未（1895）入升平署，

[①] 石国柱《民国歙县志》卷十："曹应钟，字念生，雄村人。咸丰元年举孝廉方正。善画书，尤雄伟，长于《说文》，著有九千三百五十三字斋印谱、金石过眼录。"（十四页，民国二十六年16卷铅印本）

[②] 小铁笛道人评曰："姿貌爽朗，歌音涤畅。踏跻跌扑，鸾飞鸿鶱，霞骇锦新，武旦中能品也。习见其《擂台》《打店》，目眩神驰，星流电掣。间演雅剧，敛容赴节，按律宣音，刚化为柔，依然艳逸，韵既绕梁，说白亦清紧动听，然而无有道之者，故不久即怀其技而去。"（孙崇涛、徐宏图《戏曲优伶史》，第280页引）

[③] 王芷章《清代伶官传》："曹永吉，一作允杰，小名羊儿，同治七年戊辰生；为三庆老生曹六文奎之子，住家百顺胡同后河，尝坐科全福，艺名崇喜，全福散，即改从其父，习皮黄老生，亦搭三庆出演，见光绪十八年，该班花名。明年入同春，兼在小天仙班任生教习，会授'鱼藏剑''取荥阳''天水关'等剧。二十二年搭双奎、福寿两班，中以在福寿最久。三十三年，改入新天仙班。其挑差事，则在二十一年十二月初二日，与王长林、孙怡云等，同时入署。赏之可见者，如二十五年正月六日得银六两，十六日四两，十九日同，二月初一日三两，十六日三月初一日俱同，十五日二两，四月初一日、初八日、十五日俱同，五月初六日五两，十五日二两，六月初一日三两，十五日二两，七月初一日四两，初七日二两，十五日、二十四日，八月初三日同，后来之数，亦多准此。又因在内，除授艺太监外，上场则多充里子，故甚少主演之戏可考。宣统间，因病退差，遂流落于外而卒。有妹嫁陈嘉梁，闻其后，现即附住于陈富瑞之家内云。"（商务印书馆，2014年，第316页）

1901年退差。事迹见升平署《档案》。

董生（清），安徽人。唱武生，1911年入升平署，旋即告归。事见《档案》。

嵇永年（清）[①]，太湖人。道光咸丰时昆旦，为程长庚同科之师兄。事见《梨园系年小谱》。[②]

[①] 周明泰《道咸以来梨园系年小录》云："退庵居士藏《旧戏目》一册，（道光四年庆升平班戏目）系道光四年庆升平班领班人沈翠香所有之物。戏目共二百七十二出，封面写'道光十二载闰二月嵇永林、嵇永年'。"（刘绍唐、沈韦窗主编《京剧近百年琐记》，台北传记文学出版社，1974年，第10页）按，《京剧近百年琐记》标写清楚，《京剧近百年琐记》原名即《道咸以来梨园系年小录》。又，傅谨、陈恬、谷曙光《京剧历史文献汇编·清代卷（8）·笔记及其他》（凤凰出版社，2011年，第503页）考记"道光四年庆升平班戏目"条也交代了。

[②] 按，本文手稿标注撰于1985年6月。

文物典藏丛札

一、王琏山水条屏

王琏,字青笠,别号南溪居士。清乾嘉时寿县名画家,以山水盛名一时,寿县博物馆藏其一幅,私家藏 12 幅。

二、张树侯"松清在耳"书联

隶书:"松清在耳风弥静,山月照人清不寒",字大 12 厘米 × 18 厘米,刚劲有势,厚朴不拙。今私家收藏。张树侯善书,尤工隶篆。与宣城杨太沁、舒城王仁峰并称吾皖三大家。民国二十一年著《书法真诠》,为中国书法理论著作之一,向为学人所重,名书家于右任先生题其书曰:"天际真人张树侯,东西南北也应休。苍茫射虎屠龙手,种菜论书老寿州。"

三、寿县清真寺砖铭

1981 年寿县清真寺大殿维修发现四块望砖,砖上铭文为"天启年建,清道光年修，光绪庚寅年重修，朱彩良经手"；"重修大殿阿訇刘国治，掌教梅映辉、梅春天、赵天培、梅文全，仲冬报竣"；"董士杨德山、朱怀亮、王元兴、赵元标，道光己巳年杏月立"；阿文，意为："求主给我们开慈悯之门"。

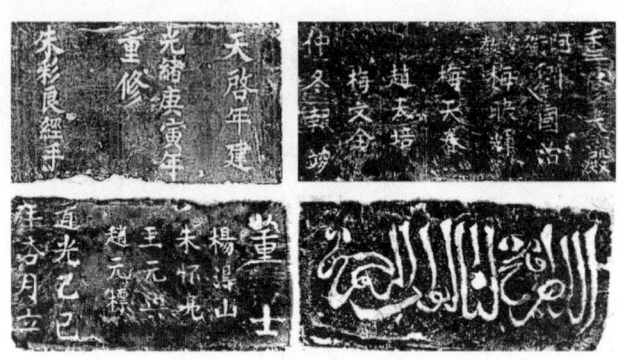

（图13-1 清真寺砖铭拓片[①]）

四、"陶令归来"竹雕

竹板长25厘米、宽9厘米，中雕松树，松左上方刻"陶令归来"阴字，字下为陶渊明像，昂首望苍松。松树右边刻小楷三行：昔在中华民国十年冬月，制于芍西，田道生作。

烈士田道生同志，寿县瓦埠田大郢人，曾任中共皖北（寿县）中心县委宣传部长等职，此竹雕是烈士1921年读书于芍西小学时所作。遗物今存县委党史办公室。[②]

五、张逻横幅山水画

寿县张逻，明天启时人，工山水，款署淮南大布衣。清康熙间，画苑

---

① 四砖铭拓王晓珂藏。
② 按，此件已征集入皖西博物馆。

推为江南第一。此幅山水画，私家藏。

六、邛江道人四季画屏

邛江道人，不知何许人，亦不详其生卒年月。有四季山水画屏四幅，题字是：春雷起蛰，瓜棚闲话，秋江待渡，飞雪迎春。多称为精品。私家藏。

七、"伯林园"碑

青石，长方形（70厘米×54厘米），上部中间刻"十"字，十字两旁刻枝叶与果。碑中部从右至左刻"伯林园"三篆字，大如十字。下部横刻两行英语，上行"IN MEMORY OF"，可译"为了纪念"；下行"MAXWELL CHAPLIN"，即"马克斯维尔·赵伯林"的名字。赵，美籍人，基督教传教士，寿县基督教堂创办人之一。1922年由怀远长老会派来寿县负责筹建福音堂和春华医院事，碑原在春华医院赵的住宅旁，今存县卫生局。

八、刘世盛鲍氏合葬碑[①]

（图13-2 刘世盛鲍氏合葬碑拓本）

---

① 碑拓王晓珂藏。

九、"同心保赤"碑

清光绪二十年（1894）春，正阳盐厘总局所立。该碑今在正阳镇盐卡巷口砖墙上，高200厘米、宽90厘米，上刻篆额自右至左"同心保赤"四字，碑文为楷书竖排，略曰："钦加二品顶戴督办淮北督销正阳盐厘总局江苏遇缺即补道□凌批。据督销公所委员同知衔分省补用知县黄煊禀遵筹牛痘局，并呈章程清摺缘由均悉，各行董于种痘义局均乐于捐款，所有医药等用，并能宽为筹备。每年不患不敷，实足以行久远，殊堪嘉慰。另摺所议各事井井有条，应宜一并勒石，久为完章，仰即知照办理可也。此缴摺存。计开。

一 牛痘局须借设城中庙宇，每年二月初开局，端午节后撤局，如果点痘者源源而来，仍准随时报明照旧传浆。

一 医生择其精于痘科者用之。由公所员友行董人等保举，平时自心稽察，如有草率需索浮等弊，准其禀请更换……"

款署："大清光绪二十年岁次甲午季春之月谷旦督销公所官盐公立"。

十、寿州正堂"告示"碑

长120厘米、宽72厘米，全为阴文正楷，题为6厘米×6厘米大字："署理凤阳府寿州正堂加十级纪录十次周 为"，"告示"二字则在全文后，即碑之左上角，碑文略为"出示严禁，以挽颓风"。其时城内租赁房屋居住，如租户家死人，房主"不准由大门出，旁凿小洞，视为罪囚，更不准其嫁女"。为此寿州正堂刻碑告示，仰阖州居民人等知悉，如有房屋赁人居住，遇婚丧嫁娶死亡之事，"均须听人自便，不得任前阻拦"。"本州为痛除恶习，决不稍有宽贷。光绪十年十一月□日示"。

(图 13-3　正堂告示碑拓片图影[1])

十一、瓦挡

两块。一，有"千秋万岁"四凸体字，直径 15 厘米、边高 2.8 厘米；一为云雨纹，直径 14.5 厘米、边高 2.6 厘米。均在东津渡西出土，系汉代物。私家藏。

十二、光绪大方砖

大方砖，边长 72 厘米、厚 10 厘米。上面光洁，下面次之。一边沿印有四个长条形戳记，竖书阳字。依次为："光绪十五年□□造□二尺二寸见方金砖"（长 12 厘米 × 宽 2 厘米）；"督造官□□苏州府知府□元"

---

[1] 碑拓王晓珂藏。

（13.5 厘米 ×2 厘米）；"监造官苏州府杨锡麈"（12 厘米 ×2 厘米）；"陈金香造"（6 厘米 ×2 厘米）；不解其用。私家藏。

十三、簋（盖）

簋，古礼器。1985 年秋安丰塘新化门西 400 米处的田埂边沿农民徐世双犁田出土。红铜铸成，一角表面尚露有一块手指甲大小的梨炭。簋长 28 厘米、宽 22.4 厘米、总高 11 厘米，横头各有一倾斜的提环，环的外径 3.4 厘米、内孔 1.8 厘米，平面呈兽形花纹，为春秋以前物。

十四、陶权

一大、一小两件。1985 年城外西圈出土。有残缺与裂缝。大的，高 13 厘米、底径 12 厘米，现重 1250 克。小的，高 11.5 厘米、底径 10.5 厘米，现重 1000 克。两枚均为圆台体。上顶扁处有系绳孔。陶质颇粗，呈灰色。初认为三代时物。

十五、"古寿春积济公社全图"碑

横长 100 厘米、高 67 厘米，四周为 5 厘米花边，中上方 50 厘米长、10 厘米宽的标题处从右至左刻六楷字"积济公社全图"；右方在题格内竖刻三小篆字"古寿春"，并用白线圈之，似长章。题左边，在高 15 厘米宽 9 厘米的方格内，竖刻"壬申春日敬立"楷字，右上角有 20 厘米高的"天乙阁"图，左边有 16 厘米高的花树与果实图，下以四分之三部分为公社全图。从右至左：青云庵、六职学校、积济公社。

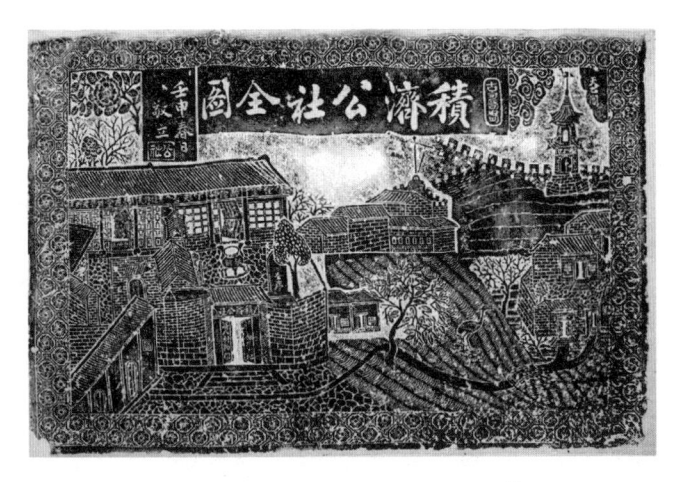

（图13-4　积济公社图拓片图影①）

十六、陶鬲

黄陶，高11厘米、足高6厘米、上口直径17.5厘米。1985年在东津渡西、寿蔡公路拓宽工程挖土时出现。其形与《中国通史》一册36页所载华阴出土陶鼎极相似。私家藏。

十七、秦石权

度量衡器，生铁铸成，呈半球体形，与吴大澂藏秦石权形同，平底直经25厘米、半径12.5厘米，顶端铸有连体提环，自半径底至环顶总高20厘米。1984年在团城子出土，出土时外层锈片脱落，后经工匠修理成60市斤。秦统一天下，"一度量，平权衡，正钧石，齐斗甬"（《吕览》）。"权者，铢、两、斤、钧、石也"，"四钧为石者，四时之象也，重百二十斤"（《汉书·律历志上》），秦石权重120秦斤，合今61.98市斤，与上权很相合。

---

① 图拓王晓珂藏。

十八、《创建寿州公学记》碑

清光绪三十一年孙传楣撰文、唐仁斋镌字，66 厘米 ×156 厘米。

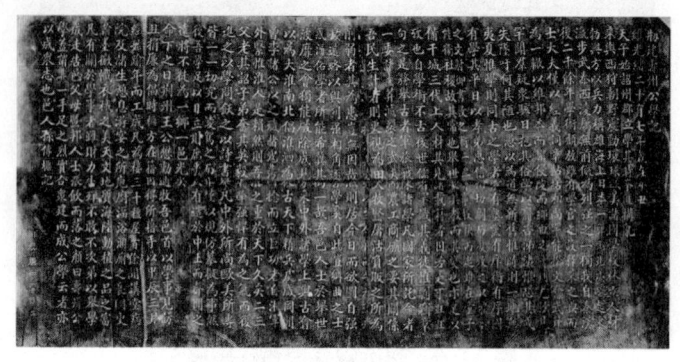

（图 13-5 公学记碑拓影[①]）

十九、"戏赠米元章"碑

原立寿县三中碑廊，黄庭坚书，末端刻有白文小字数十，记说未斋于道光二十八年（1848）得此真迹，未斋即孙氏克仿。

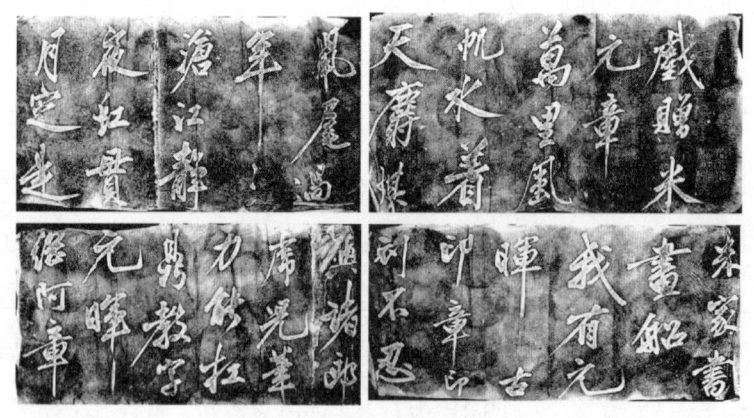

（图 3-6 黄庭坚手书拓影[②]）

---

① 碑拓王晓珂藏。
② 碑拓王晓珂藏。

二十、"和平养无限天机"印

文出"浑厚留有余地步,和平养无限天机"。凡石质,长方形,高 5.5 厘米、宽 2.8 厘米、长 5.4 厘米,朱文、篆字。边宽 0.18 厘米。印上立一回首狮,狮首部位高 4 厘米,神态逼真。该印为某名家刻赠金运昌。私家藏。

二十一、赵子昂草书屏等

(1)赵子昂草书,原立寿县三中碑廊,碑文为"幽斋独坐鸟声乐私虑不干心地春",52 厘米 ×107 厘米。按,寿县三中碑廊碑刻大部分钤有白文篆体"寿春孙未斋所藏金石书画记"(6 厘米 ×6 厘米)方印,可见原文由孙未斋提供(图见下左 1)。

(图 13-7 赵子昂等书法碑刻拓影)[①]

(2)熊廷弼书屏"阊阖开黄道衣冠拜紫宸"碑,"拜"字拓上未显,

---

① 碑拓王晓珂藏。

34厘米×160厘米（图见上左2）。

（3）杨继盛草书屏"为国为民甘寂寞却教桃李听笙歌"碑，36厘米×156厘米（图见上左3）。

（4）方震孺草书屏"长安道路奔驰日，故园楼台典卖时；似此弟兄天下少，儿孙着眼断肠诗"碑，34厘米×160厘米（图见上右1）。

二十二、苏维埃纸币

币长15.6厘米、宽8.5厘米，正面上有"鄂豫皖省苏维埃银行"，下行两边印有"020522"字号，中为票额：壹圆。两边印有"全国通用"，"凭票兑现"八字。下印出币日期字母："1932.1.21"。背面印有4.4厘米×4.4厘米方印，印文为"鄂豫皖省苏维埃银行印"。私家藏。

二十三、"寿春镇总兵官题名碑记"碑

横长82厘米、高55厘米。

（图13-8 寿春镇总兵官题名碑拓影）[①]

---

① 碑拓王晓珂藏。

题后碑文云：

"制寿春镇总兵统辖凤阳、庐州、颍州、泗、六安，府三，直隶州二，为淮南北扼要重任。臣宁以嘉庆十五年八月□恩自福建副将移此，于十六年三月到官下，简阅之□历稽□牒，得前镇臣吴进义以下若而志□后之忘也，刊石志之。谨按寿春之为要地，自汉已然。盖江南诸州部趋中州秦陇者必道寿春，河山以东诸州部趋吴闽粤者，也必道寿春也。于汉为九江刺史治，于魏以前将军督军屯寿春。正始初，遂以为都督扬州诸军事治，于晋末以下，□为战争区，建制不常；于隋置总管府，于唐置都督府，于五代杨吴置忠正军节度使，南唐改清淮军，后周复曰忠正军，于宋为安丰军，于元为安丰路总管府，历代建制大略以此。

本朝顺治三年设副将，于乾隆二年定制，改今职。盖自元宋五代唐隋之际，至于汉以文武兼治节镇此邦，为心膂之寄其任此者，必皆具文武才能戡其事，如夏侯惇曹休满宠刘仁赡诸人者，惜不可尽考矣。我国家抚绥亿北海隅之日，□然如门庭，犹慎简武臣，严告戒备，诚制治保邦之大猷也。臣等敢不□惕一心以上称明制？臣宁谨记。（人名略）"

款为："嘉庆十六年岁次重光协洽旦月主靖侯陈广宁撰书"①

二十四、续"寿春镇总兵官题名碑记"碑

横长110厘米、高55厘米。文略曰：嘉庆十六年山阴陈公广宁镇寿春作题名碑记，始于乾隆二年吴进义，终于陈广宁，计二十六人。咸同间兵事起，任总兵者如传舍，镇署案卷毁于兵燹，考之州志有仅举其名，而无莅位年月者。森甲履新币月，乃步陈山阴之后作碑记，起于多隆武，止

---

① 碑拓王晓珂藏。

于陶森甲，其中有重来者，实52人（人名略）。款署"光绪三十有三年岁在丁未夏四月湖南陶森甲撰并书"。

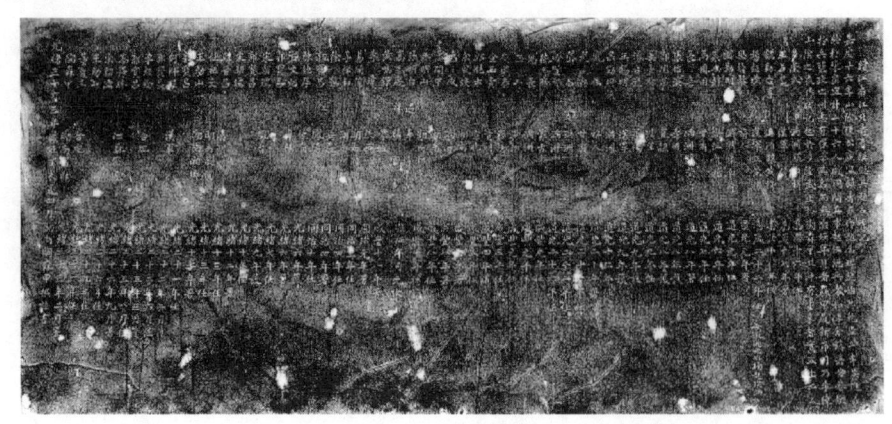

（图13-9 寿春镇总兵官题名续碑拓影①）

二十五、"千秋金鉴"印

张树侯刻，印方形（2.3厘米×2.3厘米），白文篆字，刻于民国十七年。私家藏。张氏精金石，巧能背后持刀，至今传为佳话。或说他一生刻印达数箩筐，州县呼铁笔。

（图13-10 戒严敦书碑拓影）

---

① 碑拓王晓珂藏。

二十六、"戒严敦书"碑

原在寿县三中碑廊，清梁巘书，萧景云附书于后，竖书29行（含题与款），题右上角有印章，江宁王声远镌。

二十七、苏联红军司令部纸币

币长17厘米、宽9.2厘米。正面印"苏联红军司令部"和"YA003298"号码。下有一行"为一切支付必使用"中文字，中间为"壹百圆"面额，面额下有横文"一九四五年"五字和"赝造支票以战时法处罚"十汉字。背面为阿拉伯数字"100"字。私家藏。

其他文札 附编

运输企业经济效果浅议

在经济调整中，各方面都重视了企业的经济效果。本文试就运输企业、着重是汽车运输的经济效果问题谈一点粗浅的认识。

关于运输企业的经济效果问题，现在有一种简单而又片面的看法，认为利润多，就是经济效果好。一些汽车运输企业的生产计划上，只有"吨公里"的指标，而没有运输量（吨）的指标。因此，在运输企业中出现了"五运五不运"的不良倾向，就是：运长途货，不运短途货；运双程货，不运单程货；运干线公路货，不运支线公路货；运普通运价货，不运优（低）价支农货；运易装易卸货，不运难装难卸货。今年春节前夕，有个县要从外地调二百吨面粉供应市场，由于汽车运程只有三十公里，尽管时间很急，但这个县的汽车运输公司就是不积极，三天只运五十多吨；而一遇到上百公里运程的，尽管不是急需，也抢着去运。还是这家汽车公司，为了追求自己的"经济效果"，竟不经监理部门核实，一度自行增加货车的吨位标记，并称之为"挖潜"，货主说，这不是挖企业的"潜"，而是挖国家的钱。

以上这些现象，突出地反映了在运输企业的经济效果问题上，存在着片面的错误认识，用这种片面认识去指导运输实践，必然要出现一些问题。

那么，应该怎样看待运输企业的经济效果呢？我认为，运输企业与一般生产物质资料的企业不同，不能仅以本企业所付出的劳动消耗和所取得的劳动成果之比来衡量企业经济效果的大小优劣。因为运输业具有独立的物质生产部门的特点，它是解决物质资料生产在空间上的联结和时间上的衔接问题，是生产过程的继续。由于运输的结果，增加了所运产品的价值，但是它并未直接创造新的物质资料，而只是改变所运物资的时间、空间位置，使产品成为"最终产品"走完最后一站。对社会来说，运输任何物资，都不因运程的远近而改变它的使用价值。一吨化肥施在三十公里运距的土地里与施在一百公里运距的土地里具有同等的使用价值。因此，运输的"产品产量"应是个"双胞胎"——运量和运输周转量，对于货运来说就是"吨"和"吨公里"，而不单单是运输周转量即"吨公里"一项。因为吨公里的增多，包含着运输距离的延长，而运输距离的延长，追加在被运商品上的费用就要增多，这就增加了商品消费者的负担；另外，运输距离的延长，增加了商品的流通时间，也影响了商品及时投入市场，及时被人民消费。交通运输企业的目的和社会主义的生产目的是一致的，也同样是满足人民群众日益增长的物质文化生活需要，因此，企业所完成的运量指标，应该是运输企业经济效果的主要内容。

运量的增多，实质上是提供给社会需要的"最终产品"的增多。这其中包含了缩短物资运程的因素，从而减少了运输费用，减轻了人民群众的消费负担；也包含了加快运输速度的因素，从而缩短了商品流通时间和社会再生产的时间，加快了生产增长的速度。因此运输企业的经济效果，应该综合考虑下面几个因素：运输吨位的增加、运输距离的缩短、运输费用的降低。而不应仅仅是追求"吨公里"。

这么说，运输企业还要不要或者能不能讲收入和利润呢？回答是肯定的。正确的办法不是对货源的挑拣，而是通过加强企业管理，实行经济核算，充分利用自身的生产条件，最大限度地发挥企业的人力、物力和财力的作用，努力降低生产消耗，不断提高劳动生产率，增加生产成果，取得最佳经济效果。比如合理组织货源，改善车辆调度，提高往返方向运输平衡程度，缩小货流差额，使空车行走公里达到最小限度。

再如，非完好车日的增加或减少，直接影响完好车日的减少或增加；完好率的增加或减少，恰好又是修理率的减少或增加，修理率变化会对运输量产生直接影响。如果驾驶员在汽车使用过程中注意保养车辆，使车辆进厂保修的间隔时间延长，以及保养、修理工作的改进，缩短车辆在厂保修车日，都会使企业因增加行驶平均吨位而增加产量，增加收入。反之，修理率和停驶率提高，就是工作效率的降低、产量的减少。还有机器设备使用状况如何，也对保养修理作业、车辆运行发生直接影响。合理使用设备，进一步挖掘设备潜力，都会直接影响到企业的收入利润和经济效果。

总之，劳动力、劳动工具、运输用的物资，等等，都是运输能够进行的基本条件，这些条件的变化都直接影响运输成果和企业经济效果。只有切实重视运量指标，全面加强企业管理，搞好经济核算，企业各部门通力协作，做好思想政治工作和其他各项工作，最大限度地满足社会对运输的需要，既增收又节支，才会取得与全局利益相一致的最佳经济效果。与此相反，一味追求"吨公里"，挑肥拣瘦，"五运五不运"，表面上增加了企业的利润，实际上损害了国家和人民的利益，这就谈不上具有什么"经济效果"，社会主义的运输企业应切记这一点。[①]

---

① 本文原载《江淮论坛》1981 年第 3 期。

改革地方交通行政体制的设想

新中国成立三十年，地方交通运输事业较解放前有了翻天覆地的变化。但是地方公路缺桥少涵，尤其是处于支农第一线的区社公路断头路多，土路多，内河航道阻航闸坝多，严重地阻碍着运输的进行，拖了经济建设的后腿。究其原因固然很多，可是地方交通行政机构与水利机构分立，不能不是一个重要原因。如果地县级交通局的交通建设部分与水利局合署，综合治理方针就易于得到贯彻，水利和交通建设中的顾此失彼现象就会减少或避免，现有公路和航道的通过能力就会显著增加。所以，要改变目前这种被动局面，就必须改革省以下地方交通行政体制。

地县级交通局的主要任务，一是交通建设，二是运输生产。交通建设如地方公路建设、桥梁建设、航道疏浚、码头和船闸建设等。这项任务，古人的经验是由水利部门办理。《大雅·绵》篇说："柞棫拔矣，行道兑矣。"①说的是周先君太王以垦荒和开路为两件大事。春秋战国时期，政府对于道路的修理和沟渠的开辟明确地当作一个部门的事。所谓"雨毕而除道，水涸而成梁"，很能证明水利和交通两者间的密切关系。南北朝、隋唐宋、元明清各代，水利和交通大都是由一个机关管理的。元朝的都水监，"秩从三品，掌治河渠并堤防水利桥梁闸堰之事"②。《明史·职官志》也说："都水、典川泽、陂池、桥道、舟车、织造、券契、量衡之事"③。比元的都水增加织造、券契、量衡三事，可见都水在交通方面享有的特权。清代"都水掌河渠舟航、道路关梁、公私水事"④，更纯粹偏于水利和交通建设方面的事了。直到民国才设了交通部。

---

① 毛传："兑，成蹊也。"笺云："柞，栎也。棫，白桵也。……今以柞棫生柯叶之时，使大夫将师旅出聘问，其行道士众，兑然。"[疏]云："于柞棫之木拔然生柯叶矣，以此之时将其师旅行于道，路兑然矣。……将师旅而出师，行当依大道，且其众既多，非徒成蹊而已。传言成蹊者，以混夷之地，野旷人稀，虽有旧道，当有荒秽，故因士众之过，得成蹊径，以无征伐之事，故行得相随成径。"（清嘉庆二十年南昌府学刊本十三经注疏《毛诗注疏》550–551页）

② 《元史·百官志》："都水监，秩从三品。掌治河渠并堤防水利桥梁闸堰之事。都水监二员，从三品；少监一员，正五品；监丞二员，正六品；经历、知事各一员，令史十人，蒙古必阇赤一人，回回令史一人，通事、知印各一人，奏差十人，壕寨十六人，典吏二人。至元二十八年置。"（汉籍资料库本第2295–2296页）

③ 《明史》卷七十二《职官志（一）》："工部。尚书一人，正二品。左、右侍郎各一人，正三品。其属，司务厅，司务二人，从九品。营缮、虞衡、都水、屯田四清吏司，各郎中一人，正五品，后增设都水司郎中四人。"（汉籍资料库本第1759页）

④ 清代都水司亦设郎中等各层级官员。《清史稿·职官志（一）》云："（工部）营缮、虞衡、都水、屯田四清吏司：郎中，宗室一人，屯田司置。满洲十有六人，营缮、虞衡各四人，都水五人，屯田三人。蒙古一人，营缮司置。汉四人。司各一人。员外郎，宗室一人，虞衡司置。满洲十有六人，营缮、虞衡各四人，都水五人，屯田三人。蒙古一人，营缮司置。汉四人。司各一人。主事，宗室一人，屯田司置。满洲十有一人，营缮、虞衡各二人，虞衡三人，都水四人。蒙古一人，营缮司置。汉六人。营缮、都水各二人，虞衡、屯田各一人。"（汉籍资料库本第3291页）

三十年的实践证明，基层的交通行政机构不必与省以上的交通机构对口，基层是具体办事的，职责权限不允许他去处理分工范围以外的事，此外还有人的觉悟和完成任务的时间要求，等等。过细的分工，容易产生工作上的单打一、各顾各，不利于贯彻综合治理方针。作为地县来说，在具体实施交通建设时，与水利建设的关系尤为密切，在很多场合几乎表现为一回事。所以，要想切实贯彻综合治理方针，就应设置一个综合办事的机构，就是把交通局里的交通建设职责划入水利局。不论这个局的名字怎么起，并在一起的局，就能够从领导干部、计划部门到设计施工人员把两方面的任务当作自身的职责而统一起来。只有这种职与责的一致，才能避免顾此失彼之弊，实现综合利用之利。

关于运输，是指旅客和物资在空间位置上的转移。货运是商品在流通领域的继续，像马克思说的那样，它"好像是为了流通过程才有的"。它虽不直接创造新的物质产品，但它却能创造价值。作为运输业，它已形成一个特殊的经济领域而存在。因此，可以把运输经济的管理工作划入同级经委，在经委内设"运输经济科"，对所属运输企业实施直接的领导和管理，日常的运输业务由经委领导下的"联办"来办。把联办办成一个社会主义的"综合运输市场"的性质，通过它来平衡货源，组织合理运输，组织各种运输工具，参加联合运输，开展竞赛和竞争，开展联合运输业务，扩大服务项目。这样，能使国家机关摆脱事务，精简机构；能使承托双方在市场直接见面，简化手续，特别是便于货主"按使消费者支付最小产品价值的原则"，择优选用运输工具和运输路线，节约费用，为消费者服务。同时，各级财政还可以通过运输市场组织财政收入，使地方从办运输事业中受益。

交通法规方面的工作界限比较清楚：城市交通规划属交通民警，无民警的属公安治保部门；公路路政和航行监督，仍属原有监理部门。运输商务监理，仍属运输部门，重大的商务事故，由经委和经济法庭裁决。[①]

[①] 本文原载《综合运输》1981年第1期。杨礼忠辑《全国各报刊上部分有关经济体制改革文章篇目索引》（广西社会科学院情报研究所，1984年6月，第29页）收目。

关于运输属性问题的探讨

解放三十多年来，我国交通运输事业虽有很大发展，但在国民经济中始终处于"薄弱环节"。在开创社会主义建设新局面的新形势下，运输属性必须进一步加以研究，认识它的生产属性。否则，如果再把运输当作非生产的服务部门，生产建设排不上队，物资供应排不上号，必将影响国民经济全局的发展。

关于运输的概念，马克思说它是"采掘业、农业、加工业之后的第四个物质生产部门"，是"生产过程在流通过程内的继续"[1]，这两个论点成为我国三十多年发展运输经济的主要理论依据。后来毛主席有过工农业在发展，两方面交流靠运输的说法，没有提"生产部门"，一般人在引用这些话语时，也都是把它当作城乡交流的媒介而说的。于是，一度"桥梁""纽带""大动脉"等词，便成了运输属性的定语。加上它具有与千家万户的自然联系的生产特点，社会上便习惯地赋予它一个服务业的地位。

交通事业中的一个方面是指交通设施的建设，它的建设大量地涉及到

---

[1] 《马克思恩格斯全集》第24卷，第170页。

力学、水文、地质、材料性能等等诸多的自然学科，这一类实际上应是建筑业，或称交通建筑工程学，属自然科学类。

至于交通事业的另一个方面运输，包括旅客运输和货物运输。它们的区别在于被运的对象的不同。旅客有着各种各样的人，男的、女的；老的、少的；公职人员，平民百姓，他们的旅行目的有为生产的，生活的；买的，卖的；探亲访友的；休假度日的；就医的，上学的……旅客运输无法依其旅行目的分，只能以运输劳务分，客运业属于服务业为妥。

货运则不同，从一个物品的生产到消费都有运输劳动参与，运输劳动存在于两大部类生产的每一环节之中。因此我们说，有物质生产必有运输，运输本身就是物质生产。在这里我们可以从劳动对象在生产过程中的空间移动看运输的生产属性。像采掘、建筑、造船等工业生产过程，劳动对象既有固定不动的时候，也有顺序移动的时候。加工装配性工业生产中，劳动对象同样也是移动的，常常是把一批零配件在前道工序加工完后，送到下一道工序去加工或装配。这种移动与物资运输的移动在性质上没有什么两样，所不同的是，前者移动的距离常常表现为短一些，后者的移动距离，常常表现为长一些。

我们还可以从运输物资的时间上，找到与其他物质生产的共同点。工业生产周期的长短，与物资运输时间的长短，都直接影响到经济效果。比如工业生产中改进技术，可以减少产品工艺和加工中的时间耗费，那么，改善运输，加速运程，也能缩短生产周期和节约资金和物资的占用，两者都对物质生产的发展起重要作用。

马克思所说的"生产过程在流通过程内的继续"，我的理解这是指从初产成品到最终产品之间的位置移动，化肥工业生产出的化肥在没有送到农民消费者手中之前，严格地说，是没有形成最终产品的实体的。只有完成它在流通领域内的继续，生产过程才算终了。所以我们认为，运输就是生产。至于货运中的服务，只是运输质量的表现形态，而不是运输属性这个概念的本身。正好像任何工业产品都是直接间接服务于人类的，都有质量好坏的问题，但不能因此而说工业生产是服务行业。

我们之所以要提出运输属性问题的研究，是因为运输的社会地位在一部分人的认识上还很模糊。他们往往只看到工农业生产中的有形产品，而看不到这些产品中的运输因子，这些同志有时也想起运输，但是只是在工业或农业生产在运输方面受阻的时候。比如一个化肥厂化肥堆积如山运不出去的时候，才把运输问题提出来。问题在于他们是把运输从一个从属的角度提出的，而不是从运输本身提出的。因此，当这个"临时"的问题得以解决了，运输本身也就被遗忘了。在有些地方财政预算中，用于农村桥梁、道路建设的投资微乎其微，地方运输业特别是集体运输业车船燃油料的供应没有专项指标，不依据国家下达给这些企业的运量计划核供油料。有的地区一只 30 吨的挂桨机船，一个月只供油 50 公斤，与它承担国家下达的运输计划的需要相差悬殊。如此等等，运输怎能不薄弱呢？

进一步研究运输属性，对于开创社会主义建设的新局面，具有非常重要的意义。[1]

---

[1] 本文原载《综合运输》1983 年第 1 期，编委会编《中国经济科学年鉴（1984）》（河北人民出版社，1986 年）569 页收目。

诗词录

一、［忆秦娥］

寿县北山郝家圩产石榴，璀如冰碎，泫若珠迸；尤其是雪梨，甜如蜜，脆若凌，为远近闻名之特产。中秋既熟，游人与居民去北山沽者络绎不绝。晚，赏月，寿春人家均设此名品。壬申中秋赏月罢，想白日去北山买梨顺览刘安墓、廉颇墓之情形，填词以记之。

淮南国，刘安墓在淝河侧。淝河侧，升天未获，腐浆留得。 北山满树榴梨硕，游人一顾倾城适。倾城适，堂堂赵将，竟为荆客。[1]

自注：

［1］陌、职二韵，属词韵第十七部，通用。

二、［定西番］

壬申十一月二十九日为生日，书"唯有读书高"屏条，尝以为古人所云，可称真理，随填［定西番］词，以教子孙珍惜光阴，不忘读书。

岁月如梭瞬别，无止脚，理应珍，免沉沦。莫信江青邪说[1]。"山前"

[俗语"车到山前必有路"，然惰于书山行者，此路或化迷津而莫之渡。]易惑津，老大徒悲欲绝，诉谁闻？[2]

自注：

[1]江青曾言：知识越多越反动。

[2]屑、真韵。

三、[渔歌子]

春夏秋冬没止期，人逢久病故知稀。鱼处澈，尚嬉戏。盈虚日月与息时。

四、[长相思]

庆国庆，贺国庆，地覆天翻尽朝晖。更衣入展厅。看在睛，乐在心。不尽浓情忘返程。心花冉冉升。

五、[点绛唇]农村小景

锣鼓炮竹，遇年及节旬里六[1]。人衣十色，喜气淹村梓。合二之爱，笑相迎霞照，无宽路，伢妮跑挤，邻又添新媳。①

自注：

[1]江淮间，喜在年节和每旬的六日（初六、十六、二十六）为婚期。

六、[调笑令]辞旧迎新

辞旧，辞旧，市里阳和新布。迎新华烛万千，莫忘征途任艰。艰任，艰任，上下同心再奋。

---

① 按，该小词刊于《志苑》1992年2期。

七、[少年游]淮乡行

淮乡去岁，天违时利，房倒豕牛移。忍视凄墟，齐心征战，重屋[1]对斜晖。停车四顾心扉碎，双麦列峦威。香阵穿村[2]，机跑轮轧，芒槐播芳菲[3]。

自注：

[1] 重屋，《说文》曰："楼，重屋也"。此指水后建起的新楼。

[2] 唐黄巢《不第后赋菊》诗有句："冲天香阵透长安"①。

[3] 支、微韵属词韵第三部，通用。

八、[菩萨蛮]二首

自力更生心诚至，同舟共济多佳士。结起战洪涝，咏兮赞党歌。　优越新社会，一难多方援。白纸好宏篇，旧园易新园。

秋风习习渐加冷，年逢水后尤寒浸。百丈牵胞心，丹诚手足情。　港台鸿雁问，却道人安定。协力建新村，上攀楼一层。

九、《淮南王》

淮南内外称良篇，历世相研遍大千。一枕黄粱寻短去，小山招隐湿青山。

十、《淝水》

晋家王室日衰凋，谢傅围棋赌墅遥[1]。南下苻坚遭斥贬[2]，却忘几

---

① 明蒋一葵《尧山堂外纪》卷三十六"皮日休"条附记："黄巢举进士不中第，尝赋菊诗曰：'待到秋来九月八，我花开后百花杀。冲天香阵透长安，满城尽带黄金甲。'朝廷不能收拾之，遂聚众为盗，号冲天大将军，卒陷长安。既败，脱身为僧，依张金义于洛阳。曾绘己像，题诗云：'记得当年草上飞，铁衣著尽著僧衣。天津桥上无人识，独倚栏杆看落晖。'人见其像，识其为巢。"（六页，明刻100卷本）

世小王朝[3]。

自注：

[1]《晋书谢安传》，苻坚率众百万次淮淝，加安征讨大都督，命驾出山野，亲朋毕集，与幼度围棋，赌别墅，游涉至夜始还。

[2] 苻坚未能实现统一大业，国家分裂局面又延续约 200 年。

[3] 洞、遥、朝，萧韵。

十一、《寿春》

考烈王都地，未闻舞妓谣[1]。阁前翁相聚，常说楚纤腰[2]。

自注：

[1] 萧韵。

[2] 纤腰，细腰也。《韩非子》"楚灵王好细腰，而国中多饿人"。

十二、《赠方志同仁》

素裹银装宿麦深[1]，家人一觉劝添襟。窗前昨岁斯时雪，夜照丹心志古今[2]。

自注：

[1] 唐人有《雪》诗"何由更得齐民暖，恨不遍于宿麦深。"此时之大雪，已深埋二麦了。

[2] 侵韵。

十三、《贺寿县诗词学会成立 调寄天仙子》

历史名城兴艺苑，楚辞词妙新声展。淮王寻得小山字，公慕羡、旋童变，喜送紫金山石砚。

回忆录两则

淘金者的足迹

王树木

金秋收获季节，喜闻长兄《树权文存》定稿正式出版，十分欣羡，这也是硕果。特抖拙笔以贺！

长兄派名树权，又名建国。祖籍安徽省寿春南乡广岩塘，远祖山西太原"三槐堂"王氏。讳"建国"由小趣而来：在解放初期，他们堂兄弟三人外出闯荡，就各人起了新名。用"民"（建民）、"伟"（建伟）、"国"（建国），意为人民建设伟大的祖国。后来"建民"留在本乡当教师，"建伟"到庐江县工作，"建国"到寿县城关工作。

建国是我最要好的长兄，生前由于志趣相投，交往频繁，特别在文化、文学修养方面，经常互相交流、探讨、鼓励。

我对他记忆最深而永不磨灭的是：在1948年夏季，时值快解放，兵荒马乱，一天突然听说前庄有什么"大兵"来了，并有枪声，我们就"跑反"，在途中，从哪里飞来一颗子弹，从他右脚背穿过，险些丧命……这真是大难不死必有后福。这"福"是后来他走出了农家，找到了工作，成家立业，把子女培养成才，现在又出版"文存"，这也算是有了"后福"的一生！

建国兄出身于"书香门第"，他父亲王子美（玉昌）毕业于民国时期的安徽大学，有文采，写得一手好字，闻名于广岩塘一带。由于他受到家庭的熏陶，酷爱文学。他在20世纪五六十年代，经常和我讨论"写作"，练就了他写作的功底。从他这部著作中可以看到他很有"文学涵具"。

他还喜欢考究历史人文方面的旧迹。60年代他就把"家谱"从老家背到家中追踪溯源，由于那时意识形态不同，研究"家谱"的人，他几乎成了"独一无二"，后来由于社会原因，续修家谱的心愿落空。由此可见他在这方面的兴趣早就有。后来他调搞"地方志"工作，正好吻合了他的兴趣。

撰写地方志工作并非有一般文字功底的人就能胜任的。它是一项复杂的系统工程，必须有地理、历史、人文、风物等方面的知识及研究能力。在收集、考察、阅校、研究、整理一些古文档、文献、碑记、人文生活习俗等方面，能读懂、理解、明白它的含义，没有诸方面的知识修养是不行的。而在行文方面，古今文风、文法要相辅相成才能体现出这方面工作的独有特点。

历史如流水，一去不复返。大浪淘沙，时过境迁，要在茫茫的历史长河中钩沉佚事，这犹如大海捞针，沙里淘金，要得到有价值的东西，谈何容易。从这部著作中可以看到其内容包罗万象，历史年代跨度很大，作者是付出了很大的精力去搜集、整理的。撰写"地方志"是一项功在千秋的工作。一般文艺作品有历史时效性，历史变迁就可能被淘汰，而"地方志"的篇札、著述则往往流芳久远，成为后人反思历史的财富，能给地方建设的某些方面提供参考，也能给从事这方面工作的人员，提供导向性的借鉴。

本书由其子女对原"存稿"进行分类整理、刊校、编辑、成书。因为内容庞杂，也付出了很大精力才大功告成的。我为他们为父辈的成果展现于世人而做出的努力、付出给予点赞！

父亲的地方史志研究及其他

王晓珂

（一）

编写地方志，肩负着两个方面的任务：一是研究理论，批判继承旧志传统，建立社会主义新方志学；二是在马列主义指导下，修好新志，为现实服务。因此，父亲在自学和研究国内各类志书的基础上，探讨了建立社会主义新方志学的部分理论问题，写出了《试论建设马克思主义的比较方志学》一文（《中国地方志通讯》1983年2期），得到了中国地方志协会副主席、方志学家董一博、副秘书长欧阳发的关注和重视，分别写信给父亲，进行交流探讨。本县领导看后也十分器重，为此1983年县政府给父亲在县志方面的贡献进行了表彰，发了文状和奖金。

寿县历史悠久，人文荟萃。父亲对寿县历史的研究是认真和严谨的，每个细节，每一个线索，每个史料，都加以推敲，并追根求源。父亲经过考证得知，早在南朝梁时就有朱玚的《九江寿春记》问世，延续到民国初年，前后共修州志12部。父亲为此写出了《寿县旧志简述》一册，较系统地研究了12部志书的成书年代、编纂体例、方法及编者的思想，等等。时任中国地方志指导小组成员的方志学家朱士嘉看到后，给父亲写信表示支持，信里说："很高兴了解到您已写《寿县旧志简述》，在整理旧志工作中迈出可喜的一步。"中国历史博物馆研究员、方志学家傅振伦先生也给父亲来信评价："收集周备，评述正确。"

在《寿县旧志简述》中，父亲纠正了刘尚恒、刘光禄等四篇文章中关于《九江寿春记》成书于东汉的错误观点。民国时寿县无志,仅有《寿县修志馆凡例目录草案》一册,石印本,今存安徽省图书馆。父亲于1984年12月在安徽省档案局整理旧档案资料时发现,民国二十六年(1937)十二月二十日由滕孔怀、李孟吉等七人经手将寿县县志经费1766.66法币存于"聚星号",立据附言说待时局平靖后提款。这说明当时的情况不稳定,没有修志成书。

志书作为"资政"之书,描述地方特点就十分重要。父亲喜欢研究寿地民俗,常走乡串巷,与些老者唠家常,与民间隐者攀谈。他阅读了大量的史籍资料,从寿地处于华北和东南两大经济区之间的地理位置入手,研究了寿地与扬州等南方经济的历史渊源,写出了《从研究民俗中获取资源信息》一文,并在《安徽史志通讯》(1986年第1期)发表。

同时,父亲对地方人物加以研究。父亲研究了清末民初的柏文蔚、孙少侯、方振武、张树侯四个名人,写出了《柏文蔚发展淮河流域农业经济的思想》《方旭初"神道碑"注释》《张树侯画梅》等文章,发表在相关刊物上。父亲在《宗教志》志稿中对孙少侯描述很多,概述了孙少侯在政治失意之后,受杨度"新佛学"的思想影响,重提唯识宗的佛教哲学思想。父亲对宗教进行研究时发现,宗教在寿县的影响,常被忽略。尤其是佛教,自宋武帝刘裕和梁武帝萧衍在寿地建佛寺(石涧寺和西昌寺)的推崇,佛教在寿地宗教中占了重要地位,并对寿地的思想产生深远影响。随后周柴荣迁州治于淮北,使寿地佛教一度冷落,宋代至民国,寿县这里佛教比较活跃,并在元明时,逐步代替了道教。父亲还考证了寿地佛教为禅宗,后来延为临济宗的历史问题。

树·权·文·存

（图 14-1　发表文章杂志图影）

　　父亲在工作上有一种忘我的精神。过去的那些年，很多个夜晚，我常常看到他伏案的身影，书桌上厚厚的文稿，一本本旧资料。他在继承寿县悠久文化遗产为现实服务方面付出了大量的心血和精力，整理编写了《寿县物产类编资料》《寿县自然灾情录》《寿县谜语录》《寿地名人书目辑录（上）》等。他编写的《寿地名人书目辑录》上篇约 5 万字，涉及面较宽，如其中的谱牒一类，可以提供寿地人物、地名和人口迁移等多方面的资料。从父亲遗留下的有关"三沟村""望塘寺"等地名的研究手稿以及相关资料可以看出，明初移民来寿州的有山东济宁的寿州孙氏，从南京板桥卫移来的小迎河集王氏，从江西瓦屑坝移来的广岩塘王氏，等等。

　　父亲在研究寿县古城四门的时候，写有《寿县古城门石刻浅识》，对传统的认知做出史料的新解。寿县东门宾阳门里的蛇与人的连体形石刻，俗称"人心不足蛇吞象（相）"，其实原意是为人首蛇身的神，源于南方文化的图腾崇拜。过去江淮民间流传有伏羲、女娲两兄妹由于洪水之祸而结亲并繁衍人类的神话故事，把蛇神当作水神崇拜。王嘉《拾遗记》里说大禹治水，有蛇身人面之神，示以八卦之图，并以玉简授他，大禹执玉简度量天地，终于平定了水患。寿州历来饱受水患，民间崇拜水神蛇神，因此刻蛇与人的连体于城门内的基石之上，以防水患。父亲还对西门瓮内石刻有不同的看法，西门内一面刻鼓，一面刻锣，俗以"当面鼓、对面锣"解释其意，是一种曲解。阮籍《乐论》说"黄帝咏云门之神"，《周礼·春官》也有"舞云门以祀天神"。鼓与锣，是古代祭祀乐中的乐器，西门临西湖，亦称定湖门，祭祀水神，祈祷安定也是古代统治者根据民俗心理特征，调动民力修城治水的一种方法。

父亲是县志编写、修改志稿的负责人，他的写作很有特色，紧紧围绕地方的特点尽力着墨。在寿县沿革方面，他考证了蔡楚吴越在寿县的历史，留下了珍贵的资料。从他留下的大量文字图片材料可以看出父亲对工作对事业的勤奋与执着，有时达到了忘我的境界。有次为了查找寿县历史方面的资料，他在合肥住了一个月时间，每天早晨一早进馆，晚上图书馆关门才出来，摘抄了大量的宝贵资料，为《寿县志》的顺利编撰做出了贡献。我的书柜里现在留着一本复印书《曙光》，这是一百年前寿县中学第一期的校刊，是父亲去安徽省图书馆查找出来，并复印带回的。那时的复印机还未普及，这本复印材料可想是多么难得。写到这里，我想，继承父辈的那种为寿州历史文化继承和发扬的工作精神，刻不容缓，时不我待！作为后人，我们任重道远，仍须努力。

（二）

对我们子女，父亲一直坚守传统继承与文化育成的家风。

"佳运树多朝，光明祖得诏；人文家世庆，业立功德高。"这四句诗，其实是我们王家家谱上的辈分排序，二十个字，也就是二十辈。谈到我的家风，不由自主地便想到已故的父亲。

记得上初中的时候，父亲从老家广岩拿回了一套清朝的王家家谱，据说现存的就这几部了。那时候我们这个小地方还没有复印机，常常看到父亲伏案写着，后来才知道是抄写家谱，厚厚的用信纸装订了五本之多。也正像家谱上的辈分句子上说的，我们的前辈是有尚文的家风的。

三槐世泽，两晋家声，是我家每年必贴的楹联。小的时候，父亲告诉我们属于王羲之的支系，两晋的时候，王家名声广传，文化人才辈出，书法上王羲之、王献之到了最高境界。到了北宋，兵部侍郎王祐，他手植三槐于庭，时称"王氏三槐"。后来王祐次子王旦做了宰相，王祐曾孙王巩，文采出众，与苏轼是好朋友，交往密切，苏轼为他作了《三槐堂铭》。后来我们王家的楹联便有了"三槐世泽"。明朝洪武年间，天下战乱，先祖辈从江西移民到了安徽寿县广岩，之后便繁衍生息，直到今天。

从小到工作以后，我的家风一直很是严肃，父亲很少和我们几个子女开过玩笑，他的一生，工作上积极忘我，办事认真，勤于写作，长于编辑，专于摄影，在国内刊物上发表了许多文章，为人谦和、正直。因为他的事业追求，他的作风，覆盖了我们的家庭，使我们家庭从小到大都有种文化的气氛、正直的风气。传承着"三槐世泽，两晋家声"，心中流淌着东晋王羲之的笔墨、耳边常常记起北宋王祐的家风教导。我们兄弟姊妹五个，我排行老四。如果算上丢失的一个哥哥，那么应该是六个。据母亲说，大哥下面小二岁的还有一个男孩，在1960年困难时候，父亲把他带到合肥火车站时，走丢了。我们家里四个男孩，一个女孩，也就是最小的妹妹。

小的时候，父亲是严厉的，尤其是在学习上，是很关注的。大哥下放到农村老家广岩，那时候交通不便，父亲常常地写信去，叮嘱其学习。对他要求很是严格。记得大哥都上大学了，在安徽师大，快毕业的那年去了上海实习。实习回来，在上海买了一条紧身裤（后来叫西裤），七十年代，我们这个小地方还没有人穿那种裤子，大哥穿着在屋里被父亲看到了，立即让他脱下那条裤子，父亲说，你怎么学洋了呢，不准穿，当时大哥很尴尬，只得脱下来，换了老式的裤子。父亲崇尚朴素的生活，常常要我们养成艰苦朴素的作风，不要奢侈浪费。这件事情我当时在场，记忆犹新。

我在上初中的时候，正赶上国家恢复高考，于是父亲买回来了一套数理化自学丛书，一套十六本，很贵，相当于一个月的工资，但父亲为了我们的学习很舍得。书买回来后让我们按照计划一本一本地读和做上面的作业。父亲的家庭也是一个诗书家庭，祖父是一个中学的教导主任。父亲常常和我们姊妹几个讲，"你祖父的字写得非常好看，比我写得好"，其实父亲的字写得工整漂亮，尤其毛笔字的小楷写得就像字帖一样，如果这样推断那么祖父的字一定更加漂亮，但我们没有看到，祖父去世得早，"文化大革命"前就已不在了，由于家庭成分高，阶级斗争复杂，所以在那个破四旧的年代也没有留下什么写的东西。

我初中时父亲买了上下册两本《古文观止》，让我们几个孩子每天早晨背诵，他常常说，熟读唐诗三百首，不会写诗也会诌。意思是让我们多读多背。由于都是古文繁体字，看不懂也不会念，于是父亲用铅笔在下面注上拼音，或是同音字。记得我背诵的最长的一篇古文就是王勃的《滕王阁序》。至今还没有忘记那里面美好如诗的句子：落霞与孤鹜齐飞，秋水共长天一色。《古文观止》里的美好词句，常常浮现在记忆中，愉悦和滋润着我人生中的心灵。

父亲的专业精神从小就给我们很大的影响，他在县交通部门的时候，专心研究交通运输方面的具体问题，在国家级的杂志上曾发表过研究理论文章，后来他按爱好地方历史研究的志向，调任到寿县县志办公室编写县志。之后他把大量的时间都用在寿县历史的研究和编写上了。记得他在国家级杂志发表过的：《寿县古城门石刻》《张树侯画梅》《寿县珍珠泉》《四季少个春》《试论马克思主义比较方志学》……

  过去的那些时候，很多个夜晚，我们已经习惯了看到他案头专注的神态，总是有那么多厚厚的文稿，书写也或用毛笔字。由于长期的伏案耕耘、身体之累，后来而成疾。小的时候，父亲很少打孩子。只有一次，那时候我们还住在南门外老院子里，也就是现在春申君驾驰战马的地方，父亲打二哥，二哥跑得远远的，后来才知道是他偷抽了一支烟。大哥后来继承了父亲的文字事业，在大学里学的是汉语言专业，研究过历史文博，到大学里教中文，写了十几本书。父亲常常与大哥用信件交流文化上的事情，后来在文博方面有很多共同的地方。他在调到县志办公室后，专研寿县历史，大量时间进行查询资料，他们的交流就更多一些，有时来家，饭桌上也谈四书五经。

  父亲的爱好和事业影响了我们几个子女，我们也从父亲身上看到了他的才学和聪慧。父亲的另一个特长是摄影。他用过的相机是老式的海鸥、珠江等。我们从小的照片都是父亲拍的，并且是自己拍自己冲洗。我们家有个照片放大机，小的时候常常进到父亲的洗照片的小屋里，在一盏红灯下，几个脸盆里放着显影和定影水，父亲把照片纸一张一张地裁好，放在放大机下，数着秒，然后放入水中，不一会儿那纸便出现了图案，这就是照片的初步影像。等完全显示出图像的时候，再用筷子把照片纸夹到另一盆水里，这就是定影。定影结束后再放到清水里，最后用一块干净的玻璃贴在上面。这些洗照片的全过程我都很熟悉，无数次看父亲的操作，也留下了很深的记忆！这也为我以后喜欢摄影、喜欢拍照埋下了种子。①

父亲对孩子是严格的，家庭里弥漫着文化的气息。家里的书籍很多，父亲的影响，使得大哥后来也成为了大学中文系的教授，二哥的毛笔字也写得不错，父亲让我们几个孩子从小练字，我没有练出来，去学了武术，也没有学好，文字也没有父亲那种扎实的功底。想想有些惭愧，对不住父亲的教导和希望。

今日写此文时，很巧的是农历七月十五，想着过去父亲对我们的言传身教，给我们子女留下的那些美好的东西，无声的教导，此篇也算是对他的一个日子的悼念吧。

---

① 本文原载《寿县文史资料》第四辑（安徽文艺出版社，2018年12月）与《中华传统文化与家教家风学术研讨会论文集》（淮南市国学研究会主编，2017年11月），原题为《立"志"寿州竭尽力——记父亲与寿县志书》与《两晋流笔墨、三槐树家风——我的文化家风》，放在这里，略有改动，作为家人的回忆录。

后　记

家父原名王树权，1932 年农历 11 月生于寿县广岩乡南大郢自然村。弱冠后，婚于正阳关刘家瓷器店卓如先生之长女明英，育有四子（政、珩军、晓遭、晓珂）一女（晓光），1999 年 11 月病逝。

家父在 1949 年 10 月参加革命工作后，更名王建国。历任寿县广岩乡财粮员、淮北航运办事处（时治所在寿县正阳关）干事、寿县交通部（后改为交通局）财会股长、寿县联合运输指挥部办公室主任、寿县地方志办公室副主任、《寿县志》副主编等职；1987 年晋升副编审。

这次整理家父的遗著，部分是发表过的文章，主要做了以下几个方面的工作：一、注释。老先生少读私塾，文史功底厚，写文章引用文献大多凭记忆，也限于发文刊物的篇幅，引文极简，且随文注；这次增加了脚注。二、对原引文做了仔细校对，标出了所引文的具体文献依据，即交代准确出处。三、增注了佐证性的材料；这一部分"注"相当于"笺证"的性质，对今后治寿州史者大有裨益。

又，整理中核校的工作量也大。主要是甄别手稿中哪个是定稿（很多篇目往往有一稿、二稿乃至四稿），或从时间上看哪个是最终稿，或者比勘原手稿与刊出稿之间的出入而择其善者以收之。另外，大部分刊出稿已无存了，只能查找于各地，尽可能地搜集起来，将之转化成可以进入编辑的电子文本，这个劳动亦很辛苦。

由于工作关系，家父一生的研究对象主要在于地方史志与风土文化。这也就是我们所看到的本书上编和下编的内容。20世纪80年代以前，一直在交通部门工作，故还有一些运输学方面的研究，且论文发表的层次蛮高（像《综合运输》，是原国家经委、后改属国家发改委综合运输研究所主办的运输学领域的权威期刊）；这部分内容我们只是选择二三，作为"附编"出现了。

限于篇幅，未收入的论著及作品有：1.《寿县宗教志》（主编，1987年非正式出版字铅印本）；2.《寿县民族志》，执行主编，1990年非正式出版字打印本）；3.《寿县志·文化》（分纂，1990年县志办打印稿）；4.《寿州诗彙》（手稿）；5.《小议民间运输联产、计件和记分》（《综合运输》1982年3期）；6.《调整运价要统筹兼顾》（《综合运输》1983年6期）；7.《小板车长上了翅膀》（小说，《安徽交通报》）；8.《桅灯》（诗歌，《安徽交通报》）；9.《观淮伟记》（报告文学，《安徽交通报》）；10.《东津渡今昔》（《安徽地名》1984年1期）；11.《申论马克思主义比较方志学可以成立》（《中国地方志争鸣》，黄山书社1988年）等。

书的校注使用到两种数据库。一是《典海》中的《中国基本古籍库》（标注时简称《基本古籍库》），另一是台北"中央研究院"的《汉籍电子文献资料库》（标注时简称《汉籍资料库》）。

本书的摄影图片由王晓珂、李方玲提供，寿县文联主席黄先舜先生题写了书名，在此致谢。

是为记。

王　政

2020.10.10